感性と人間

感覚／意味／方向
生活／行動／行為

山岸美穂
山岸　健

三和書籍

〈汝自身を知れ〉

デルポイの神殿の銘

過去は理知の領域のそと、その力のおよばないところで、何か思いがけない物質のなかに（そんな物質があたえてくれるであろう感覚のなかに）かくされている。

プルースト

雷のとどろき、風の声、波のくずれる音や小川のせせらぎなど、地球が奏でる音にじっくりと耳をかたむけ、それらの音がなにを語っているのか話し合ってみましょう。

そして、あらゆる生きものたちの声にも耳をかたむけてみましょう。

（中略）

鳥たちの最初の声は、太陽が顔を出すまえにきこえてきます。

レイチェル・カーソン

手の内に蛍つめたき光かな

冬ごもり世間の音を聞いて居る

梅雨晴や蜩《ひぐらし》鳴くと書く日記

正岡子規

巴里《パリ》の町には響《ひびき》きがある。東京の町には声がある。

島崎藤村

分厚《ぶあつ》なもの、頑丈《がんじょう》なもの、健全なもの、それが日常の生活に即する器である。（中略）工芸は雑器において凡ての仮面を脱ぐのである。それは用の世界である。（中略）忍耐とか健全とか誠実とか、それらの徳は既に器の有つ心ではないか。それはどこまでも地の生活に交わる器である。

柳　宗悦

秋の夜長も、母親達や祖母達には、綿から糸をつむぐ仕事が、彼女達の時間をからっぽにはしなかった。それどころか通り庭の片方の唐臼で米をつく一踏み一踏みが、生きた時間であったやうに、ブイブイ、ブイブイと廻す糸車は、何処か近所でとっぽん、とっぽんと、打つ砧《きぬた》の音の中に交錯し、厨屋《くりや》蟋《こおろぎ》が鳴らす鈴の間調子《まぢょうし》を入れて、誰にも気付かれる事なく長い夜をこれ以上には出来ない程な深いものにしていた。

河井寛次郎

〈エピグラフの出典〉

プルースト――マルセル・プルースト、井上究一郎訳『失われた時を求めてI　第一篇　スワン家のほうへ』ちくま文庫、七四ページ。／レイチェル・カーソン――レイチェル・カーソン、上遠恵子訳、森本二太郎写真『センス・オブ・ワンダー』新潮社、三八ページ―三九ページ。／正岡子規――『正岡子規句集　鶏頭』小室善弘編、ふらんす堂、二ページ、二四ページ、五八ページ。／島崎藤村――『藤村文明論集』十川信介編、岩波文庫、六五ページ、春を待ちつつ。／柳　宗悦――柳　宗悦『民芸四十年』ワイド版岩波文庫、八三ページ―八四ページ、雑器の美。／河井寛次郎――河井寛次郎『六十年前の今』監修　日本民芸館、東峰書房、九六ページ―九七ページ、識ったのは誰であったらう。

レオナルド・ダ・ヴィンチ（1452-1519）
「モナ・リザ」、1503年-1506年
パリ、ルーヴル美術館

ピーター・ブリューゲル（1525/30-1569）
「農民の結婚式」、1568年-1569年
ウィーン、美術史美術館

プッサン（1594-1665）
「ルツとボアズ」、1660年
パリ、ルーヴル美術館

クロード・ロラン（1600-1682）
「海港」、1646年
パリ、ルーヴル美術館

レンブラント（1606-1669）
「自画像」、1652年
ウィーン、美術史美術館

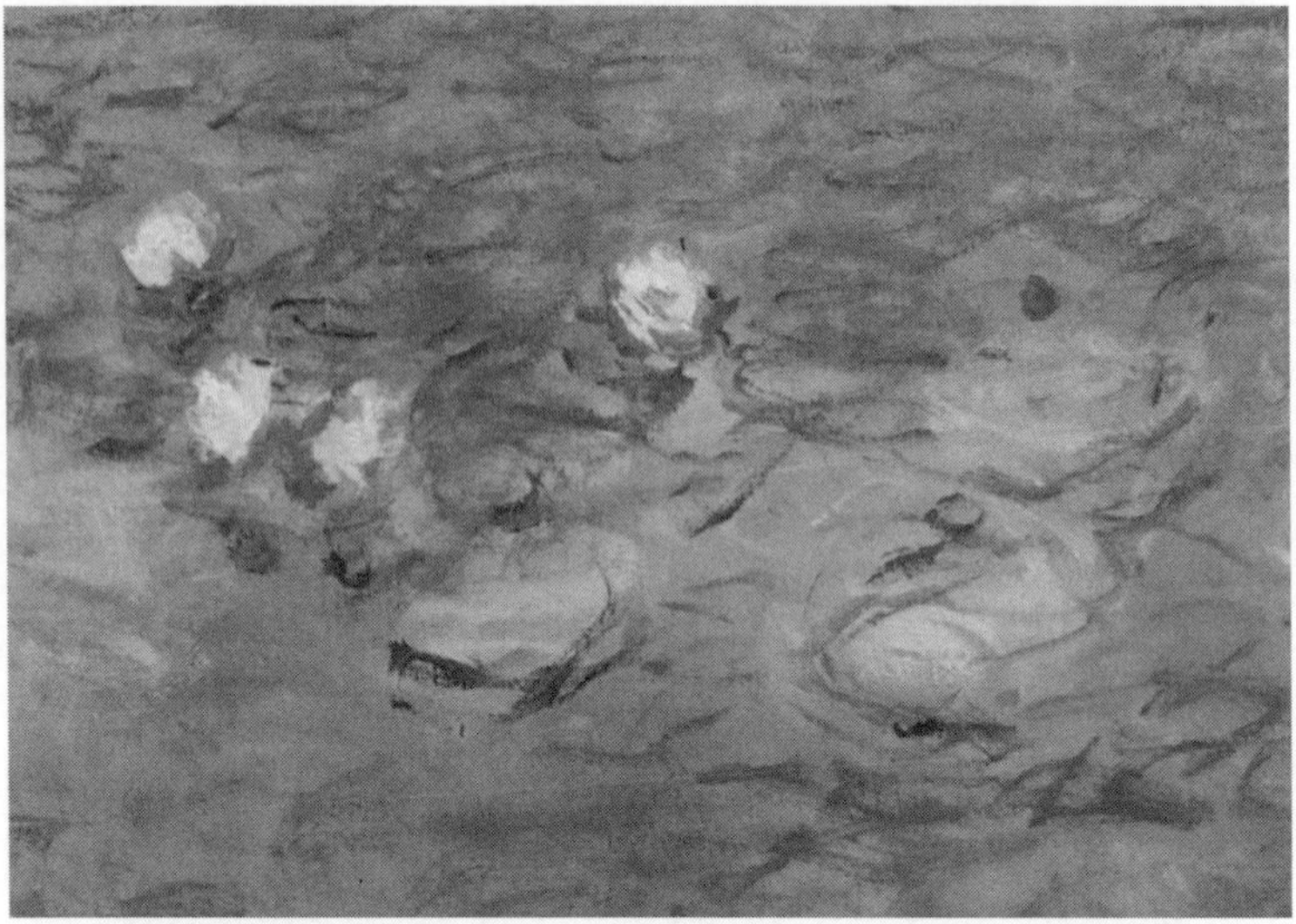

モネ（1840-1926）
「睡蓮」（部分）第1室、南面、　パリ、オランジュリー美術館

ポール・セザンヌ（1839-1906）
「ローヴから見たサント=ヴィクトワール山」　チューリッヒ美術館

ジョン・ラスキン（1819-1900）
「ヴェネツィア、ブーニ橋」、1876年　The Education Trust Ltd, Bembridge

スペイン、トレドとタホ川（絵はがき）

京都、哲学の道、西田幾多郎歌碑

ドイツ、マールブルク、ラーン河

言葉の花束

人生の旅びとである私たち、一人、一人は、いま、どのような状態で人生行路、人生の一日、一日を生きているのだろうか。

サン＝テグジュペリの言葉、〈人生に意味を〉、この言葉は、私たちにとって、ますます重要な意味を帯びてきているのではないかと思われる。人間があくまでも唯一のかけがえがないこの私自身であること、いわば人間のアイデンティティは、現代の時代状況と日常的現実、社会的現実において、私たちにとって日毎に重要な課題になっているといえるだろう。

レイチェル・カーソンがいう〈センス・オブ・ワンダー〉という言葉に注目したいと思う。驚きと感激、注意深さ、やさしさ、繊細な感受性、いたわりの心、身体的感覚の活性化と純化、人間の感性をできるだけ豊かに磨き上げていくこと――このようなことは、この現代において人生を旅する私たちに求められていることではないかと思う。

人間は、まさに感性の泉であり、感性のまことにしなやかな鏡なのである。人間は、世界において、人びとのなかで、道具や作品のかたわらで、風景のまっただなかで、さまざまなトポスや道において、まぎれもなく人間である。さまざまな環境を体験しながら、世界、人間の生活と生存の舞台と領域に巻きこまれた状態で人間は、人間なのである。このような世界と自己自身のいずれにも向き合いながら、生活と生存について、人生について、生と死について理解を深めていくことは、人生の旅びと、一人、一人にとって大切なことではないかと思う。どのようなところから見ても、人間は、まことに驚くべき光景であり、ふたつとない出来事、現象なのである。人間は、生活と生存のドラマなのだ。

感性は、人間の個性と人間性の核心にあるところの人間の表情であり、人間のアイデンティティとなっている人間の力、まさに生命力そのものではないかと思う。

レオナルド・ダ・ヴィンチやミケランジェロのさまざまな作品、ジオットやピエロ・デルラ・フランチェスカの作品……さまざまな絵画作品、彫刻作品、建築、音楽、文学、演劇、そのほかさまざまなジャンルの人間的な作品は、ことごとく感性とイマジネーション、想像力の現前、顕現であり、人間、個人、個人の存在証明なのである。人間の感性の光と火花は、人びとがそこで生きてきた（生きている）世界のいたるところで私たちによって体験されるのである。人間は、人間と、また、人間的なものと向き合わずには人生の日々を生きつづけることは、できないのである。だが、社会的世界、日常的世界、人間的世界を深く理解するためには、なによりも自然への、大地と宇宙的自然へのアプローチを心がけないわけにはいかない。空の青や空に浮かぶ雲、星空、太陽のさまざまな光、微妙に変わりゆくさまざまな風景、音風景に私たちは、全身で、さまざまな感覚を働かせながら、アプローチしないわけにはいかないのである。人間の感性は、たえまなしに、まるでさざ波のように波打っているのでないかと思う。世界との触れ合い、それが自然であろうと、人間であろうと、作品であろうと、土や水や石や木であろうと、会話であろうと、まなざしであろうと、手と手との触れ合いであろうと、いずれにしても触れること、触れ合うことこそ、感性の原点、感性の糸口、感性のステージなのである。

マルセル・プルーストにつぎのような言葉が見られる（マルセル・プルースト、井上究一郎『失われた時を求めて　一　第一篇　スワン家のほうへ』、ちくま文庫、六五一ページ、第三部　土地の名、——名）。

……その春というのは、氷花のあらゆる針でまだ肌を刺したコンブレーの春ではなく、もうゆりの花やアネモネでフィエーゾレの野を被い、アンジェリコの絵さながらの金色の背景で、フィレンツェをまばゆくしていた春なのであった。このときから私には、ただ日の光、匂、色彩だけが価値をもっているように思われた、というのも、映像の交替が、私のなかに、欲望の正面転換をもたらしたからであり——また、音楽でときどき起こるように急に——私の感受性のなかに完全な音調の変化をもたらしたからであった。……

私たちは、幸い、何度かフィレンツェを旅しているが、ある時、フィレンツェの郊外にあるフィエーゾレを訪れたことがある。そのような旅の記憶は、色あせない。私たち、家族三人でのさまざまな旅は、いま、なお生きつづけている。旅には終りがないように思われる。人生と呼ばれる旅は、人びとそれぞれが体験した、さまざまな旅によって意味づけられて（方向づけられて）きたのである。マルセル・プルーストにおいては、無意識的記憶だが、人間は、さまざまな記憶と世界体験そのものにおいて、意味的な存在、生成的存在なのである。人間は、さまざまな現実に直面しながらも、意味の世界で生きているのである。

モーリス・メーテルリンクの『花の知恵』には、自然と題されたパートがあるが、メーテルリンクは、つぎのように述べている（モーリス・メーテルリンク、高尾歩訳『花の知恵』工作舎、一〇五ページ―一〇六ページ、XXV 自然）。

われわれが一生を通じてもつ幸福と平穏の澄みきった空洞を、そしておそらくはまたその奥底を、われわれの知らぬうちに作りだしているあのかずかずの印象の中には、必ずや美しい木々の記憶も留められているはずである。（中略）サン＝ボームのみごとなブナや、フィレンツェで、あるいは家の近くの小さな修道院でみかけるイトスギやカサマツなど、道行く者に、しかるべき抵抗や静かな勇気や飛躍、厳粛な態度、無言の勝利、粘り強さといったスケールの大きな動き一切の範を示してくれている木々――そうした木々のための場所がないような天国や、たとえどんなにすばらしいものだとしても死後の生など、私には想像できない。

私たちは、ヨーロッパの各地で、たとえばフィレンツェやローマなどで糸杉や笠松などさまざまな樹木を体験したが、〈汝自身を知れ〉というアポロンの神殿の銘で名高いギリシアのデルポイで目にした糸杉、フィレンツェやトスカーナの各地で私たちの目に触れた糸杉、ローマの松、シチリア島のアグリジェントで私たちの目に触れた橄欖樹、オリーヴなどを忘れることは、ないだろう。大切な人びとはもとよりのことだが、人間は、草花や樹木によっても、作品によっても、原風景によっても、旅の記憶と思い出によっても、支えられてきたのである。

この作品は、人間と感性への、人間のアイデンティティと人間の条件への、ひとつのアプローチだが、いま、私たちは、ささやかな樹木を植樹したのではないかと思っている。この樹木を二人で、家族三人で育てながら、私たちの生活史に年輪を刻んでいきたいと思う。これまで私たちの家族と家庭生活を支えて下さった方々にたいして、心からお礼を申し述べたいと思う。妻、秀子の労苦とサポート、心くばりに感謝したい。

このたびのこの作品の出版にあたっては、原稿の打ちこみと活字化に際してつぎの三名の方々に多大のご負担をおかけして、たいへんお世話になった。お名前を記させていただいて、厚くお礼を申し上げたいと思う。

白石明子さん――山岸美穂・原稿
渡部厚子さん――山岸　健・原稿
村野優子さん――山岸　健・原稿

❖

私たちにとって特別な意味をもつこの作品をこれから、さらに発展させていきたいと思う。感性行動学は、社会学およびサウンドスケープ研究とならんで、山岸美穂の方法（道）および方向となっているものであり、この作品が、ひとつのステップ、リズムとなるならば、幸いと思う。

作品『感性と人間　感覚／意味／方向　生活／行動／行為』の出版にあたり、三和書籍　社長、高橋　考氏の特別のご配慮をたまわったことを感謝して、厚くお礼を申し上げたいと思う。また、この作品の刊行、編集など細部にわたっては、三和書籍　編集長、下村幸一氏、編集部　斉藤由希さんにいろいろとお世話になった。記して厚くお礼を申し述べさせていただきたいと思う。

晩夏、二〇〇六年八月二五日

東京・町田・金森にて

山岸　健

山岸美穂とともに

目次

第2部――――――――――――山岸美穂

プロローグ

プロローグ

感覚を通過しない精神的事物は空疎であって、害のほかには何らの真理も生まないであろう。

観念または想像力は諸感覚の舵柄であり手綱である。想像力にふれた物が感覚を動かすのであるから。

われわれのあらゆる認識は感覚にはじまる。

感性は地上のものである。理性は観照するとき感性のそとに立つ。

葡萄酒よし、されど水はさらによし。食卓にて。

そしてこの新趣向とはこうだ。君がさまざまなしみやいろいろな石の混入で汚れた壁を眺める場合、もしある情景を思い浮かべさえすれば、そこにさまざまな形の山々や河川や巖石や樹木や平原や大渓谷や丘陵に飾られた各種の風景に似たものを見ることができるだろう。さらにさまざまな戦闘や人物の迅速な行動、奇妙な顔や服装その他無限の物象を認めうるにちがいないが、それらをば君は完全かつ見事な形態に還元することができよう。そしてこの種の石混じりの壁の上には、その響の中に君の想像するかぎりのあらゆる名前や単語が見出される鐘の音のようなことがおこるのである。

レオナルド・ダ・ヴィンチ

『レオナルド・ダ・ヴィンチの手記』(上)、杉浦明平訳、岩波文庫、六五ページ、六七ページ、六八ページ、七〇ページ、人生論、一六〇ページ、文学、二一三ページ、「絵の本」から。

人びとが生きている現場を求めたまえ。街の通りでも、公園でも、市場でも、家の中でも、観察者となることだ。表情はおしなべて、感情の形象である。絵画に精通していない俳優はつまらない俳優であり、人相に精通していない画家はつまらない画家である。世界のどの部分をとってもその中のそれぞれの国が、同じ国でもそれぞれの地方が、同じ地方でもそれぞれの町が、同じ町でもそれぞれの家が、同じ家でも各個人が、同じ個人でもそれぞれの瞬間が、その顔つきと表情とを持っている。

ディドロ

ディドロ、佐々木健一訳『絵画について』岩波文庫、二〇ページ、第一章　デッサンに関するわたしの奇想、五五ページ、第四章　表情に関して誰もが知っていること、誰もが知っているわけではないこと。

わたしは人生でないものを生きることを欲しなかった。

ごく平凡なものでも、家のなかでなく戸外においてはずっとおもしろく見えるものだ。小鳥がすぐとなりの枝にとまっており、ハハコグサがテーブルの下にはえており、クロイチゴの蔓《つる》がその脚のまわりを這《は》っている。松かさ、栗のいが、苺《いちご》の葉があたりにちらばっている。われわれの家具――テーブルや椅子や寝台のうえに、これらの物の姿が模様として移されるようになったのはこういう次第――かつて家具がそういうものの唯中に立っていたという――からであるのかと思われた。

機関車の汽笛は夏に冬に、どこかの農家の庭の上を飛んでいる鷹のさけびのような音をたてて、わたしの森にこだまする。

日曜日にはときどき、風の向きがよいと、リンカン、アクトン、ベッドフォードまたはコンコードの鐘が聞こえてくる。かすかな、あまい、いわば自然の旋律で閑寂な世界にもちこまれるに足るひびきである。森を越えて十分な距離をおくとこの音は一種ふるえる唸りを帯びて、あだかも地平線をなす松の針葉がかなでられる堅琴の弦であるかのようである。

人間の住むすべての部屋は十分高くて頭のうえに幾らかの暗がりをのこし、そこのあたりに夜はゆらめく火の影が映りゆらぐべきではないだろうか？

ソーロー

ソーロー、神吉三郎訳『森の生活』岩波文庫、一二五ページ、住んだ場所と住んだ目的、一五二ページ、一五四ページ、一六三ページ、音、三〇六ページ、暖房。

自覚というもの、つまり、自己を自己自身の客観たらしめる主観というものは、生命の象徴、或いは、生命の真実の自己表現である。

自分自身に適せず、踏み迷って、休むことを知らない存在、それが人間である。理性的存在としては余りに多くの自然を有し、自然的存在としては余りに多くの理性を有している――どうすればよいのか。

恐らく、人生の最も恐るべき徴候は、これに縋《すが》って人々が人生に堪えているもの――態度、興味、信念――であろう。人生を生き抜くために人間が頼りにするもの以上に人間としての水準の深さを示すものはない。

慰めという概念は、人々が通常これに意識的に与えているよりも遥かに広く深い意味を持っている。人間は、慰めを求める存在である。

ジンメル

ジンメル、清水幾太郎訳『愛の断想　日々の断想』岩波文庫、六一ページ―六二ページ、七一ページ、七八ページ―七九ページ、八三ページ。

ひとつのフランス語によって開かれる扉があるように思う。それは、サンス（西田幾多郎は、サンという）sensというフランス語だ。西田は、センスsenseやジンSinnと比較対照して、こうしたフランス語には、英語やドイツ語とはどこか異なるところがあることに気づいている。それは、いわば内感性ともいえるもので、西田は、パスカルにフランスの内感的な哲学の兆を見出している。モラリストのスタートラインに姿を見せているモンテーニュにおいて、こうした内感性ともいえるものが脈打って見られるように思われる。

感覚――意味――方向、サンス sens である。感覚と意味は、フランス語においても英語、センスやドイツ語、ジンにおいても、ほとんど密着しており、ひとつに結ばれる状態にある。フランス語、サンスにおいては、方向という意味が、はっきりと浮かび上がってくる。意味とは、まさに方向なのであり、感覚も方向や方向性と深く結びついている。方向感覚という言葉がある。身体においては、前後、左右、上下だが、大地と宇宙的自然、地図においては、東西南北だ。方向、方向性、方位は、重要なチェック・ポイントだ。

ここにパリの地図がある。ラ・セーヌ、セーヌ河の水の流れ、それは、矢印そのものだが、ふつう人びとは、右方向から左方向へと矢印が進む状態でパリの地図を眺めている。こうしたパリの地図の上下が逆転してしまうと、いったいどうなってしまうのか。上下が逆転してしまうと、おそらく誰もがとまどってしまうだろう。意味が失われて、カオスが現出する。どんな地図でも逆転した状態でその地図を見ると誰もが見当がつかなくなってしまう。

人間の顔を眺める時、逆転状態でその顔を眺めると異様な姿が目に映る。メルロ＝ポンティが、こうしたことについて言及したことがある。アプローチの仕方、眺め方、向き、方向は、すべてにおいて重要な意味を持っている。それが何であるのか、意味不明、状況不明という状態は、私たちにとって不安な状態としかいいようがない。人間の顔は、それぞれに個性的で特徴が見られるものだが、上下が逆転してしまうと、一転して不可解な事態が生じてしまう。

正体不明、まったくのカオス、真っ暗闇という状態は、私たちにとって恐ろしい。真っ暗闇という状態ではないが、フランツ・カフカに「オドラデク」という作品がある。オドラデクは正体不明の物体で説明のしようがない人びとにとっては不安の塊なのだ。名づけようがない物体や対象は、誰にとってもただ、ただ不安と恐怖の材料にすぎない。ところで意味、価値、規範、シンボル×道具、知識のシステム、そして解釈図式などとして文化を理解したり、文化の概念をこのような仕方で説明することができるが、文化をトータルに意味の網の目と呼びたいと思う。科学における概念をサン＝テグジュペリは、方向と呼ぶ。彼が見るところでは、方向とは実践的な行為であり、方向とは、風景に意味を引き入れることなのである。方向、意味となるとフランス語、サンス sens だ。サン＝テグジュペリにおいては、方向は、実践的な行為、いわば人間の行動と結ばれているのである。当然、方向、意味とともに感覚という言葉が浮上する。いうまでもなくサン＝テグジュペリは、空の人、操縦士であり、飛行においては、経験ゆたかな人物だ。機首がどのような方向に向かうのか、機首を向ける方向は、片時も休みなしに問題だ。方向は、サン＝テグジュペリにおいては、まぎれもなく実践的な行為なのである。方向がさだまらなかったら、風景は混沌とした状態に留まってしまう。一定の方向を見るのであり、時には、まわりを見まわすのである。

サン＝テグジュペリにおいて実践の文学ともいうべき文学の新たな地平を展望した人がいる。ジャン＝ポール・サルトルだ。

いずれにしても意味づけることは、方向づけることなのである。メルロ＝ポンティは、身体を世界への投錨、意味的な核と呼ぶ。彼は、フランス語、サンス sens には十分に注目している。感覚——意味——方向、明らかに人びとそれぞれの身体は、感覚においても、意味においても、方向においても、座標原点なのである。方向感覚と呼ばれる感覚がある。

ヨーロッパを旅していた時に何度も実際に体験したことがあるが、アプローチの仕方が異なると、異なった道をたどりながら歩みを進めると、同じ広場にたどりついているのに、まるで異なった広場、トポスにやってきたように感じることがあった。たどる道筋とアプローチによって空間やトポスがさまざまに体験されるのである。

人間においては、いまのいままでのさまざまな体験が、そのつどの行動と行為にあたって有力な手引きや指針、方向舵となる。そのような体験が、実践的な知識や踏み台、道しるべとなる。さまざまな体験は、秩序づけられた、比較対照されたうえで方向づけられた、意味づけられた体験が、意味なのである。さまざまな体験は、ただ雑然とした状態で放置されているわけではなく、意識するしないにかかわらず、さまざまな体験や知識の統合と方向づけ、チェックがおこなわれているのである。感覚や感性、また、理性は、まことに多様な体験を貫きとおしている道となっているといえるだろう。いずれにしても感覚と意味と方向は、感性と行動に集約されているのである。行動も行為も感覚と感性によって方向づけられているのである。ゲーテは、行為と行為の生産性に注目しているが、感性の生産性、能動性、創造性について理解を深めていくことができると思う。理性の力とならんで感性の力があるといえるだろう。

ヘルマン・ヘッセは、「幸福論」と題されたエセーにおいて、つぎのように書いている（ヘッセ、高橋健二訳『幸福論』四二ページ、幸福論）。

神が考えたような人間、諸国民の文学や知恵が幾千年にわたって理解してきたような人間は、事物が役に立たない場合でも、美を解する器官をもってそれを楽しむ能力を付与されて作られている。美に対する人間の喜びには、いつも精神と感覚が等しい度合いで関与している。人間が生活の苦難や危険のただ中にあってもそういうものを楽しむことができるかぎり、つまり、自然や絵画の中の色彩の戯れや、あらしや海の声の中の呼びかけや、人間の作った音楽などを楽しむことができるかぎり、また、利害や困難などの表面の奥で、世界を全体として見たり感じたりすることができるかぎり、つまり、たわむれる若いねこの頭が描く曲線から、奏鳴曲の変奏演奏にいたるまで、犬の感動的なまなざしから、詩人の悲劇にいたるまで、連関があり、無数に豊富なつながり、相応、類似、反映が存在していて、絶えず流れるそのことばから、聞くものに喜びと知恵、冗談と感動の与えられる、そういう全体として世界を見たり感じたりすることができるかぎり、――それができるかぎり、人間は、自分というものにまつわる疑問を繰返し処理して、自分の存在に繰返し意味を認めることができるだろう。「意味」こそ、多様なものの統一であるから、そうでないとしても、世界の混乱を統一と調和としてほのかに感ずる精神の力であるから。

意味こそ人間にとっては人間の生成と存在において根底的に中心的な人間のトポス、身心のよりどころなのであり、プラクシスとポイエシスにおいて、人間の活動、人間の生成、存在を方向づけてくれるものなのである。人間の生活史とキャリアの総体が意味のトポスなのであり、私たちの誰もが、日々、生活史の最先端において、進むべき方向に直面しつづけているのである。生活と生存にかかわるあらゆる舞台と場面において、私たちの誰もが、感覚・感性と意味と方向に自己自身を委ねつづけているのである。

日常的世界も、日常生活のさまざまな舞台や場面も、ことごとく世界体験の、まさに意味の野なのである。人間は、みずからのダイナミックな世界体験の渦流に巻きこまれながら、進路をチェックしつづけている生成／存在、人生の旅びとなのである。

オルテガ・イ・ガセーは、生を四つ辻と見ている。人間は、選択と決断を迫られているそのような存在なのだ。ティリッヒは、意味志向性において人間を理解している。ティリッヒの表現を用いるならば、人間は、意味のなかで生きているのである。

人間は、この私、自己自身などという。この私も、自己自身も、まわりに見出されるさまざまな対象や人間が抱くところのヴィジョンやイマージュ、自己自身ならざるものとのさまざまなかかわりにおいて、みずからを支えたり、みずからを方向づけたりしているのである。触れること、世界に身を乗り出して世界に身心を委ねること、そのようにして世界を体験することが、人間においては、まことに深い意味を持っているのである。

方向――マルセル・プルーストの『失われた時を求めて』に見られるコンブレーのふたつの散歩道に注目したいと思う。スワン家の方へ、ゲルマントの方へ――コンブレーには、ふたつの散歩道があった。スワン家の前をとおって、メゼグリーズの方へと向かう道、この道は、さほどの距離の道ではなかったが、野原をゆくような道であり、風を受ける道だった。途中で教会の塔が離れたところに姿を見せるような道でもあった。

もうひとつの散歩道、ゲルマントの方へと向かう道は、ヴィボーヌ川の流れに沿って進んでいくような道であり、途中でおたまじゃくしを目にしたり、睡蓮の花畑と呼びたくなるようなトポスのかたわらを通っていくような散歩道だった。この散歩道は、かなりの距離の道だったので、用心して雨具の用意が必要とされるような散歩道だった。

コースの選び方によって家からの出口は、別々だった。

ふたつの散歩道、向かう方向が違うばかりか体験される風景、住んでいる人びと、社会的世界も、それぞれに異なっていたのである。プルーストは、まさにコンブレーの社会学といえるようなモチーフに着眼している。

コンブレーのふたつの散歩道は、オルテガ・イ・ガセーやサルトル、ボルノウらの目にとまっている。オルテガは、こうしたプルーストのふたつの散歩道において実践の場をイメージしている。サルトルは、プルーストのこうした散歩道のエピソードにおいて人間的空間をイメージしている。人間的空間とは、人間と人間との出会いと触れ合い、交わりがそこで体験される行動空間をさす。

人間的空間、人間関係、グループとグループ・ライフ、さまざまなライフ、そして人生、人生の旅路、人びと、風景、時間と空間、トポス、道——私たちの誰もが、サンス sens に導かれて、支えられて、サンスとともに、自己自身の人生の軌跡を描きつづけているのである。

❖

つぎにここでは、さまざまな人物の言葉に触れながら、人間へのアプローチ、人間の感性へのアプローチを試みたいと思う。人間、個人、個人は、あくまでも身体的であり、人格的だ。感性と理性のまことに微妙なバランスとハーモニーにおいて、人間は、驚くべきスペクタクル、生成的存在なのである。

セネカと人間

セネカの言葉に注目したいと思う。

あまねく知られた言葉がある。セネカの言葉ではない。古代ギリシア、デルポイのアポロンの神殿に刻まれていた言葉である。

汝自身を知れ

セネカは、この言葉を紹介しているが、この言葉につづくところで「人間とは何か」と書き綴っている（『セネカ哲学全集　1　倫理論集I』岩波書店、二五七ページ、マルキアに寄せる慰めの書、大西英文訳）。セネカが見るところでは、人間は、頼りないほど弱いものなのである。汝自身を知れ――セネカのまなざしは、ストレートに人間そのものに注がれている。

セネカのエセー「恩恵について」の第四巻には、つぎのような言葉が見られる（『セネカ哲学全集　2　倫理論集II』岩波書店、三一四ページ、恩恵について、小川正廣訳）。

実際、われわれは互いの親切によって助けられているが、それとは別のどんな方法によって安全に暮らせようか。突然の襲撃に対して生活がある程度防備され、守られているのは、ひとえにこの恩恵の交換のおかげである。われわれは、めいめい独りになったなら、何でありえようか。獣どもの餌食であり、獣どもへの生け贄にすぎない。そうして最も素晴らしい血が、いともたやすく流されるだろう。（中略）爪の力も、歯の力も、他の動物を恐がらせたことはない。その裸でか弱い人間を守っているのは、社会的結びつきだけなのである。（神は）そのような脆弱な人間を最も強いものにするために、二つのものを与えた。理性と社会的結びつきである。その結果、孤立した状態にあるなら他のどんなものとも競う力のない人間が、世界の主人になっているのである。社会的結びつきは、すべての動物に対する支配権を人間に与えた。社会的結びつきは、陸で生まれた人間の統治を自然の異なる領域にまで広げ、海まで支配するよう命じた。また、それによって、病気の襲撃が防がれ、老年の支えが準備され、苦しみに対する慰安が与えられた。われわれが勇敢になれるのも、そのおかげである。なぜなら、運命に対抗して、その助けを呼び求めることができるからだ。この社会的結びつきを取り去ってみよ。そうすれば、人類の和合という人間の生存を支えるものを引き裂いてしまうだろう。

セネカは、「恩恵について」の第四巻において、つぎのように書いている（同書、三二五ページ）。

人間は五感をすべて持っている。だが、あらゆる人間がリュンケウスと同じ視力をそなえているわけではない。

リュンケウス——ギリシア神話で、イアーソーンとともにアルゴー船に乗り、金毛羊皮を求めてコルキスへ旅した英雄の一人。

万物を透視できる鋭い視力を持っていた。（同書、三二五ページ、リュンケウスにかかわる注（七）参照）

セネカにつぎのような言葉がある（同書、一七八ページ―一七九ページ、恩恵について（第1巻）――）

一方、先に述べた無意味な事柄は、詩人たちに残しておこう。彼らの意図は、耳を楽しませ、魅力的な話を編むことだから。しかし、精神を健全にし、人間関係において信義を保持し、受けた恩恵の記憶を心に刻み込みたいと思う人は、真摯に語り、力強く論じなければならない。君はおそらく、軽い寓話や老婆の理屈によって「恩恵の帳消し」という世にも由々しい事態を防ぐことができるなどと考えはしないだろうから。（中略）そもそも、恩恵は手で触れられるものではない。そのやり取りは心で行われるのである。

友人について、セネカの言葉がある。恩恵についての第六巻に見られるものだ（同書、四二八ページ）。

友人は、家の広間ではなく、心の中に探すものだ。友人は、心の中に迎えられ、心の中に引き留められ、そして人の情の奥深くで守られていなければならない。

ジャン＝ジャック・ルソーは、友情をあらゆる契約のなかでもっとも神聖な契約と呼んでいる。

セネカは、人間の理性と社会的結びつきに注目している。人類の和合に彼のまなざしが注がれている。五感に触れた言葉がある。リュンケウスの名が見られるが、ゲーテの『ファウスト』には、リュンコイスという名の登場人物が姿を見せている。見張り役をする人物だ。

「汝自身を知れ」――このデルポイの神殿の銘は、人類の歴史の舞台においてこれまで輝きをもって迎えられてきた言葉である。

フォイエルバッハの感性

自己は精神であるというデカルトの定義、すなわち私の本質はただ一つ「私は考える」という点にのみあるという定義は、自己についての近世哲学の定義である。（中略）

デカルトは、感覚はいかなる真の実在性も・いかなる存在も・いかなる確実性も与えない、ただ感覚諸器官から引き離された知性だけが真理を与える、と言う。知性と感覚の間のこの分裂はどこから生じるか。それはただ神学からのみ生ずる。

その現実性においての、または現実的なものとしての現実的なものは、感官の対象としての現実的なものであり、感性的なものである。真理、現実性、感性は同一である。ただ感性的存在だけが、真の存在、現実的存在である。ただ感覚諸器官を通してのみ、対象が本当の意味において与えられ、思考自身だけによってではない。思考とともに与えられた、または思考と同一の対象は、単に思想にすぎない。

新しい哲学は愛の真理、感覚の真理をより所とする。愛において、感覚一般において、すべての人間は、新しい哲学の真理を承認する。その基礎について言えば、新しい哲学はそれ自身、意識へと高められた感覚の本質にほかならない。それは、すべての人間が——現実の人間が——心情において認めることを、理性において、そして理性をもって肯定するにすぎない。それは、知性へともたらされた心情である。心情は、抽象的な、形而上学的または神学的な対象や本質を欲しない。それは現実的な対象と本質、感性的な対象と本質を欲する。

古い哲学がその出発点に、「私は抽象的な、たんに思考するだけの存在であり、肉体は私の本質に属さない」という命題をもっていたとすれば、新しい哲学は、それに反して、「私は現実的な、感性的な存在である。肉体は私の本質に属している。それどころか、肉体の全部が私の自我、私の本質そのものである」という命題をもって始まる。

古い絶対哲学は、感官を現象の、すなわち有限性の領域へ追求したが、にもかかわらずそれは、このことと矛盾して、絶対的なもの神秘的なものを芸術の対象とした。しかし芸術の対象は——言葉の芸術においては間接的に、造形芸術においては直接的に——視覚・聴覚・触覚の対象である——感官は絶対的なものの器官である。芸術が「真理を感性的なものにおいて描写する」とは、正しく理解し表現すれば、芸術は感性的なものの真理を描写する、ということである。

感官にとって、「外部の」事物のみが対象なのではない。人間は、感官によってのみ、自分自身に与えられる。かれは、感官の客体として、自分自身の対象である。主観と客観の同一性は、自己意識においてはたんに抽象的思想にすぎず、人間の人間についての感性的直観においてのみ、真理であり現実である。

われわれは石や木、肉や骨などを感知するだけでなく、また感情をもつ存在と握手したり、接吻したりすることによって、さまざまな感情をもつ。われわれは耳によって水のせせらぎや木の葉のざわめきを聞くばかりでなく、また心のこもった、愛と知恵の声をもきく。われわれは眼球の表面と映像を見るだけでなく、人間のまなざしの内部をも見る。だから、外面だけでなく、内面も、肉体だけでなく、精神も、事物だけでなく、自我もまた、感覚器官の対象である。一切のものは、したがって、感性的に知覚できる。（中略）伝達によってのみ、すなわち人間の人間との会話からのみ、諸観念は生じる。ひとりではなく、自分とふたりでのみ、人は諸概念、理性、一般に達する。ふたりの人間が、人間——肉体的でもあり精神的でもある人間——を生み出すのに必要である。人間の人間との共同が、真理と一般性の最初の原理であり基準である。他の事物が私のそとに存在するという確実性そのものは、私にとっては、他の人間が私のそとに存在するという確実性に媒介されている。私がひとりで見るものを、私は疑う。他の人もまた見るものがはじめて、確実である。

人間を動物から区別するものは、決して単に思考だけではない。むしろ、人間の存在全体が、人間の動物からの区別である。もちろん思考しないものは人間ではないが、しかしそれは、思考が人間存在の原因だからではなく、思考が人間存在の必然的な結果であり特性であるからにすぎない。

＊フォイエルバッハ、松村一人・和田　楽訳『将来の哲学の根本命題　他二篇』岩波文庫、四一ページ、六八ページ、七一ページ―七三ページ、七五ページ―七八ページ、九一ページ。将来の哲学の根本問題。

テンニエスの感性

人々の意志は、相互にさまざまな関係を結んでいる。このような関係はいずれも、一方が働きかけ、あるいは与えるかぎりにおいて、他方が応じ、あるいは受け取るところの相互作用である。しかし、これらの作用は、その性質上、他人の意志または身体を保存する傾向をもっているか、あるいはそれをそこなう傾向をもっているかのいずれかである。すなわち、肯定的なものであるか、あるいは否定的なものである。（中略）すべての信頼にみちた親密な水いらずの共同生活は、（われわれの見るところでは）、ゲマインシャフトにおける生活と解せられる。ゲゼルシャフトは公共生活（Öffentlichkeit）であり、世間（Welt）である。人は、誕生以来、家族の者と共にゲマインシャフト的生活を送り、あらゆる幸不幸を共にしながら暮らしている。人は、見知ら

ぬ国に行くような気持ちで、ゲゼルシャフトの中に入ってゆく。（中略）

また、森や野原や田畑が家の自然的な外廓をなしているのに対し、かまどとその生き生きとした火は、いわば家そのものの核心であり本質である。それは、男も女も、老いも若きも、主人も僕も、すべての者が食事をとるためにその周囲に集まる場所である。そこで、かまどの火と食卓とは象徴的な意味をもつものとなる。すなわち、前者は、世代の交替にかかわりなく持続する家の生命力としての意味を有し、後者は、身心の維持と更新のために現存する成員を結合するものという意味をもっている。各人がそこに自分の席を持ち、然るべき分け前をあてがわれているかぎり、食卓は家そのものである。（中略）

また都市は、その食糧および労働のための原料を自身の所有する土地や市民の所有する土地から確保するか、あるいは周囲の地方から規則的に購入するとかによって確保するが、いずれにせよ都市は、その全力をうちこんで脳と手のより精巧な活動にたずさわっている。この活動は、物質に心地よい形態、すなわち共通の感覚と精神に調和せる形態を与えるものとして、芸術の普遍的な本質を示している。（中略）しかし、都市の生活においては、伝統的なものへの愛着は減じ、創造（Gestalten）に対する悦びが強い。同様にして、言葉の芸術（die redenden Künste）にかわって造形芸術が抬頭してくる。あるいは、言葉の芸術が造形美術と結びついてそれに同化される。（中略）宗教や芸術は、都市の日常生活の内容として、またそのありとあらゆる努力や秩序や法の基準・規矩として働き事実そのようなものとして認められている。プラトンは（「法律篇」の中で）、都市国家（Polis）は真の劇のようなものである、と言っている。個々の人間の理性的な徳性的な行為が芸術であるように、都市が自己自身の健康と力とを保持することそれ自体が一つの芸術である。

＊テンニエス、杉之原寿一訳『ゲマインシャフトとゲゼルシャフト 純粋社会学の基本概念』上、岩波文庫、三四ページ―三五ページ、第一篇 主要概念の一般規定、主題、七二ページ、八六ページ―八七ページ、八九ページ、第一篇、第一章 ゲマインシャフトの理論。

オーギュスト・ロダンの感性

自然とは、天と地である。この天と地との間で苦しみ考えるのは人間たちである。そしてまた、それらの人々がこの地上に空へ向けて建てたのが記念建造物なのである。

雲がどんなふうにひろがったり、小さくなったり、散らばったり、集まったりするかを観察するのは面白い。人間の生の営みも、愛もこれと同じである。

素晴らしい深さを持ったクロード・ロランの絵のような朝である。時はまさに春。私は春の朝のこの恍惚を体の中に吸いこむ。鶏が朝を告げ、甲高い悲しげな声が響きわたる。おお、なんという素晴らしさだ！　大地は愛に満たされている！　風景は若々しさと幸福に満たされている！

三つの力が道の上でたたかっている。風と雲と太陽が。

感激を養うに必要な美は、私たちの家の窓枠の中に十分にある……。

開け放した窓から、大きな鐘の音が聞こえてくる。私はこの音楽に注意深く耳を傾ける。この音楽は、それを私のところまで運んできてくれた、その友である風のように単調だ。そこには、過去の、私の青春のこだまと、絶えず私が自らに問いかけ、生涯をかけて解こうと努めたあらゆる疑問に対する答とが、一緒に聞きとれるような気がする。

鐘の音は雲の動きを追い、またそれを描く。消えたかと思うと再び響き、弱まり、また高まる。そして、その大きな力で、市街の騒音、車の軋り、朝の呼び声は失せる。母親の大きな声が都会を支配し、都会生活の震動する魂となる。（中略）

だが、わたしたちの巨大な大聖堂の鐘が鳴らすのは、時間ではなくて、世紀である。

シャルトルは永遠に讃嘆されている。
シャルトル、数ある中でも実に見事な私たちの大聖堂！
これはフランスのアクロポリスではあるまいか？

一つの花の中にはほとんどすべての花がある。野外の散歩はどんなに短い散歩でも、そこで会うのは全自然である。そして、草の中のあらゆる小道は楽園への道である。

＊オーギュスト・ロダン、新庄嘉章訳『フランスの大聖堂――聖地巡礼、そして遺言書――』東京創元社、創元選書一八七、三一ページ、三三ページ、三四ページ、四一ページ、第二章　フランスの自然、一三〇ページ、第五章　マント、一六八ページ、第一〇章　ランス、二〇四ページ、第一二章　シャルトル、二二九ページ、第一三章　装飾。

武満　徹の感性

音楽はうたであり、うたこそは愛である。（中略）

作曲家は、音の感覚的世界を通じて、人間存在の本質を探究しつづけた。そして、その時、形式《フォーム》がうまれた。

(中略)

壮大な交響曲も、私にとっては、人が立ち去る扉の音ほどに、苦しい音を感じさせないのだ。(中略)

私は、調律された楽器の音色《ねいろ》により、渇いた、砂礫のように軋み合う、デビュッフェの苦しい音に魅かれてしまう。

そして、私は、唯一の証し方をする。その時、私の音楽がもつものは生命《いのち》であり、私の音楽は、より効果的に現実の隠れた源泉に近付いてゆく。

私の音楽は、新しい(より確かな)存在となって時間の流れに合流する。

私の音楽の形態《フォーム》は、流動するアメーバーだ。(私は、たった一個の細胞だから)(中略)

私の行為の果に、目的というものはない。だから、完成という、怠惰と欺瞞は、私の在事においてはありえない。

私は〈誰のため〉にも書かない。

私にとって作ることは生きることなのです。

表現は、人間の生命の証《あかし》であり、その他の何ものでもない。〈情緒〉というようなことは、芸術の本質とは何の関係もない低い次元の問題だと思う。（中略）〈音〉は、一つの持続であり、瞬間の提出である。（中略）作曲家は、考古学者ではないのだ。そして、芸術作品は、精神と現実――〈音〉――との沸騰的な交渉の後に、沈殿して生じた結晶であるべきだ。

＊『武満徹著作集 5』編纂委員 谷川俊太郎 船山隆、新潮社、二二四ページ―二二七ページ、私の方法 ミュージック・コンクレートに就いて、「美術批評」一九五六年一月、二四六ページ―二四七ページ、私の現実、「音楽芸術」一九五八年八月。

人間という言葉とともにクローズアップされてくるさまざまな言葉がある。まず人間、人間とは、人間と人間なのである。私たちの誰もが、人びとのなかで、人びととともに生きている。グループも、社会も、人間の存在の次元なのである。世界、それは、人間の生成と存在の、人間の生活と生存の、舞台と領域、領野であり、世界は、日常的には人間の生活環境として、居住環境、行動環境として、また、さまざまなトポスとして、さまざまな道として人びとによって体験されているのである。ギリシア語トポス τόπος このギリシア語には、場所、位置、ところ、居場所、家や住居、部屋、坐席、余地、チャンス、職業、さらには人間がさいごにいかなければならないトポス、墓、墓地、そして、このトポスという言葉には、村や町、都市など集落という意味がある。トポスと道、こうしたいずれの言葉も人間の理解にあたって、人間の生活と生存、人間の生成と存在の理解にあたって、注目される言葉なのである。さまざまなトポスと道において人間と人間との出会いと触れ合いと別れが、人間関係、リレーションシップが、メンバーシップやフレンドシップが、さまざまな人間模様や人間と人間との図柄などが、つぎつぎに体験されるのである。

ゾーオン・ポリーティコン、アリストテレスがいうポリス的動物は、集住、ともにあること、言語、言葉、こうしたふたつのポイントにおいてイメージされたり、理解されたりする人間像だが、ポリス的動物は、トポスや道と決して無縁とはいえないだろう。アリストテレスの視野には、ホメロスに見られた炉とか法とか部族という言葉が入っていたが、人間は、本来、人びとととともに共同生活を営み、集住している、言葉に支えられながら生活をともにしている社会的存在として理解されていたのである。

言葉、言語とともに、おのずから理性、知性、ロゴスが、クローズアップされてくるが、理性、知性という言葉のほかに感性という言葉におおいに注目したいと思う。この感性においてこそ人間の原初の姿、本来の姿、まさに人間の根源的なアイデンティティ（存在証明、自己同一性、この私・自己が自己自身であること）が、はっきりと理解されるのではないだろうか。人間の感覚、感官、感性こそ、人びとがそこで生きている世界や世界に見出されるもの、世界の事象、現象、世界の出来事などが、つぎつぎにそこにおいて体験される舞台であり、窓口、フィールドなのである。

誰もが、五感という。人間は、個人、個人、それぞれの身体によって、五感によって、感官によって、世界に住みついているのである。世界に錨をおろしているのだ。世界に属しているのだ。五感とともに、さまざまな野が、舞台が、姿を現す。視野、聴覚の野、嗅覚の野、味覚、口腔感覚の野、触覚の野——こうした野とともに人間の身体そのものが、浮かび上がってくる。その生成と存在において、その生活と生存において、人間は、身体的、人格的であり、感性的、理性的なのである。時間と空間を意味づけること——人生の旅びと、人間は、そうしたことをたえまなしに、おこなっているのである。

人間という言葉とともに人間が、人びとが、トポスと道が、道具が、作品が、イマージュが、サインやシンボルが、風景が、つぎつぎに、ほとんど同時に姿を見せる。目に触れる風景、耳に触れる風景がある。音の風景、音風景、サウンドスケープが体験されるばかりか、匂いや香りの風景があるし、手で触れることができる風景もある。

風景とは、もともとは大地の眺めだが、人びとが身のまわりにおいて、そこ、ここにおいて体験するところのもの、およそ環境的なもの、霧のように漂い流れているもの、人間がそれによって包みこまれていると感じるところのものは、限りなく風景的といえるだろう。大地の眺め、さまざまな空の眺め、いたるところで体験される光と影と明暗、暗闇も風景だ。暗闇状態においては、音や音風景、手に触れる風景が、道しるべや行動の指針となる。暗闇においては、目はいうことをきかないが、身体全体にわたって感性が研ぎ澄まされるといえるだろう。

身体は、人間においては、究極のトポスであり、行為の、感性の、パースペクティヴ（遠近・眺望・視野）の座標原点なのである。

人びとがそこで人生の日々を旅している世界は、ほとんどつねに風景的世界として、社会的世界として立ち現れているのである。社会も、風景も、人間の実存の領野、舞台なのである。人間は、ぬきさしならない状態で世界に、こうした実存の領野に巻きこまれてしまっているのである。世界は、人間の生成と存在の、人間の生活と生存の、領野であり、地平なのだ。

人間は、自己自身ではないところのものに身心を委ねながら、そうしたものによって支えられながら、そのような状態において、ようやく自己自身たり得るのであり、自己自身ではないところのものが、人間、個人、個人に組みこまれてしまっているのである。人間は、世界と、人びとと、特定の他者と、作品と、また、道具と、風景と結ばれているのである。人びとは、トポスと、道と結ばれた状態にあるのである。

風が吹いているのだろう。窓際の泰山木《たいざんぼく》の葉がゆれている。その隣りの方には、やや左手だが、少し奥の方に木蓮が姿を見せている。白木蓮《はくもくれん》だが、その若葉もゆれている。しばらく眺めていると葉のゆれ方と動きが、微妙に変わる。一時期、この白木蓮の花が美しく咲き誇っていた。二階から眺めると、白木蓮の花畑が目にやさしく触れていたが、若葉が目立つようになり、しまいには、白木蓮の花は、ただ一輪、若葉の海に取り残されていた。

時は動き、変わる。季節が変わっていく。ごくごくわずかに変わっていくのだが、ある時、ふと季節の変化をはっきりと自覚することがある。藤の若葉の芽生え、藤の風景が変わる。藤の花が咲く。房の姿が目にやさしく、美しい。一九九九年の春に庭に植えた藤は、昨年、二〇〇五年の春、初めて花をつけた。花房を目にした時の思いは、深かった。樹木、草花、植物は、私たちの暮らしに入ってきているのである。

昨年も、今年も、私たちにとっての草花、花といえば、アネモネである。アネモネの季節がある。アネモネの色、柄、模様、その姿と表情、そのたたずまい、風情、アネモネに漂う雰囲気は、まことに独特だ。アネモネと一口にいっても、その色、色彩感、花柄、模様は、まことにさまざまであり、アネモネのバリエーションには目を見張るばかりだ。アネモネは、これまで風の花と呼ばれてきたのである。アネモネの原産地は、地中海世界、この風の花とともに地中海やギリシアなどが姿を見せる。アネモネにまつわるギリシアの伝説、エピソードがある。さまざまな花は、絵画の原風景だが、花々のなかでも、その姿と形、色彩、色柄、模様は、ほんとうに絵画的だと思う。アネモネの葉は、細身の葉だが、アネモネの花は、いずれも見ばえがして美しい。人間の瞳とまなざしが、はっきりとイメージされる花、それがアネモネだ。

時がたつと、アネモネの姿、表情、色、柄などが、微妙に変わっていく。こうした変化にも思いが傾く。アネモネには、どことなく不思議なところがある。

切り花となったアネモネ、鉢植えのアネモネ、庭に植えられたアネモネは、失われた自然ではなく、生きた状態の自然ではあるものの、なかばは、文化としかいいようがない。静物という言葉があるが、フランス語では静物を死んだ自然、ナテュール・モルトという。生と死の境目は、まことに微妙な深遠な領域だ。生と死は、遠く離れているわけではない。生あるものは、まさに死とほとんど表裏一体の状態にあるといえるだろう。

樹木や草花、岩石、鑛物、植物、地質、土質、さまざまな大地は、風土、環境とともに人間の世界体験の領野にクローズアップされてくるのである。風土性や環境に注目しなければならない。動物の生息地や環境がある。大地は、網目模様のさまざまな環境の連なりとしてもイメージされるだろう。ジャン＝ジャック・ルソーは、大地を人類の島と呼んだことがあるが、大地とともに、さまざまな動物、鑛物、植物が、姿を見せるのである。人間とともに、こうした動物、鑛物、植物が、人間のかたわらに、つぎつぎに姿を現すことは、人間にとって重要だ。

人間の感性も、想像力も、人間によって育まれるだけではなく、動物、鑛物、植物によっても、自然によっても、人間によってかたちづくられたものによっても、さまざまな形や色によっても、音によっても育まれるのであり、大地の片隅においても、芸術作品や風景によっても人間の感性がかたちづくられるのである。人びとのなかで、人間と人間との触れ合いにおいて、人間の個性と人間性、そして感性がかたちづくられていくのだが、自然体験においても、さまざまな作品体験においても、旅体験、風景体験、音風景を体験することによっても、人間の感性、生活感情、生活感覚、個性と人間性が、かたちづくられていくのである。世界体験は意味の源泉だが、世界体験は、フランス語、サンス sens 感覚・意味／方向とひとつに結ばれているのである。

感性を磨くための方法、舞台、糸口、トポスとして花に注目したいと思う。音楽、絵画、文学、演劇、建築……それらのいずれもが、おおいに注目されるのである。一点の絵画作品は、人間の感性の表情と動きがそこで生き生きと体験される舞台であり、トポス、道（いわば方法）なのである。アートのさまざまな領域、ジャンルと分野は、まさに人びとそれぞれの感性の拡大装置と呼びたくなるような人間の感性と想像力の舞台、トポスなのだ。

❖

ここで私たちは、オーギュスト・ロダンの風貌と姿、彼の声と言葉、彼のアプローチとパースペクティヴなどを体験しながら、私たちそれぞれの感性に磨きをかけたいと思う。『フランスの大聖堂——聖地巡礼、そして遺言書——』に見られるいくつかのトポスを体験したいと思う（オーギュスト・ロダン、新庄嘉章訳『フランスの大聖堂

——聖地巡礼、そして遺言書』創元選書二八七、東京創元社、参照)。

装飾について、というトポスでロダンは、つぎのように述べている(同書、二二七ページ—二二九ページ、第一三章 装飾)。


そして、花は大聖堂を与えてくれた。

それを納得するには、野原へ行って、眼を開きさえすればいい。

一歩ごとに諸君は建築の教訓を受けるであろう。昔の人たちは私たち以前に見、そして理解した。彼らは石の中に植物を求めた。そして今私たちは、永遠の植物の中に彼らの不滅の石を見出しているのだ。(中略)

私が自分の知っている一切を学び取ったのは、野原や森の外気の中においてである。


ヴェリエールの花畑。

この大きな花園に、美しい太陽の光の中に突然投げこまれたような私は、私の眼によって、新しい、より強烈な、未知の生を生きているような気がする。だが、あまりもの輝かしさに眼が眩《くら》む。園芸家が種子をとるために栽培しているこれらの花、同じような草花が植えられている大きな四角の花壇、色彩豊かなテーブルクロースを並べたようなこれらの花壇は、ステンドグラスのそばにいるような気持ちにさせる。(中略)

一つの花の中にはほとんどすべての花がある。野外の散歩はどんなに短い散歩でも、そこで会うのは全自然である。そして、草の中のあらゆる小道は楽園への道である。

森と野原のロダン、花のロダンと呼びたいと思う。花畑の花もあるし、野の花や路傍の花もある。森に咲く花があるにちがいない。楽園、パラダイス――庭や庭園は、本来、パラダイスを意味する言葉なのである。ロダンのトポスに見られた庭園があるが、ロダンの原風景は、森と野原とさまざまな花なのである。植物を大地の飾りと呼んだジャン＝ジャック・ルソーは、大地の飾りに目を見開いているが、ルソーは、五感で大地と自然を体験している。ロダンのつぎのような言葉がある。花さまざまである（同書、二三五ページ―二三七ページ、第一三章　装飾）。

あるチューリップには、素晴らしい落陽が見られる。
そうしたチューリップの花弁の間には、血にまみれた十字架が見える。（中略）

花弁にぎざぎざのあるチューリップ。その赤と黒の花弁は火事の焔のようだ。ところどころ縮れた花弁は、風にあおられている火のような効果を生んでいる。
実際、燃え立っているような花がある。まさに灼熱の花だ。茎に支えられて、花瓶の外に垂れさがったこれらのチューリップは空気の中で燃えさかっている。風に吹き払われて、四方八方に逃げる焔を見る思いがする。

（中略）

白い雛菊はその美しさをとりわけ葉に託している。茎が伸びると、先ず自在鉤の爪のような一枚の葉が出てくる。次に、もっと上に、もっと大きな葉が二枚出る。そしてこれらの葉の各々は小さな舌の形をしている。こうした恵まれた葉には、蕾を取りまくという喜びが予約されている。この蕾は、すでに立派に生長したこの植物全体の誇りであり、やがて単純なうちにも非常に美しい花へとのびるであろう。

太陽に似ている雛菊は、子供たちの花であり、恋する少女たちの花である。恋する少女はこの花を詩人たちに、芸術家たちに捧げる。（中略）

牧場の鈴蘭は、桜草と同時に咲く。なぜなら、この二つの花の美しさは、それぞれを、美しい季節の花束の中の対称的な位置に運命づけているからだ。

どちらの花も非常に女性的である。

森のほかのある花は、漕手のいるカヌーを思わせる。引き返そうとして急にカーブを描いている。

花それぞれの姿と形、色彩、柄、模様、表情、いうにいわれぬ雰囲気、印象、訴えかけてくるもの、メッセージ、それぞれの花においてイメージされるもの、人間の感性や想像力に触れるもの——このようなものが、さまざまな花にはあるのである。花は、人間の五感に触れるのだ。

さらにロダンと花である。アネモネが姿を現す（同書、二三八ページ―二三九ページ、第一三章）。

たんぽぽ、すかんぽ。槍の穂尖、矛槍。

この青いパンジー、その花弁、紺のビロードとクリーム色の絹の上祭服。

リラは実に爽やかだ！美しい陽をちらと見た時のような感じ。
移ろいやすい影が微かに揺れているその葉は、生気に満たされている。

カーネーションはルイ一五世の花である。それはリボン結びとなって、スリッパの飾りになっている。だが、すでにゴシックの芸術家たちはこれを、穹窿のアーチの接合点に彫刻している。（中略）

桑の葉の表面にはしなやかな手ざわりがある。この葉は本質的にゴシックの葉である。諸君はこれをトロカデロの美術館でしばしば見出すであろう。（中略）

いらいらして血走ったアネモネの眼。この花ほど私の胸を刺すものはない。私の眼の前にあるアネモネは更年期にはいっている。細い皺が一面により、花弁はまるでばらばらになっている。間もなく散るだろう。私が活けておいた、青と白とクリーム色のペルシアの花瓶は、彼女にふさわしい墓石だ。——陽気に開いている彼女の妹たちは美しい薔薇形装飾を思わせる。

ノートルダムのステンドグラスの中で私が好きなあの菫色をしたこの大きな花は、思い出のように心を動かす。とりわけ、私たちが、この花と私が、神のもとに戻ってきた今は。黒い蕾がひらきかけているその物悲しげな心臓は、花弁でいっそう濃くされている同じように黒い輪でかこまれている。そしてこの菫色の花弁は光を通したステンドグラスのようだ。この花は未亡人だ。

ロダンが石の森と呼んだパリのノートル＝ダム寺院、この石の森のなかで彼は、レンブラントの光と闇を体験したのだったが、私たち家族三人がこれまでしばしば訪れたシテ島の石の森には名高いステンドグラス、薔薇窓がある。アネモネは、薔薇ではないが、薔薇窓においては明らかにアネモネがイメージされるように感じられる。ロダンは、ここで、薔薇形装飾という表現を用いている。青春のまっただなかといいたくなるような若々しいアネモネもある。ほんとうに美しい生き生きとしたアネモネがある。だが、花の生命力がある。しだいに枯れていくアネモネの姿が見られる。花の姿、形、色、柄、模様、表情、雰囲気、印象は、変化していくのである。

ロダンの心がアネモネに傾いている。ロダンにおいてアネモネというのであれば、ヘルマン・ヘッセにおいては、晩夏の花、百日草だ。百日草は、ヘッセの花であり、ヘッセの絵にも姿を見せている。この百日草の姿や色が次第に変わっていくことについて書かれたヘッセの文章がある。

冬の光を浴びたノートル＝ダム寺院の美しさについてロダンが書いている。さまざまな大聖堂は、ロダンにとって聖なる自然とアートのトポスだった。ロダンはアミアンの大聖堂を讃仰すべき女性、聖母と呼んでいる。ロダンは、アミアンについて述べた時に、つぎのような言葉を残している（同書、一四八ページ、第七章　アミアン）。

森の中で夢想しながら、私たちは彫刻の生命を見出さなかったであろうか？どうして建築家が彫刻家よりも恩恵を受けていなかったといえよう？

そして森は、私が大聖堂から受ける印象と非常に似通った印象を相変わらず私に与えている。森は私を大聖堂の方へと戻らせる。

この二つとも私の青春を思い起こさせる……

この教会堂の前に立つと、否応なしに一つの森が思い出される。そして私はその森を再び眼の前に思い浮かべる……

私の青春がそこでよく夢想した森は、厳粛な森であった。そこでは小鳥のさえずりは聞かれなかった。地平線は、樹々の壁で限られ、ほとんど到るところ閉ざされていた。しかし、しっとり湿ったあたりの大気は色彩を鮮やかにしていた。緑色の光を横から受けて……

そこは、昼は沈黙の国であり、夜は恐怖の国であった。

「森は人間をその原点に呼び戻す。そして人間は森の中にもろもろの原則を見出すのだ」。ロダンは、このように書いている（同書、一五〇ページ、第七章）。森は、ロダンの原風景であり、彼の感性と想像力の母胎ともいえるようなトポスだった。「私の思い出はちょうどこれらの樹々のように立ちあがり、そして樹々と混じり合う……」ロダンの言葉だ（同書、一四九ページ）。

ロダンとランスの大聖堂――私たちは、家族三人でパリから日帰りでランスの大聖堂を訪れたことがあるが、つぎにロダンとともにこの名だたる大聖堂を体験したいと思う（同書、一六六ページ―一六八ページ、第一〇章ランス）。

大聖堂はそこにある、じっと動かず、黙したまま。私の眼には見えない。暗い夜である。眼が慣れてきて、少しは分るようになる。私の前に現われてきたのは、中世の全フランスの大きな骨格である。それは良心である。私たちはこれからのがれることはできない。それは過去の声である。（中略）正面の四分の三が見える角度から見ると、ランスの大聖堂は跪《ひざまず》いて祈祷している女の大きな姿を思わせる。この感じは渦巻形持送り《コンソル》の形によって与えられている。

同じ方向から見て、大聖堂が焔のように立ちのぼっているのに気がついた……

そして側面の輪郭の豊かさは、その眺めを絶えず変化させる。

一つの大聖堂を研究すると、楽しい旅行で得られるあらゆる驚きや喜びを感じることができる。そしてその驚きも喜びも無限である。

ランスの大聖堂、石の森の輝きと迫力、歴史性、聖なるトポス、まさにフランスの力、私たちは、パリから日帰りで訪れたランスへの旅を忘れることは、ないだろう。また、ある日、シャルトルへ――私たちは、パリのセーヌ左岸のモンパルナス駅から、何度もこのフランスの大聖堂の代表格ともいえるシャルトルを訪れたが、天候、日照、季節、時間帯などによって、シャルトルの大聖堂のさまざまな姿と風景、表情などを心ゆくまで体験することができた。日時計の天使を目にすることができる楽しみもあった。シャルトルのステンドグラスは、ほんとうに美しい。石の森を彩る虹を体験したことがある。ただの光線ではなかった。フランスのさまざまな石の森は、まさに感性のトポスであり、人間の感性にやさしく、激しく働きかけてくる感性の森なのである。人間のトポスとして、人間がたどる道として、フランスの石の森は、まことに得がたいパラダイス、楽園ではないかと思う。

庭――それは、もともとパラダイスを意味する言葉だ。家庭という言葉にあらためて注目したいと思う。家庭――家と庭である。おのずから家族と家族生活が、クローズアップされてくる。家族を始まりの社会と呼んだ人がいる。感性の人、ジャン＝ジャック・ルソーだ。ルソーにおいての森は、前人未踏の森、自然そのままの森である。

第 1 部

パリ、ポンピドーセンター、ブランクーシのアトリエ（復元）

言葉の泉

視覚とか聴覚とかというのは、触覚とは反対に、それ自身において表現的である。触覚を行動的として主体的感覚とすれば、視覚はこれに反し環境的感覚ということができるであろう。客観的感覚と考えられる所以《ゆえん》である。しかし触覚といえども、いやしくも意識的なるかぎりそれ自身において表現的であり、視覚といえども、それが身体的なるかぎり行動的でなければならない。歴史的社会的現実の世界においては、行動は両極（超越極と内在極をさす、山岸　健、注記）の矛盾的自己同一的として、行爲的直観的に実践的である。しかしかかる世界は両方向に抽象的世界を有つ。内在極の立場においては、我々の行動は表現運動的である。そこでは概念的思惟の立場は否定せられる、情緒的である。しかしそれは単に非合理的とか非知識的とかいうことではない。

歴史的空間は物の空間であると共に心の空間である。絶対現在においては、身心一如である。心即是仏、仏即是心である。（中略）我々の芸術的意欲は柔軟心的ということができる。茶室の建築において見る如く、その様式は絶対空間の中に自己を没するというにあるのであろう。東洋芸術の空間は自己に対する空間ではなくして、自己の於《おい》てある空間ということができる。

西田幾多郎

『自覚について　他四篇　西田幾多郎哲学論集Ⅲ』上田閑照編、岩波文庫、一四三ページ、歴史的形成作用としての芸術的創作。昭和一六年（一九四一年）五月六月にわたって『思想』に発表されたものであり、同年一一月刊行の『哲学論文集第四』に第三論文として収められている（同書、四〇二ページ、解説、参照）。——一五一ページ——一五二ページ、同論文。

面は元来人体から肢体や頭を抜き去ってただ顔面だけを残したものである。しかるにその面は再び肢体を獲得する。人を表現するためにはただ顔面だけに切り詰めることができるが、その切り詰められた顔面は自由に肢体を回復する力を持っている。そうしてみると、顔面は人の存在にとって核心的な意義を持つものである。それは単に肉体の一部分であるのではなく、肉体を己れに従える主体的なるものの座、すなわち人格の座にほかならない。

ここまで考えて来ると我々はおのずから persona を連想せざるを得ない。この話はもと劇に用いられる面を意味した。それが転じて劇におけるそれぞれの役割を意味し、従って劇中の人物をさす言葉になる。dramatis personae がそれである。しかるにこの用法は劇を離れて現実の生活にも通用する。人間生活におけるそれぞれの役割がペルソナである。

和辻哲郎

『和辻哲郎随筆集』坂部　恵編、岩波文庫、二一七ページ、面とペルソナ。

音楽はしばしば、海のように私を捉える！
　色淡い私の星の方へと、
空をおおう濃い霧の下、あるいは広漠たる灝気《エーテル》の中に、
　帆を掲げ船出する私。

冬の夜長、ぱちぱちと跳ね煙る煖炉のそばで、霧の中に歌う合鳴鐘《カリヨン》の音につれて
ゆっくりと立ちのぼる遠い思い出の数々に
耳かたむけるのは、苦《にが》くも快いことだ。

私は望む、純潔な心をこめてわが田園詩を書くため、
占星術師のように、空の近くに寝ることにして、
鐘楼たちの隣人となり、物思いにふけりながら、
風に運ばれてくる彼らの荘重な讃歌に聴き入ることを。
両の手に顎を支えて、わが屋根裏部屋の高みから、
私は見るだろう、歌ったりしゃべったりする町工場を。
煙出《けむだ》しだの、鐘楼だの、これら、都会の帆柱を、
はたまた、永遠を夢見させる大きな空を。

ボードレール

『ボードレール全詩集　I　悪の華　漂着物　新・悪の華』阿部良雄訳、ちくま文庫、一六一ページ――一六二ページ、六九　音楽の第一節、一六八ページ、七四　ひび割れた鐘の第一節、一八八ページ、八六　風景、パリ情景。

毎日が万聖節のようなブリュージュの街々の、この灰色にそまった憂愁！（中略）
鐘の音の歌もまた、どちらかといえば黒を思わせよう。だが、これも天空のなかでぼやけ、溶けこんで等しく灰色のざわめきとなり、運河の水の上に尾をひき、はねまわり、波をうつのだ。
そしてこの水自体が、青空の切れはしや屋根の瓦や、泳ぐ白鳥の白さや岸辺のポプラの青葉など、いくたのものを反映するとはいうものの、けっきょくは色のない沈黙の道に統合されるのである。
ここでは風土の奇蹟によって、ある相互浸透が行なわれる。それはなぜかよくわからない雰囲気の化学作用というもので、あまりに強烈すぎる色彩を中和し、その色彩を夢との一致へと、いや、むしろ灰色をした夢うつつのアマルガムへとみちびく。（中略）
魂と事物との相互浸透！われわれは事物のなかに入りこみ、事物はわれわれのなかに浸みこんでくる。
とくに町々には、それぞれ一つの人格、自主独立の精神があり、喜びや新たな恋や、断念や寂しいやもめ暮しと通じあうような、ほとんど表《おもて》に現れ出た性格がある。あらゆる都市は一つの精神状態であって、その都市に滞在するようになると、すぐにこの精神状態は伝播《でんぱ》し、大気の色合いと溶けあう液体となって、われわれに感染し、ひろまっていく。

ローデンバック

ローデンバック、窪田船弥訳『死都ブリュージュ』岩波文庫、六六ページ――六八ページ、VI、一一二ページ――一一四ページ、x。

意識が、それ自体とは別なものについての意識として実在するこの必然性を、フッサールは《志向性》(intentionalité)と名付けるのである。(中略)

フッサールは、恐怖と魅惑を物のなかに据え直した。彼はわれわれに、芸術家と予言者たちの世界を復活させた。恐ろしく、敵意に充ちて、危険ではあるが、恵みと愛との港々を持った世界を。(中略)われわれがわれわれを発見するであろうのは、なんだか知らない隠れ場所のなかなどではない。それは、諸物のあいだの物として、人間たちのあいだの人間として、路の上で、街のなかで、群衆のさなかで、なのだ。

つまり、人間とはひとつの本性ではない、ドラマなのだ。人間の性格とは行為である。

というのは、人間は人間自身の中に畳みこまれず、天から地にいたるまで、外部に、常に外部にあるからだ。小石には内部がある。人間にはない。しかも小石を存在させるために、人間は自らを失うのである。

サルトル

『サルトル全集　第一一巻　シチュアシオン　I　評論集』人文書院、一一八ページ――一二〇ページ、フッサールの現象学の根本的理念――志向性――、一九三九年一月、最後にこの日付が入っている。――一二二ページ、新しい神秘家、二四九ページ、人と物。

唯一絶対の真理など存在しない、多数の真理があるだけだとまず主張するという点で、現象学は不条理な思考につながる。夕暮れの風からはじまり、ぼくの肩の上に置かれた手にいたるまで、あらゆるものが、それぞれその真理をもっている。そして、意識がひとつひとつの事物に注意を向けることによって、それを照らしだすのだ。(中略)意識を特徴づけるのはこうした《志向》なのだ。だが、この《志向》という語には目的性の観念はすこしも含まれていない。つまり《志向》という語は《方向》という意味に理解されているのであり、地形学的な価値しかもたぬ。

アルベール・カミュ

カミュ、清水 徹訳『シーシュポスの神話』新潮文庫、六四ページ、不条理な論証。

感性と人間

書斎

ファウスト（尨犬を連れて登場）
わが去りしあとの野や畑は
いまや深い夜に覆われた。
夜は予感にみちた聖なる
戦《おのの》きでわたしたちの心を充たして
よりよき魂を目覚めさせる。
荒々しい衝動　制御を知らぬ行為への欲望はいまは深く眠り込み
ひとびとへの愛が甦り
神への愛が目覚める。
（中略）
ああ　この狭い書斎に
ランプがまた優しくまたたき始める
胸のなかに明るい光が拡がり
心も自分を取り返してくれる。
理性が再び言葉を発し始め
希望もまた新たな花を咲かせる。
そして生のせせらぎへ　生の源泉へと

ああ　憧れが目覚める！
（中略）
一巻の書物を開き、仕事を始める。

まず書かれてあるのは「はじめに言葉ありき！」
ここでも俺はつまずく！　何かよい考えは、ないものか？
俺には言葉がそんなに尊いとはとても思えぬ。
こんな訳文に俺は満足できない　俺の心が
聖なる霊の光にまだ明るく照らされている限りは。
よし書けたぞ。「はじめに意味ありき！」
いや　最初の一行だ　じっくりと考えよう。
筆が走り過ぎぬことが肝心だ！
神から発し　すべてを動かし創り出すもの——それは意味だろうか？
正しくはこうだ。「はじめに力ありき！」
だが　いざ書いてみると
まだ違うぞと告げるものがある。
聖なる霊の助けだ！　よし判ったぞ！
今こそ確かに書ける。「はじめに行為ありき！」

ゲーテ
J・W・ゲーテ、柴田翔訳『ファウスト』講談社、七二ページ―七六ページ、ファウスト第一部。

「社会学」という言葉は、非常に多くの意味で用いられているが、本書においては、社会的行為を解釈によって理解するという方法で社会的行為の過程および結果を因果的に説明しようとする科学を指す。

第九項　自分の行動には意味の判る方向がある、というような行為は、私の考えでは、つねに一個人或いは多くの個人の行動としてのみ存在する。（第一節・第九項）

第一項　純粋伝統的行動は、前節に述べた純粋反射的模倣と同様に、意味的方向を有する行為と呼び得るものの正に限界にあり、限界の彼方にあることも多い。（中略）

第二項　純粋感情的行動も、意味的方向を意識的に持つものの限界にあり、限界の彼方にあることも多い。（中略）

第三項　行為の感情的方向と価値合理的方向とは、後者では行為の究極的目標が意識的に明確化され、終始、それを計画的に目指していることで区別される。それを別にすると、両者何れにとっても、行為の意味が、行為の彼方にある結果でなく、特定の行為そのものにあるという点は共通である。感情的に行為する人間というのは、直接の復讐、直接の享受、直接の帰依、黙想による直接の浄福、或る直接的感情――粗野なものにしろ、繊細なものにしろ――の発散、そういう欲求を満たす人間のことである。

純粋価値合理的に行為する人間というのは、予想される結果を無視し、義務、体面、美、教義、信頼、何によらず、自分に命ぜられているものの意義を信じるがために行為する人間である。いつでも価値合理的行為というのは、行為者が課せられていると思う命令や要求に従うところの行為である。（中略）

第四項　目的合理的に行為する人間というのは、目的、手段、付随的結果に従って自分の行為の方向を定め、目的と手段、付随的結果と目的、更に諸目的相互まで合理的に比較秤量し、どんな場合にも、感情的（特に、エモーショナル）或いは伝統的に行為することのない人間のことである。（中略）

第五項　或る一つの方向だけを持つ行為、特に、そういう社会的行為というのは非常に稀である。（第一項～第五項、いずれも第二節）

社会的「関係」とは、意味内容が相互に相手を目指し、それによって方向を与えられた多数者の行動のことを指す。（第三節）

マックス・ウェーバー

マックス・ウェーバー、清水幾太郎訳『社会学の根本概念』岩波文庫、八ページ、二二ページ、三九ページ―四二ページ薔薇窓。この窓は花のようですね。

（――クラデル、「太陽のようです。眼で見ていられる太陽のようです。」）

――さよう、ゴティックは石に移された、また石に見出された「自然」です。本寺は森林を写しています。樹木の柱列ばかりではありません。その岩石。下方にあらわれる樹の根の塊まり。上方に繁る木の葉。それにオルグは万物の声です。枝を渡る風の強さと、鳥の歌のやさしさとを持っています。

肝腎な点は感動する事、愛する事、望むこと、身ぶるいする事、生きる事です。芸術家である前に人である事！

オーギュスト・ロダン

『ロダンの言葉抄』高村光太郎訳、高田博厚・菊池一雄編、岩波文庫、六三ページ

ジュディト　クラデル筆録、二九三ページ、ポール　グゼル筆録

私がものいうすべを覚えたのは、一八九〇年の春でありました。人の耳に聞こえる声を出してみたいという強い衝動がいつも私の心のうちにひそんでいました。よく一方の手を自分の喉《のど》に当て他方の手で自分の唇の運動を感じながら声を出してみたことがあります。私はなんでも音を出すものが好きで、ネコが喉を鳴らしたり、犬がほえたりするのを手でさわって喜びました。また歌っている人の喉や弾かれているピアノに好んで手をおいたものです。元来私は目と耳とを奪われる前、さかんにおしゃべりすることを覚えはじめていましたが、病気以来は耳が聞こえなくなったために、ものをいわなくなったのです。

その後もよく私は一日じゅう母の膝にすわって、両手をその顔に当てていたものです。というのは母の唇の運動を感ずるものがおもしろいからです。そうして一体ものをいうとはどんなことであったか忘れてしまっていましたが、自分も唇を動かしてみるのでした。

ヘレン・ケラー

ヘレン・ケラー、岩橋武夫訳『わたしの生涯』角川文庫、六六ページ、暁を見る、十三　翼のある言葉

《現実》le reél とは一般的に言って、自分がそこへと還っていくのを感じるところ——すなわち母港のようなものだ——それが《現実》の定義である。この帰還の運動が現実性と呼ばれる印象の内実をなす。

それぞれの感覚はさまざまな未知の事物を解釈する一つの装置である。

感覚は、多くの鏡のある一室に閃いた花火のようなもので、それは無数の形象を、次にそれら形象間の複雑な関係を輝かせる——

感覚は或るものゝ存在または欠如に依って生ずる。

いろいろな感覚は何ものにも似てゐない。それらは絶対唯一のものだ。

第一の神秘は感性の神秘。第二のは記憶の神秘。

自我——感性

感性はすべての事象中もっとも重要なものだ——この事情はあらゆる事情を包含し、常住現前しまた全体を構成する。

人が知識と呼ぶものは此の事象の一つの複雑化に他ならない。

感性——驚異の母——切断と諸々の抵抗の娘——火花と光——眼覚め、呼び掛け、侵入——加速——あるひは第二の変形——非平衡、——諸々の価値。

ポール・ヴァレリー

『ヴァレリー全集カイエ篇　四　身体と身体・精神・外界　感性　記憶　時間』筑摩書房、四六ページ、
身体と身体・精神・外界、三浦信孝訳、五九ページ、六四ページ、七九ページ、一〇二ページ、
一二七ページ—一二八ページ、感性、市原豊太訳

どんな方法でもよい、自己を集中しようとすればするほど、私は自己が何かの上に浮いているように感じる。いったい何の上にであろうか。虚無の上にというのほかない。自己は虚無の中の一つの点である。（中略）生命は虚無でなく、虚無はむしろ人間の条件である。（中略）生命とは虚無を掻《か》き集める力である。

それは虚無からの形成力である。虚無を掻き集めて形作られたものは虚無ではない。虚無と人間とは死と生とのように異なっている。しかし虚無は人間の条件である。

人間の条件として他の無数のものが考えられるであろう。例えば、この室、この机、この書物、或いはこの書物が与える知識、またこの家の庭、全体の自然、或いは家族、そして全体の社会……世界。（中略）

虚無という人間の根本的条件に制約されたものとして、それ自身虚無に帰し得るもの、いな、虚無であるものとして、世界の物は人間の条件である。

三木　清

旅の心は遥かであり、この遥けさが旅を旅にするのである。それだから旅において我々はつねに多かれ少なかれ浪漫的になる。浪漫的心情というのは遠さの感情にほかならない。（中略）旅は過程である故に漂泊である。（中略）日常の生活において我々はつねに主として到達点を、結果をのみ問題にしている。これが行動とか実践とかいうものの本性である。しかるに旅は本質的に観想的である。旅において我々はつねに見る人である。平生の実践的生活から脱け出して純粋に観想的になり得るということが旅の特色である。旅が人生に対して有する意義もそこから考えることができるであろう。（中略）

旅は未知のものに引かれてゆくことである。それだから旅には漂泊の感情が伴ってくる。（中略）

何処《どこ》から何処へ、ということは、人生の根本問題である。（中略）我々は我々の想像に従って人生を生きている。人は誰でも多かれ少なかれユートピアンである。旅は人生の姿である。

三木　清『人生論ノート』新潮文庫五八ページ―五九ページ、人間の条件について、一三三ページ―一三七ページ、旅について

淋しく感ずるが故に我あり
淋しみは存在の根本
淋しみは美の本願なり

美は永劫の象徴

西脇順三郎

『西脇順三郎詩集』那珂太郎編、岩波文庫、一二二ページ、旅人かへらず

雪の多かったあとに訪れた京の春は、緑が目にしみるようだ。たぶん北国の人がそうであるように、野がよみがえるよろこびを、いつもの年よりつよく感じるのだろう。（中略）

野草で染めた糸の群をみていると、野原そのものの色合いになっている。うす紫に、茶と鼠《ねずみ》をふりまぜた♭《フラット》の諧調は、げんのしょうこ。うす緑に、淡い黄色はれんげ草。すこし青味の洒落《しゃれ》た鼠はよもぎ。この洒落ものをひとすじ縞《しま》に入れたいと、畑にとんでいって、パッパッとよもぎを摘み、炊き出して染める。そんな離れ業をやってしまうのもこの季節にかぎっていて、季節というもののありがたさを感じる。

凍《い》てついた大地がゆるんで、草木の発芽をいだきはじめた土の色、はじめて陽の光をうけて戸惑う双葉の色、もしその音色も同時にきくことができるならば、音と色そのものが糸にのりうつっている。生まれでたばかりの野草の音色である。

そら豆が夜のうちに、ぷくっと莢《さや》の中でふとる。草むらではたるぶくろが白い提灯《ちょうちん》をさげる。季節は夜のうちに大働きしている。

そんななかで、人間もどこかで細胞がよみがえり、春の新しい発見がある。野にれんげや、げんのしょうこが育つとき、私たちの体の状態も感覚も、夜のうちに少しずつ春から初夏へ移動しはじめて、野の状態にもおくれをとらず、うまくついていけるのだろう。

志村ふくみ

『色を奏でる』志村ふくみ・文、井上隆雄・写真、ちくま文庫、二六ページ―二七ページ、野草の音色

人間とは、あくまでも身体的存在だが、誰であろうと、人間、個人、個人は、感覚によって、感性によって、さまざまな方向に方向づけられているのである。方向づけること、それは、意味づけることであり、感覚、感性――意味――方向は、相互に密接につながり合っているのである。この一筋のラインと文脈には注目したいと思う。人間は、存在であるよりは、はるかに生成そのものではないだろうか。存在と生成の両サイドにおいて人間へのアプローチが可能ではないかと思われる。

人間は、全身で全感覚を働かせながら、自己自身の身体によって、感覚と感性によって、世界に、いわば人間の生活と存在の舞台と領域に、さまざまな領野と野に、巻きこまれてしまっているのである。そのような舞台と領域と結ばれているのである。そのような舞台と領野に住みついているのだ。位置づけられてきたのである。人間は、世界に生まれて、世界を体験しながら、自己自身と向き合いつづけているのである。動物、鑛物、植物――それらのいずれもが、世界と呼ばれる舞台と野のいたるところに姿を見せている。また、人びとの生活空間、居住空間、行動空間、さまざまなトポスと道などには、まことに多種多様なオブジェ、対象や客体、作品、道具、記念となるものなどが、見出されるのである。

人間の感性の扉は、いつも開かれているといえるだろうが、人間の感覚に激しく働きかけてくるような、人間の感性がしなやかに波うつような大地の片隅、風景、トポスや道がある。私たちの感性にさまざまな状態で波及する、さまざまなかたちで私たちの感性に働きかけてくる言葉がある。光がある。色や形や音がある。音風景や音楽がある。感性とは、人間、個人、個人の感覚的個性、感覚によって意味づけられた、方向づけられた身体的で人格的な人間性なのである。感性は、ダイナミックな人間性であり、プラクシス（行為・実践）とポイエシス（制作・創造）に方向づけられている人間の力なのである。

感じること、それは、人間の人間らしい姿だと思う。感じることにおいて生きていること、人間としての生存が、はっきりと自覚されるのではないだろうか。五感によって、感覚によって、人間は、世界に方向づけられているのである。感覚と感性によって人間は、行動と行為に、プラクシスとポイエシスに方向づけられているのである。感性によって、感覚によって、身体によって、人格によって、世界体験によって、人間は、プラクシスとポイエシスに、表現に、表現的行動に、自己呈示に、自己表現に、創造的営為に動機づけられたり、駆りたてられたりしているのである。

❖

人間は、根源的に生命であり、生命力である。生なのだ。人間とは、行動であり、行動力である。人間は、行為者であり、活動する人生の旅びとである。人生行路と人生と呼ばれるまことにスケールが大きい旅に注目したいと思う。

感性は、まさに身体的で人格的な人間の生命の光であり、生命の輝きなのである。感性は、人間の生命のほとばしりであり、感性は、人間の湧き出る泉であり、人間の生き生きとした表情なのである。感覚的な人間性、人間的個性である感性こそ人間においてもっとも注目される人間の生成と存在の様相ではないかと思われる。人間がさまざまな状態でタッチしている、なんらかのかたちで人間がかかわり合っている、さまざまな対象や客体、作品、出来事、現象、事象には、人間の感性が知らぬまににじみ出ているのである。

理性の力とならんで感性の力があると思う。人びとが、私たちの誰もがそこで生きている世界、日常的世界においては、いたるところで人間の感性のさまざまな表情と表現が体験されるのである。根底的には、本源的には、人間とは、もっとも深いところにおいて感性ではないだろうか。

❖

ここで蕪村の感性に触れたいと思う。感性は、人間的個性の核心にあたるものであり、まことにしなやかな個性の姿、表情なのである。彼の俳句を、いくつか紹介したいと思う（中村草田男『蕪村集』講談社文芸文庫、一二九ページ、一四八ページ、一八一ページ、二三九ページ）。

牡丹散《ち》ってうちかさなりぬ二三片

午《ひる》の貝田うた音なく成《なり》にけり

涼しさや鐘をはなるゝかねの声

丸盆の椎にむかしの音聞《きか》む

俳句――それは、もっとも凝縮されたスタイルでの人間の感覚的な言葉であり、感性の結晶ともいえるような人間の生活と生存の言葉の輝き、人間の生活と生存のまことにソフトな鏡ではないかと思う。

人間は、誰であろうと、まさに感性そのもの、感性的人間ではないだろうか。もちろん人間は、理性と感性の両面において、独自の人格的人間、個性ゆたかな唯一の個人として人びとの前にその姿を現しているのであり、理性という表現が、見失われてしまうはずはない。おそらく誰もが気づいていることだろうが、人間については理性的動物という表現が、ふつう用いられてきており、人間を感性的動物などと呼ぶ呼び方は、ほとんど見られなかったと思う。だが、理性的という言葉に加えて、あえて感性的という表現を用いなかったら人間を深いところで、しかも全体的に、多面的にイメージしたり、理解したりすることは、できないと思う。感性と表現、このふたつの言葉をはっきりとイメージしたり、自覚したりすることによって、動物である人間は、まさに人間そのものとして、より確かな本来的な人間として理解されるのではないだろうか。

言葉、言語こそ人間の証明だと古くからいわれてきたが、こうした見方、人間へのアプローチには十分な説得力があることは確かだ。言語、言葉、文字、書体……まさに人間ならではの人間の存在証明だが、これらのいずれにも、文体にも、言語表現にも、おのずから人間の感性、人間の感覚的個性、人間性がにじみ出ているのである。

世界は、人間の感覚と結ばれている。感官という言葉がある。感官は、窓であり、橋であり、道であり、アンテナなのである。五感と身体によって、私たちの誰もが、人間の生活と生存の舞台と領域である〈世界〉につながれているのである。すべての感覚において、触れることは、根源的に決定的に重要だ。

感覚によって人間のプラクシス（行為・実践）とポイエシス（制作・創造）は、方向づけられているのである。感覚によって人間の生活と生存にかかわる活動と行動と進路は、意味づけられているのである。

人間は、漂流状態に身を委ねているわけにはいかない。人間は、停止状態に留まっていることはできない。人間は、持続的に活動しなければならない。前へ、前へ――人間は、あくまでも行為者なのだ。人間は、自己自身ではないところのものによって支えられた状態で、そのようなものによって意味づけられながら、方向づけられながら、人生の一日、一日を人びとのなかで、風景のまっただなかで、道具のかたわらで、作品と向き合いながら、旅しつづけているのである。一人の人間、個人が、あくまでも身体として、人格として、唯一の個性的人間として、この世界に姿を現しているということは、まことに驚くべきことなのである。人間の生活史、足跡、人間がなしとげたこと、人間の業績と作品は、それらがどのようなものであろうと、注目に値する世界の出来事、世界の光景、人間の存在証明なのである。生活と生存の両面において、人間へのアプローチが試みられるのではないだろうか。生と死を自覚しながら、悠々と生きること、それが、生存なのである。体験された時間、内的時間、人間的時間、意味づけられた時間を内省的に、自己自身と対話しながら生きること、それが人間においての、人間としての生存なのである。記憶の糸をたぐりよせること、意味を紡ぎ出していくこと、記憶、回想、追想、思い出、郷愁——これらのいずれもが、人間にとっては、もっとも人間的な営みなのである。人間のアイデンティティ（存在証明・自己同一性）は、このような人間的な営みにおいて理解されるのではないかと思う。

❖

陶芸家、河井寛次郎の作品、『六十年前の今』に注目したいと思う。つぎのようなシーンがある（河井寛次郎『六十年前の今』版権　河井寛次郎記念館、監修　財団法人　日本民芸館、発行所　東峰書房、四一―四二ページ、蟬、蟬、蟬）

ひぐらしは、愛宕山から町屋の屋根の上に、夜露にぬれた爽やかな暁方を降らして、子供達をゆり起した。子供達が、耳から食べる朝の食事としては、これ以上の清純な栄養が、他にあったであらうか。

この蟬は夕方になると、十神山の木立の中から、炎天下の町の一日の仕事へ終了の鈴を振り、油のやうによどんだ夕凪の中へ、涼しい夜を呼び入れた。

みんみん蟬は、季節が秋に入った事を告げる、最初の音標であった。これは、青田の畦には溝萩が咲き、畑ではほほづきが赤くなり、青柿には白い粉が吹いた事を知らせた。そして、町の人達には、盂蘭盆会の行事にかからせ、十万億土の彼方から、仏様達をお招きした。

この蝉は少し蓄膿症ではあったが、音痴である油蝉とちがって、みんみんとつきない音の糸で、子供達の中にごろごろころがってゐる音の素材をつなぎ合はせて、一連の形に仕上げていった。

音標、音の糸――河井寛次郎の耳と感性に注目したいと思う。そこで子どもたちが生きていた世界、子どもたちにとっての日常的な現実が、河井の記憶とともにクローズアップされてくる。まことにさまざまな音が人びとによって体験されてきたが、ほんとうに微妙な音があるし、いわくいいがたい音もある。宇宙的自然、自然の大地、人間の大地、人間の生活世界、また、さまざまなパースペクティヴとスタイルでイメージされる環境世界は、音および音体験という視点から、音環境、音の世界、音の宇宙、音風景としても理解されるのである。

人びとそれぞれの生活史において、子ども時代、幼児期、幼年期、昔日の光景、風景、世界体験は、特別な意味を持っているのである。おそらく誰にも記憶の絵本と呼びたくなるようなさまざまな世界体験があることだろう。色あせていくような光景や出来事があるかと思うと、日ましにはっきりとよみがえってくるような事柄やある日の一シーンなどがある。

子ども時代は、消え去ってしまうわけではない。誰もが、そのような時代を抱きつづけながら、人生の日々を旅しつづけているのである。人びとそれぞれの生活史に根ざした原風景があるのである。原風景とは、記憶の道しるべ、支えとなっているような風景、自己自身へのアプローチと自己自身の理解にあたって、出発点、帰着点となっているような風景をさす。私たちの誰もが、そのような原風景や重要な他者やさまざまな人びと、思い出、記念の品々、作品、大地の表情と風景、大地の片隅、さまざまなトポスや道などによって支えられながら、生活しているのである。生存しているのだ。

いま、窓の外、視界に広がっているのは、多摩の一角、谷戸の風景だ。小鳥のにぎやかなさえずりが、耳に触れる。ほんとうににぎやかで、そのさえずりは、耳にやさしく響く。天然の音楽と呼びたくなるような鳥の鳴き声だ。どんな鳥なのだろう。窓の外、すぐそこ、道のひとつ先に見えるのは、耕作された大地、畑である。何種類もの野菜が栽培されているが、赤土の畝が見えるところもある。畝の縞模様によってこの谷戸の大地が飾られている。畑の先には竹林やさまざまな樹木、樹林、ソフトな緑の風景が広がっている。その先の方は谷戸の低地、いわば細長い盆地で、左右には谷戸の里山がゆるやかに姿を見せている。里山の重なりが見える方向がある。その先の方に姿を現しているのは、町田市の一画、団地の風景やかすかに見える市街地の片隅の風景だ。かなたの風景は、うすぼんやりとしている。谷戸の里山の稜線によって風景が意味づけられている。ここからかなたへと谷戸の風景がやさしい風景として展開している。

谷戸を眺めていると、手前にあたる谷戸の盆地から白煙が立ち昇ってきた。時々、白煙がはっきりと色濃く悠々と空をめざす。白煙のふもとには人家がある。庭からの煙なのか、畑の片隅からの煙なのか。

空にはおだやかな綿雲が浮かんでいる。ふんわりと。綿雲は、平面的に広がっている。ちぎれている状態ではない。水彩画のような青空が、ところどころに見える。全体としては、眠気を催しそうな風景だ。

谷戸とは、丘陵の岬と入江と呼びたくなるような地形なのである。里山と狭々とした盆地の風景、それが、谷戸の風景だ。目前の谷戸の盆地には一筋の道が見える。何軒かの民家が見える。赤い屋根の家もある。この谷戸の盆地の道を先へ先へと歩んでいくと、やがてこの道は、別の道と出会うことになる。そうした道と道との結合点には山の端という名のバス停がある。里山、谷戸の岬の稜線が、次第に低くなっていく先端部分にあるバス停だが、山の端という停留所の名前は、みごとに地形と風景をいい表わしている。大学のキャンパスから道をくだりながら谷戸の盆地に出て、谷戸の風景を楽しみながら、山の端のあたりまで歩いたことがある。

大地は、風景によって、景観や景色によって、さまざまな道やトポスによって意味づけられているのである。方向づけられているのだ。鳥のさえずりがほとんど耳に触れなくなってしまったと思ったが、また、時々、鳥の鳴き声が、耳に触れる。谷戸の風景と音風景がある。空の表情が微妙に変わる。綿雲の印象が少しはっきりしてきた。眼下の畑で働く人びとの姿が見える。人物の姿は四人。離ればなれだ。二人は近づいている。ミレーがイメージされる。働く人は、大地の一角から世界を見る。私もミレーと同じように自然が好きだ、というような言葉を残した人がいる。西田幾多郎である。彼は、ライフ life の研究者をめざしたが、生涯、ライフが西田のモチーフ、方法、パースペクティヴとなっていたのである。ライフとならんで人間、世界、環境、さまざまな自己などが、西田とともに姿を見せている。

石川県に生まれ育った西田幾多郎は、日本海、金沢の風景、京都の盆地と山々、鎌倉の海と山と谷戸などを体験している。そのような風景を体験しながら、この哲学者の感性が、さまざまに波打っていたことは、まちがいない。西田の短歌がある。書がある。彼の感覚と感性が、短歌にも、書にも満ちあふれている。人びとは、さまざまな風景を体験する時に、また、さまざまな作品を残す時に、おのずから時にはきわめて感覚的に生きることがあるのではないかと思われる。

人間は、さまざまな対象や客体、風景や景色に、色や形に、音に触れる。触れることにおいて、触れることによって、世界は、さまざまな状態で人間に錨をおろす。人間に住みつく。人間は、世界体験の主体として、世界のなかで、世界において、大地の片隅で、風景に巻きこまれながら、人びとに巻きこまれながら、さまざまなトポスや道を体験しながら、人びとのかたわらで、道具のそばで、作品を前にしながら、人生の一日、一日を生きつづけているのである。そのような状態で人生を生きてきたのである。

窓の外、雲は、ほとんど左の方へと姿を消してしまい、左の片隅にわずかに綿雲が浮かんでいる。前方、谷戸の空は、淡彩の空色である。風が出てきたのだろう。畑の先、右手の竹林が揺れている。

視界は、はなはだ気になるが、人びとには視野があり、聴覚の野がある。嗅覚の野がある。口腔感覚、味覚の野がある。手で触れることができる野がある。足の裏に触れる野がある。大地がある。西田は、あるところで、われ歩く、ゆえにわれあり、という。この世界は、さまざまな野によってかたちづくられているのである。世界は、環境的、風景的である。また、世界は、社会的だ。だが、すべてにおいて自然が、起点となっているのである。世界の原風景、それは、自然ではないかと思う。いま、窓の外、小鳥のさえずりは、耳に触れない。音環境が変わってしまった。私たちがそこで生きている世界は、光の状態において、風の状態において、風景において、私たちが体験しつつある気分と感情において、音や色などにおいて、まことに変化に富んでいるのである。人間は、まさに対象あっての、支えとなるものがあっての人間なのである。対象や客体によって支えられたうえで、方向づけられた状態において、人間は、ようやく主体的人間といえるのである。どのような場合やどのような状況においても、感覚と感官、感性は、人間にとって命綱そのものなのである。

感覚、感官、感性――意味――方向、このような言葉の並び方、配列、相互連関性、文脈に注目したいと思う。言葉と言語というならば、意味、発音、言語行為、会話、文字、字体、文体、形式、表現方法などが、気にかかるが、確かに、どのような表現形式や人間の行動や行為においても、さまざまな言葉や言語には人間の気配や人間の姿、人びとの生活と生存、人生が浮かび漂っているように思われる。言葉や言語には人間の感性や理性がにじみ出ている。

ギリシャ語、ロゴスというならば、理性、論理、言語、言葉ということになるが、ロゴスとならんでパトス、感覚、感性、情動……に注目しないわけにはいかない。ロゴスとパトスにおいてこそ全体的人間、身体的人間がイメージされるのである。言葉や言語がパトスから切り離されているはずはない。パトスは、言葉や言語に満ちあふれている。パトスは、言葉や言語におのずからにじみ出ている。パトスは、言葉や言語に、人間の身体や動きや表情に、さまざまな状態で映し出されている。表出されているのである。

絵画作品や彫刻作品においても、さまざまなスタイルと形式などが見られる文学や音楽のジャンルにおいても、ドラマのステージと演技や演出においても、建築においても、感性やパトス、感情のさまざまな様相が体験されるのである。感覚的な作品や印象主義的な方法やアプローチ、作品があるが、あらゆるスタイルや方法などが体験されるアート、芸術のジャンルにおいては、人間の感性や人間の想像力、パトスの様相に注目しなければならない。見ることがすべてではない。さまざまな感官と感性がひとしくクローズアップされてくるのである。見るということとは、触れること、理解することだ。耳に触れる音を私たちは理解するのである。人間は、感じるだけではない。感性や感覚によって人間は、プラクシス（行為・実践）とポイエシス（制作・創造）に動機づけられたり、方向づけられたりしているのである。あくまでも人間は、行動する。活動する。人間は、行為者である。人間は、世界を体験しながら、自己自身の行動や行為を方向づけつづけている。たえまなしに意味づけることが、おこなわれている。感覚、意味、方向——まさにそれらのいずれもが、人間の生成と存在において特別に深い意味を持っているのである。

人間は、あらゆる意味で意味そのもの、人間は、世界体験の主体（客体とともにあるところの主体）であり、意味の紡ぎ手、意味の担い手なのである。人間は、意味のかたわらを通りすぎていくわけではない。意味のなかで人間は生きているのである。意味づけること、意味の理解と解釈、意味を紡ぎ出すこと、意味とともにあること、意味をめざすこと、意味の創造、スタイルとリズムに心くばりをおこなうことは、人間においては、まことに人間的な営みなのである。

人間の身体は、感覚によって意味づけられているのである。方向づけられているのだ。人びとがそこで生きている世界は、人間の身体によって、東西南北によって、トポスによって、道によって、さまざまな時間によって、さまざまな空間によって、方向づけられているのであり、意味づけられているのである。人間の生活と生存は、過去によって、未来によって、現在によって方向づけられているのである。意味づけられているのだ。

意味づけること、それは、方向づけることなのである。

サン＝テグジュペリは、科学における概念を方向と呼ぶ。彼が見るところでは、方向とは、風景のなかに意味を導き入れることなのだ。方向づけることは、秩序づけることであり、方向づけることによって大地は、風景として、立ち現れるのである。

私たちの誰もが、人びとのなかで、さまざまな人間の輪をかたちづくりながら、人生の日々を旅している。日々の社会的現実は、私たちにとってきわめて重要だ。人間関係、人間模様、グループ・ライフ、メンバーシップ、リレーションシップ、フレンドシップ、スキンシップ……人間は、人びとのなかで、共同生活、グループ・ライフの場面で、人間と人間とのまことにさまざまな出会い、触れ合い、別れ、再会、相互行為、相互交流、コミュニケーション、さまざまな結びつき、絆などによって、自己自身を支えているのである。数え切れないほど多くの人びとによって助けられながら、そうした人びとによって支えられながら、人生の日々を生きつづけてきたのである。

人間とは、まさに人間と人間なのであり、さまざまな人間関係やメンバーシップは、私たちにとって命綱にあたるものだといわざるを得ないだろう。人間、一人、一人は、まぎれもなく個人、あらゆる意味でユニークな個人だが、人間、個人は、驚くべきほどに社会そのものなのである。哲学、人間学の西田幾多郎も、倫理学、哲学の和辻哲郎も、偶然の一致かもしれないが、「個人は社会である」と述べている。こうした表現においてクローズアップされてくるのは、西田においては、人間関係であり、和辻においては、間柄なのである。和辻は、人間を間柄存在と呼ぶ。他者にたいする働きかけ、人間と人間との相互行為、応答、他者への呼びかけは、人間においては人間の根本的な営み、まことに人間的な行為、まさに社会的行為なのである。

衣・食・住のいずれにおいても、日常生活のほとんどあらゆる場面で、労働においても、遊戯や楽しみごとにおいても、人間は、人びととともに、人びとのなかで、相互行為や社会的行為、他者への呼びかけや働きかけにおいて、社会的に生きている、生活している、生存しているのである。

生きている人びとのなかで生きる、といった人がいる。フランスのモラリストのスタートラインに姿を見せているモンテーニュだが、たしかにそのとおりだとは思われるものの、おそらく私たちの誰もが、生きている人びとのなかで生きているばかりか、すでに世を去ってしまった人びとのなかでも、時にはそうした人びとのなかにおいてこそ、まことに人間的な状態で、より深く人間的な時間を生きているのではないかと思う。

生と死は、明らかにまったく別個な状態だが、人間、個人においても、人びとがそこで生きてきた、また、生きている人間的世界、社会的世界、日常的世界においても、生と死は、たがいに引き離しがたい状態で深く結びついているのである。西田幾多郎は、まさに人間にとっての真の環境というべき世界を生と死の世界、歴史的社会的世界などと呼んでいる。

人間とは、生命、生命力そのもの、全面的に生なのだが、さけがたい状態で死は生に当初から組みこまれてしまっているのである。

すでに世を去ってしまった人びとは、はるかかなた、とうてい手がとどかないところに隠れてしまっているわけではない。思いや気持次第かもしれないが、生きている人びとのかたわらに他者が、他界してしまった人びとが、他者といっても特別な人びと、最愛の人が、人びとが、ひそかに姿を現しているのではないかと思う。死者は、あいまいな、はかない存在ではない。死者は、確固たる状態で私たちのかたわらに現前しているのではないだろうか。私たちが、日々、そこで生きている世界は、まことに奥深い、底知れぬ深さをたたえたソフトな世界なのである。ここでは人間の生活と生存の舞台と領域を〈世界〉と呼びたいと思う。

私たちがそこで生きている世界は、日常生活のさまざまなシーンにおいて明らかなように、あくまでも社会的であり、人間関係の網の目において多様な社会的現実がクローズアップされてくるような人間的世界なのである。人間は、さまざまなシップの乗組員なのであり、シップから離れることなく人生と呼ばれる大きな船旅を体験しつづけているといえるだろう。進路と寄港地、港、灯台、羅針盤、地図、風景、天候などが、旅する人びとにとっては気にかかることだ。もちろん他者、人びと、仲間、頼りになる大切な人びと、家族などが、なによりも気にかかるだろう。

海、陸地、水平線――どこを眺めればよいのか、まことに単調な風景が、ほとんど変わらずに目に触れる旅がある。島影やかすかに見える一線の陸地が目に触れた時、安堵する旅びとがいることだろう。船旅においては、船であり、海であり、空である。大空だ。海原だ。船客だ。船の甲板は、ささやかな陸地のように感じられる。空飛ぶ鳥が目に触れることがある。船旅ではどのような音風景が体験されるのだろう。出航時の銅鑼《どら》の音がある。汽笛の音色がある。

人生と呼ばれるまことに大きなスケールの旅では、身近な人びと、家族、同伴者、友人、近隣の人びとが、誰の場合でも大切だ。一人旅の意義はあるものの、途方もなく広大な旅、人生と呼ばれる旅においては、自己自身を支えたり、助けてくれたりする人びとが、どうしても必要だ。人間の輪に加わることができなかったら、人びととのコンタクトがとれなかったら、おそらく誰もが生きた心地がしないだろう。人生を旅する人びとは、たがいに声をかけ合いながら、手をさしのべ合いながら、相互にコンタクトをとりながら、先へ先へと歩んでいくのである。なによりもそのつどの現在が問題であり、気にかかるだろうが、過去と未来は、いずれも現在としっかりと結ばれているのである。過去といっても、まことにさまざまだが、現在と未来を支えてくれているような、また、現在と未来を方向づけているような（意味づけているような）過去がある。西田幾多郎は、「過去がなければ、この私はない」という。時の流れは、人びとそれぞれにおいて、さまざまな方法で意味づけられているのである。人間は、なすすべもなく時の流れに身をまかせているわけではない。サン＝テグジュペリのつぎのような言葉に注目したいと思う。

人生に意味を

人生を生きるということは、人生を意味づけていくことだと思う。人生を方向づけていくことだといえるだろう。人びとのなかで、人びとともに、相互的に行為しながら、手をさしのべながら、声をかけながら、日々の生活を築きつづけていくこと、生活するだけではなくて、一人の人間として生存すること――こうしたことが、人生の旅びとには要望されるのである。

人間は、さまざまな対象、対象物、客体、自己自身ならざるものとの密接なつながりや結びつき、時には一体的関係などによって、ようやく自己を、自己自身を支えつづけているのである。たちまち漂流者になりかねない人間、私たちの誰もが、自己自身をつなぎとめることができるような対象や客体などを探し求めつづけているのである。道しるべ、目印、案内板、進路、目標（の地点）、トポス、また、トポス、道、また、道、人びと、重要な他者、私たちに生命力と活力をもたらしてくれるもの、私たちに喜びと楽しみを与えてくれるもの、安心感を与えてくれるものなどが、人生の旅びとにはどうしても必要とされるのである。

私たちの手もとや身近なところ、そこ、ここにつぎつぎに姿を見せる道具、作品、思い出の品々、記念の品物、品々、庭先の風景、草木、樹木、草花、石、さまざまなオブジェ、いたるところで体験される風景、音風景……記念碑、集落、特別なトポスや道……私たち人生の旅びとにとっては、これらのいずれもが、おろそかにされてはならないものなのである。

不安と苦悩と定めなさを人間の条件と呼んだ人がいる。パスカルだ（『パンセ』）。彼は、人間を中間的存在（無限に比べると無、無に比べると無限）、漂流者、考える葦、偽善者などと見ている。この偽善者という人間像においては、人びとのなかに姿を見せている社会的人間、他者との関係において自己呈示や印象操作（このふたつの言葉は、いずれもゴフマンの言葉だ）などに心をくだいている人間の姿が、クローズアップされてくる。パスカルは、無限の空間に恐怖心を抱いた人だ。

「島であるような人はいない」。これは、イギリスの詩人、ジョン・ダンの言葉だが、彼は、こうした言葉につづいて、「誰もが大陸の一部なのだ」と書いている。大陸とは、社会を意味しているといえるだろう。

人間は、個人、個人それぞれの身体において、人格において、自己において、自我 self において、生活史において、アイデンティティにおいて、人物 person において、まさに個別的、唯一的だが、これらのそれぞれにおいて、一人の人間として、全面的に社会的といえるのである。西田は、私と汝において人格を、人格的自己を深く理解している。人間は、本来、背中合わせの状態で生きているのではなく、ほとんど向き合うような状態で、生きているのである。また、並存状態というよりは共存状態において人間は、生きてきたのである。

生活空間や居住空間には、なんとさまざまな家具調度品や道具や飾り物、記念の品々、また、絵画や写真などが、姿を現していることだろう。生活環境や居住環境は、さまざまな物体、物品などのトポスとして、また、独自の音環境として、人間的空間として理解されるのである。人間は、自然のまったただなかに人間的なトポスや道を築きつづけてきたのであり、いずこにおいても人間は、あくまでも人間的なものに身心を委ねながら、人生の日々を旅しつづけてきたのである。

人間は、自然のさまざまな音を体験しながら日々の生活を築いてきたが、それだけではなく人間は、音楽とともに日々の生活を営んできたのである。音の楽しみ、耳の楽しみ、目の楽しみと喜び……人生を生きるために人間は、楽しみごとなどについても、さまざま工夫を試みてきたのである。作曲、楽器、演奏、合奏、耳を澄ますこと、耳の楽しみなどにおいて、人間は、生活というよりは、生存のための舞台と領域をみごとなまでに創造してきたといえるだろう。

文学にしても、音楽や絵画や演劇にしても、哲学であろうと、宗教であろうと、人間としてできるだけ人間的により深く、より広く生存することが、人間には求められてきたのである。

理性、知性という言葉がある。こうした言葉だけで人間へのアプローチが完結するはずはない。まさにここにおいてこそ、人間の全体性や人間性、個性がみごとなまでに花開くといえるような言葉やモチーフがある。ここにあたるのは感性なのである。

人間は、身体によって、身体をとおして、また、感性において、感性をとおして、世界に位置づけられており、身体と感性によって世界に住みついているのである。身体と感性をとおして世界に巻きこまれてしまっているのである。感覚こそ、身体とならんで人間の座標原点なのである。感覚と意味と方向は、ひとつに結ばれるような状態にあるのである。こうしたことがもっとも明瞭に理解されるのは、フランス語、サンス（西田幾多郎は、サン、という）sensだ。

sens 意味と方向がたがいにひとつに結ばれるフランス語だが、第一群の意味は、感覚・意味であり、第二群の意味は、方向なのである。意味不明、意味喪失とは、カオス、混沌とした状態、真暗闇をさす。

意識するしないにかかわらず人間は、全感覚を働かせながら、生きているのである。身体のいたるところが、世界体験の現場なのだ。人間にとっての野は、視野に限定されているわけではない。聴覚や嗅覚の野があり、口腔感覚・味覚の野がある。手で触れることができる野がある。触覚の野に注目しないわけにはいかない。

❖

人間――人間とは人間と人間であり、人間関係そのもの、さまざまな人間関係、リレーションシップやメンバーシップ、フレンドシップなどが一点に集中するところに特定の唯一の個人、ユニークな身体的人格的人間が、姿を見せているのである。誰の場合でも、さまざまなグループとグループ・ライフが、まことに多様な人間関係と人間模様が、社会的世界のアスペクト、様相、光景としてクローズアップされてくるのである。

人間は、社会的世界に、また、大地や風景に、時間と空間に巻きこまれた状態で人生の一日、一日を旅しているのである。人びとは、たがいに手を取り合いながら、声をかけ合いながら、言葉をかわしながら、一緒に生活しながら、広大きわまりない人生行路を助け合いながら旅しているのである。人びとのそうした姿ほど私たちの心をゆさぶる眺めはないだろう。人間が生活している姿、日常生活の舞台と場面で人びとのなかで一人の生活者として人間的に生存しようとしている人間の姿は、人間の心をとらえて離さない光景ではないだろうか。

時間と空間――カントは、時間と空間を感性の形式と呼んでいる。人間――時間――空間、おのずから〈世界〉が、クローズアップされてくる。ここでは〈世界〉を人間の生活と生存の舞台と領域、領野、地平と呼びたいと思う。世界は、時間的空間的世界であり、人びとの、私たちの日常生活、人生の日々という視点から見るならば、世界は、まぎれもなく日常的世界なのである。

日常的世界――西田幾多郎は、日常的世界を哲学のα、ωと呼ぶ。西田は、フランス哲学について考察した時、モンテーニュの仕事とアプローチに注目し、日常的世界という言葉を用いたのである。日常的世界こそ社会学の、感性行動学の、社会学的人間学の、さらには風景学の、αであり、ωであり、しかもこうしたそれぞれのアプローチ、パースペクティヴ、方法の中心的モチーフなのである。

人生の旅びと、人間が、人びとが、そこで生きている、また、生存している世界から目を離すことはできない。世界は、社会的であり、風景的であり、日常生活を営んでいる人びとの生活情景、人間模様、人間関係は、人びとの目をとらえて離さないのではないかと思う。

ところはパリ、永井荷風の作品、『ふらんす物語』の一シーン、主人公がパリ滞在の最後の一日をどのように過ごそうかという時、この主人公は、パリ生活の思い出の場所、トポス、リュクサンブール公園の片隅、メディチの泉水のほとりを訪れる。この公園で彼は庶民の生活情景を目にする。荷風は、このシーンで生活の詩という言葉を用いたが、この生活の詩という言葉に注目したいと思う。こうした言葉とともに人びとの人生の日々と人生行路、人びとの生活情景、生活感情、人びとがそこで生きている世界が、クローズアップされてくる。

生活の詩——人間の感性が、この言葉に満ちあふれていると思う。人間は、感性においてソフトで全体的な人間として、その姿を現す。人間といえば、なによりも理性だとおそらく誰もが人間をイメージするだろうが、理性とならんで感性に注目しなければならない。人間は感性的理性的人間として、世界に、人びとに、風景に、道具に、作品に、トポスと道に、巻きこまれてしまっているのである。そのような人間として、人びとは、共同生活を営んできたのである。

社会も、文化も、人間の生成と存在の次元なのである。だが、根本的には自然が、このような次元として、まず初めに注目されなければならない。人びとは、自然のふところの深いところで、自然のまっただなかで、日々の生活を築きつづけてきたのである。活動状態、行動と行為こそ、プラクシス(行為・実践)とポイエシス(制作・創造)こそ、理性と感性、感性とイマジネーション、想像力、感受性こそ、人間のまことに人間的な姿ではないかと思う。表現、表現力、コミュニケーション活動、対話、応答、共感、共存、互助、記憶と記憶力——人間の生活と生存の深さと広がりに注目しないわけにはいかない。

❖

言語、言葉、ロゴス、理性である。言語感覚、語感、言語表現、文体、表現力、筆の運び方、おのずから感性と想像力が、言葉に、文字に、言語に浮かび漂う。感覚、感性、情感、表情、表現、まさに人間の現存がイメージされる。言語芸術、文学、文学のさまざまなジャンルが、クローズアップされてくる。さまざまなアートのジャンルにおいてほど人間の感性が生き生きと感じ取られるステージとフィールドはないだろう。言葉や言語にも、音にも、色や形などにも注目したいと思う。人間の感性には底なしの深さと深渕が感じられる。

人間は、話し合う。語り合う。会話、対話、コミュニケーション、応答——人間は、表情と表現において、対話においてたがいに感じ合うのである。

人間とは生命であり、生命力である。意志であり、意欲、願望である。人間とは感性であり、感受性である。人間とは感性をそなえた理性である。感性に包まれた、感性によって支えられた、感性によって方向づけられた理性、それが人間なのである。人間は、根底的に感性だといえるだろう。

人間は、すべてにわたって感性ではないかといいたくなるくらい私たちにとって感覚、感性、感受性、感性的行動、感情は、私たちそれぞれのアイデンティティ、人間性、個性、人格性、身体性、身体とひとつに、深く結ばれているのである。人間とは人間と人間であり、人間とは身体そのもの、人格そのもの、人間とは感覚であり、五感なのである。人間は、世界体験の主体、行動や行為の主体、身体として、人格として、主体、時間的空間的主体なのである。

人間は主体であり、行動や行為の、感覚や五感の、動機づけの、方向や方向性、方向づけの主体であるとともに座標原点、ここなのである。人間にはいつも出発点、帰着点というイメージが漂っているように思われる。人間の身体は、明らかに私たちにとっては根源点なトポスであり、決定的なよりどころなのである。

人間は、すべてにわたって感覚的だといえるだろう。身体と感覚、感性は、ひとつに結ばれているが、感性は人びとそれぞれの人間性、人格性、個性、さらに生活史、生活環境、人びとそれぞれがそこで生きてきた世界とひとつに結ばれているのである。人間は、いつでも、いずこにおいても、環境とともにあり、世界とともにあることに注目したい。人間にはさまざまな野があり、そのような野に、いわばさまざまなステージ、フィールド、領野に身心を委ねながら、人びとは、人生の一日、一日を生きてきたのである。

人間——時間——空間、人間においては、時間感覚、空間感覚、方向感覚が、人間の生活や生存と、人間の行動や行為と、人間のプラクシス、ポイエシスと密接に結びついているのである。私たちは、つねに身辺に、そこやここやかなたに、パースペクティヴ（遠近・眺望・視野）に、過去と現在と未来に、気をくばりながら、身心を支えており、進路の選択、行動や行為において決断を迫られているのである。

空間と時間をどのようにイメージして、それぞれをどのように意味づけていくか、方向づけていくかということが、私たちにとってきわめて重要なことなのである。

目標、ゴール、コース、トポスと道、道しるべ、方法、手段——地図と風景、同伴者、グループ、メンバー、人間関係などが、日常生活の舞台と場面においては、つねに問われているのである。思想、信念、生活態度——人間においては重要なポイントだ。人間には見とおしがたいほどの深みと厚みが、うかがわれるのである。

方位と方向性、方向——私たちの生活と生存において、プラクシスとポイエシスにおいて、行動と行為において、いつも、いずこにおいても、気にかかることだ。目標、ゴール、道しるべ、道案内、地図、風景、他者、人びと、リレーションシップ、メンバーシップ、人間関係……私たちには支えとなるもの、よりどころ、方向づけとなるものが、どうしても必要なのだ。

人間の身体は、方向と方向性のゼロ・ポイント、座標原点なのである。前後、左右、上下は、人びとそれぞれの身体を軸として、ゼロ・ポイントとして、方向づけられている。人間の身体は、定点であり、まさに標石のような基点なのである。身体は不動ではない。

自然の方位、方向としては、東西南北が注目に値する。太陽が昇る。東、東方には深い意味がある。太陽が沈んでいく方向がある。西、西方浄土という言葉がある。大空は、太陽の晴れ舞台だ。オルテガ・イ・ガセーは、太陽を旅びとと呼んでいる。日の出、日没、いずれも人間を深い感動に誘いこむ時間帯であり、瞬間だ。太陽は、私たちに瞬間を告げ知らせてくれる。光と明暗、旅びと太陽は、昼と夜を含めて、人間の感覚と感性にさまざまな状態で働きかけてくる。微妙な明暗や光、さまざまな光によって人間の感性は、しなやかに波打つ。黄昏時《たそがれどき》に感動を体験しない人はいないだろう。明け方、太陽が姿を覗かせるその瞬間、おそらく誰もが打ち震えるばかりの感動を体験するのではないかと思う。

日の出、太陽が昇る地点と方向、明け方の太陽のドラマとスペクタクルに注目した人物がいる。『エミール』の一シーンだが、ジャン＝ジャック・ルソーが私たちの前に姿を見せる。私たちは、ルソーを感性の人と呼ぶことができるだろう。世界は、印象としてルソーの感覚にナイーヴな状態で触れたのである。ルソーは、大地を人類の島と呼んでいる。

大地は、風景として、地形として、地質として、さまざまなトポスとして、さまざまな道として、その姿と表情を顕わにしている。大地は、人間の五感にたえまなしにさまざまな情報と兆しと印を提供しつづけているのである。人間は、さまざまな野に身を、身心を委ねながら、人びとのなかで、人生の日々と生活を築きつづけてきたのである。人間の生活と生存は、持続的な営為なのであり、世界の構築、現実の構成、状況の定義づけ、アイデンティティの構築、時間と空間の、人生と生活と生存の、意味づけ、方向づけは、持続的におこなわれているのである。

大地と宇宙的自然は、つねに一体的な関係にある。気候風土、大地の眺め、いわば風景、人びとの生活と生存、文化と文明――これらは、いずれも相互に密接に結びついている。

生活世界（フッサール）、環境世界（ユクスキュル）――世界は、このように呼ばれる世界としてもクローズアップされてくるのである。大地は、人間にとっての大地であるだけではない。さまざまな動物、植物、鑛物にとっての大地でもあり、人間的世界、さまざまなトポスや道が、人間の手によってかたちづくられたものなどが、いたるところに見出されるような大地なのである。音や匂いや香り、色や形などの大地でもあるのだ。

ランドスケープ、風景、スカイスケープ、空の眺め、風景、サウンドスケープ、音風景は、相互に結ばれた状態にある。環境も、世界も、全体的に立ち現れているのである。

大地は、東西南北によって、人間の身体によって、人間の感覚と感性によって、トポスと道によって、自然によって、文化や文明によって、意味づけられているのである。大地は、風景によって、地図によって、さまざまな風土によって、意味づけられているのである。歴史的風土と呼ばれる風土もある。

風と土、そして風と光だ。いたるところにおいて、多面的に風である。風土、風光、風景、風俗、風物詩、風貌、風情……風という文字に漂っているイメージやイマジネーション、語感、言語感覚がある。

言語、言葉は、まことに人間的な人間の営みであり、ロゴス、言語は理性そのものといえるだろうが、言葉や言語は、感覚的なものであり、文字においても、言葉の選択や語順やリズム感、スタイルなどにおいても、言語、言葉は、感性の霧によって包まれているといえるだろう。感性は、人間の生存感情、生存感覚であるようにも思われる。

感覚は、人間の表層ではなくて人間の深部、人間の本質的な領域ではないかと思われる。感覚と感性は、人間に生気と活気、行動力、生命力をもたらしてくれるものであり、人間の行動力、創造力の源泉なのである。人間に方向性と意味をもたらしてくれるものこそ感覚であり、人間の感性なのだ。

五感の人間性、それが感性であり、感性とは、感覚の個性、感覚の個性的人間性なのである。

❖

言葉、言語、単語のひとつ、ひとつには意味や意味群がある。辞書には意味の森林、意味のトポス、意味と呼ばれる道などという趣が漂っている。言語や言葉の大地には人間の生活と生存と呼ばれる水脈、鑛脈が見られるといえるだろう。

ひとつ、ひとつの言葉、単語の意味だけが意味のすべてというわけではない。人生の旅びとである人間の生活と生存にかかわる世界体験の全領域を意味領域、意味、意味の深みと呼びたいと思う。意味は、世界にあるということもできるだろう。

人びとは、過去と未来を展望しながら、記憶とヴィジョン、イメージとイマジネーション、キャリア、生活史、自己自身の世界体験を動員して、進路と状況をそのつどチェックし、行動するのである。人間は、意味のなかで生存しているのである。人間、世界体験の主体、もちろん対象や客体あっての主体は、その生成と存在において意味そのものなのだ。人間は、さまざまな仕方と方法で紡ぎ出された〈意味世界〉で人生の一日、一日を生きているのである。私たちは、さまざまな対象や客体と触れ合いながら、自己自身と対話する状態で生活し、生存しているのである。

ここでつぎの三つの言葉に注目したいと思う。フランス語 sens 、つぎに英語 sense そしてドイツ語 Sinn ——フランス語、サンス（西田幾多郎は、サンという）この sens という言葉には、感覚・意味という意味群と方向という意味群がある。英語、センス、まず感覚という意味があり、さらに意向、また、意味という意味がある。ドイツ語、ジン、この言葉には、複数形においては、五感という意味があり、単数形においては、感覚、そして意味という意味がある。

これら三つの言葉においては、あくまでも感覚という意味と意味という意味があることは明らかだ。感覚——意味、このふたつの言葉は、密接に結ばれているのである。方向という意味は、フランス語 sens においては明瞭に見られるのだが、英語 sense 、ドイツ語 Sinn においては、方向という意味は、明瞭には浮かび上がってはこない。だが、英語、ドイツ語、いずれにおいても方向という意味がイメージされるように思われる。意味的方向——このような意味がイメージされると思う。

フランス語においては、意味づけることは、方向づけることだ、といえるのである。意味——方向、明らかにこのようなラインをたどることができる。ここで見たところの三つの言葉においては、感覚という意味が、スタートラインに姿を見せている。フランス語においてはことのほか明瞭だが、感覚——意味——方向という脈絡が、注目されるのである。

感覚は、人間にとって命綱なのだ。五感によって人間の生命力に息が吹きこまれているのである。感覚も、五感も、生命力なのである。人間は、身体によって、五感、感覚によって世界に属しており、世界に位置づけられているのである。感覚は、感性の源泉、私たちは、感覚――意味――方向によって導かれながら、支えられながら、日常生活の舞台と場面、領野において行動しつづけているのである。ヴィジョンとイマジネーション、プラクシスとポイエシス、人間の行動と行為に人間の感覚と感性は、ほとんど休みなしに働きかけつづけているのである。

感覚は身体そのものと感官に根ざした人間のアイデンティティだが、感性は人びとそれぞれの身体と人格、人格性と人間性、個性、人びとそれぞれの生活史と人びとがそこで生きてきた世界に根ざした人間の本質なのである。感性は、人間のもっとも人間的な資質、人間的な個性、感受力、感應力ではないだろうか。感じることは、まことに微妙な人間の営みではないかと思われるが、感性を育み、感性を培うことは、人間形成と人間のアイデンティティの形成において、きわめて重要なことだと思う。人間にとっては感性こそ人間であることの能力ではないだろうか。

心が動かされる、感動する、感激する。このようなことこそ人間であることの確かな証拠ではないかと思う。人間とは、表情であり、表現そのもの、表現力ではないだろうか。人間の生命と生命力は、人間の感性においてみごとなまでに理解されるのではないかと思う。

宇宙的自然、大地の自然、私たちの誰もが人びとのなかで、さまざまな人びとと触れ合いながら、共同生活を営みながら、人生の一日、一日を生きつづけているのである。さまざまな自然のなかで、人びととのさまざまな輪のなかで、人びととさまざまな輪をかたちづくりながら、人間は、さまざまな仕方で、一日、一日、人生を方向づけるために、意味づけるために努力しつづけてきたのである。

自然のまっただなかで人びとは人間にふさわしいトポス、居場所、家、部屋を築きつづけてきたのである。家と庭、いずれもトポスだが、家と庭とがひとつに結ばれたソフトなやさしい、親しみやすいトポスこそ私たちにとって大切な特別な世界なのである。世界とは、人間の生活と生存の舞台と領域、領野を意味する。人間的世界、社会的世界、いうまでもなく文化的世界、こうした世界は、歴史的世界であり、私たちそれぞれの人生の日々と日常生活においては、〈日常的世界〉なのである。

家、家屋、住居——家族生活と家庭生活、それぞれに言葉は異なっているが、たがいに一体的に深く結ばれているのである。家族生活の舞台として、さまざまな部屋（トポス）や家の片隅、片隅、庭などが、また、家まわりや屋敷が、大地が、道が、近隣や集落（トポス）が、つぎつぎに姿を現す。

テンニエスといえば、ゲマインシャフトとゲゼルシャフトだが、ゲマインシャフト、ゲマインシャフトの生活などにかかわるところで、テンニエスは、家は食卓である、という。親密な水入らずの生活と了解によってゲマインシャフトの生活は特徴づけられているが、かまどと食卓、耕作された大地、世を去ってしまった人びとが眠りについているところ、墓地（トポス）などにおいて、ゲマインシャフト（の生活）が、イメージされるのである。理解されるのである。このような生活は、人びとが生きてきた時間、人びとによって体験された時間、いわば人びとによって意味づけられた時間、まさに人間的時間、内的時間によってイメージされるような生活なのである。〈記憶〉——ゲマインシャフト（の生活）は、記憶が深い意味を持っているような社会であり、生活なのである。

家、家屋、住居、民家がどのような造りなのか、姿と形、スタイル、風景、景観は、たたずまいは、どんな感じなのか、このようなトポスにはどのような雰囲気が漂っているのか。家のなかでは、どのような明暗や光が体験されるのか。音環境は。ロラン・バルトがいう「家庭交響曲」は。家のなかでは、家の片隅や部屋の片隅では、いったいどのような色や形が、音が、香りや匂いが、物質や物体が、どのような道具や家具が、作品が、飾り物や記念品などが、人びとによって体験されてきたのか。地方や土地や生活形態に應じては、家畜、牛や馬などが、人びとの暮らしの舞台に姿を見せていたのである。

人びとの生活環境を社会的世界としてイメージすることはできるものの、動物、鑛物、植物に注目しないわけにはいかない。家や庭には、木や土や石が、植物が、動物、生物が、自然が、作品が、造形が、さまざまな状態で姿を現しているのである。家のなかも、家まわりも、まさに道具世界なのである。

家のなかには特別にゲマインシャフトの結晶と呼びたくなるようなトポスがある（あった）。農民の暮らしにおいて私たちが体験してきたところだが、イロリ、イロリ端と佛間が、そのようなトポスだ。人びとは、生きている人びととともに生きてきたわけではない。世を去ってしまった人びとのかたわらにおいても自己自身を支えつづけてきたのである。社会的世界は、歴史的社会的世界なのである。

世界は、時間的空間的世界なのである。人びとは、家のなかにおいても、いずこにおいても、時間と空間を、トポスと道を、意味づけるために、方向づけるために、営々として力を注ぎつづけてきたのである。

家族生活と家庭生活において、私たちの誰もが、人生を旅する喜びを、また、さまざまな慰めを、得てきたといってもよいだろう。さまざまな人間の輪のなかの輪、それが家族なのだ。喜怒哀楽、悲喜こもごも——人間の感情生活と人びとそれぞれの感性に家族生活と家庭生活が、どんなにか大きな影響を及ぼしつづけてきたことだろう。一家団欒という言葉がある。車座になって坐わることを意味する言葉だ。いくつものトポス、坐席、居場所が、ひとつに束ねられるのである。ひとつに結ばれるのだ。一家団欒という言葉においては、食事と談笑、親密な水入らずの生活、相互理解、人生を一緒に旅する喜び、互助の生活が、イメージされる。

ここで室生犀星の詩を紹介して、彼の作品を味読したいと思う（『室生犀星詩集』福永武彦編、新潮文庫、作品の末尾の数字は、文庫本の所収ページを示す）。

家　族

家族といふものは
緑の木かげで食事をしたり
楽しい話をしたりするものだらうか。
美しい妻を招《よ》んで
白い乳母《うば》ぐるまの幌《ほろ》を帆のやうに立てて
田舎《いなか》の径《みち》をうたひながら行くのは
あれは楽しい家族でなくて何であらう。
だがあれは音楽ではなかったか。
音楽に聞きとれた空想ではなかったか。

142

昨　夜

昨夜　眠らないでゐると
遠くの方で起りかけた風の音を聴《き》き
それが我が家の上を通り過ぎるのを知った、
我が家の下で
自分と妻と子供とが穏《おだや》かに寝てゐた。
子供は白い腕を床の上に出してゐたので、
自分はその上に毛布をかぶせ、
妻の寝息をも聞いてやった。
風は遠くで絶えず起り
屋上をめしめし音させて通った、
そのたびに自分は満眼をみひらいてゐた、
風はしだいに凪《な》いで行き
自分はまた睫毛《まつげ》を合した。

144

家庭

家庭をまもれ
悲しいが楽しんでゆけ、
それなりで凝固《かたま》ってゆがんだら
ゆがんだなりの美しい実にならう
家庭をまもれ
百年の後もみんな同じ
諦《あきら》め切れないことだらけだ。
悲しんでゐながらまもれ
家庭を脱《ぬ》けるな
ひからびた家庭にも返り花の時があらう
どうぞこれだけはまもれ
この苦しみを守ってしまったら
笑ひごとだらけにならう。

145 — 146

紙

紙は白い、
紙のなかにもやもやがある、
もやもやは雪になる、
雲になる、
雲は夕ばえになり
月映《ば》えになる、
紙の向ふが往来になり
人がとほる、
人が咳《せき》をする、
人はよい声を立てる、
紙は白い、
しめ忘れた雨戸から、
白い月夜がさし覗《のぞ》く、
紙には奥もなければ
底知れぬといふことはない、

だが
たしかに紙には奥があり
白い家がならび
人の話声が終日してゐる
ひそひそと囁《ささや》かれてゐる。

198 — 199

日本のゆふぐれ

花と花とがもつれ合ふ
色がまじる
そよかぜは耳にすら音がない、
結婚みたいなものだ、
日本のゆふぐれは柔らかい
卵の内部のやうに点《とも》れ
人びとはそのまはりに集《つど》ふ。
いみじい物語を抱いて。

201

ゆきみち

ゆきみちをゆづりあひけり
ゆきみちのかぼそけきに
うしろを見れば
むかうもまた振りかへる。

213

ここで私たちの目に、身体に触れた室生犀星の詩、モチーフはさまざまだが、犀星の感覚と感性、人格と人間性が、いずれの詩にも、言葉にもにじみ出ており、犀星の風貌と人格、人物、彼がそこで生きていた生活環境と世界に触れる思いがする。あらゆる詩は、人間の感性のほとばしり、生命の顕現だが、犀星の詩には家庭や家族への思いやりの深さ、彼のやさしい心情と愛情が、はっきりと感じられると思う。故郷への思いが切々と表明されている詩もあるが、犀星は、家庭の人なのである。

犀星のやさしい人間性としなやかな感性に共感を覚える。詩人のまなざしがあるが、犀星の耳にも注目したいと思う。犀星と音、音楽……ただならぬ耳だ。しなやかで、微妙な耳だ。「昨夜」では、家族であり、風である。風の音は、宇宙的自然の音であるばかりか大地の音であり、万物の音なのである。

風――風景、それは大地の眺め。光景、風土、風光、風物詩、風貌、風俗、日本風、フランス風、イギリス風……風という文字には人びとがそこで生きている世界と人間と人びとそれぞれの生活、生存、さらに人生などが、浮かび漂っていると思う。日本風、フランス風、また、和風、洋風などという時には、衣食住にわたる文化とスタイルが、イメージされる。和風の住宅があり、洋風の住宅がある。日本風の庭や庭園がある。

犀星は、家庭と家族に強い愛着を抱いていた人だが、彼は、庭に特別な関心を示している。庭は、家屋や部屋ではないものの、部屋や家は、庭とひとつに結ばれていたのであり、庭は、いわば空と結ばれていたオープン・スペース、明るい部屋、トポスなのだ。その家に住んでいる人間の感性と思い、ヴィジョン、アイデア、人間性などが如実にそこで体験されるソフトな舞台、感性と想像力の鏡、それが庭なのだ。犀星は、家庭人だが、また、庭の人なのである。「家庭をまもれ」、「家庭を脱《ぬ》けるな」——犀星の詩にある言葉だ。

「紙」——トポス、住宅、家が姿を見せているが、道も、近隣もクローズアップされてきている。そして人間であり、人びとだ。人びとの暮らしだ。人間のさまざまな声である。住宅地があり、近隣の生活がある。家庭生活があり、家族がいる。居住空間や部屋が、イメージされる。和室のたたずまいがある。

紙の表情と姿、風景がある。紙は境界であるとともにパースペクティヴ（遠近・眺望・視野）、音の窓でもある。紙、障子紙、障子——部厚い壁ではない。視野はさえぎられてはいるものの、聴覚の野（聴覚のパースペクティヴ）は、人間の耳に触れる。さまざまな光が、この紙に触れる。紙は、光の紙となる。紙は、光と音の舞台となる。犀星の耳に、彼のまなざしに注目したいと思う。紙のドラマとスペクタクル、光景だが、人びとの生活、犀星の家庭と暮らしが、イメージされる。ただならぬ紙だ。音風景、サウンドスケープが、私たちによって体験される作品といえるだろう。犀星は、敏感な耳の持主だ。

「日本のゆふぐれ」まことにやさしい、心あたたまる詩だと思う。犀星の心情と感性によって私たちは包まれてしまう。

犀星は、「雪といふものは／物語めいてふり／こなになりわたになり／哀《かな》しいみぞれになり／たえだえにふり／また向うも見えぬほどにふる／（以下省略）」とうたった詩人である。小説家だ。雪の降り方と表情、風景がある。雪の音が感じられるようなこともある。雪は、人びとの暮らしに時には深く入りこんでくる。雪国の暮らしがある。風雪という言葉がある。雪花の風景を目にしたことがある。雪を体験したときの感性の目覚めと感性の波動がある。「雪といふものは」この詩のタイトルは、「信濃」（詩集、二〇八ページ）、タイトルのかたわらに添えられた言葉、俳句がある。――（編がさやちらと見しもの雪のひま）雪国、長岡での雪体験をふまえて思うことだが、雪は、確かに物語めいて降るように感じられる。

「ゆきみち」――雪道は、まことに頼りない、はかない道だ。ほんとうに細々とした一筋の道を足を取られそうになりながらようやくの思いで長靴で歩く。向こうから人が歩いてくる。ゆっくりと。たがいにすれ違うとき、道からはずれて、雪のなかに立って、その人に通ってもらうことがあった。あいさつの言葉が交わされる。雪道の光景だ。雪道を歩く時のテンポとスタイル、マナーがある。声のかけ方がある。雪道で体験される人間的空間があったのだ。自然環境と人間的世界、日常的世界は、微妙な状態で触れ合っているのである。

室生犀星は、石川県出身、金沢が生まれ故郷、犀川のほとりに犀星を記念する詩碑がある。建築家、谷口吉郎が、このモニュメントをデザインしている。谷口の感性が、まことに愛らしい詩碑ににじみ出ている。谷口は金沢の人。犀川の水音が、耳に触れる河畔のトポスに犀星も、谷口も姿を見せていたのである。ある日、金沢を訪れた私たち家族三人は、犀川の河畔に立ち、この詩碑を目にしたが、このトポスならではの音風景をも体験したのである。そして三人で犀星を記念する文学館を訪れた。金沢といえば、鏡花、秋聲、犀星である。私たちは、鏡花の文学館などを訪れた。

この時の金沢への旅、私たちは、金沢から能登半島へ向かい、輪島などを訪れたのち、高岡へ出て、そこから五箇山の相倉へ、合掌集落を訪れたのである。

数日間、金沢を旅したが、単独で金沢から日帰りで能登半島のつけ根にあたるような地方、トポス、西田幾多郎の生まれ故郷、宇ノ気を訪れて、故郷での西田をしのび、西田を記念する哲学のトポス、哲学の記念館を訪れたが、この記念館は、安藤忠雄が設計した建築、トポスである。西田は、北国の風土と日本海の人なのである。つぎに西田幾多郎の言葉を紹介したいと思う。彼は、日常的世界、歴史的社会的世界、そのような世界と人間に、ライフ life に注目しつづけながら、ライフに沿って人間と世界を旅しつづけた哲学者だが、哲学と人間学の交差点に、西田の姿が見られるように思われる。

❖

「哲学論文集　第三」、この論文集の序において、西田幾多郎は、つぎのように述べている（『西田幾多郎全集』第八巻、岩波書店、二〇〇三年、三―五ページ、哲学論文集、第三、序）。

我々の生きて居ると云ふことが思惟によって我々に知られるのでなく、我々が生きて居るから思惟するのである。（中略）生きて居ると云ふことは、働くといふことである。働くといふことは、歴史的現実の世界に於て物を作ることでなければならない。何等かの意味に於て制作的ならざる人間の行為といふものはない。我々は歴史的世界の要素として歴史的現実に働く所に生きて居るのである。歴史的世界とは作られたものから作るものへと動き行く世界であり、かゝる矛盾的自己同一として自己自身を構成し行く所に、理性といふものがあるのである。我々の思惟作用とは之に基くものでなければならない。具体的真理は具体的生命の立場から考へられるものでなければならない。そこに哲学といふものがあるのである。

我々は世界の外から世界を考へるのでなく、考へる私も世界の中にあるのである。（中略）真の理性は真の歴史的生命でなければならない。（中略）生きると云ふことは、感情とか神秘的直観とかにあるのでなく、客観的制作にあるのである。我々の生命が身体的と考へられる所以である。（中略）

歴史的世界は身体的たると共に、いつも逆に身体を越えたものである。例へば、社会といふものは単に身体的と考へられるものではない、身体を越えたものである、却ってそこに身体が否定せられるとも考へられる。併し身体から身体を越える所に、社会といふものがあるのである。然らざれば、具体的社会ではない。（中略）

真に歴史的世界が弁証法的に考へられるには、自然と歴史とが一貫的に考へられねばならない。自然が歴史的社会的であり、歴史的社会が自然的でなければならない。環境から主体へに於ては、世界は何処までも自然的である。主体が環境をに於ては、世界は何処までも歴史的社会的である。歴史的弁証法的過程を離れて社会といふものはない。

個体と環境――こうしたモチーフにおいては、相互的な働きかけと作用が見られるのである。環境という時には、イメージとしては直ちに自然、宇宙的自然、大地としての自然、自然のままの大地がクローズアップされてくるだろうが、環境的な自然があるばかりか環境的な文化や文明、歴史もあるといえるだろう。環境は、身のまわり、身辺、ここからそこへ、かなたへであり、周囲であって、周囲世界なのである。現実の構成、世界の構築などは、ほとんどたえまなしの人間の営みなのであり、たえまなしに身辺と状況のチェックがおこなわれているのである。そのようにして人間は、さまざまな世界体験とさまざまな触れ合いのなかで、自己自身を支えつづけているのである。

西田幾多郎は、明らかにデカルトを念頭に置いているといえるだろう。デカルト――cogito, ergo sum「われ思う、ゆえにわれあり」西田においては、「われあり、ゆえにわれ思う」というスタイルがイメージされはするものの、西田の態度のとり方は、明らかに「われ行為する、ゆえにわれあり」という表現に要約される。西田は、行為に注目している。「生きて居ると云ふことは、働くといふことである」。「何等かの意味に於て制作的ならざる人間の行為といふものはない」。西田哲学においては、世界も、人間も、自己もキーワードだが、プラクシス（行為・実践）も、ポイエシス（制作・創造）もキーワードとなっている。プラクシスとポイエシスとがひとつに結ばれるところこそ人間が生き生きとした姿を現すところなのである。西田の表現スタイルだが、働く人は大地の一角から世界を見るのである。人間は、西田においては作られて作るものの頂点に現れる。

世界は、人間にとっての、人間においての真の環境であり、個物相互限定の時間的空間的世界なのである。このような世界は、社会的、まさに歴史的社会的世界、人格的世界、表現的世界などとして理解されるのである。具体的で現実的な世界は、このような世界であり、日常的世界なのだ。

西田哲学には人間学的なところが見られるが、このライフ life の研究者は、フランス哲学に内感的な姿を見出している。フランス語サンス（西田は、サンという）sens には英語 sense やドイツ語 Sinn と比較した時にどことなく趣が異なるところが見られるのである。

ここで私たちの目に触れた西田の言葉には理性という言葉が見られるが、感覚や感性に彼が気づいていないはずはない。だが、このシーンでは理性だ。西田が身体に注目していることは、きわめて重要な点だ。

つぎに西田のエセー、「場所」の一シーンを紹介したいと思う（『西田幾多郎哲学論集 I 場所・私と汝 他六篇』上田閑照編、岩波文庫一一一―一一三ページ、一一七―一一八ページ、場所、初出は大正十五年六月）。

色が色自身を見ることが色の発展であり、自然が自然自身を見ることが自然の発展でなければならぬ。叡智的性格は感覚の外にあってこれを統一するのではなく、感覚の内になければならぬ、感覚の奥に閃《ひらめ》くものでなければならぬ、然《しか》らざれば考えられた人格に過ぎない、それは感ずる理性でなければならぬ。対立的無の場所たる意識の立場から見れば、それは物の空間における如く単なる存在と見ることができ、而《しか》して物が力を有《も》つと考えられる如く、叡智的実在は更に意思を有つと考えることができる。（中略）
是《ここ》において前に場所と考えられた空間は如何なる地位を取るであろうか。性質的なるもの、自己に超越的なるものを自己の中に取り入れようとする時、空間其者《そのもの》が性質的なものとならねばならない、空間は力の場とならなければならない、空虚なる空間は力を以て満たされることとなる。色もなく音もなき空間がすべてを含む一般者となり、色や音は空間の変化より生ずると考えられるのである。力というのは場所がこれに於てあるものを内面的に包摂しようとする過程において現れ来る一形相である。この故に判断や意思と同一の意義を有《も》っているのである。物理的空間は何処までも感覚的でなければならぬ、感覚性を離るれば物理的空間はなく、単に幾何学的空間となる、而して力はまた数学的範式となるのほかはない。（中略）

聴覚の場合においては、個々の音の集団を基礎として、これに音調が加わると考え得るでもあろう。しかし真の具体的知覚においては、個々の音が一つの音調の要素として成立する、即ちこれに於てあると考えねばならぬ。空間においては、一つの空間において同時に二つの物が存在することはできないが、意識の場所においては、無限に重り合うことが可能である。我々は限なく一般概念によって限定せられた場所を越えて行くことができるのである。我々が個々の音を意識する時、個々の音は知覚の場所に於てある。その上に音調という如きものが意識せられる時、音調もまた同一の意識の場所に於てある。各の音が要素であって、音調はこれから構成せられているというのは、我々の思惟の結果であって、知覚其者において個々の音は音調に於てあるのである。しかし音調もまた一つの要素として、更に他の知覚に於てあることができる、音も色も一つの知覚の野に於てあるということができる。

感ずる理性、感覚性、意識の場所、知覚の場所——また、感覚の内、感覚の奥、このような西田の言葉において、あらためて人間の全体性、身体と人格においての個性的人間像へのアプローチのための手がかりが得られるように思われる。感覚と感性は、このライフの研究者のうちにあるのである。

「私の立場から見たヘーゲルの弁証法」——このように題された西田のエセーには、つぎのような見解が見出される（西田幾多郎『続思索と体験　『続思索と体験』以後』岩波文庫、九四—九五ページ、『百年忌記念ヘーゲルとヘーゲル主義』昭和六年五月）。

故に我々は思惟というよりも行為という意味において、否むしろ感官という意味において、弁証法的に自己自身を限定すると考え得るであろう。そういう意味において私はいわゆる唯物弁証法論者と同じくヘーゲルの反対の立場に立つということができる。従って私はイデヤの根柢に、否《いな》自然の根柢にすらも、広義において歴史というものを考える、すべてが広義の歴史においてあり、広義の歴史的事実の構成せられたものといってよい。（中略）永遠に新なる今の自己限定としては、そこに永遠なるものに接する意味がなければならない、我々は我々の行為においていつも永遠なるものに接しているのである。

ここで西田は、「行為という意味において、否むしろ感官という意味において」と書いている。ライフの研究者は、情感ゆたかな人情の人ではなかったかと思われる。人情という言葉は、西田において重要な意味を持っている。

人生を旅する人びとは、日々、さまざまな生活感情のなかで、さまざまな状況と気分を体験しながら、いつも自己自身の生活史の最先端で生きているのである。さまざまな色合いとトーンを帯びた、いわくいいがたい雰囲気と呼ばれる霧のようなものによって包みこまれながら、私たちの誰もが、人びとのなかで、さまざまなトポスや道で、風景を体験しながら、作品と向き合いながら、客観的時間を体験したり、内的時間や人間的時間を体験したりしながら、さまざまな対象や客体によって、他者によって、汝によって支えられているのである。そのような状態で方向づけられているのだ。人間の生活と生存のまことに驚くべきほどに多様な局面と場面、スペクタクルには注目しないわけにはいかない。人生の日々を意味づけるために、方向づけるために人びとによってさまざまな努力が試みられてきたのである。

「時は永遠の過去より流れ来り永遠の未来に流れ去ると考えることができる、時は永遠の内に生れ永遠の内に消え去るといってよい。（中略）時を包み時を消すと考えられる所に、永遠の内容として人格的なるものが見られるのである。すべての文化についてもそういい得るであろうが、特に芸術はかかる永遠の背景において、歴史によって形づくられるものである。ミケルアンゼロの未完成といわれる彫刻やロダンの彫刻が大理石の塊の中から刻み出されたる如く、偉大なる芸術は永遠という大理石の上に刻み出されたリリーフの如きものでなければならない」。――西田幾多郎のエセー、「ゲーテの背景」の冒頭の言葉である（前掲、同書、一五二ページ、ゲーテの背景、『ゲーテ年報』昭和六年一二月）。西田は、人格的なるものを永遠の内に映されたる永遠の影と見ている。彼は、ミケルアンゼロの芸術の奥には奈落の底より溢れ出るような力が潜んでいる、という。ゲーテの詩の背景をなすもの、西田は、それを平面的であり、形なきものと見ている。高さなき高さ、深さなき深さ、遠さなき遠さ、そのようなものを指して、西田は、平面的といったのである。彼が見るところでは、ゲーテの詩の背景をかたちづくっているのは、どこまでも人間性を包む平面性であり、人間性が個性を失うことなくそのなかに溶けてゆく平面性なのである。――「かかる背景においてのみ真の人間の個性の響が聞かれるのである。それは人間性のレゾナンツ・ボーデンという如き意味を有ったものでなければならない。私には絵画を語る資格はないが、レムブラントの画の背景という如きものも、かかる意味を有ったものではなかろうか。彼の画には深さがある、しかしそれはミケルアンゼロのそれとは全く類を異にしたものである。それは強さではない、柔さである、力の深さでない、情の深さである」。（同書、一五五ページ、ゲーテの背景）ここでは、ミケルアンゼロ（ミケランジェロ）とゲーテのコントラストが目に触れるが、つぎに見られるのは、スピノザとゲーテのコントラストである（同書、一五七―一五八ページ、ゲーテの背景）。

スピノザの自然が数学的といい得るならば、ゲーテの自然は芸術的というべきであろう。スピノザの猶太的なるに対して、彼は基督《キリスト》的であり、特に南独逸《ドイツ》的ともいい得るであろう。八十年の長生涯を通して多情多恨なりしゲーテは、一室に籠居して思索と眼鏡磨きに一生を送ったスピノザとは天性異なったものでなければならない。個性を重んじた点においては、彼はかえってライプニッツに似通う所があるであろう。彼はアリストテレスのエンテレケーヤやライプニッツのモナドの考にも共鳴した。しかしゲーテのモナドはライプニッツのそれの如く窓を有たないものであってならぬ、何処までも永遠の底深く響きつつ消え行くものでなければならない。ゲーテの多方面なるに拘わらず、彼が最も偉大なる叙情詩家であった所以《ゆえん》も職としてこれに由るのでなければならない。（中略）ゲーテ程、体験そのものが直《ただ》に詩となった人はない。（中略）私は何よりも彼の美しき多くの抒情詩に心から動かされざるを得ない。形なき生命の声、それが抒情詩でなければならぬ。

西田は、抒情詩を「我々の生命の泉の溢出」（同書、一五七ページ）とも呼んでいるが、西田の人間性と感性、感受性が、このようなゲーテへのアプローチにおいて明瞭に見られるように思われる。ゲーテの世界、それを西田は、行為の世界と呼ぶ。直感の世界ではない（同書、一六二ページ）。西田自身は、エセーのなかで、行為的直観という言葉を用いている。――「歴史は単に過去から未来に向って流れるものではない、真の歴史とは未来から過去に向って動くものの逆流でなければならない、歴史は永遠の今の中に廻転しつつあるのである」。（同書、一六三―一六四ページ、ゲーテの背景）このライフの研究者には歴史的現在という言葉がある。

訳詩――西田幾多郎、彼の感性が、ゲーテの詩の文面ににじみ出ている（同書、一九一ページ、訳詩、昭和三年八月）。

Mignon の歌一つ

有名な「汝はチトロンの花咲く国を知るや」の歌と共に、ヴィルヘルム・マイステルの中のミニォンの歌や、盲の竪琴弾きの歌には、心動かされるものが多い。今その一つを訳する。

憧れを知るもののみ、　わが悩みを知らめ。
うらぶれて、ただ一人　青空の彼方を眺む。

吁《ああ》、吾を知り吾を慈む人は、遠き彼方に。
目は眩《くら》み、腸《はらわた》は燃ゆ。
憧れを知るもののみ、わが悩みを知らめ。

人間と人間、人間関係、愛すること、出会いと別離、離れてあること、人間的感情、愛惜の念、恋愛感情……人間の切々とした思いが、私たちに伝わってくる。西田は、私と汝という。人格と人格、人格的自己が姿を見せる。人と人との関係に彼のまなざしが注がれている。

西田幾多郎のステージは、哲学であり、人間学だが、文学やアートに注がれた彼のまなざしがある。また、彼の視野には、まちがいなく社会学が入ってきている。テンニエスのゲマインシャフトとゲゼルシャフトは、西田の方法とパースペクティヴとなっている。また、タルドとデュルケムは、西田にとってなかなか重要だ。彼は、タルドにおいては内在極を、デュルケムにおいては、超越極を見ている。こうしたふたつの極をどのように理解して、どのように結びつけるかということは、西田が取り組まないわけにはいかなかった課題だったのである。マックス・ウェーバーも西田の視野に入ってきている。

デカルトをふまえながら、西田は、「われ行為する、ゆえにわれあり」といったが、行為に着眼することにおいては、西田は、メーヌ・ド・ビランの方法とアプローチに注目している。マックス・ウェーバーの社会学、行為へのアプローチは、おそらく西田の目に映っていたと思われるが、マックス・ウェーバーの『プロテスタンティズムの倫理と資本主義の精神』には、ゲーテが姿を現しているシーンがある。ゲーテにおいては、まちがいなく行為であり、行為の生産性なのだ。西田哲学は、一面においては、プラクシスとポイエシスの哲学であり、明らかに行為の哲学だが、西田自身が、行為へと導かれていくいくつかの道しるべがあったように思われる。西田自身、もちろん思索の人だったが、プラクシスとポイエシスの人でもあったことは、見落とされてはならないことである。彼は、書を残しており、短歌を作っている。哲学の道と今日、呼ばれている道を歩いている。教壇に立っている。鎌倉の海を体験している。七里ガ浜（七里浜）の海沿いの道を歩いている。生まれ故郷は、石川県の宇ノ気、海が近い。ライフの研究者は、山の人ではない。海の人なのである。

「書の美」と題されたエセーを見ることにしよう。西田の感性に触れることができるシーンだ（前掲、同書、岩波文庫、一六五―一六六ページ、書の美、『徳雲』第三号、昭和五年五月）。

西洋では書というものは美術の中へは入らないが、東洋では書は美術の大なる領分を占めているということができる。書は如何なる種類の美術であろうか。美は主客の合一にあるのはいうまでもないが、芸術には客観的対象を写すということが主となっているものと、主観的感情の発現ということが主となっているものとがある。絵画とか彫刻とかいうものは前者に属し、音楽という如きものは後者に属するのである。建築の如きも感情の発現とはいい難いが、それが何らかの対象を写すというのでなく、一種のリズムを現すという点において、むしろ後者に属すると考うべきでもあろう。右の如く芸術を分類して見ると、書というものも何らの対象を模するというのではなく、全く自己の心持を表現するものとして、音楽や建築と同じく、全くリズムの美をあらわすものということができるであろう。その静的な形のリズムという点においては建築に似ているが、建築の如く実用に捉われたものでなく、全く自由なる生命のリズムの発現である。そういう点においては音楽に似ている。つまり建築と音楽との中間に位するとでも考うべきであろうか。「凝結せる音楽」とでもいうべきであろう。ショーペンハウエルは音楽は物自体たる意思そのものを表現するものだから、最も深い芸術だといった。リズムそのもの程、我々の自己そのものを表すものはない。リズムは我々の生命の本質だといってよい。音楽と書とは絵画や彫刻の如く対象に捕われることなく、直にリズムそのものを表現するものとして、我々の自己に最も直接した芸術といってよい。而もかかるリズムを静的に見る所に、芸術として書の特殊的な点があるのである。

それで書の価値というものは、いわゆる技巧というよりも、多分にその人によるものでないかと思う。無論、如何なる芸術もその芸術家自身の人格の発現でないものはなかろう。しかし絵画や彫刻の如きものはいうまでもなく、音楽の如きものであっても、客観的制約が多いと思う。然るに書に至っては、それが極めて少なく、筋肉感覚を通して、簡単なる線とか点とかより成る字形によって、自由に自己の生命の躍動を表現するのである。

西田幾多郎の書が残されているが、そうした作品を目にすると、西田自身と向かい合っているように感じる。書の迫力と生命力、書の人格性、人間性がある。人格的な感性が、直筆、書にはみなぎっている。何年か前になるが、西田の故郷に姿を見せた西田幾多郎記念哲学館で彼の書を見ることができたが、筆勢、筆力、タッチ、筆さばき、スピード感、リズム感、表情、たたずまい、濃淡、姿と形、筆はこびなどにおいて、西田の呼吸、息づかいと生命力、感性などをつぶさに体験することができた。

「凝結せる音楽」――リズムに特に注目した書についての西田の表現に注目したい。自由なる生命のリズムの発現、自己の生命の躍動の表現、あくまでも自由なのだ。彼は、リズムを生命の本質、自己そのものの表現として理解している。確かに書は、あくまでも直接的で表情ゆたかでリズムそのものだ。筆であろうと、どのような文字であろうと、書かれた文字には人柄や感性や個性が、あますところなく浮かび漂っていると思う。

「フランス哲学についての感想」――このエセーには、西田幾多郎のつぎのような言葉が見られる（『西田幾多郎全集　第十二巻』岩波書店、一二六―一三〇ページ、フランス哲学についての感想、続思索と体験、所収、『思想』第一七六号、昭和十一年十二月）。

私はフランス哲学にはドイツ哲学やイギリス哲学と異なった独特な物の見方考へ方があると思ふ。（中略）デカルトといへば、合理主義的哲学の元祖である。併し彼の省察録 Meditationes などを読んでも、すぐ気附くことは、その考へ方の直感的なことである。単に概念的論理的でない。直感的に訴へるものがあるのである。（中略）

元来芸術的と考へられるフランス人は感覚的なものによって思索すると云ふことができる。感覚的なものの内に深い思想を見るのである。フランス語の「サン」sens といふ語は他の国語に訳し難い意味を有って居る。それは「センス」sense でもない、「ジン」Sinn でもない。マールブランシュは云ふまでもなく、デカルトにすらそれがあると思はれる。併し私はフランス哲学独特な内感的哲学の基礎はパスカルによって置かれたかに思ふ。その「心によっての知」connaissance par coeur は「サン・アンチーム」sens intime としてメーン・ドゥ・ビランの哲学を構成し、遂にベルグソンの純粋持続にまで到ったと考へることができる。（中略）

「センス」でもない「ジン」でもない「サン」は、一面に於て内面的と考へられると共に、一面に社会的、常識的とも考へることができる。概念に制約せられない直感である。それは自己自身を表現する実在、歴史的実在に対する「サン」である。さういふ意味に於ては、かゝる立場から世界を見るのはモンテーンが先駆をなしたと云ふことができるであらう。彼は実に非哲学者的な哲学者である。日常的題目を日常的に論じた彼のエッセーの中には、時に大げさな体系的哲学以上の真理を含んで居る。歴史的実在の世界は日常的世界である（そこが哲学のアルファでもオメガでもある）。彼の描いた自己は日常的世界に於て生きぬいた自己である。併しそこからはすぐパスカルの「パンセー」の世界にも行ける。彼は偉大な凡人である。モンテーンがフランス人にかういふ物の見方考へ方を教へたとも云へるであらう。そこからラ・ブリュイエルやヴォーヴナルグなどの所謂モラリストへ行くこともできるが、途はメーン・ドゥ・ビランやベルグソンの哲学へも通ずるのである。（中略）

フランス哲学で合理主義といっても、単に概念的でない。デカルトが clare et distincte といふ所に、既に視覚的なものがある。優れたフランスの思想家の書いたものには、ショペンハウエルが深くて明徹なスウィスの湖水に喩へた様なものが感ぜられる。私はアンリ・ポアンカレのものなどにさういふものを感ずるのである。

（中略）

私は考えるに、ギリシャ哲学には深い思索的な概念的な所と、美しい芸術的な、直感的な所があった。前者はドイツ人がこれを伝え、後者はフランス人がこれを伝えたといい得るではなかろうか。

フランス語、サンス sens 、この言葉に注目して、この言葉によって動機づけられていたのではないかと思われる人物がいる。行為と実践の哲学といった趣さえもうかがわれるサン＝テグジュペリだ。操縦士としてのキャリアがあったサン＝テグジュペリにおいては、方向と飛行機の操縦は、切り離し得ないものだった。目的地と進路、連続的飛行は、ひとつに結ばれていた。まさに彼にとっては、意味と方向は、一体的であり、不可分だった。科学における概念は、方向であり、方向は、実践的行為だということ、方向によって風景が意味づけられるのだということ——このようなサン＝テグジュペリの手帖に見られるメモは、ふだんの彼の営為と行動から生まれたものだといえるだろう。感覚、感性は、意味と方向の出発点にあるのであり、意味と方向には、また、人間の行動と行為には、感覚、感性が内在化されているのである。サンス sens というフランス語は、サン＝テグジュペリのよりどころとなっており、彼の思索と創造的行為の根底には、このサンスという言葉が見られることは明らかだと思う。

人間の生活と生存のさまざまな舞台と場面においては、すべてにわたって方向と向き、方向性などが、重要な意味を担っているのである。人間は、身体的人格的存在（生成／存在）であり、それぞれの感覚、感官においてたえまなしに集中的な注意力、集中力が求められているのである。身体の隅々において、人間は、世界に巻きこまれた状態で世界に住みついているのである。

ルーヴルの古代ギリシアの彫刻を鑑賞する。ところは、上野、東京芸術大学のミュージアム。ルーヴル所蔵の彫刻作品だが、あらためて彫刻作品と向き、方向、方向性について、それぞれの作品において理解を深めることができた。視点と方向性、アプローチと向きによって同一の彫刻作品が、まったく別個な作品のようにさえ見える。作品のまわりをめぐりながら、さまざまな角度から、さまざまな向きで古代ギリシアの彫刻へのアプローチを試みたのである。ソクラテス、プラトン、アリストテレスらの頭部の人物像が飾られていた。テラコッタの作品も見られたが、展覧会には大理石の彫刻が、数多く展観されていた。彫刻の素材、材料のそれぞれの特徴、肌ざわり、質感、重量感、それらによってもたらされる印象、雰囲気、きめの細かさ、光沢、色彩、模様などは、まことに個別的だ。この同じミュージアムで、少し前にバルラハの彫刻作品を体験したが、木彫の味わい、素材としての木の表情と模様、木目、いうにいわれぬ雰囲気、木のぬくもりと質感などが、バルラハのモチーフとスタイル、彼の方法において体験されたのである。当然のことながら、大理石と木とでは、すべてが、まったく異なる。テラコッタは、まさにテラコッタだ。それぞれの石や木などにおいてイメージされる大地と自然、光や風や水などがある。

ここでは、つぎにノヴァーリスのつぎのような言葉を紹介したいと思う（『ノヴァーリス作品集　第1巻　サイスの弟子たち・断章』今泉文子訳、ちくま文庫、二二一ページ、二五九ページ、二六八ページ、二七〇ページ、断章と研究、一七九八年)。ノヴァーリス(Novalis, 一七七二―一八〇一)、本名は、フリードリヒ・フォン・ハルデンベルクという。

彫刻作品は、かならず音楽を聞きながら鑑賞し――音楽作品は、もっぱら美しい装飾がほどこされた広間で聴くとよいだろう。

一方、詩は、かならず彫刻と音楽がそろったところで鑑賞するとよいだろう。詩が、美麗な劇場や趣きのある教会であんなにきわだった印象を与えるのは、そのせいなのだ。良い集会ならみな、合間に音楽が聴けるようにするとよいだろう。真の社交の場には、彫刻の装飾が必要だと感じられたために、社交室というものが作られたのだ。上等の食事やさまざまな社交遊戯、洗練された衣装、社交ダンス、さらには、普通よりずっと自由で普遍的で洗練された会話すらもが生まれたのは、社交には高次の生があり、社交によって美しいものや活気あるものがみな混じり合って多様な総合効果をもたらす、と感じられたためであった。

人間と成ること、それはひとつの芸術である。

彫刻と音楽と詩の関係は、叙事詩と抒情詩と演劇の関係にひとしい。この三つはすべての自由な芸術に含まれる分かちがたい要素であり、ただその性質にあわせて、さまざまな比率で配合されているにすぎない。

人間とは、われわれの惑星にそなわった高次の感官、つまり、この地球と上位の世界とを結ぶ神経であり、この地球が天に向ける眼である。

人間の五感のことごとくが、対等に重要だ。人間は、目であるばかりか、耳であり、鼻であり、口である。人間は、手そのもの、手だ。また、足、足の裏において、歩行において、人間は、人間なのである。目からスタートする視野がある。聴覚の野がある。ほかにもさまざまな野がある。人間の大地も、宇宙的自然も、世界のいたるところ、世界の片隅、片隅が、人間のさまざまな感覚の野であり、舞台なのである。

感覚・感性と芸術をめぐって

子供達は丘の上から、田甫のあちこちから立ち登る芥火の煙を見た。末は野面をかすめて遠い端山にかすむ麦秋《むぎあき》の夕月。彼等もじっとしてはゐられなく、禿山の上で火を焚いた。献空青思――子供達は煙で空へ昇って行った。

これから砂浜にならうとする草むらの中に〝昼顔〟の花は海の匂ひを吸ひながら、波の音にゆられながら、子供達の泳いでゐるあいだじゅう、彼等に代って昼寝をしてゐた。（中略）

雨は瓦屋根がすきだ。踊れる処だからだ。雨は板屋根がすきだ。侘びしさに出会へる処だからだ。雨は石屋根がすきだ。慰めに行ける処だからだ。風は壁がすきだ。（中略）雪は町がすきだ。またたく間に清める事が出来る処だからだ。雪は斜面がすきだ。人が辷《すべ》って喜ぶ処だからだ。波は砂浜がすきだ。飽きる事なく遊ばせてくれる処だからだ。花は野山がすきだ。そのままにして置いてくれる処だからだ。

河井寛次郎

河井寛次郎『六十年前の今』監修　財団法人　日本民芸館、東峰書房、二〇四ページ―二〇五ページ、二〇七ページ、子供達の草花。

記憶はすべて現在である。純化された要素という点では、あらゆる記憶は必然的な詩の前駆状態のように見える。

あらゆるものが、生命を維持する食糧とならなければならない。あらゆるものから生命を引き出す術。あらゆるものに生命を吹き込むことが、生命の目的である。

知的直感のなかに生の鍵がある。

人間：メタファー。

生とは、われわれに与えられた小説ではなしに、われわれによって書かれる小説でなければならない。

自己感覚は――自己思考と同じく――能動的な感覚である。感覚器官は、思考器官と同様に、意のままに統御できる。

樹木、風景、岩石、絵画に住みついているそれぞれに固有の霊魂や守護霊。（中略）風景は、身体を感じるように感じなければならない。風景はいずれも、それぞれに固有の霊にとっては理想的な身体となる。

想像力は、われわれの五官の代替となりうる驚嘆すべき感官であり――もともとわれわれの恣意のなかにはよく見受けられるものである。外的感官がまったく力学の法則のもとにあるようにみえるのに対し――想像力は、明らかに、外的刺激の存在や接触に拘束されない。

木は花咲く炎――人間は語る炎――動物は歩く炎――わたしにはそう見える。

ノヴァーリス

『ノヴァーリス作品集　第一巻　サイスの弟子たち・断章』今泉文子、ちくま文庫、二五九ページ―二六〇ページ、二六一ページ、二六三―二六四ページ、二六六ページ、三一四ページ、三四八―三四九ページ、三五〇―三五一ページ。

一筋の日の光は、匂と音と時刻、変化する気分と気候、そのようなものに満たされた瓶《かめ》である。

プルースト

マルセル・プルースト、井上究一郎訳『失われた時を求めて　10　第7篇　見出された時』ちくま文庫、三四六ページ。

花は絵画の原風景、絵画のエッセンスではないだろうか。画家は、こぞって花を描いてきたといってもよいだろう。さまざまな花は、画家の感性に激しく働きかけてきたといえるだろう。目に訴える風景、目が奪われてしまうような光景として、さまざまな草花や花は、特別な眺めではないかと思う。目に触れる眺めとして花は、花形といえるだろう。

卓上に飾られた花、庭に咲く花、野原の片隅の花、壁に飾られた花の絵、居住空間、さまざまなトポスに姿を見せている花、大地に咲く花、切り花、ドライフラワー、押し花、水中花……一輪の花、花籠の花、花束の花、人から人へと手わたされる花……水に咲く花……なんとさまざまな花があることだろう。

花は、人びとの目に触れるだけではない。花の匂いや香りがある。味覚の野に姿を見せる花もあるといえるだろう。手に触れる花がある。花の感触がある。五感や感覚のステージや野に、人びとがそこで生きている世界に、なんとさまざまな花が、草花や花々が、姿を現していることだろう。花暦があり、花言葉がある。短歌や俳句や詩などに見られる花がある。人びとは、さまざまな花々のなかで、思い思いの草花や花のかたわらで、人生の日々を生きてきたのである。人びとがそこで生きている日常的世界のいたるところに、花が姿を見せているといえるだろう。私たちの喜怒哀楽、人びとの生活感情は、花とともにあったといえるのではないだろうか。

これまで人生の旅びとは、さまざまな花に喜びや慰めなどを見出してきたのではないかと思う。人間を支えてくれるもの、人間を慰めてくれるもの、人間に喜びをもたらしてくれるもの、人間を元気づけてくれるもの、人間を励ましてくれるものが、花にはあるように感じられる。花に寄せる人びとそれぞれの思いがあるのではないだろうか。人間は、人びとのなかで、さまざまな花のかたわらで、花に囲まれて、大切な人生の一日、一日を生きてきたのである。いたるところに花が姿を見せているトポスがある。人びとの日常生活は、花とともにあったのである。

壁に飾られた絵は、そのモチーフが何であろうと、壁に咲く花なのである。すべての絵画には、花のエッセンスが息づいており、画面には花が住みついているのである。花といえば、その姿と形、色、柄、匂いや香り、表情、雰囲気、私たちが体験する気分である。花によって人間の感性の扉が開かれるといえるだろう。感性の扉が完全に閉じられているなどということは、ないだろうが、花を目にしたとたんに感性が息を吹きかえすような気持になることがある。花を感性の目覚めと呼ぶことができるだろう。だが、花は、目に触れるだけではない。人間のさまざまな感覚に花が働きかけてくる。花は絵ごころに働きかけてくる世界の眺めなのだ。

イタリア、シエナ派の画家の絵に見られる花がある。レオナルドやボッティチェリなどの絵に描かれた花がある。静物画のことごとくが花だったわけではないが、花は、静物画の花形だったといえるかもしれない。

画家とはいいがたいが、植物に情熱を傾けた十八世紀の人物がいる。彼こそジャン＝ジャック・ルソー、緑の発見者、ルソーだ。ルソーは、大地を人類の島と呼ぶ。大地の片隅に、大自然のまっただなかに姿を現していた草花、花々は、ルソーの目と心を、彼の感覚をおおいに慰めてくれたのではないかと思う。ルソーは、植物を大地の飾りと呼ぶ。ルソーは、いうまでもなく音楽の人だが、絵画は、ルソーの視野に入っている。大地の眺め、いわば風景は、絵画的だから、色や姿や形、光などが、大地のいたるところで、大地の片隅、片隅で体験されるから、絵画作品においてだけではなく、誰もが、日常的世界では、スペクタクル（光景）としての絵画的世界において生きているといえるだろう。一点、一点の絵画作品には、光や色や形などが凝縮されているのである。

絵画といえば、なによりも光であり、色や形、また、コンポジション、マチエール、タッチ、シュポールなどだが、人びとは、いたるところで絵画的なものに取り囲まれながら、絵画的なスペクタクルを体験しながら、日々の暮らしを営んでいるのである。形も色も、光も、コンポジションも、マチエール（材質、絵の肌ともいえるもの）も、私たちの日常生活においては、日常的に体験されているのである。

絵画は、音や音楽と決して無縁ではない。耳を傾けて、耳を澄まして眺めたい絵がある。耳を澄ましながら絵を見なかったら、絵画世界を深く体験することは、できないだろう。音は、世界の出来事なのであり、世界には、さまざまな音が漂い流れているからだ。音色という言葉がある。音楽や音楽的感覚、音楽的創造に働きかけてくる絵がある。リズムやハーモニー、コンポジションは、音楽においても、絵画においても体験されるのである。

ところでフランスのジヴェルニーといえば、クロード・モネだが、私たちは、幸いなことに二度、ジヴェルニーを訪れている。いずれも四月に入って早々のことだった。モネの邸宅の前に広がる庭は、花畑だった。花の庭だった。この花の庭からトンネルをぬけると、そこに姿を見せたのは、水の庭だった。睡蓮の庭、睡蓮の池と呼ぶことができるトポスだったが、四月早々だったから睡蓮をイメージしながら、この庭と池を私たちは、回遊したのである。エプト川からこの池に水が引きこまれていた。小川があった。モネは、この池の庭を舞台として、睡蓮の絵を描いたのである。彼は、水の風景を描いたといえるだろう。バシュラールは、睡蓮を印象主義の花と呼んでいる。

水の風景――この睡蓮の池が、モネの感覚と感性に働きかけてきたものが、どんなにか大きかったことだろう。水の風景、睡蓮の連作にモネの感性の躍動を、彼の感激を、ありありと見ることができる。絵画を目の自覚と呼ぶことはできるものの、絵画とは、感覚と感性の開花なのである。

人間の感覚や感性は、光によって、色によって活性化される。目覚める。音や音楽によって耳が生き生きと働く。香りや匂いによって感性が波打つ。手で触れた時に身体が、感覚がよみがえる。感性が生き生きと働き出す。五感や感覚は、閉ざされているわけではないが、触れ合うことによって、その働きを取りもどす。触れることは、触れられることであり、触れ合うことなのである。

さまざまな芸術のジャンルは、いずれも感性の花園なのである。花開いた感性、それがアート、芸術、デザインなのだ。建築も感性の顕現だが、理性と知性が後退しているわけではない。アートのさまざまなジャンルがあるが、感性と想像力、イマジネーションは、アートの土壌として特に注目されるのである。アートのさまざまな作品は、五感、感覚によって意味づけられているのである。方向づけられているのだ。

サン＝テグジュペリにおいては、つぎのようなフランス語、サンス（西田幾多郎は、サンという）は、重要な意味を持っている。―― sens 感覚、意味、方向などという意味がある。サン＝テグジュペリにおいては、科学における概念は、方向なのであり、方向には実践、行為といった意味が見出されるのである。風景のなかに意味を引き入れること、いわば風景を意味づけること、それが方向なのである。『人間の大地』、『夜間飛行』、『南方郵便機』、『城砦』などを作品として私たちに残してくれたサン＝テグジュペリは、リヨンに生れて、後にトゥールーズで航空術を身につけた空の人だったが、空と飛行を体験したばかりか、空から大地を、また、地上の大地を体験した彼は、このフランス語 sens を飛行の現場で体現した、この sens を生き生きと体験した人だったといえると思う。空路は、あくまでも直線的だ。飛行士は、航空機の操縦士は、一路、ただひたすらに目的地、着陸地をめざす。航空機は、目的地とルートによって方向づけられているのである。操縦士は、視界が雲によっておおわれていても、いま何が起きているのか、状況や天候状態がどのように変わりつつあるのかということについて注意力と判断力を集中して、事態の推移を見まもりながら、操縦桿を握っているのである(実践的行為)。操縦士は、行動している。行為者なのだ。感覚と感性は、全開状態。感性と行動とがひとつに結ばれた状態で彼は航空機を方向づけていくのである。方向づけることは、意味づけることなのだ。行為と実践は、方向において、方向づけることにおいて、意味を帯びるのである。

画家は、みずからの身体によって、ポール・ヴァレリーとモーリス・メルロ゠ポンティをふまえていうならば、画家は、みずからの身体を世界に貸し与えることによって、画業を進展させていくのである。絵を描く、制作するということは、さまざまな方法によって画面に意味の網の目(それは文化だ)を張りめぐらしていく、定着させていくということだといえるだろう。光によって、色や形によって、コンポジションによって、タッチやマチエールによって、シュポールが意味づけられていく、方向づけられていく、画面が意味のステージとなっていく、ということだ。このようにして描き手、画家のアイデンティティ(存在証明・自己同一性)ともいうべきスタイルが、姿を現していくのである。シュポールとは、壁、板、布地、キャンバス(カンヴァス)、紙など、さまざまな土台、支えとなっているものをさす。シュポールは、絵の大地なのだ。一点、斑点、さまざまな線、さまざまな色彩、光と影、コンポジション、タッチなどは、人間の行為、創造的営為、まさにプラクシス(行為・実践)、ポイエシス

（制作・創造）、人間の現前なのである。シュポール、絵画の大地を意味づけるために、耕すために、人間のプラクシスとポイエシスは、モチーフの実現に向かって、固有の意味世界の現前をめざして、方向づけられていくのである。絵画は、まさにサンス sens の実現なのである。アートのさまざまなジャンルは、音楽であろうと、絵画であろうと、ドラマや小説であろうと、建築であろうと、スタイルと様相、リズムとテンポは、さまざまであっても、それぞれに sens の実現と現前、表現なのであり、感性と行動とが、それぞれの作品に結実しているのである。それぞれの作品において sens が花開いているのである。結晶しているのである。感覚、感性は、意味であり、方向なのだ（sens）。サン＝テグジュペリは、おまえがたどる方向が意味を持っている、という。あくまでも方向であり、意味なのだ。方向づけられた行為、行為すること、行為と実践、行為を意味づけていくこと――サン＝テグジュペリの思想と哲学、あえてこのようにいうならば、それは、実践的行為、行為の哲学なのである。だが、それは sens が組みこまれている行為と実践なのだ。sens は、実践に、行為に方向づけられているのである。空を飛ぶ操縦士は、ただ操縦席（トポス）に坐しているだけではない。彼は、全身で、全感覚を働かせながら、空に、雲に、空中に、気象状態に、チャレンジして、大地の一点、目的地の空港（トポス）をめざして、行為しているのである。彼は、大空に、航空機に、大地に身心を委ねつづけているのである。

空飛ぶ人の目には、大地は、時には地図のように、時には絵のように映る。だが、時には大地は、まったく見えない。雲海がつづくこともある。また、白い闇のなかが体験されることもある。進路を見定めることができなかったら飛行することは、できない。照準は、目的地に直線的に方向づけられているのである。

大地は、風景から地図へと変わっていく。空の旅で誰もが多かれ少なかれ体験していることだ。風景とは、まさに人間のまなざしそのもの、ここからそこへ、かなたへなのである。風景は、さまざまな風景によって、トポスや道によって、地平線によって、水平線によって、意味づけられているのである。方向づけられているのだ。さまざまな眺めと光景のなかでも、人間の感覚に微妙に働きかけてくるものというならば、風景に指を折らないわけにはいかないだろう。十七世紀のオランダの風景画がある。プッサンやクロード・ロランの風景画がある。印象派の風景画がある。

感覚と感性に激しく訴えかけてくる大地の眺め、風景がある。自然がある。トポスや道がある。建築がある。廃墟がある。ジンメルは、廃墟を生が離れてしまった生の場所と呼んでいる。廃墟が描かれた絵もある。

一本の線を引く。線には方向性が見られる。線とは方向なのだ。左から右への線なのか。上から下への線なのか。うず巻き状の線なのか。曲線なのか。直線なのか。太い線なのか。細い線なのか。点線なのか。五線譜がある。楽譜の姿、風景と表情がある。楽譜に見られる方向と方向性がある。さまざまな線の表情がある。点の表情がある。白紙やさまざまなシュポールは、点や線によって、コンポジションや色や形によって、タッチによって、マチエールによって、コラージュによって、意味づけられている。方向づけられている。感覚（sens sense Sinn）は、意味の窓口、糸口、手がかり、入口なのだ。感覚――意味――方向という方向性、文脈が、はっきりとした状態で理解されるのは、フランス語 sens においてなのだ。だが、英語 sense やドイツ語 Sinn においても、感覚、意味という意味には、どことはなしに方向という意味が漂い流れているように感じられる。人間の身体は、感覚の土壌だが、前後、左右、上下、さまざまな方向の座標原点となっているのは、人間の身体なのである。空間は、人間の身体によって、東西南北によって、さまざまなランドマークによって、目的地、ゴールによって、道しるべによって、トポスや道によって、方向づけられているのである。方向感覚という言葉がある。空間感覚、時間感覚という言葉もある。一筋の道、それはひとつの線だ。道においては、方向と方角が気にかかる。道は、あくまでも行動と行為の舞台だ。時には見当をつけて、道を歩くことがある。見当がはずれることがある。部屋、トポスの窓は、いったい東向きなのか、北向きなのか。窓においても、部屋においても向きが気になる。窓からの風景も気になることがある。方向と向き――円形のテーブル、さまざまな形のテーブルにおいて、テーブルに向かう人びとの向きや距離関係が、変わる。方向と向きは、日常生活の舞台において、室内において、部屋において、テーブルや席において、家具調度品などにおいて、たえず問題になる。もちろん人間と人間との社会的状況や人間関係においても、そうだといえるだろう。テーブルや席の状態によって部屋の雰囲気が変わる。人びとが体験する気分が変わる。

画家、フェルメールの絵に姿を見せている窓がある。描かれた窓や描かれた人物の向き、方向によって、画面が意味づけられている。光が射しこんでくる方向がある。時間や空間は、また、人間は、さまざまな仕方と方法によって方向づけられているのである。時計の文字盤、針が進んでいく方向がある。日時計に見られる方向性、砂時計の方向性がある。太陽が昇ってくる方向がある。ジャン＝ジャック・ルソーのまなざしが向けられていた方向である。

人間にとっては人間こそが肝心な支えとよりどころだといえるだろうが、大地も、宇宙的空間も、空も星も太陽も、トポスも道も、これらのそれぞれが、人間にとってきわめて重要な意味を持っているのである。社会的世界は、そのまま風景的世界だが、こうした世界は、トポスと道によって、人間関係とグループによって、また、光や音や色や形、匂いなどによって意味づけられているのである。人びとがそこで生きている世界、いわば生活と生存の舞台と領域は、色彩的世界、音響的世界、形象的世界……なのである。形も、色も、音も、匂いや香りも、手ざわりも、それぞれに私たちにとっては生活と生存のあらゆる場面でおおいに注目されるのである。

鹿《しし》おどしの音によって体験される静寂と音風景、庭の表情、トポスの独特の雰囲気がある。一音《いちおん》によって生み出される世界の表情がある。間と間合いにおいて理解される日本の文化と日本人の音感覚、日本人の生活感情がある。言葉の響きがある。言葉と文字の魅力と力がある。音と音楽の魅力と力がある。さまざまなアートほど人間の感性と感情が顕に表現されている、にじみ出ている人間の営みはないだろうが、ジャンルを問わず、アートによって人間にもたらされる喜びと力、展望、パースペクティヴ、世界、宇宙、トポスと道があるのである。生きる勇気と喜びが、慰めが、支えが、アートによって私たちに与えられることがある。

ジャンルを問わず、アートは、世界の拡張と深化であり、現実の創造と強化なのである。より豊かに、より広々とより深く――人間にとって、このように人生を生きることは、大切なことだと思う。アートの恩恵がある。風景によって人間にもたらされる恩恵もある。風景体験の感激がある。旅とは、パースペクティヴと世界の拡張、深化だが、旅とは、人間のよみがえり、感性の活性化なのだ。

一筋の光によって恩恵と力が与えられることがある。真暗闇は私たちにとって恐怖だ。動きがとれない。音が頼りになる。手で触れることと耳が私たちにとって命綱となる。絵画も、人間も、光のなかで息を吹きかえす。もちろんあまりにも強烈な光のもとでは人間は居たたまれない。美を薄明と呼んだ人がいる。眼と太陽のゲーテだ。目で見て確かめることが、ゲーテの方法だった。

視点とパースペクティヴ――私たちにとって重要な意味を持っているが、おのずから方向がクローズアップされてくる。トポス、家や部屋においても、道においても、方向や方位は、いつも気にかかることだ。音においても遠近感と方向、方向性が、問題になる。音の遠近感、距離感、音の強弱、音色、リズム感——日常的世界で生きている私たちにとって音にかかわるこのようなそれぞれが、おおいに注目されるのである。

ところでライプニッツは、人間をそれだけでまとまりのあるもの、そのような物体、実態と呼ぶ（ライプニッツ、清水富雄ほか訳『モナドロジー　形而上学叙説』中公クラシックス、中央公論新社、一三八ページ、形而上学叙説、清水富雄・飯塚勝久訳）。ライプニッツ——経験的自然学は人間の生活にとって有用であり、国家において奨励されねばならない（同書、一七六ページ、学問的精神について、小品集、清水富雄訳、タイトルとなっているライプニッツの言葉である）。——「けれどもこころよい生活をおくるために必要なことの大部分は、われわれが経験の中から発見したものである。たとえば、火や水の効用がそれであるし、金属の鉱石をとかして塊とし、それが熱せられると型に入れやすくなり、冷えると固まるようになるというのがそれである。種子から植物を生じさせる地力、動物を狩り、馴らし、訓練すること、有害な食品と有益な食品との識別、衣服と住居がそれであり、最後に人間相互の交際がある。この交際がなければ人間生活はみじめであり、動物のようになってしまうことだろう。ここから、いろいろな種類の人間社会が成立してきた」。（同書、一七六ページ、学問的精神について）

つぎにここでは『モナドロジー』に見られるライプニッツの言葉を紹介したいと思う（同書、一二ページ—一三ページ、二二ページ、モナドロジー、清水富雄・竹田篤司訳）。

二八　人間の行動も、表象と表象のあいだのつながりが、たんに記憶の原理によっておこなわれているあいだは、けだものとおなじであって、ただ経験だけがたよりで、理論のないやぶ医者に似ている。じっさいわれわれは、生活の四分の三まで、たんなるやぶ医者にとどまっている。(以下略)

二九　しかし、われわれ人間は、必然かつ永遠の真理を認識することができるから、その点で、たんなる動物とはちがっている。理性や知識を身につける、自己を知り、神を知るところまで高められる。いわゆる理性的な魂、つまり精神とは、われわれのうちにあるこのようなものを指すのである。

三〇　われわれはまた、必然的真理の認識や、そこにいたるさまざまな抽象作用を通じて、反省という行為にまで高められる。これが私と呼ばれるものを考えさせ、私のなかにある、これとかあれとかを考えさせる。このように、自分自身について考えるところから、存在、実体、複合体、非物質的なもの、さらには神そのものについてまで考えるようになるのである。(以下略)

五七　おなじ町でも異なった方角から眺めると、まったく別な町に見えるから、ちょうど見晴らしの数だけ町があるようなものであるが、同様に、単一な実体の無限の数を考えると、おなじ数だけのあい異なった宇宙が存在していることになる。しかしそれは、ただ一つしかない宇宙を、各モナドのそれぞれの視点から眺めたさい、そこに生ずるさまざまな眺望にほかならない。

ライプニッツは、モナドを複合体をつくっている、単一な実体、自然における真のアトム、森羅万象の要素などと呼んでいる（同書、三ページ、モナドロジー、一、三、参照）。精神的な意味の単一者、それがモナドなのである。モナドは、ギリシャ語、モナス に由来する言葉であり、一、単一なるものを意味する。

モナドには窓がないのか、という問が生じるのだが、この点についての下村寅太郎の見解を見ることにしよう（同書、五六ページ、下村寅太郎、来たるべき時代の設計者）。──「モナドとモナドとは、本質的に表現・表出の関係においてたがいに関係する。（中略）モナドが表現・表出を本質的性質とするかぎり、モナドとモナドとの連結は──表現・表出的連続は本来的本質的であり、原理的に存立しているのであって、そのゆえにまさに予定調和なのである。予定調和は外面的に恣意的に導入された仮説でなく、およそモナドが存在するところに本来的に成立する必然的な関係にほかならぬ。モナドは無窓であるどころかモナドそのものが全面的に窓である。『モナドロジー』の中で「モナドには窓はない」という箇所は、「ものが出はいりする」窓がないというだけの、きわめて軽い意味で言われているにすぎない」──表現 représentation は、他を表現すること、表出 ex-preesion は、みずからを表出することだが、ライプニッツは、表出と表現の区別を特説していない（下村寅太郎の見解、同書、五六ページ、参照）。

人間は、理性そのもの、だが、感性そのもの、むしろ感性こそ人間の生存の証ではないだろうか。表出と表現は、感性や感覚と深く結ばれているのである。色彩感覚、形態感覚、言語感覚……風景感覚……さまざまな言葉がある。音感という言葉もある。

人びとは、いたるところで人間の感性が体験されるような人間的世界で人生の一日、一日を生きているのである。人間的時間、人間的空間、人間にとっての現実、人間のトポス、人間の道、人間の作品、人間の大地などは、人間の感性によって貫かれているといえるだろう。さまざまな触れ合いにおいて感覚が働きだす。感性が波動する。人間は、世界とのつながりを確かめつづけながら、自己自身を世界につなぎとめながら、自己自身を世界に位置づけながら、行動する。活動する。感性と行動において人間は、現前している。生きている。生存している。プラクシス（行為・実践）とポイエシス（制作・創造）のいずれにおいても、感性が働きつづけている。

感ずる理性——これは西田幾多郎の表現だが、あえて理性というのであれば、感じる理性といわざるを得ないだろう。人間は、感性的理性的存在（生成的存在、生成／存在）なのである。

カントは、時間と空間を感性の形式と呼ぶ。彼がイメージしたり、理解したりする人間は、理性的動物であり、理性に人間の決め手が見出されているように思われるが、感覚、感官、感性は、カントの視野に入っているのであり、カントは、感覚などについて考察している。

彫刻家、オーギュスト・ロダンは、建築と彫刻においては面がすべてだ、という。彼は、森は人間をその原点に呼び戻す、そして人間は森のなかにもろもろの原則を見出す、と述べている。ロダンにおいては、森は彫刻への道を示してくれた大切なトポスだったのであり、森と樹木こそロダンの原風景なのである（オーギュスト・ロダン、新庄嘉章訳『フランスの大聖堂——聖地巡礼、そして遺言書』東京創元社、創元選書287、一五七ページ、第八章　ル・マン、一五〇ページ、第七章　アミアン、参照）。ロダンは、建築をもっとも頭脳的な芸術であるとともにもっとも感覚的な芸術と呼んでいる。彼の次のような言葉がある（同書、六六—六七ページ、第二章　フランスの自然）。

建築物の写真は私には何も語ってくれない。それは私を感動させもしなければ、私に何も見せてはくれない。それは面を正しく再表現してはいないので、私の眼には常に、堪えがたいほどに無味乾燥な、冷たいものに映る。カメラのレンズは眼のように浅浮彫りを見る。だが石の前に立った私は、石を感ずるのである！　私は位置を変えながら、石の到るところを眼で触れる。それらの石が大空の下であらゆる方向に天井を張っているのを見る。そして、あらゆる面からそれらの秘密を探る。（中略）

ゴシック芸術はフランスを感知できる触知できる魂である。それはフランス的雰囲気を持った宗教である！——人々は神を信じないというのではなくて、神に対して不実なのである。

大きなマントのように大聖堂を包んでいる荘厳さの中で、生の物音——足音、車の走る音、閉ざされる扉の音——が響く。寂莫が均衡の調和的感覚でそれらの物音を調節している。

フランスの大聖堂、それらのいずれもが、石の森（ロダンの表現だ）といえるだろう。確かにそのとおりであり、樹木や樹木の根元や森のたたずまい、森の光や明暗、森の音が、この聖なるトポス、大聖堂、大寺院で実際に体験されたのである。祭壇の方へと向かう方向性によって、林立している柱によって、さまざまなステンドグラスによって、オルガンによって、さまざまな坐席などによって、このような石の森は、意味づけられているのである。石の森は、音環境、音風景としても、オルガンのステージ、トポスとしても特別な世界だと思う。石の森は、全体的には植物的だが、結晶化された、聖なる生活世界なのである。パリのノートル＝ダム寺院の屋上、高いところには怪獣が姿を見せている。すべては石化されているといってもよい。だが、石の森は、みごとなまでに人間的空間なのであり、パリのノートル＝ダムにおいては、人間的空間、石の森は、聖母マリアによって意味づけられている（方向づけられている）のである。確かに石、また、石である。ノートル＝ダムの石とセーヌ左岸、ノートル＝ダムのすぐ近くにある古い教会、サン＝ジュリアン＝ル＝ポーヴルの石とは、まったく様相が異なる。石の姿、表情、質感、重量感、肌、色、雰囲気などは、石さまざまだといえるだろう。手で触わって直接的に石を体験しなかったら、石をほんとうに深いところでイメージしたり、理解したりすることは、不可能だろう。人間にとって、花も、石も、他人事ではない。

まさに人間とは、人間と人間だが、人間と花、人間と石、人間と水、など、人間と人間ではないところのものにおいても、人間が理解されるのである。

人間は、なによりも人間と向き合いながら、触れ合いながら、人生を生きているが、私たちの誰もが、世界に、トポスや道に巻きこまれながら、さまざまな時間と空間を体験しながら、自己自身の人生と呼ばれる道、人生行路を方向づけることに努力しているのである。まことに息が長い旅だが、私たちにとって、これほど大切な旅はない。

生活世界と人間、人生の日々
――自然と文化、人間の舞台――

デカルトは、道に従うことを方法と呼んだ人である。方法とは、端的にいえば、道なのだ。それにしてもなんとさまざまな道があることだろう。山のなかの道、野のなかの道、水辺の道、市街地の道、林道、街道、そのトポス、集落のなかをめぐる道、パリのブールヴァール、いわば大通り、パリのさまざまな道、ベンヤミンが注目したパリのパサージュ、ラ・セーヌのプロムナード、リュクサンブール公園の道……大地は、さまざまな道とさまざまなトポスによって意味づけられており、方向づけられているのである。トポスと道によって、地形によって、大地にはさまざまな模様が生まれているのである。人間にとってこのような大地ほど興味深いテキストはないだろう。大地の眺め、それが風景だが、風景は、それがどのような風景であろうと、並々ならぬものといえるだろう。

トポスや道とともに、人びとの暮らしの姿と歴史が、大地にたいする人びとのチャレンジ、働きかけが、人間のプラクシス（行為・実践）とポイエシス（制作・創造）が、クローズアップされてくる。道も、トポスも、プラクシスとポイエシスの舞台なのである。

人間は、あくまでも行動的であり、プラクシスとポイエシスのなかで、生活したり、生存したりしているのである。道に出たら、そこにふみ留まりつづけるわけにはいかない。進むべき方向や方角を決めて、人びとは、歩み始める。道は、進路なのであり、道とは、方向なのである。

道――方向――方法、道は、方法そのもの、方法は、道として理解されるのだが、道というならば、行動でもあり、方向でもあることに注目したいと思う。ここでフランス語、サンス sens が姿を見せる。サンス、感覚、感性——意味——方向、このフランス語においては、どことはなしに道がイメージされる。方向づけることは、意味づけることなのだ。おまえがたどる方向だけが意味を持つ、とサン＝テグジュペリは、いう。彼は、空の人であり、空路になじんでいた人だ。空路は、直線的だが、大地の道は、時にはくねくねとした姿を見せている。起伏が体験される道もある。道の姿と表情、感触、道を歩く時の気分、道をたどる時の風景体験、それらのいずれもが、まことに多様だ。ふたつとして同じ道はないといってもよいだろう。道は、足の裏ではないかとさえ思われる。石畳の道を歩く時と土の道を歩く時とでは、足の裏の感触が、まったく異なる。砂浜をはだしで歩くときの足の裏の感触と気分がある。なぎさの道がある。日本海が目前というトポス、松林のなかを走りまわった人がいる。石川県の宇ノ気に生まれ育った西田幾多郎だ。西田には「われ歩くゆえにわれあり」という言葉がある。京都の東山の山麓にある哲学の道が、イメージされる。西田は、「われ行為する」という言葉を選んだ哲学者だ。デカルトが背景となっている。デカルト——「われ思う。ゆえにわれあり」森のデカルトということになると、森のなかの道は、直線的な方向性としてイメージされる。森のなかで迷ってしまったら、進むべき方向を決めて、そうした方向をめざして、ひたすら歩みを進めるように——これがデカルトの方法である。

森を見えない自然、可能な行為の総和と呼んだ人がいる。「私は私と私の環境である」といったスペインのオルテガ・イ・ガセーだ。デカルト以降、西洋人は、世界なしに取り残されてしまった、とオルテガは、いう。オルテガは、風景、環境、世界を取り戻そうと試みたのである。ユクスキュルの環境世界、フッサールの生活世界——このようなふたつの世界概念、世界へのふたつのアプローチは、いずれもオルテガの視野に入っていた。また、マルセル・プルーストの『失われた時を求めて』は、オルテガのフィールド、モチーフとなっている。世界は、実用、プラクシスの場として、人間と人間との触れ合いの舞台として、理解されている。プルーストのコンブレーのふたつの散歩道が、オルテガのトポスに姿を見せている。コンブレーは、メゼグリーズの方向をめざすスワン家の方へと呼ばれる散歩道とヴィボーヌ川に沿ったゲルマントの方へと呼ばれる散歩道によって方向づけられていたのである。前者は、風の道とでも呼ばれるような道であり、後者は、おたまじゃくしと睡蓮の花畑とでもいった趣の道だった。

道をたどっていく時の身体感覚、方向感覚、風景感覚がある。ヘラクレイトスは、のぼり道も、くだり道も同じ道、といったが、歩行者の感覚、風景体験、気分などという点においては、同じ道でも、坂道そのものでも、まるで違う道のように感じられることがある。坂道をのぼっていく時には、視界は、さえぎられがちだが、坂道をくだって行く時には、道がまるで見晴らしの道となって、時には広々とした風景が体験されることがある。

セザンヌとガスケの対話のシーンだが、ある時、ローマ人がつくった道を体験しながら、セザンヌは、ローマ人には、風景の感覚があった、という。セザンヌとガスケは、ローマ人がつくった道を歩きながら、すばらしい風景を体験したのである。

森のなかの道を歩いている時、不安を感じない人は、おそらくいないだろう。暗々とした森の道がある。分岐点があって、道しるべがなかったら、判断のくだしようがない。森のなかの道ほど歩行者にとって道しるべが必要とされる道は、ないだろう。方向を確かめることが、森のなかでは特に必要だ。森を抜け出た時に私は空を発見した。ロダンの言葉だ。

雪国では冬になると水田地帯は、文字どおりの雪原になってしまう。細々とした道が、集落から集落へと通じていることがあるが、雪によって、そのような道がほとんど姿を消してしまうことがある。そのような時には、見当をつけながら、目当ての集落をめざして、雪原をたどらなければならないことがある。道しるべ（道標）はない。かなたの集落の風景が、頼りとなる目標だ。目印となる。

雪道は、まことに頼りない道であり、時には、姿を消してしまう道だ。ほんとうに細い道がある。一人通るのがやっとという道がある。そのような道で人と人とがすれ違う時には、一人が脇へそれて、雪のなかに立つというようにして、人を通す。もちろんたがいに言葉をかけ合う。雪道で守られるマナーがある。

太陽の反射で雪道が、まぶしい道となることがある。雪国の夜道、道が凍結状態になって、滑りやすくなることがある。雪道は、なかなか手ごわい道だ。

ところで柳田國男に「美しい村」と題された文章がある。集落や人びとの居住の景観、風景に注目しながら、人びとの生活心情に柳田のやさしいまなざしが注がれているシーンだ。柳田のゆたかな感性に触れる思いがする文章に注目したいと思う（『定本　柳田國男集　第二巻』筑摩書房、三一一ページ、美しき村、昭和十五年十一月）。

ところが又何年か過ぎて後に、八ヶ嶽の東麓を信州から南へ越えようとして、野辺山が原の一角に於て、再びや丶小規模の、是を思ひ出させるやうな家居を見たときに、何と無く原因が見つかった様な気がしたのである。これらの楊の老木は勿論栽ゑたものでない。昔から群をなして此あたりには繁茂して居たのを、少しばかり伐り残して其間に小屋を掛けたのが、後には親しみを生じて其長大を念じ、道路を開くにも新屋敷の地割りにも、程よい譲歩をするやうになっただけで、最初からわざわざ大木の蔭を求めて、村を作らうとしたのではあるまいと思ふ。無論清水の得やすいといふことも、特にこの木の多い處を、擇んだ理由ではあったらうし、やゝ太くなれば折々は馬を繋ぎ、又は物を見る子供や娘たちが、来ては凭りかゝるといふなどの少しづゝの利用は有ったらうが、それを目当てに予め配置するといふまでの、細かな心遣ひがあったらうとも思はれない。我々遊民が爰を通る日は、大抵は空の青い、野山には花の豊かな一年中の好季節である故に、どうして又この様に村を暗くして置くのかと訝るやうだけれども、路上に働く者には春から秋まで、樹の蔭はいつも恋ひ慕はれる。あそこには楊がある泉があるといふことは、乃ち又村の存在の承認でもあった。冬のしんしんと雪降る黄昏などは、火を焚いて家に居る者でもやっぱり寂しい。だから越後の広い田の中の村などでは、わざわざ軒先にしるしの竿を立て、居たといふ話さへある。これを遠くからの目標にして、人がとほって居るといふことを考へただけでも、少しは埋没の感じを追ひ拂ふことが出来たものであらう。必ずしも旅する者の為と言はず、斯ういふ世の中へのアンテナのやうな役目を、永い歳月に亙って勤めて来た楊の樹であるが故に、今では我も人もこの樹を引離しては、村の姿を思ふことが出来ぬまでになったのである。

さまざまな道があるが、人びとの祈りや信心深い心が、道端に浮かび漂っているような道がある。道祖神の里や道がある。道端や道の分岐点は、庶民の生活感情や生活感覚、人びとのさまざまな思いが、渦巻いているトポスなのである。柳田國男は、古道は、新道よりも高いところに姿を見せている、という。道それぞれの歴史と由緒がある。宿場や宿場町の道がある。きわめてローカルな道があるが、街道と呼ばれる道もある。旅そのものと呼びたくなるような道がある。

人間にとっては、道の記憶は、トポス（居場所、家、部屋、坐席……）の記憶とともに、また、旅の記憶、さまざまな作品の記憶とともに、きわめて大切な記憶ではないかと思う。いうまでもなく最重要な記憶は、人間と人間との記憶、家族と家族生活の記憶だろう。この最重要の記憶こそ私たちにとっては、まさに命綱にもあたる記憶であり、このような記憶が、道の記憶やトポスの記憶、旅の記憶、作品の記憶などと重なり合っていることが少なくないことは、いうまでもない。

私たちの誰もが、ほとんどいつも誰かと一緒にいるのである。もちろん人間は、究極的には絶対的に個人であり、たがいに切り離された状態に位置づけられており、生と死においても、まぎれもなく個人そのものだが、これこそが注目されねばならないことは、私たちの誰もが、まちがいなく相互的で社会的な状態で、人びとのなかで、人びとのかたわらで、人びととコンタクトをとりながら、助け合いながら、声をかけ合いながら、支え合いながら、生きてきた、生きているということだ。まちがいなく人間は、共同生活の舞台で、共存しているのである。人間は、互助的な状態で生きているのだ。人間関係こそ、それによって人間の生活と生存が、決定的に方向づけられている、意味づけられているところのものなのである。

人間は、人びとのかたわらで、作品のそばで、草花のそばで、大地の片隅で、風景のなかで、人間社会において、歴史的社会的世界で、道具のかたわらで、モニュメント、記念碑、記念となっているもののそばで、思い出の品々とともに、人びとととともに、さまざまなトポスや道を体験しながら、人生の日々を生きているのである。そのような状態で人生の旅をつづけてきたのである。人生の旅びとにとっては、ほとんどなにもかもが、自然も、社会も、文化も、歴史も、風景も、作品も、道具も、記念の品々も、ことごとく自己自身の生成と存在の、生活の、生存の次元なのである。人間は、まさに驚くべきほどの状態で、自己自身ではないところのものによって、支えられて、助けられて、自己自身を支えつづけているのである。そのような状態で自己自身を方向づけて、意味づけているのである。人間は、距離をとりながらも、ほとんど密着状態で、世界を生きているのである。

雨降る日、雨音が耳に触れる。トタン屋根に触れる音、雨の音が、心地よく耳に触れる日がある。激しい雨降りがある。屋外の石が、雨と結ばれて私たちの耳にとどく音がある。石は、いつも雨を待っているのではないかとさえ思われる。雨にぬれて、生き生きとした表情の石が、目に触れる日がある。天候状態で石の色も、表情も、雰囲気も変わる。庭の片隅の石は、庭の要《かなめ》となっているともいえるが、雨のための石、雨の演出装置としての石ではないかとさえ思われる。大地の片隅、家のなかのそここ、部屋の片隅、時には床の間、玄関、机の上などに飾られた石……礎石、また、地方によっては、石置き屋根、屋根石、石の屋根など、さまざまな石がある。石臼や漬物石……、飛び石、玄関の石の踏み台、敷石、庭石、石庭、石灯篭、石橋、石畳の道、石の建築……硯の石、文鎮の石……石段、石垣、道しるべの石、道祖神の石、石佛、空間のデザインと演出のための石、花飾り、花鉢となっている石、石の台、石壁、石のフロアー、標石……作品となった石、例えば大理石彫刻、さまざまなトポスの内外やさまざまな道には、なんとさまざまな石が、姿を見せていることだろう。人びとがそこで生きている世界は、石によっても、樹木によっても、草花、花々によっても、さまざまな水によっても、土によっても、意味づけられている、方向づけられているのである。

栃木県、宇都宮地方では、まさに大谷石の文化が体験される。宇都宮市の中心部を流れている釜川のほとりには、大谷石が姿を見せているカリヨンがある。大谷石は、宇都宮のそこ、ここで目に触れる。建物、倉、さまざまな大谷石だ。大谷石の倉、大谷石の教会、大谷には大谷観音がある。また、大谷石の石佛がある。宗教的な世界とトポスにも大谷石が姿を現している。大谷石の屋根がある。

大谷資料館が大谷にある。大谷石についての情報の拠点だが、おそらく誰もが、驚き感嘆するのではないかと思われるのは、大谷石の地下の採掘場だ。

大谷資料館の建物から地下に向かう道がある。大谷石の道だが、全身で大谷石を感じ取りながら、まるで大広間、宮殿、ローマの遺跡、夢幻のトポス、大谷石の舞台と呼びたくなる驚くべき大谷石の宇宙、世界にアプローチするこの道とこのトポスは、まことにスリリングで驚異的な世界体験を私たちにもたらしてくれるトポスであり、道なのである。照明の具合によって、さまざまな光と明暗が体験される。ほのかな光のトポス（場所、ところ）があり、暗闇に近いようなところもある。光と明暗の世界体験として、この地下の採掘場、採石場、石切り場は、ほんとうに類稀なトポスだと思う。巨大な空間、みごとな大谷石の壁とフロアー、大地だが、空虚なトポスではない。掘り出された大谷石によって生まれた、まことに広々とした空間は、大谷石の充実した空間、まさに大谷石によって隅々まで意味づけられたトポス、舞台、大谷石の野、フィールド、大谷石の世界なのである。地上の大谷石は、こうした地下の大谷石によって意味づけられているのである。

大谷石採掘場（絵はがき）

「大谷資料館　石の里　大谷石地下採掘場跡公開　栃木県宇都宮市大谷町」と表に記されているこの資料館のパンフレットによると、新生代第三紀中新世（今から二〇〇〇万年前）に属する、流紋岩質角礫凝灰岩の総称、それが大谷石であり、大谷石は宇都宮市大谷の附近一帯から採掘される石なのである。

この大規模な大谷石の地下採掘場は、巨大な洞窟のようにも感じられはするものの、この採掘場跡は、みごとなまでに大谷石の建築的空間であり、大谷石の生きている遺跡、まさに大谷石のトポス、大谷石の道、大谷石の舞台なのである。人間の感性にこれほどまでの迫力をもって迫ってくるトポスや道が、ほかにあるのだろうか。この地下採掘場跡では、私たちの身体も、感覚も、全面的に大谷石によって意味づけられてしまうのであり、人間は、そのまま大谷石になってしまうのではないかと思われるほど、全身で、全感覚で大谷石が体験されるのである。

このトポスと道で、上の方を見上げるとわずかに空が見えるようなところ、トポスがある。天空の穴と空である。空気穴ともいえる穴だが、天窓だった。この大谷石のステージで体験されるひんやりとした温度がある。おそらくは風の流れがあるのだろう。大谷石の段々の造形がある。大谷石の石壁の表情と印象がある。大谷石の感触がある。手で触れた大谷石の体感、身体感覚がある。大谷石は、どことはなしに、ぬくもりが感じられる石だ。大谷石の表面は、注意深く見ると変化に富んでいる。凹みや小さな穴がある。その色は、決して単調ではない。微妙な色彩と肌ざわりのバリエーション、もろさが感じられはするが、ハードな石、大谷石は、私たちに語りかけてくる石だ。私たちの手になじみやすい石ではないかと思う。大谷石を見つめていると目が離せなくなる。大谷石の響きや音があるように感じられる。石は、雨音の舞台となる。確かに石は、雨を待っている。

石は黙したまま語らない。だが、石を眺めていたり、手で石に触れたりすると、静かに石との対話を心がけると、石は、まちがいなく語り始める。自然のドラマを、大地の物語とエピソードを。人びとの日常生活と人生を。記念碑がある。歌碑、句碑、さまざまなモニュメント、石に託された人びとの思いと心と信頼、慰めがある。墓石がある。石の恒久性、耐久性、永続性、記念碑性には特別なものがある。樹木や木の年輪にはおおいに注目したいが、石の姿と形、自然石の肌と形状、色、質感、重量感にも、注目したいと思う。人びとは、石のそばで、石とともに、石のなかで、石のかたわらで、花とともに、石とともに、土や水や木とともに、人生を旅してきたのである。

京都、東山の山麓に哲学の道と呼ばれる道がある。四季おりおりの散策路、プロムナード、遊歩道だ。琵琶湖からの水、疏水の流れに沿った桜並木の道である。私たちは、家族三人でこれまで四季おりおりに何度も、何度もこの哲学の道を散策したが、特に春、桜が満開となった時のこの水辺の、山麓の道は、ほんとうにすばらしかった。水は、南禅寺方面から銀閣寺方向に向かって流れているが、春ともなると、哲学の道は、桜並木と桜花によって彩られていたのである。桜によってこの道は、意味づけられていたのである。桜並木によって水の流れによって、銀閣寺によって、東山によって方向づけられていたのである。

この哲学の道――コースの中程からいくらか銀閣寺寄りに、記念碑がある。西田幾多郎を記念する石が、大地の片隅に姿を現している。位置づけられている。西田のトポス（場所、位置、ところ……）が、この散策路、プロムナードで体験される。この記念碑は歌碑であり、この石には、昭和九年の西田の短歌が刻まれている。

人は人吾は吾なりとにかくに吾行く道を吾は行くなり

石川県、宇ノ気生まれの西田の生活史には、金沢や東京、京都、鎌倉が、姿を見せている。西田には鎌倉での生活があった。京都と鎌倉、ふたつのトポス、土地をゆききする生活のリズムがあった。鎌倉の谷戸の野の片隅に身心を委ねてひとときを過ごした哲学者の姿があった。鎌倉、七里ガ浜の海、相模湾の海は、まさに西田にとっての大切な海だった。もちろん彼の原風景となっていたのは、日本海である。

七里ガ浜の海沿いのプロムナード、浜辺と波打際と海原が、潮風が、波打際で海と水と戯れる人びとの姿が、潮の香り、海の匂いが体験されるプロムナードだが、稲村ガ崎と七里ガ浜のほぼ中間の地点、トポス、やや稲村ガ崎寄りに、西田幾多郎の記念碑、歌碑がある。モダンなスタイルの石だが、潮風と波音とかなたに江ノ島が体験されるこのトポスの石には、昭和十年の作だが、つぎのような短歌が、刻まれている。これまで何度となくこの海辺の歌碑を訪れている（西田幾多郎『続思索と体験『続思索と体験』以後』岩波文庫。さきの昭和九年の短歌は、この文庫版の二〇九ページに収録されている。この鎌倉での短歌は、二一〇ページ、参照）。

七里浜入る日漂ふ波の上に伊豆の山々果し知らずも

西田幾多郎は、京都を「最も古蹟に富んだ山川の美しい都」と呼んでいる。だが、京都の山川の美は優雅にすぎて、実感を動かすものが多く、空想の羽ばたく余地を与えない、と西田は、いう。ところが、なお廃墟らしいところが多い鎌倉には、かつての歴史と人心がいまなお満ち満ちており、「迷路の如き鎌倉山の谷々はかかる人心を具象化しているように思われる」と西田は、書いている。宗教心が動かされやすいし、「人世の悲哀」を感ずることも多い鎌倉に西田の気持が傾いている（同書、一八八ページ、鎌倉雑詠（昭和三年十二月—同四年三月　在鎌倉）。鎌倉雑詠から短歌五首、そして添えられた言葉をここに紹介したいと思う（同書、一八八—一八九ページ）。

武士の血汐に染みし鎌倉の山のくまぐま落葉ふみ行く

鎌倉は町にしあれど鳥の音も深山さびたる松のむら立

私は海を愛する、何か無限なものが動いているように思うのである。

朝に夕に移ろふ日々の海の面は日々に見れども飽くこともなし

去歳の秋生れた孫がその母と共に鎌倉に来り、暫して去った。
幼子の笑は似たり春風の渡らふ野辺の草のそよぎに

同じ家庭の不幸に遭いし旧き友に、
諸共に抱く思は語らじな泣きてかひある世にしあらねば

このような短歌とともに鎌倉の山と谷と谷戸《やつ》が、鎌倉の海が、姿を現す。人びとが、姿を見せている。西田の生活感情と人情が、彼の感性が、このような短歌に漂い流れている。ライフ life の研究者となることを期して、まさにライフの研究者の道を一途に歩んだ哲学者は、人情という言葉に心を傾けていた家庭の人でもあったのである。西田が見るところでは、世のすべては、人情のためにあるのである。

哲学の道は、ドイツのハイデルベルクにある。もうだいぶ前のことだが、私たちは、家族三人でハイデルベルクの旧市街からタクシーでネッカ川が眼下に流れている小高い丘にのぼり、ネッカ川をさかのぼるような状態で、右手方向に旧市街の市街地を眺めながら、哲学の道を散策したのである。ネッカ川に架かる古い石の橋が、その左手、少し奥の方、小高いところにハイデルベルクの城が、風景のみごとな点景、ランドマークとして姿を現していた。

まことに絵画的な風景によって視界が、飾られていたことを思い出す。私たちの耳には、その時、どのような音が、触れていたのだろうか。

アルト・ハイデルベルクという言葉は、私たちの旅の記憶の深いところで、いま、なお生きているのである。ピリオドを打つことができないような旅がある。さまざまな持続的な旅のなかで、旅の思い出とともに、私たちは、それぞれのスタイルで、人生の日々を旅しているのである。

イサム・ノグチのモエレ沼公園

——トポスと道と——

ピエール・ド・ロンサール

空、大気、風、見はるかす野よ、山よ、
並び立つ台地、青みだつ森よ、
うねる川岸、せせらぐ泉よ、
疎林、そしておまえ、みどりのしげみよ、

自然は一つの古代神殿、立ちならぶ生きた円柱は、
ときどき、判じにくい言葉をもらす。
人がそこを通って、数々の象徴を秘めた森に分け入れば、
森は親しいまなざしで人を見守る。

長いこだまが遠くから交わり合うように
そこでは、夜のように、光のように、広漠とした、
まっ暗くて、深い、一つの統一のなかに、
応え合うのだ、匂いと色と音が。

匂いには、幼な子の肌えのように初々《ういうい》しい、
オーボエの音のようにやわらかい、牧場のように緑の、匂いがある。
——またほかに、腐爛の匂い、豊満な匂い、旺盛な匂いもある。

それらは、無限にひろがる物質の要素をもち、
竜涎、麝香、安息香、撒香のごとく、
精神と諸感覚との交流をうたう。

シャルル・ボードレール

『フランス名詩集』井上究一郎訳、ちくま文庫、筑摩書房、
一一三ページ、ロンサール、カッサンドルへのソネット、
一二五ページ—一二六ページ、ボードレール、交感(Correspondances)

四節からなる詩の初めの一節、

そもそも、日本の庭とは花園《フラワーガーデン》のことではない。植物を栽培するのが目的で造られるものでもない。(中略)つまり、一般的には、日本の庭は山水の庭なのである。(中略)

もうひとつ、特に忘れてはならない大事なことは、日本庭園の美を理解するためには、石の美しさを理解しなければならないということだ。少なくとも、理解しようと努めなければならない。石といっても、人の手で切り出されたものではなく、自然の営みで生まれた自然石のことである。石にもそれぞれに個性があり、石によって色調と明暗が異なることを、十分に感じ取れるようにならなくてはいけない。

小泉八雲

小泉八雲、池田雅之編訳『小泉八雲コレクション　虫の音楽家』ちくま文庫、筑摩書房、
二〇〇ページ—二〇一ページ、日本の庭にて

人間にとって身体は、人間のすべてだといえるだろう。身体ほど私たちにとって重々しいモチーフはない。私たちの誰もが、なによりも身体なのである。もちろん身体だけで人間のすべてが理解されるわけではない。人格に注目したいと思う。人格のほかにも、いくつか注目しないわけにはいかないモチーフがある。

人間の身体は、感覚の母胎であり、感覚の野であり、感覚の大地なのである。身体は、人間の感覚の土壌であり、感覚の泉なのである。身体は、感覚のトポスであり、感覚の道なのである。

人間とは、という問に直面する時、根底的に私たちが注目しなければならないのは、生命ではないかと思う。ライフ life の研究者をめざした西田幾多郎は、結局のところ、身体と人格において人間を理解している。自己という時には、西田においては、身体的自己、意識的自己、ポイエシス的自己、行為的自己、人格的自己が、クローズアップされてくる。

世界——西田においては、さまざまな世界像がクローズアップされてくるが、西田は、ある時、意味実在の世界、価値実現の世界という。前者は、歴史的世界、後者は、社会的世界であり、後者においては、行為的自己と社会が姿を見せる。西田は、社会をポイエシスの様式として理解している。ライフの研究者は、世界を歴史的社会的世界、表現的世界、人格的世界、日常的世界などとして理解している。日常的世界は、人びとがそこに生まれて、そこで働き、そこで生涯を終えるような世界をさす。このような世界は、究極のトポスである歴史的空間を意味しているのである。

二〇〇六年六月二十四日、札幌、モエレ沼公園を訪れる。モエレ沼公園は、弓なりの、U字型の沼によってかたちづくられた大地を舞台として、いままでは廃棄物の処理場として姿を見せていたトポスにイサム・ノグチのイメージとアイデア、プランにしたがって築き上げられた、まさにイサム・ノグチのスタイルと作品と呼ぶことができる大地の片隅なのである。

視点とパースペクティヴ（遠近・眺望・視野・さまざまな野）そのもの、自然とひとつに結びついたモニュメンタルなトポス、舞台、と呼ぶことができる作品、それがモエレ沼公園なのである。

大地の息吹き、自然の光景、人間のアイデア、モチーフ、ヴィジョン、また、プラクシスとポイエシスなどが、ひとつに結ばれて、そこに彫刻家、イサム・ノグチが姿を現しているのである。

この日、幸い好天に恵まれて、青空と雲の動き、さまざまに変化する光、光と影のなかで、イサム・ノグチの感性と姿と形、形態感覚、トポスと道、彼のアイデアとプラン、彼の遊び心、大地へのアプローチなどが体験されたのである。大地の起伏と地形、風景にイサム・ノグチのまなざしが注がれているが、視覚だけではなくて、彼の五感のことごとくが、さらに足の裏までもが、ここ、モエレ沼公園においては、まことにみごとに体験されたのである。

広大な敷地のさまざまなトポスにイサム・ノグチがイメージされるような創造的で表現的な作品が、姿を現している。いずれのモチーフも、スタイルも、作品も、彫刻的といえるだろう。モエレ沼公園は、トータルにイサム・ノグチその人なのである。

札幌市の中心部から見ると石狩川、そして石狩川の河口方面に近づいていく、そうした方向に、モエレ沼がある。廃棄物がそこに堆積されていた大地の片隅、そのような場所（トポス）に札幌市の地下鉄工事の際の地中から掘り出された大量の残土が、このモエレ沼の大地に運ばれて、独特の風景、景観が生み出されたのである。地中の土が、地上に築かれて、巨大な築山が姿を現したのである。いくつもの山が、この地に点々と見られる今日の風景、ランドスケープは、文字どおりのランドアートと呼びたくなるような大地の眺め（風景）だが、巨大な土の彫刻、土と石の彫刻、イサム・ノグチの造形と呼ぶことができるモエレ沼のこのトポス（限定された、特定の意味と価値が与えられた、特定の地点、一点）は、野外彫刻、イサム・ノグチのアイデア、モチーフ、ヴィジョン、スタイル、方法によって意味づけられた（方向づけられた）、アートの、彫刻的な風景の大地、トポス（場所・位置・ところ・家・部屋・坐席・集落……）なのである。人びとが、離れたところから、その風景を眺めているだけのトポス（場所・地点・槍の穂先……）ではない。人びとが、このトポスに集まってきて、このトポスになじみ、このトポスと一体化することができる、そのような人間のトポス、人間の大地こそ、このモエレ沼公園なのである。トポスという言葉には、人間の居場所（家・部屋・坐席）という意味がある。このモエレ沼公園は大地の起伏と地形、さまざまな造形が体験されるところ（トポス）だが、いたるところが、人びとの居場所となるトポスなのであり、プラクシス（行為・実践）が、そのままポイエシス（制作・創造）と結びつくような大地の一点、トポスなのである。

ここ、モエレ沼のイサム・ノグチのトポスにおいては、イサム・ノグチの造形感覚と感性、彼のアイデアとモチーフ、ヴィジョン、アプローチ、方法、彼の視点とパースペクティヴが、私たちの身体によって、身体感覚、五感、私たちの感性によって、また、私たちの想像力によって、生き生きと体験される。イサム・ノグチの造形感覚と感性、彼のヴィジョン、彼の想像力、彼のアプローチ、視点、パースペクティヴなどによって触発されながら、私たちそれぞれの感性と想像力（イマジネーション）が、人間の感性と行動が、大地の方へ、空の方へ、土や石や水の方へ、緑の方へ、ガラスや金属の方へ、さまざまな形の方へと方向づけられる（意味づけられる）のである。モエレ沼公園を訪れて、この地でさまざまなトポスと道を体験しながら、感覚と感性が眠りについているような人は、いないだろう。この地において、なかば夢見心地になるような人びとは少なくないだろうが、このランドアート（大地に根ざした、大地によって意味づけられたアート）のトポスにおいては、誰もが、行動する人となるのである。歩く、登る、くだる、たどる、たたずむ、眺める、戯れる、プレーする、単独で行動する、一緒に動く、プレーする、楽しむ、休息する、安らぐ、また、行動する……このイサム・ノグチのトポスにおいて、誰もが、あらためていつもとは異なる自分を見出すだろう。

さまざまな地面が、いたるところで体験されたのである。さまざまな稜線が、また、さまざまな形が、さまざまなスカイラインが、さまざまな土や石や水が、浜辺が、まさにスペクタクルと呼びたくなるような噴水が、ガラスの巨大な造形が、子どもの、子どもと大人の楽しみの遊戯のトポスが、モエレ沼公園で体験されたのである。スカイライン、稜線、頂上、頂点――いくつもの山、盛り上がった風景が体験されたが、そればかりではなく、海やビーチ、浜辺がイメージされるトポスと風景が、この公園において体験されたのである。

イサム・ノグチの造形感覚は、ピラミッドに収斂されるものではないかと思われるが、また、水面、海面、流れ、源泉、生まれ出る水、地中からの水、噴水などに集約されていくということもできるだろう。

私たちは、モエレ山に登った。その高さは六十二メートル。斜面をゆっくりとたどる。ところ、どころで立ちどまって、あたり一帯を眺める。山腹にはクローバーの島と呼びたくなるようなトポスが見られた。モエレ山の頂上には敷石、石畳のトポスがあった。槍の穂先、頂上の平地に石畳に見られるような石が、いくらかすき間があったが、敷きつめられていた。モエレ山の頂上では、風が強かった。風の山（ヴァントゥウ山）が体験されたのである。山腹をゆっくり登っていた時も、いくらか風は肌に触れたが、山頂に立った時には、かなりの風だった。モエレ山は、みごとな展望台だった。蛇行しているモエレ沼が、イメージされる大地と水が、ガラスのピラミッド（愛称 HIDAMARI ）が、目に触れた。方向が変わると、ガラスのピラミッドの左の方には、カラマツの林と海の噴水が見えた。視点と方向によって風景が意味づけられたのである。遠近に応じて視界のスペクタクルが、さまざまに体験されたのである。プレイマウンテンなどが、つぎつぎに視界を飾ってくれたが、モエレ山は、主峰として、イサム・ノグチのトポスに君臨していた。この山は、高さは六十二メートルだが、立派に山だ。丘といえば丘ともいえるが、その風景、風格として、まちがいなく山だった。手頃な山だった。いくらかの登山であり、登山気分が体験されたのである。山頂に近づくにつれて風の山となっていった、そういう山である。

風、風景、風格――北の大地、札幌や石狩の大地と風土がある。風景は、風土の表情なのである。人間にとって風景は、時には大切な支えとよりどころとなっているのであり、風景が人間の命綱にもあたる人間の母胎、大地となっていることもある。風景も、トポスも人間の記憶の大切なよりどころとなっていることがある。人びとが、そこで生きている世界は、いうまでもなく人間、人びとによって意味づけられているが、風景によっても、トポスと道によっても、意味づけられている（方向づけられている）のである。

モエレ沼公園は、モエレ沼によって意味づけられており、枠づけられているが、この公園は、イサム・ノグチと彼の志を受けついだ人びとによってかたちづくられた、築き上げられたパブリックなトポスであり、パブリックな道、ルート、アプローチなのである。

デカルトは、道に従うことを方法と呼んだが、イサム・ノグチの方法とヴィジョン、アイデア、アプローチ、視点とパースペクティヴ（遠近・眺望・視野）などが、大地の片隅に花開いた彫刻的風景、ヒューマン・ランドスケープ、人間の風景──それが、このモエレ沼公園なのである。

ここで強調しておきたいことは、視点のほかにもさまざまな点があるということ、また、視野のほかにもさまざまな野があるということだ。五感やさまざまな感覚に注目したい。感官と呼ばれる感覚器官のほかに、人間の身体にはさまざまな感覚のトポス、地点、一点があるのである。身体そのもの、身体のいたるところ（トポス）が、感覚的であり、感覚の現場なのである。

モエレ沼公園においては、イサム・ノグチの造形感覚と感性に触れながら、また、自然と作品が、人びとの姿や動きなどが体験されるなかで、私たちの身体と感覚が、身体感覚と感性が、一段と活性化されて、これによって私たちは、自分自身を、自己を取り戻すことができるといえるだろう。運動感覚という言葉もある。

モエレ山の斜面を登っていく時、この山のさまざまなルートや道をたどる時、あらためておそらく誰もが、自分自身の身体と感覚に目覚めるにちがいない。モエレ沼公園は、人間の身体と感覚、感性にさまざまな状態でショックと活性化をもたらしてくれるようなトポスなのである。

視点や視野ばかりか、さまざまな一点や野が、このパークで体験される。匂いや香りの野があり、そうしたトポスがある。

私たちは、まず、ガラスのピラミッドに入って、そこで資料などを手に入れてから、通称 HIDAMARI と呼ばれているガラスのピラミッドから外に出て、カラマツの林と海の噴水の方向をめざしたが、ガラスのピラミッドの外に出ると、すぐにクローバーの匂いと香りが体験されたのである。クローバーのトポス、島と呼びたくなるようなトポスが、目に触れたが、嗅覚の野に私たちは触れたのである。大地のさまざまな片隅で体験される匂いや香りがある。風によって運ばれてくる匂いもある。モエレ沼公園には花畠のイメージではなくて野の花のイメージが漂っていたと思う。公園ではあるものの、野原のイメージ、野山のイメージが、いたるところで体験されたのである。演出された、プランされた野や野原、山麓、さまざまな山頂や頂上のトポスが、きちんと設計、施工された道がモエレ沼公園で体験されたが、モエレ山も、プレイマウンテンも、頂上に向かってさまざまなアプローチが可能なトポスであり、いつのまにか出来た道が見られた。ほとんどあらゆる方向からのアプローチが可能な運動と運動感覚の、プレーとプレー感覚のトポスが、このパークにはある。プランされたルートや道はあるものの、モエレ山も、プレイマウンテンも、また、そのほかのさまざまなトポスも（例えば、カラマツの林、海の噴水、モエレビーチ、テトラマウンド、ミュージックシェル、アクアプラザ、カナール、野外ステージ、サクラの森（遊具エリアを含む）も）、ことごとく全方位的で開放的なトポスなのである。頂点、頂上に向かっての全方位性、さまざまなアプローチという点においては、モエレ山とプレイマウンテンは、特別なトポスだ。ステージ性がはっきりと体験されるトポスとしては、野外ステージとミュージックシェルが注目されるが、モエレ沼公園は、全域的にステージであり、座席、シート、人びとの居場所、トポスなのである。このパークは、自然の恵みとアート、イサム・ノグチの造形感覚、彫刻的風景、彫刻作品、彼の感性が、まことに豊かに体験される人間のトポスなのである。作品や造形的なものが、風景が、そこに、ここに、かなたに姿を見せているだけではない。この大地を訪れた人びとは、誰もが、それらのことごとくとひとつに結ばれるのである。プラクシスの感覚とポイエシスの感覚が、このイサム・

モエレ沼公園 / ピラミッド（HIDAMARI)

プレイマウンテンからモエレ山を望む

モエレ山からプレイマウンテンを望む

モエレビーチ

ノグチのトポスで生き生きと目覚めるのであり、生き生きと体験されるのである。

この日、天気が回復して青空に白雲が浮かんでいた。雲の姿と表情は、なかなかバラエティに富んでおり、幾種類もの雲が、つぎつぎに青空に姿を見せる、そのような晴れた日だった。雲をとおして光が地上に届いているような感じだった。雲の動きと表情によって大地に微妙な状態で光と影が生まれており、地上を光が走るといいたくなるような情景が目に触れたのである。イサム・ノグチのアイデアとヴィジョン、モチーフによるさまざまなトポスと道は、光の状態によって動きがある風景となっていた。日射しは、かなり強かった。モエレ山の頂上では、かなりの風が体験されたが、山麓でも、海の噴水があるトポスでも、風は吹いていた。

私たちは、ガラスのピラミッドからカラマツの林の方に向かって歩いて、この林をぬけて海の噴水のトポスに到着した。左手方向にモエレ山を眺めながらの散策だった。カラマツの林は、リング状、ドーナツ状の姿、形の林であり、林をぬけると、そこは明るい広場、その中央にこれもリング状、サークル状の噴水のトポスがあった。ゆるい傾斜のすりばち状のトポスが、噴水の舞台となっていた。約十五分間のショートプログラムだったが、その姿と形、水勢がさまざまに変化する噴水のスペクタクルは、なかなか迫力もあり、美しかった。

まず初めにリング状に噴水がスタートする。そのうちに中心部分から水煙が生まれながらほぼ直立状態でかなりの太さが感じられる噴水が始まる。滝の逆流と呼びたくなるような堂々とした噴水だった。最大の噴き上げ時の高さは、二十五メートル、風の状態で水しぶきを浴びながら、この海の噴水を楽しんだのだった。

噴水においてイメージされるのは、地底と大空、天上である。エリアーデは世界柱という言葉を用いながら、トポスへのアプローチを試みたが、噴水、特に直立の状態で高く噴き上げる噴水においては、どことはなしに、まことにしなやかな水の世界柱がイメージされる。こうした形の噴水は、水の樹木のようにも見える。ダイナミックな噴水においては、あくまでも動きであり、活動性において大地の生命力がイメージされもする。噴水は、目に映る水のショーだが、音のドラマが体験される。身体の全体にわたる感覚にゆさぶりがかけられる水の音響、大地の響き、それが噴水だが、モエレ沼公園の海の噴水は、スケールが大きな水のドラマだった。約十五分の水のショー、ドラマだったが、噴水の姿と形、その状態には演出が施されており、噴水においてリズムとリズム感が体験されたのである。

噴水のトポスといえば、地球的規模においてはローマだ。チェスタトンは、七つの丘のローマを谷のローマと呼んでいる。ローマは、明らかに丘と谷のローマなのである。そしていうまでもなくローマといえば噴水だ。ここ、モエレ沼は、まったくの平地というべきトポスだが、山があり、海辺がある。ビーチ、浜辺だ。イサム・ノグチは、このパークにおいて明らかに山と海において、土と水において、石において大地をイメージしている。ランドアート、大地の芸術、大地を舞台として彫刻的作品、彫刻的風景が、視界に姿を現している。モエレ沼によって意味づけられた（方向づけられた）大地は、視覚、視野という言葉がクローズアップされてくるようなアートと人間の舞台だが、人間の身体と身体性が、身体の全体性が確認されるようなソフトなトポス、それがモエレ沼公園なのである。

私たちは、海の噴水を体験してから、リング状のカラマツの林をぬけて、海の噴水の広場から道をたどって、モエレ山の麓へとアプローチしていった。ジグザグ状に山頂に近づいていった。高さが変わるにつれて、視界が変わる。私たちは道をたどったわけではない。頂上へのルートは、ほとんど無限にあった。頂上は、いくらかの平地であり、石畳に見られるようなキューヴ状の石がそこに埋めこまれていた。モエレ山は、草地と呼びたくなるような六十二メートルの山だが、山頂は、石のトポスだった。

イサム・ノグチといえば、石の彫刻である。モエレ沼公園は、土と緑と水と石のトポスだ。要所、要所に石が姿を見せている。私たちは、モエレ山の山頂でかなりの風を受けたが、風の山、ヴァントゥウ山から正面のルート、長い長い階段をくだって、野外ステージの方へと近づいていった。まるで草地のグランド、大広場といった感じの広々としたステージだったが、ソフトなステージを囲むようにして二方向に積み石の壁が帯状に姿を現していた。帯状の石の壁、近づいてさまざまな石を目にしたが、その形状、ひとつひとつの石の肌の表情においてイサム・ノグチのスタイルと方法がイメージされたのである。この石の壁のトポスからモエレ山方面を眺めたが、適度の距離感でモエレ山が、視界の焦点、ランドマークとなって大地を飾っていた。この野外ステージを大きくまわるように走っていた女性がいた。このステージ、まったくの平地だが、いくらかの傾斜が見られたトポスだった。帯状の石の壁ごしにプレイマウンテン、ミュージックシェル、テトラマウンドが見えた。

石の壁、その石は、花崗岩だった。野外ステージから私たちは、アクアプラザ、カナールの方へと歩みを進めていった。

カナールの流れをさかのぼる。そうすると石と水のトポスにたどり着く。石と石とのあいだを水が流れる。チョロチョロという状態だった。イサム・ノグチの形と呼びたくなるような噴水台から水が流れ落ちて、そうした水が岩間、石と石とのあいだを流れていたのである。この噴水台においては炉がイメージされたが、その炉は、東京・三田の山に姿を見せていた新万来舎に築かれていたイサム・ノグチの炉をさす。

炉といえば燃える火であり、焔だが、アクアプラザでは水である。海の噴水は、おそらく誰もが驚いてしまうような大仕掛な劇的な大噴水だが、アクアプラザの噴水は、水が流れ落ちる台と呼びたくなるような水のトポスだった。このプラザの大地の石と水の競演は、目立たない眺めだったが、見逃すことができない水景だった。まちがいなく石と水のトポスだった。石の種類は不明だ。花崗岩ではなかった。

水とは動きであり、まさに大地の泉、大地の生命、大地の光なのだ。光を浴びると水は輝く。水の反射がある。水とは、なかば水鏡だ。水の流れは、あくまでも生成そのもの。石は不動だが、水の勢いで石が動くこともある。水とは、泉であり、水流、流水、水勢である。流れる水においても、噴水においても、水とは方向性であり、方向だ。方向と意味を切り離すことはできない。

モエレ沼公園には海の噴水があり、モエレビーチがあるから、イメージとしては、海水がイメージされるが、陸水もイメージされはする。カナールは運河、運河においては、水の流れと方向性が明瞭とはいいがたいが、アクアプラザ、カナールにおいては、流れの方向性がはっきりしている。このカナールは、川に近い。

モエレ山は、どこから眺めても同じような姿、形に見えるが、この山の正面性は、明瞭だ。階段がついている方向があるが、こうした方向が、モエレ山の正面なのだ。頂上へのルートは、ほかにもある。

私たちは、アクアプラザからミュージックシェルに向かった。かたちのトポスだったが、石が敷かれたトポスがあり、音楽のトポスなのである。野外ステージ、ミュージックシェル、そしてプレイマウンテン、モエレビーチ、いずれもさまざまなプレイのトポスだが、モエレ山もある意味ではプレイのトポスなのである。このパークには、陸上競技場、野球場、テニスコート（十五面）、フィールドハウスがあり、さまざまなプレイや運動、競技のトポスが用意されている。

ミュージックシェルからテトラマウンドへ。ごく小さなお椀形の築山に、おおいかぶさる状態で骨太の金属の三本の支柱が姿を現していた。イサム・ノグチの造形感覚が、まことにはっきりとした姿で体験されたトポスだった。テトラマウンドでは、金属と土、緑の大地である。表情がある金属だった。

ごくごく低いものの、このマウンドに登って頂上からプレイマウンテンの方向を眺める。石の段々のピラミッドがイメージされるイサム・ノグチの造形とフォルムだった。このマウンテンは、石の山ではなく、土と緑の山だが、幾層にも列をなしている石によってこのマウンテンの一側面とこの山が意味づけられていたのである。プレイマウンテンは、全体的にはソフトな表情の緑の山だが、ミュージックシェルとテトラマウンドと対する方向は、石の段々、石の帯によって独特の造形面が石の段々、石の帯によって独特の造形面が体験されたのである。こうした石の段々によって生み出された縞模様は、美しかった。

プレイマウンテンの頂上からなだらかな斜面の道をくだって、私たちは、モエレビーチの方へ、海と砂浜の方へと近づいていった。山から海へだった。それぞれのトポスにおいて向きと方向、方向性をチェックすることは、意味のあることだと思う。

モエレビーチでは、海原、海面とビーチ、ビーチで水と、海と戯れている子どもたちの姿や親子の姿が、体験されたのである。はっきりと海がイメージされるトポスだった。このビーチは、子どもたちのプレイランド、遊びのトポスなのである。

ビーチからガラスのピラミッドに戻って、昼食を整えてサクラの森へ向かい、遊具エリアの片隅でベンチで休みながら昼食をとる。イサム・ノグチが考案したさまざまな遊具で遊ぶ子どもたちの姿が、ほほえましかった。形と色彩のトポス、プレイと遊びのトポスだった。人間と人間、人間関係、家族と家族生活などがイメージされるトポスだった。

公園は、人びとのための開放的な庭、庭園である。庭、庭園は、もともとはパラダイス、楽園なのだ。イサム・ノグチは、ユーラシアの旅で日本にやってきた時、京都で日本の庭、庭園を訪れて、深い感銘をうけている。彼は、日本の庭に見られる独自の造形感覚やコンポジション、その姿と風景、石などを体験して、インスピレーションを得ている。イサム・ノグチは、庭の人なのである。庭とは、大地に姿を現した独自の造形、意味づけられた、方向づけられたトポスなのであり、人間の感覚と感性の結晶、自然にたいする人間のチャレンジなのである。庭や庭園には絵画的なところや彫刻的なところが見られる。いうまでもなく庭の音や風景がある。水音がある。水が流れる音、滝の音がある。鹿《しし》おどしの音がある。石を打つ竹の音がある。水と竹と石、それが鹿おどしだ。水の庭があり、石の庭がある。庭に見られるコンポジション、スタイル、トポスや道がある。庭とは、自然と人間のコンビネーションだ。庭は、自然であり、文化なのだ。自然と文化の微妙な触れ合いが体験される人間のトポス、それが庭なのである。

イサム・ノグチを理解するための鍵は、庭にあるといえるだろう。庭の造形とコンポジション、トポスと道においては、人間の感性と人間の表現的営為、創造的な試みが、生き生きと体験される。北の大地、札幌市の中心市街地から見ると北の方にモエレ沼公園が姿を見せている。大地を彫刻する、大地に形をもたらす——イサム・ノグチは、人間の大地、自然の大地にチャレンジしたのである。トポス τόπος というギリシア語には、場所、位置、ところ、家、部屋、座席、村や町などの集落……などという意味がある。特定の意味や価値が与えられた大地の一点、限定されたここが、トポスなのだ。モエレ沼公園においては、イサム・ノグチの風貌とアイデア、ヴィジョン、方法、スタイル、形態感覚、時間感覚、空間感覚、感性などが、また、トポスと道についての感覚が、風景感覚が、きわめて明瞭に生き生きと体験される。大地と自然が、明らかにイサム・ノグチの母胎と土壌となっている。私たちは、この北の大地の片隅において、あらためてフランス語 sens について注目しないわけにはいかないのである。感覚――意味――方向、トータルに感性だ。トータルに感性と行動なのである。モエレ沼公園は、きわめてスケールが大きな感性と行動のトポスなのである。このパークは、光と風の、彫刻的風景の、まさに人間の、プラクシスとポイエシスの、トポスなのだ。このようなトポスであるとともに、このパークは、全面的に道なのだ。モエレ沼公園は、宇宙的自然と大地によって、さまざまなトポスとさまざまな道によって意味づけられているのである。この北の大地は、みごとなまでに意味のトポスなのである。

触れ合うことによって人間の身体は、よみがえる。活性化される。プラクシスとポイエシスへと方向づけられる。動機づけられる。大地との触れ合い、風景との、音風景との、触れ合い、空や雲との、光との、触れ合い、作品との触れ合い、人間との、人びととの、触れ合い……さまざまな触れ合いにおいて、私たちは、世界を体験しながら、自己自身を見出す。自己自身と向き合う。

モエレ沼公園は、みごとなまでに感性のトポスなのである。

感性は感受性だが、感性の能動性、活動性、創造性に注目したいと思う。感性、感覚によって人間のプラクシス（行為・実践）とポイエシス（制作・創造）が、人間の行動が、行為が、方向づけられる（意味づけられる）のだ。感性は、人間の身体の虹なのであり、感性と行動は、ひとつに結ばれているのである。もちろん感性とともに人間の理性に注目しないわけにはいかない。西田幾多郎は、「感ずる理性」という。理性においてだけ人間が理解されるわけではない。人間は、理性的人間ではあるものの、人間の豊な資質と能力、創造的な人間性、人間の表現力、創造力、表現的な個性は、感性によって育まれたり、方向づけられたりしているところが、きわめて大きいのではないかと思う。感性は、人間の条件なのである。

旅する人間と人間的世界

——感覚・感性・行動——

感情とは我々の身体の活動能力を増大し或は減少し、促進し或は阻害する身体の変状〔刺激状態〕、また同時に変状の観念であると解する。

人間の身体は多くの変化を受けてしかも尚対象の印象或は痕跡を、従って又事物の表象像を保持することが出来る。

人間は過去或は未来の物の表象像によって、現在の物の表象像によると同様の喜び及び悲しみの感情に刺激される。

異なれる人間が同一の対象から異なれる仕方で刺激されることが出来るし、又同一の人間が同一の対象から異なれる時に異なれる仕方で刺激されることが出来る。

欲望とは、人間の本質が、与へられたその各々の変状によって或ことを為すように決定されると考へられる限りに於て、人間の本質そのものである。——

喜びとは人間がより小なる完全性からより大なる完全性へ移行することである。

悲しみとは人間がより大なる完全性からより小なる完全性へ移行することである。

希望とは我々がその結果について幾分疑ってゐる未来或は過去の物の観念から生ずる不確かな喜びである。

スピノザ

スピノザ、畠中尚志訳『エチカ——倫理学——』岩波文庫、上、一六九ページ—一七〇ページ、一九〇ページ、二二四ページ、二四〇ページ—二四一ページ、二四五ページ、第三部　感情の起源及び本性について。

言葉が行為に先だつのか、行為が言葉に先だつのか。

わたしは見られるものであり見る者だ
わたしは弓であり矢だ
わたしは祭壇であり祈願者だ
わたしは火であり薪だ
わたしは徴《しるし》であり意味だ
わたしは影であり実在だ
わたしは終局であり開始だ。

シュテファン・ゲオルゲ
『ゲオルゲ詩集』手塚富雄訳、岩波文庫、一六八ページ、この詩のスタートのところ、一六九ページ、この詩のなかほどからのところ、いずれも『盟約の星』より。

二週間前から、わたくしはフィレンツェに滞在している。家はポンテ・デルレ・グラーチェからほど遠くないルンガルノ・セリストーリに在る。(中略)

わたくしの部屋の壁の外側には、香ばしい黄色い薔薇と、これもまた黄色い、野薔薇によく似た、小さい花とが咲いている。ただその野薔薇に似た花は、最後の審判の日に救われた人々に報いをあたえ、神の賛歌を歌おうとしているフラ・フィエゾーレの描く天使たちのように、一層静かに、一層優しく、二輪ずつ、高い樹墻《きがき》に沿って匍い上っている。その壁の前にある石の水盤には、三色すみれが咲き乱れ、その熱情にみちた慎み深い眼差で、わたくしの毎日の仕草、動作を窺っている。わたくしは、自分の中の何ものも彼女たちを驚かさず、また少くもわたくしの深く沈痛な時にも、彼女たちに、その終焉が華かで輝かしい春である、そして遥か後には美しく重い果実となる、旧知として接することができるような者で、いつもありたいと願っている。だがしかし、この壁の立派さも、他の三方の側面が明るく見事なのに較らべると、何と色褪《いろあ》せて見えることであろう。その三方の側面は、風景自身を支えているが、その風景はひろびろと拡がり、そこには熱が罩《こも》り、色彩の調和と線の構成だけしか識別することのできないわたくしの眼の鋭さのせいで幾らか硬くなって見える。朝《あした》にはもろもろの希望の光を帯びて豊かに、ほとんどまち切れない期待で輝くばかり、昼にもまだその豊かさは続き、やっと黄昏《たそがれ》になって、単純な光と神々しい偉大さとで、いわば飽和され、満ち溢れ、重々しくなる。

ライナー・マリア・リルケ

リルケ、森　有正訳『フィレンツェだより』ちくま文庫、八ページ—九ページ。一八九八年四月十五日

われわれが、自然に、社会に、恋愛に、芸術そのものに、まったく欲得を離れた傍観者である場合でも、あらゆる印象は、二重構造になっていて、なかばは対象の鞘《さや》におさまり、他の半分はわれわれ自身の内部にのびている。

われわれは大して知りあってもいなかった人間とのむすびつきを語るにも、われわれの生涯のこの上もなく異なるさまざまな地域の風景をつぎつぎにくりださせずにはすまされぬであろう。

それというのも、われわれの生活は夢想を追ってあてもなくさすらうが、われわれの記憶は一定の場所に定着して動かないからで、たとえわれわれがひっきりなしに跳躍したところで、われわれの回想はじっとしていて、われわれが離れさる場所に釘づけのままであり、その場所にあってそこを出ない生活をいとなみつづけるのである。

マルセル・プルースト

マルセル・プルースト、井上究一郎訳『失われた時を求めて　10　第7篇　見出された時』ちくま文庫、三五八ページ、六〇四ページ、五二八—五二九ページ。

ゲーテがその子を失った時"Over the dead"と言って仕事を続けたというが、ゲーテにしてこの語をなした心の中には、固《もと》より仰ぐべき偉大なるものがあったでもあろう。しかし人間の仕事は人情ということを離れて外に目的があるのではない、学問も事業も究竟《くっきょう》の目的は人情の為にするのである。而して人情といえば、たとい小なりとはいえ、親が子を思うより痛切なるものはなかろう。

西田幾多郎

西田幾多郎『思索と体験』岩波文庫、一三一ページ、『国文学史講話』の序、藤岡作太郎著『国文学史講話』開成館発行（明治四十一年三月）の序。

なんとさまざまな状態で人間は、自己の身辺やそこ、ここに見出されるものと結ばれながら日々の生活を営んでいることだろう。衣食住のそれぞれにおいて、自然や文化の諸領域において、人間と人間との出会いと触れ合いと交わりの人間的空間、日常生活の舞台と場面において、人間、個人、個人は誰もが、自己自身ではないところのものに巻きこまれた状態で、人生の日々を旅しているのである。人間にとっては視野がすべてではない。視界をはるかに越えた世界、イメージできる世界、生活史の場面、場面においてのさまざまな世界体験に根ざした意味の世界、これまでの日々によってかたちづくられた、意味づけられた世界、記憶の領野と世界……、こうした世界に私たちの誰もが、身心を委ねながら、人生の日々を生きてきたのである。私たちは、このような状態で人生の一日、一日を生きているのである。

人びとそれぞれにおいて、記憶の様態は、まことにさまざまだろうが、私たちには目の記憶があり、耳の記憶がある。嗅覚や味覚の記憶があり、手の記憶がある。記憶とは生きている過去、目ざめた状態で現在に働きかけてきている過去なのである。人間を記憶の束と呼ぶことができるだろう。人間は、その本来の姿においては、不動、不変の状態にあるわけではない。その感性において、その理性において、意欲において、動機づけにおいて、プラクシス（行為・実践）とポイエシス（制作・創造）において、人間は、あくまでも動態的であり、ほとんどいつも振動、動き、変化の渦中にあるといえるだろう。人びとは、人間存在という。人間存在という言葉がある。人間の一人として誰もが、この言葉に注目しないわけにはいかないだろう。人間は、感性的、理性的存在であり、自覚的で内省的な存在である。

人間には内的時間や人間的時間がある。記憶や思い出などによってかたちづくられた、意味づけられた時間がある。体験された、生きられた、意味づけられた時間、また、そのような空間は、人間にとって深い意味を持っている。人間には存在の様相が認められるが、生成という視点から、生成というアスペクト、局面において人間へのアプローチを試みる時、人間のダイナミックな存在の様相が、生き生きとクローズアップされてくるように思われる。人間は、生成と存在において、ソフトにイメージされるのであり、理解されるのである。ジンメルがイメージされるところだが、生成と存在とがひとつに結ばれる状態においてクローズアップされてくるのは、生なのである。

人間は、いつであろうと、いずこにおいてであろうと、生成と存在において、この世界に根ざしているのである。人間は、世界に生まれて、世界において人生の日々を旅する。この世界、誰の場合でも人生の旅路、日常生活の舞台と場面、私たちは、一人芝居を演じているわけではない。人生の旅びと、人びとは、たがいに共演者として、こうした舞台に姿を現しているのである。もちろん観客としてドラマの舞台を体験することもある。この世界が演劇的であることを誰もが認めないわけにはいかないだろう。

人間は、誰もが一人の生活者である。日常的には生活と生活する事が、切実な問題だ。たしかにあくまでも生活だが、人間としての人間的な生き方、人間的な生存、人生の旅びとの一人としてより深く生きること、できるだけ感性を全開状態にして、感性ゆたかに生きること、意味世界に深く降り立つこと、時間と空間を意味づけていくことが、人間には課せられているのではないかと思う。生活と生存のいずれにも同等の心くばりをおこないながら、人生の日々を旅することが、必要とされるのである。

その生成と存在において、その生活と生存において、人間は、身体的であり、人格的である。人間においては、つねにその全体性、身体性、人格性が、問われてきたのである。世界との関連性や関係性が、人間のアイデンティティの理解にあたって注目されるのである。世界——ここでいう世界とは、人間の生活と生存の舞台と領域、領野、地平をさす。世界は、時間的空間的であり、環境的である。ここ、そこ、かなた、五感のさまざまな野、人間の居場所、トポスとなっている意味世界、こうした領野や意味世界に注目しないわけにはいかない。

はるかかなたから音が漂い流れてきて、耳に触れることがある。音は、世界の出来事であり、人びとそれぞれの音体験において音風景が、クローズアップされてくるのである。旅とは、時間と空間、トポスと道にかかわる人間のドラマだが、旅は、また、世界体験のダイナミックな拡大、拡張なのである。人間のアイデンティティそのものともいえる感性と想像力、イマジネーションに磨きをかけること、旅をこのように理解したいと思う。一日、一日の大切な旅があるが、人びとの人生と呼ばれる旅には、なんとさまざまな旅が、姿を見せていることだろう。さまざまな旅において、旅びととは、大地や風景、風土、風光、風俗、人びとの暮らし、歴史的風土、歴史的景観、遺跡、記念碑、さまざまなトポスと道、さまざまな建造物、建築、さまざまな作品などを体験するが、各地で体験される風物詩や人びとの風貌、音風景などがある。このようなまことに多様な体験においては、旅びとは、おのずから自己自身と向き合うことになり、自己への回帰がおこなわれるのである。

自己自身へのアプローチ、自己自身と距離をとりながらも自己と向き合い、自己の理解につとめることは、きわめて人間的な営みではないかと思う。

汝自身を知れ

この名高い古代ギリシアのデルポイの神殿の銘は、人間に捧げられた、まことに人間的な問ではないだろうか。人間は、日常生活の舞台と場面で自己自身とはほとんど距離をとることができないような状態で生きているのではないかと思う。まわり道をしなければ、自己自身へのアプローチは、困難だといわざるを得ない。自己自身へのアプローチにあたっては手がかりとなるもの、よりどころとなるもの、鏡になるものなどが、必要とされるのである。自己ではないところのもの、さまざまな対象や客体が、自己自身へのアプローチにあたって手がかり、手助け、道しるべとなるのである。

人間は、人間であろうと、大地の片隅、土や石であろうと、水の流れや草花であろうと、樹木であろうと、風景であろうと、道具や作品であろうと、とにかく対象や客体に触れることによって自己自身をとりもどすのである。五感のさまざまな働きによって人間性の回復と目覚めがなしとげられるのではないかと思う。もちろん人間と人間との出会いと触れ合いと交わりほど人間に多大な影響を及ぼす触れ合いはないだろうが、作品との出会い、作中人物との触れ合い、作中の風景体験が、私たちに少なからぬ影響を与えることは、まちがいがないところだろう。音楽であろうと、絵画、彫刻、文学、また、建築、演劇などであろうと、アートのさまざまなジャンルは、人間の感性にストレートに働きかけてくるところが多く、感性と想像力を育むためにアートには特に注目したいと思う。

自然体験によっても人間の感性的能力と人間性がゆたかに培われることは、いうまでもない。人間は、自然との触れ合い、人間との触れ合い、作品との触れ合い、道具などとの触れ合いにおいて、人間性と感性に、人間的な能力に一段と磨きがかけられていくのである。

それが何であろうと、触れることは、触れられることだ。触れるということになると、手がただちに姿を見せるが、五感や感官のそれぞれにおいては、いつも触れることが自覚されるのである。見るとは、目に対象が触れることであり、対象に人間が住みつくことだ。

人間は、対象や客体あっての人間であり、そのような状態においてこそ自己自身、人間・主体、主体的個人、主体なのである。客体―主体において人間は主体なのだ。人間を主体と呼ぶことに思わずためらってしまうほど人間は、対象や客体に依存している生成的存在なのである。

自己と他者、私と汝、自己と自己ならざるもの――人間は、支えとよりどころなしには自己を支えつづけることは、できない。個人が個人たり得るのは、人びとのなかにおいてであり、人びととの、他者との触れ合いと交わりにおいてなのである。対象の喪失、相手となってくれる人がいない状況ほど人間にとってつらいことはないだろう。人間は、他者によって、最愛の人によって、愛する人によって、時には草花によって、風景によっても、作品によっても慰められる。人間にはどうしても支えとなるもの、よりどころとなるもの、慰めとなるものが必要だ。

❖

ヘルマン・ヘッセは、人間の体験領域をつぎのように三つに区分している。――人間的体験、精神的体験、風景体験――人間の世界体験の諸領域は、まことに多様多彩、区別しがたいほど微妙に入り組んでいるように感じられるが、こうした三区分には共感するところが多い。

風景を体験するということは、誰もが日常的に体験していることであり、見なれた風景は、ほとんど自覚されることがないくらいだが、人びとの生活史に深く根ざした、人生の道しるべや自己自身のよりどころとなっているような風景があることを誰もが認めないわけにはいかないだろう。人びとそれぞれの原風景があるにちがいない。国土や風土やその土地、その地方の原風景がある。

それぞれの国土や地方や土地は、また、人びとそれぞれの生活史や人間のアイデンティティは、風景においてもイメージされたり、理解されたりするのである。大地の眺め、光景、それが風景だが、音の風景、音風景、サウンドスケープがある。匂いや香りの風景があるといえるだろう。人びとがそこで生きてきた、また、そこで生きている世界は、社会的世界であり、風景的世界なのである。人間の生活と生存の舞台と領域、領野、地平——まさに〈世界〉は、人間関係によって、風景によって、また、トポスによって、道によって、さまざまな作品などによって、意味づけられてきたのである。方向づけられているのである。意味づけるとは、方向づけるということだ。

人間は、トポスによって、道によって、トポスと道において、人びと、他者、特定の人間、愛する人によって、また、風景によっても意味づけられているのである。位置づけられること、つなぎとめられること、支えられること、進路を確かめること、区別すること、イメージすること、希望を抱くこと、目標があること、安らぐこと、慰められること、助けが得られること——このようなことは、人生を旅する人間にとってどうしても必要とされることなのである。

人間との対話、作品との対話、風景との対話、相互交流、感應、コミュニケーション——とにかく人間は、触れ合うことのなかで生存できるのだ。

さまざまな旅体験が、人間にとっていかに大切な世界体験となっていることか。人びとそれぞれにおいて事情は異なっているだろうが、旅のなかには、いつまでも心のよりどころとなっているような旅があることは、確かだろう。私たちをよみがえらせてくれるような旅がある。旅とは、トポスと道の新たな世界体験であり、さまざまな人びととの出会いと触れ合いにおける新たな人間的体験、社会的体験なのである。

生まれ故郷にふみ留まって、そこで人生を生きる人びとがいる。異国で生活する人びとがいる。なかには旅から旅へという人もいる。トポス――場所、位置、ところ、居場所、家、部屋、坐席、村や町などの集落……、こうしたトポスにおいてイメージされることは、居住すること、落ち着くこと、滞在、存在であり、道においてイメージされることは、移動、動き、旅すること、生成である。もちろんトポスが動きや活動と無縁だというわけではない。トポスにもさまざまな道がある。トポスを貫いている道がある。街道である。バイパスと呼ばれる道もある。居住空間の道がある。トポスとトポスを結んでいる道もある。

空間は、さまざまなトポスとさまざまな道によって意味づけられている。方向づけられている。トポスとは、限定された、なんらかの意味や価値が与えられた空間、いわば特定のそこ、ここ、定点、大地の一点であり、意味不明な空間ではない。トポスには、また、さまざまなトポスがある。

部屋のなかでも出入口や窓辺は、特別なトポスだ。暖炉があるところ、鏡があるところ、テーブルや椅子があるところも特別なトポスだ。

時間が抽象的なままで放置されることは、人間にとって耐えがたいことだろう。記憶、体験された、意味づけられた人間的時間、音楽の時間、小説の時間、旅体験における意味づけられた時間、回想、追想、追憶、郷愁、思い出……人間的時間、内的時間――このような時間によって人間のアイデンティティがかたちづくられていることは、明らかだろう。人間とは、まさにたっぷりと思い出そのものではないだろうか。ミヒャエル・エンデは、人間において内的時間がいかに意義深いものであるかということを指摘している。

人間は、いずこにおいても、いつであろうと、あくまでも人間的な空間と人間的な時間、人間的な現実を築くために努力しつづけてきたのである。人間は、人間と向き合う。自然と向き合う。大地と向き合う。宇宙的自然と向き合う。歴史的遺産やモニュメント、記念碑、記念となっているもの、さまざまな作品と向き合う。人間は、そのつど過去を生きる。そのつどの現在は、つねに決定的な状況だ。人びとは、現在を生きつづけながら、過去と未来のいずれにも身心を委ねつづけている。人間は、自己自身と向き合いつづけないわけにはいかない。生活者である私たちは、人びとのかたわらで、風景のまっただなかで、作品とともに、道具を手にしながら、世界の片隅で、トポスと道を体験しながら、人間的に生存しないわけにはいかないのである。

空に輝く星と人びとが生きている道徳の世界、人間の世界のいずれにも注目しながら、しみじみと心にこみ上げてくるものを感じとった人物がいる。カントである（『実践理性批判』）。理性、知性は、人間の条件、人間のアイデンティティの中枢といえるのではないかと思われるが、理性とならんで感性が、まず第一に感性こそが、人間の決定的条件だといっても過言ではないだろう。

感性、そして想像力――アート、芸術の諸領域、さまざまなジャンルにおいてこうした感性と想像力、イマジネーションの働きには、まことに驚くべきものが見られるといえるだろう。感性と想像力、行動力、生命力――人間は、世界において生きつづけてきたのである。生活してきたのだ。たえず人間としての生存が、問われてきた人生の旅びと、人間とは、そのような生成的存在、生成／存在なのである。

ジャン＝ジャック・ルソーは、大地を人類の島と呼ぶ。彼のまなざしは、人間や社会に注がれていたが、ルソーが、終始、自然に、風景に注目し、感性ゆたかに人生を旅したことを忘れるわけにはいかない。人間の風景体験という時には、ヴァントゥウ山のペトラルカが姿を見せるが、十八世紀のルソーの風景感覚、風景感情、風景へのアプローチには特に注目したいと思う。ルソーのまなざしは、星にも太陽にも、森にも山道にも、湖水にも、無人島にも、野生の自然そのものにも注がれていたが、庶民の日常的な生活情景にルソーのやさしいまなざしが向けられていたことを見落とすことはできない。生きた目そのものともいえるルソーは、全感覚の人であり、感性ゆたかな耳の人でもあった。音楽や植物ぬきのルソー像は、抽象的なルソー像となってしまう。若き日にトリノを体験してもいるルソー、後にパリで生活したことがあったが、ルソーの生活史には逃避行の影が落ちている。ルソーの旅には悲しみがどことなく漂っている。最晩年、ルソーは、パリの地をふんでいる。その時のパリ、ルソーは、サン＝ジェルマンの緑の野によって慰められたのだった。ルソーは、パリでヴァレリアンの山を遠望したことがあったが、ルソーが生まれ故郷の山国を思い浮かべていたことは、まちがいない。ルソーは、ジュネーヴ共和国に生まれている。

❖

トポスと道において私たちが体験するさまざまな生活感情、風景体験、風景感情、さまざまな気分、さまざまな雰囲気がある。いうにいわれぬ雰囲気、雰囲気にはどことなくあいまいさが漂っているが、雰囲気は、人間の生活と生存と深く結びついている霧のような独特の世界の様相といえるだろう。人間は敏感に雰囲気を感じ取る。雰囲気にはヴェールのようなところがある。私たちは、雰囲気に包みこまれてしまう。雰囲気は、世界の表情なのである。風景は、無表情ではない。人びとは、雰囲気の魅力にこだわりを示す。人間の感性は、まことに微妙なところで雰囲気と触れ合う。リズムとハーモニー、トーンが、雰囲気には充満しているように感じられる。人間の生活と生存、人間のアイデンティティが雰囲気の魅力と一体となっていることが少なくない。人間の現前が感じられるようなトポスやトポスの雰囲気がある。雰囲気とは、人間の感覚や感性、感情に生き生きと働きかけてくるようなトポスや道の個性的表情であり、漂い流れているところのトポスや道の意味なのである。

トポスや道には人間の現前や現存が感じられるような人間的な表情が浮かび漂っているようなところがある。ジンメルは、家を建てること、道をつくること、橋を架けることにおいて人間の独自性を理解している。意志と感情、決断と行為、活動、プラン、記録——こうしたそれぞれの言葉において人間の理解を深めていくこともできるだろう。

デカルトのつぎの言葉とともにイメージされる方法とパースペクティブには注目すべき広がりがあるように思われる。

cogito, ergo sum

方法、デカルトは、道に従うこととして方法を理解している。森のなかで道に迷った時、どのようにすればよいのか。進むべき方向を決めたら、迷わずに、ためらわずに、そうした方向に向かって進むように――これがデカルトの提言だった。進路についての決断、直線的な方向性、ゆるぎなき決意、デカルトの姿がうかがわれるシーンだ。森のデカルトだが、もちろん私たちの前には炉部屋のデカルトが姿を見せる。

「われ思う、ゆえにわれあり」さきのコギト・エルゴ・スム cogito,ergo sum である。デカルトは、周知のとおり、疑いに疑いをかけつづけて、ついに疑いをかけている〈われ〉の存在を確実に認めるにいたったのである。『方法序説』においては、デカルトは、世界、場所、身体という言葉を用いてはいるものの、このような言葉は、表舞台から姿を消してしまう。このような言葉は、ほとんどカッコ（　）に入れられてしまい、デカルトは、精神に全幅の信頼を置く。〈われ〉が、デカルトにあっては、支えであり、よりどころ、パースペクティヴ（遠近・眺望・視野）となったのである。こうしたデカルトにあえて疑いをかけてみることにしよう。〈われ〉という時、〈われわれ〉、〈われと他者〉、〈私と汝〉（これは、西田幾多郎のモチーフ、表現）は、いったいどうなってしまうのか。〈われわれ〉においての〈われ〉、人びとのなかでの、人びとあっての〈われ〉ではないのか。社会的世界、人間関係、メンバーシップ、社会的現実、人間的空間などに注目しなければ、〈われ〉、この私、自己をイメージしたり、理解したりすることは、できないだろう。

〈われ思う〉――〈われ感じる〉、〈われ欲する〉、〈われ……〉、はたして〈われ〉は、どのような状態で、いったいどのようなことをおこないながら、身心を、〈われ〉を支えつづけているのか。〈われあり〉、なによりも〈われあり〉が先行するのではないか。〈われあり〉そのうえで……とつづくのではないだろうか。

デカルト以降、西洋人は、世界なしに取り残されてしまった、とオルテガ・イ・ガセーは、いう。オルテガは、世界に、環境に、風景に、生に注目する。自己、この私は、自己ならざるものとの一体的関係において、初めて自己、自己自身たり得るのである。ここで私たちにとって決定的に重要な意味を持つオルテガのつぎのような言葉を紹介したいと思う。オルテガがここでいう環境という言葉は風景をさす。

私は私と私の環境である。

人生の旅びとである私たちは、身辺に見出されるさまざまな対象や客体との触れ合いと結びつき、対話的状況において自己を見出し、自己と向き合い、自己にたいして働きかけることができるのである。日常生活の舞台と場面、身辺、家のなか、部屋の片隅、机上、身辺のそこ、ここ、壁などを見るならば、きわめて明らかなことだが、私たちは、いたるところになんとさまざまな品々、品物、物品、道具、記念の品々、置きもの、飾りもの、作品、物体、草花、植物、石、鉱物、時計、思い出の品々、プレゼントされたもの、拾ってきたもの、手に入れたもの、絵画、絵はがき、彫刻的なオブジェ、人形、文鎮、筆記道具、ペーパー、本などを見出すことだろう。数え切れないほどのさまざまな品々、物体、対象、オブジェ、用具、道具、作品などによって私たちの誰もが守られているといいたいくらいだ。手もとにあるもの、いつも目に触れているもの、手がとどくところにあるもの、窓の外に見える風景、部屋の壁の姿と表情、耳に触れる音や音風景……こうしたいずれもが、私たちそれぞれにおいて自己の一部となっていることを認めないわけにはいかないだろう。まことに驚くべき状態で人間は、身辺に、いたるところに、つなぎとめられているのである。人びとに、他者に、最愛の人に、大切な人びとに、忘れがたい人びとに、生きている人びとに、世を去ってしまった人びとに、私たちは、さまざまな思いをいだきながら、つなぎとめられているのである。そのような人びととの関係や結びつき、触れ合い、融合において、人間は、自己自身を支えているのであり、社会において、メンバーシップとリレーションシップのなかで、他者との相互行為と相互作用、コミュニケーション、並存、共存、互助などにおいて、人間のアイデンティティが、築きつづけられているのである。

モンテーニュは、「生きている人びとのなかで生きる」といったが、私たちの誰もが、こうしたモンテーニュの言葉を了解したうえで、さらに人間は、世を去ってしまった人びとのなかで、そのような状態にある最愛の人、大切な人、かけがえがない一人の人間、あくまでも個性的で人格的な唯一の人間のかたわらで、そのような人間のなかで、そのような人間とともに生きているといわないわけにはいかないだろう。思い出は、決してはかないものではない。ぼんやりとした記憶もあるが、鮮明な生き生きとした記憶、いま、この時にこの私を動かしているような記憶や過去がある。西田幾多郎は、「過去がなければこの私はない」と書いている。

❖

デカルトの現前と言葉とアプローチ、方法に注目しながらも、私たちが、ここで特に考慮したい言葉、モチーフがある。――世界、場所、身体、このような言葉、モチーフにおいてこそ、人間と多元的現実、人間の生活と生存、人間のアイデンティティ、人間の条件、人間の感性と想像力などへのアプローチにあたって鍵となるものが、見出されるのではないかと思う。
人間は、身体として、この世界に姿を現しており、さまざまなトポス、場所において、道において、人びとのなかで、人びとと共同生活を営みながら、身体的人格的人間として、自己として、人物 person として、自我 self として人生の日々を生きているのである。人生の旅びと、人間、私たちのそれぞれにおいて、一人の人間としてのアイデンティティが、社会的に文化的に、だが、自然のまっただなかで、営々として築かれてきたのである。社会化 socialization という言葉に注目したい。社会も、文化も、言葉や言語、マナー、習俗 folkways 、知識、感受性などが、人間、個人に内面化されていき、世界に錨をおろしながら、人生の一日、一日を旅する方法が、私たちの身についてきたのである。人間と環境との双方向的な働きかけが、人びとそれぞれの生活史、人間形成において持続的に見られるのである。人間には世界が結集しているといっても過言ではないだろう。人間は、世界に身を委ねている。メルロ=ポンティは、世界への投錨、意味的な核、身体をこのように呼んでいる。適切な表現だと思う。私は身体である。私は人格である。人間は、身体として、人格として、世界に位置づけられており、唯一無二の個人として、世界に属しており、世界に住みついているのである。

❖

ところでモナドロジーといえばライプニッツだが、西田幾多郎は、ライプニッツにアプローチしながら、ライプニッツとは一定の距離をとる。西田の立場と見解をここで見ることにしよう(『西田幾多郎全集　第九巻』岩波書店、

一九四九年第一刷、一九七九年第三刷、九六―九七ページ、哲学論文集　第三、二　歴史的世界に於ての個物の立場、『思想』第一九五、一九六号、昭和十三年八月、九月)。

個物を表象的と考へるならば、モナドロジーの考えは、それ以上に考へられないと思はれる程、巧緻を極めたものと云ひ得るであらう。併し私はライプニッツと立場を同じうするのではない。私の個物と個物といふのは相働くものである。相否定するものである、自己自身を否定することによって肯定するものである。生れるものであり、死するものである。神によって創造せられた不生不滅のモナドではない。さういふ個物は考へられたものに過ぎない。私の個物といふのは弁証法的に一に対する多である。多即一一即多として自己矛盾的に自己自身を形成し行く世界の自己否定的契機といふべきものである。此故に私の考はモナドロジーではない。(中略) 私の世界といふのは、ライプニッツのそれの如く、個物の合成の世界、予定調和の世界ではなくして、作られたものから作るものへと自己形成的世界、創造的世界であるのである。(中略) 強ひて私の考をモナドロジー的といふならば、ライプニッツのそれの如く表象的でなく創造的といふべきであらう。弁証法的モナドロジーである。

西田は、この「歴史的世界に於ての物の立場」と題されたエセーのなかで、つぎのように論じている(同書一〇二ページ)。

真の環境とは個物相互限定の世界、私の所謂世界でなければならない。此故に主体は不調和の調和として真に生きる種的生命であるのである。かゝる環境にして始めて生命を否定すると共に生命を生むと云ふことができる。逆に矛盾的自己同一としての種的形成といふものなくして、個物の相互限定の世界といふものはない。主体的形成といふものなくして環境といふものはない。斯くして始めて主体と環境との間に弁証法的関係を考へることができるのである。かゝる矛盾的自己同一の相反する両方向に、抽象的にいつも主体と環境との対立及び相互関係が考へられるのである。

西田のアプローチは、自己、人間へのアプローチであり、世界へのアプローチである。プラクシス、ポイエシスの両面において人間や社会、世界へのアプローチが見られる。イデヤがキーワードとして姿を見せるシーンがある。そうしたトポス（特定の箇所をトポスという）を紹介したい（同書、一〇九―一一一ページ、二　歴史的世界に於ての個物の立場）。

社会とはイデヤ的形成を含むものでなければならない。イデヤの影を宿すものでなければならない。（中略）イデヤは歴史的制作の上に現れるものである。それは歴史的形成力でなければならない。（中略）我々は作られたものに於て我々の身体を有つのである。物に於て自己を有つのである。我々の行為は単に主体的ではなくして歴史的制作的となるのである。故に私はそれを歴史的身体的といふのである。そこに行為的直観的とも云ふのである。働くことが見ることである。右の如くにして始めてそれが真に多と一との矛盾的自己同一の世界、具体的な弁証法的世界と云ふことができる。具体的な歴史的世界はイデヤ的構成を含んだ世界でなければならない。世界が多と一との矛盾的自己同一の世界であると云ふこと、即ち何處までも個物の相互限定の世界であると云ふことは、イデア的構成の世界であると云ふことであり、イデヤ的構成の世界であると云ふことは作られたものが作ったものを離れ、作るものを作る、即ち行為的直観の世界であると云ふことであり、それは又種的形成がイデヤを宿す世界、即ち社会的世界でなければならない。

「世界は自己表現的に連続して行く。イデヤとは動いて動かざるものの形である。世界がイデヤ的に動き行くかぎり、そこに世界の連続があり発展がある。併し斯く云ふのは、世界の動きはいつもイデヤ的だとか、世界はイデヤ的に動き行くものだとかと云ふのではない。世界は絶対矛盾の自己同一の世界である。世界はいつも終末論的である。理性とは現実の十字架に於て薔薇を認めることに外ならない。(中略) 私は何處までもヘラクレイトス的な多と一との弁証法的世界を考へて居るのである。私の考の中心は作られたものから作るものへといふ世界の弁証法的運動にあるのである」。こうした西田の見解にも注目したいと思う。(同書、一〇七ページ、同エセー)。

ここに見られる西田の言葉、表現、「理性とは現実の十字架に於て薔薇を認めることに外ならない」というこのシーンは、まことに印象的なシーンだ。人間にあっては、終始、理性がクローズアップされてくるのだろうか。ここで私たちが注目しなければならないことは、理性とならんで感性ではないだろうか。

身体は、全面的に感性そのものではないかとさえ思われる。思考能力、判断能力、計画能力、表現能力、対話能力、創造力、行動力などさまざまな能力や力が、理性や知性と密接に結ばれていることを認めたうえで、それでも人間の感覚、感性におおいに注目したいと思う。感性や感受性、人間性に人間の人間的資質を認めないわけにはいかないだろう。身体の全体性と感性を切り離すわけにはいかない。感性とは、あふれ出るばかりの生命力ではないだろうか。

ふたたび西田幾多郎の言葉を目にしたいと思う（同書、四八―五〇ページ、哲学論文集　第三、人間的存在、『思想』第一九〇号、昭和十三年三月）。

動物は人間を対極として有つことによって動物であり、人間は動物を対極として有つことによって人間である。我我は日常生活に於てかゝる生命の極限に立つ時のみ、真に人間であるのである。（中略）行為的直観的に創造的なるかぎり、生命が生きて居るのである。私が日常性的生活を具体的と云ふのは、その因習的自動的なるを以てではない。それが歴史的生命力としていつも絶対に面して居るが故である。（中略）

我々の実在界と考へるものは、何處かで感覚的なものに触れてゐなければならない、否、感覚的なるものによって基礎附けられてゐなければならない。従来、感覚といふものが、判断の立場から、唯受動的に考へられた。併しそれでは我々の実在界を基礎附けるものとはならない。それにはそれが感性的・人間的活動、実践として捉へられねばならない。主体的に捉へられねばならない。主体的にと云っても、先ず主体といふものがあって何物かを捉へると云ふのではない。感性的・人間的活動とは、行為的直観的に起るものでなければならない。

見るといふことと働くといふこととの弁証法的自己同一から、感性的・人間的活動といふものが起るのである。それが物を作ると云ふことである、実践と云ふことである。故に我々の実在界といふのは制作的実践の世界であり、制作的実践を中心として作られたものから作るものへと自己矛盾的に動き行くかぎり、それが実在界であるのである。（中略）

歴史的実在の世界に於ては、感覚的なるものは単に感性的・人間的活動として捉へられるのではない。何處までも表現的形成作用的に捉へられるのである。歴史的・社会的活動として捉へられるのでなければならない。作られたものから作るものへの世界は、創造的となるに従って、本能的から社会的とならなければならない。その極限に於て、絶対に超越的なるものを媒介とすることによって、作るものから作られるものへとなる時、自由なる人間の世界といふものが成立するのである。私の所謂個性的に自己自身を限定する世界といふのが、自由なる人間の世界であるのである。

若き日にライフ life の研究者となることをめざした西田幾多郎は、一筋の道を歩きつづけた人だが、短歌に楽しみを見出しながら、自己の感性に磨きをかけていったやさしい心の持ち主でもあった。書の楽しみがあった。家族に深い思いを抱いていた家庭人、西田幾多郎、これまで西田哲学と呼ばれてきた西田の営為と仕事、研究には人間学的な姿が見られるように思われる。真の哲学は人間学である、という態度が、西田にはうかがわれるのである。北陸、石川県の片隅、能登半島のつけ根ともいえるようなトポスに生まれた西田にとって、日本海はなじみの海、故郷の海だった。金沢での生活があった。京都は、西田の学究生活において大切なトポスだったが、彼の生活史には東京も姿を見せている。西田の終焉の地は鎌倉、海に臨む鎌倉は、谷戸や山の鎌倉でもあるが、西田は、相模湾のこの鎌倉の海に愛着を感じていた。北陸出身の哲学者、人間と世界の探究者は、山の人ではなく海の人だ。生涯をつうじて海は西田の目と耳を楽しませてくれた、また、彼を深い思いに誘ってくれていた風景だったにちがいない。海風や潮の香り、打ち寄せる波、波音、水平線、砂浜の感触などによって西田の日常生活に彩りが添えられていたのではないかと思う。

人間は、いずこにおいても風景体験のなかで感じたり、ものを思ったり、思い浮かべたり、回想したりしながら人生の日々を生きるそうした人生の旅びとなのである。

幼児期、日本海が見える松林のなかは、西田の遊び場だった。鎌倉で生活していた時、西田は、もの静かな山陰《やまかげ》のおだやかな片隅で休息しながら、時を過ごしたことがあった。京都とは異なる鎌倉独特の風情に西田は愛着を感じていた。いくたびも悲しくてつらい思いを重ねた家庭人、西田の哲学と人間へのアプローチ、人生へのアプローチには、どことなく悲哀と苦悩が漂っているが、〈日常生活〉と〈日常的世界〉に西田のまなざしが注がれていたことに注目したいと思う。

「我我は日常生活に於てかゝる生命の極限に立つ時のみ、真に人間であるのである」。西田は、このように述べている。「行為的直観的に創造的なるかぎり、生命が生きて居るのである」。西田においては、感覚は、ポジティヴな契機、感性力として理解されており、感覚は、感性的・人間的活動、実践と連動しているのである。西田は、実在界、現実の世界を制作的実践の世界として理解している。

制作的実践――まさにポイエシス（制作・創造）とプラクシス（行為・実践）である。このふたつの言葉は、西田の思索と学究活動においてキーワードに数えられるものだが、ここでは、このふたつの言葉がひとつに結ばれている。さきに見られたように、感覚的なるものは、感性的・人間的活動であることをこえて、表現的形成作用的に、歴史的・社会的活動となるのである。西田は、自由なる人間の世界を見ている。

「制作的なる所、そこに歴史的現実があるのである、そこに歴史が生きて居るのである」と西田はいう（『西田幾多郎全集　第九巻』四二ページ、哲学論文集第三、一　人間的存在）。歴史的形成作用によって社会が成立する。これが西田の見解である。つぎに西田が個人と社会について述べているところを見ることにしよう（同書、一二〇―一二一ページ、前出、二　歴史的世界に於ての個物の立場）。

> 汝といふものなくして私といふものなく、私といふものなくして汝といふものはない。（中略）人間は社会的動物と云はれる。個人は社会を映すことによって個人であり、社会は個人を自己のペルスペクティーフとなすことによって社会であるのである。而して作られたものから作るものへと歴史的生産的なる所に、個人が真の個人であり社会が真の社会であるのである。（中略）何等かの意味に於てそれ自身が世界でない社会といふものはないのである。（中略）モナドの世界は表象的であるが、多と一との矛盾的自己同一の世界は何處までも表現作用的に自己自身を形成する世界でなければならない、自己自身の内に自己を映す世界でなければならない。かゝる歴史的形成作用によって社会といふものが成立するのである。

人間であるということは、どういうことなのか。この世界に一人の人間、個人が、姿を現すということほど人びとにとって重大な出来事はないだろう。西田にはつぎのような言説がある。彼のまなざしは、あくまでも身体に注がれている。人間への、また、家族へのアプローチが見られるトポスだ（同書、一八〇—一八一ページ、一八八ページ、哲学論文集　第三、三　絶対矛盾的自己同一、『思想』第二〇二号、昭和十四年三月）。

我々は此世界に於て或物を形成すべく課せられて居るのである。そこに我我の生命があるのである。我々は此世界に課題を有って生れ来るのである。（中略）我々は無手で此世界に生れて来たのではない、我々は身体を有って生れて来たのである。（中略）我々が身体を有って生れると云ふことは、我々は無限の課題を負うて生れることである。（中略）現実とは我々を包み、我々を圧し来るものでなければならない。単に質料的のものでもなければ、媒介的のものでもない。我々の自己に対して、汝之を為すか然らざれば死かと問ふものでなければならない。（中略）我々は身体的なるが故に、自己矛盾的であるのである。行為的直観的に我々に臨む世界は、我々に生死を迫るものである。

絶対矛盾的自己同一の世界の個物として、我々の自己は表現作用的であり、行為的直観的に制作的身体的に物を見るから働く。作られたものから作るものへとして、我々は作られたものに於て身体を有つ、即ち歴史的身体的である。斯く云ふのは、我々人間は何處までも社会的といふことでなければならない。ホモ・ファーベルはゾーン・ポリティコンであり、その故に又ロゴン・エコーンである。家族といふものが、人間の社会的構成の出立点であり、社会の細胞と考へられる。

世界は無限なる圧力を以て我々に臨み来るものである、何處までも我々に迫り来るものである。我々は之と戦ふことによって生きるのである。（中略）世界とは我々に向って生死を問ふものでなければならない。（中略）個物はいつも絶対矛盾的自己同一即ち自己の生死を問ふものに対する。

西田は、「歴史的現実の世界は制作の世界、創造の世界である」といい、こうした世界を労苦の世界と呼んでいる。人間は、彼が見るところでは、自由と必然との矛盾的存在なのである（同書、九ページ、前出、エセー、一 人間的存在）。目的を以て働くこと、それが生きるということであり、生命は、西田においては、このように理解されたのである。目的を意識して働くということは、何らかの理念によって働くということであり、自覚的に働くということは、価値意識を認め、これによって働くということなのである。個性的という表現は、このような場合に妥当する表現なのだ（西田幾多郎『思索と体験』岩波文庫、九四―九五ページ、自然科学と歴史学、『哲学雑誌』第二十八巻第三一九号（大正二年九月）大正二年四月六日、東京大学における哲学会の講演によるものである）。

働くこと、西田においては、それは、ポイエシス（制作・創造）であり、ポイエシスは、日常生活の舞台と場面においては、おのずからプラクシス（行為・実践）と結びつくような人間の活動なのである。働く人は、ものを作り出す人であり、西田は、社会をポイエシスの様式として理解している。作られて作るものの頂点に姿を現す人間は、ポイエシス的自己、行為的自己、創造的自己だが、人間は、身体的自己、意識的自己であり、人格的自己なのである。このようなさまざまな自己像にひとしく注目しながら、西田の人間観、人間へのアプローチについて考察を深めたいと思う。彼はペルソナ、仮面と役割演技をおこなう人間についても述べている。
ここでは、つぎのような西田の言葉を紹介したいと思う（西田幾多郎『続思索と体験『続思索と体験』以後』岩波文庫、一一二ページ、教育学について（原題「哲学と教育」）岩波講座『教育科学』第十八冊、昭和八年三月）。

時は過去から考えられるのでなく、現在から過去未来というものが考えられるのである。我々は行為するものとして、この現実の底にいつも永遠なるものに触れるのである、時を越え時を包むものに撞着するのである。そこに真の現在というものが考えられ、そこから過去未来というものが考えられるのである。そこにいつも歴史の創造というものがあるのである。夢みる人には真の現在というものもなければ、従って過去も未来もない、時というものもなければ歴史というものもない。働く人はいつも現在の一角から世界を見るのである。働く人の足は地に着いていなければならぬ、働く人はこの現実の大地に立っていなければならない。働く人はそこから世界を見るのである。

西田には歴史的現在という言葉があるが、このシーンでは、こうした言葉がイメージされる。人間は、永遠という言葉から逃れることはできない。人間とは生命であり、生そのもの、だが、人間は、死とともに生なのである。生と死は、ひとつに結ばれてしまっている。人間の命には限りがある。そのことを人間は心得ておくように――デルポイの神殿の銘「汝自身を知れ」という言葉には、このような意味があるという説がある。
古代ギリシアの時代からずっと人間の命には限りがあるのだ、ということが、言われてきたのである。生と死をどのように理解するか、人間にとって重要なことだが、永遠についても同じことがいえるだろう。世界――内――存在 In-der-Welt-sein 、死への存在、死に臨む存在、共同相互存在――ハイデッガーの人間理解のスタイルである。彼は、人間存在、現存在の本質を実存として理解している。命に限りがある状態で（死すべき者として）大地に住まう存在、それが人間、ハイデッガーの人間へのアプローチだ。天と地のあいだ、言葉と行為のあいだ……そのようなあいだとしてハイデッガーは、世界をイメージしている。人間にとって世界は、家なのである。

大地に住まう者――人間をこのように呼んだ人物がいる。サン＝テグジュペリである。

人間は、大地に住居を定め、住居を築き、トポス、マイ・ホーム、安心できる居場所、生活と生存の拠点を中心として、活動する。行動する。行為する。人びととさまざまな触れ合いと交わりを体験しながら、日々の生活と生存の諸領域をより確かなものとしていく。近隣の人びととの人間関係がかたちづくられていく。トポスと道において、さまざまな人間関係、人間模様、社会的現実が、かたちづくられていく。あるところ（トポス）に居を定めた時、はじめのうちは周囲の眺めや光景は、まとまりがなくて、漠然とした状態にあったのに、しばらくして落ち着くと、トポスを中心として、風景も、生活環境も、おのずからまとまりのある世界となっていく。こうしたことは、おそらく誰もが、多かれ少なかれ体験していることだろう。また、住みなれているうちに、周囲の眺めや身近な風景が、しだいに見失われていくことも私たちが体験していることではないだろうか。

人間にとって大地も、風景も、空も、地平線や水平線も、一筋の道も、さまざまな集落も、ほとんど風景としてしか私たちの目に映らない人間や人物も、光も、風も、水の流れも、草花も、樹木も、時と場合によって事情と状況はまことにさまざまだが、人間の支え、よりどころ、命綱にもあたるものとなっているのである。一点の絵画についても、音楽についても、音風景についても、匂いや香りなどについても、同様のことがいえるだろう。

大地は、人間の根源的なトポス、居場所、定点、まさに故郷そのもの、人間にとっての家にもあたるものといえるだろう。風景とはこうした大地の眺め、光景（スペクタクル）なのである。五感とともに風景的世界のゆたかな広がりが見られるのである。

感性、感官、感覚——われ感じる、ゆえにわれあり——また、われあり、ゆえにわれ感じる——われわれが感じる……いずれにしても人間は、それぞれの身体によって世界に、大地に住みついており、それぞれの感覚や感官によって、人間の感性において、世界と、世界地平と交感、感應、触れ合いの状態にある。感性とは、世界に対する人間の開花なのであり、感覚体験の領域と地平、まさに感性こそ人間のいかにも人間らしい表情であり、人間の現前そのものなのである。

アート、芸術のさまざまなジャンルと人間の自然体験、人間と人間との対話、交流、触れ合い、風景体験——人間の感性の涵養にとってこれらのいずれもが、きわめて重要であることは、明らかといえるだろう。

感性が眠りについている状態をイメージすることができるのだろうか。驚きと感激、喜怒哀楽、まことに人間らしい人間の表情、態度、行動、姿だ。感情のゆらぎと波、うねりに巻きこまれていない人はいないだろう。感性は、みごとなまでに生命の、人間の発露なのである。耳を澄ました時にクローズアップされてくる世界と世界地平、大地と宇宙的空間がある。音環境と音の世界、音の宇宙がある。色や形、匂いや香り、音、また音、手で触れる時の世界体験――これらのいずれもが、私たちにとっては大切な世界体験なのである。
流れていく水に手を入れる、樹木に触れる、大聖堂で石に触れる、風が肌に触れる、音が耳に、身体に触れる――水平線や地平線が見える、目に触れる――触れることによって花開く感性と世界がある。感性ぬきで人間や世界へのアプローチを試みることはできない。感性は、人間のアンテナ、灯台、サーチライト、世界に張りめぐらされた人間の琴線なのである。感性によって人間は世界につなぎとめられているのだ。感性によって人間は世界に船出することができるのであり、人生の一人の旅びととして感性に導かれながら世界を旅することができるのである。もちろん、感性のかたわらには常時、理性が姿を覗かせているが、理性と感性の両面に同時的に注目しなければ、全体的人間、生そのものともいえる人間、人間の個性、アイデンティティ、人間性へのアプローチを試みることは、できないだろう。人間の身体と人格のもっとも深遠なトポスと道として人間の〈感性〉に注目したいと思う。

❖

大地の片隅、そこ、ここ、また、地平線や水平線、空、森のなかなどでの樹木やざわめき、森の音……そうしたものを体験した時に目覚める感性、しなやかに波打つ感性、生き生きと働き始める感性、想像力がある。音楽、絵画、文学、さまざまな作品を体験した時に広がる宇宙、働き始める感性がある。自然の音も、音楽の音も、私たちにさまざまな仕方で働きかけてくる。私たちの感性は、さまざまな動きを示す。感性が波打つ。人間とは、驚くべきほどに微妙な存在だ。生成そのものとしかいいようがないだろう。感性の働きが不活発な時には作品を生み出すことは、できない。

地平線や水平線を体験する時、人びとは、いったいどのようなことを感じたり、イメージしたりするのだろうか。広大な空間や空間の無限性、連続性に驚きを感じる人びとがいるだろう。地の果てが感じられることもあるが、地平線は、終点でもなければ、行きどまりでもない。空は立ち上がった状態の壁ではない。地平線は、人間のまなざしと人間の風景体験において、きわめて印象深い注目さるべき空間体験なのである。大地は、さまざまなトポスと道において、また、地平線において理解されるということもできるだろう。人間の風景体験と風景画が、こうしたシーンにおいてクローズアップされてくる。

ここからそこへ、かなたへ、パースペクティヴ（遠近・眺望・視野）が、時には地平線が体験される。地平線や水平線によって意味づけられているような風景がある。地図は、記号化された大地の眺め、風景だが、地図においては地平線は、体験されない。地図では高さにおいて統一された視点が体験される。

さまざまなスタイル、形式の地図がある。絵地図があるかと思うと、高度に抽象化された大地の表現と呼ぶべき地図もある。用途に応じて各種各様の地図がある。地図は、道案内であり、ひとつの道しるべだ。手もとに地図があっても、いま、自分がどこにいるのか、自分の居場所、トポスが分からなかったら、どうにもならない。方位と方向、地点、目的地、ルート、道筋、ランドマーク、距離、方向感覚、トポスの感覚、道の感覚、距離感覚、時間感覚……地図は、人間の感覚、感官、感性にさまざまな状態で働きかけてくる。地図は、人間の行動を助けてくれる。人間の行為を動機づけてくれる。地図は、人間の活動、行動、行為を動機づけたり、方向づけたりしてくれる手引きなのである。地図は現地そのものではない。現地の代理となっているものであり、現地の、大地の見取り図なのだ。人間のプラクシスにおいて地図は重要な情報と知識を提供してくれる。地図を利用して、人びとは、道をたどる。ゴールをめざす。地図を参照しながら、人びとは、それぞれの行動や行為を方向づけてゆく。

概念――方向――創造的行為――方向――風景――意味、このような言葉の流れにおいて、概念や風景について言葉を残した人がいる。サン＝テグジュペリだ。科学における概念は方向であり、方向とは、創造的行為なのだ。方向とは、風景に意味を導き入れる（引き入れる）ことなのである。こうしたシーンに姿を見せるフランス語がある。――sens まさに感覚――意味――方向、おのずから人間の行動や行為が、進路、道が、ゴール、目的地が、イメージされる。プラクシスが、道が、トポスが、また、ポイエシスが、クローズアップされてくる。

空の人、大地の人、サン＝テグジュペリのキャリア、職業（トポス）は、飛行すること、空路が、航空機が、ここで私たちの目に触れた彼の言葉においてイメージされる。彼の耳に触れた音や彼の目に触れた風景、彼が体験した手の感触を思い浮かべてみたいと思う。

地図は概念図であり、抽象化された大地の姿と表情、大地の風景なのである。

ポール・ヴァレリーのつぎのような言葉がある（『ヴァレリー全集カイエ篇四　身体と身体・精神・外界　感性記憶　時間』筑摩書房、一六五ページ、記憶、松浦寿輝訳）。

私は旅行する、地図を手にして――あるいは、私は同時に地図を作ってゆく。

地図を手にしながら道をたどる、道を歩くということは、地図と風景を対照させながら、地図にさまざまな印をつけていく、印を書きこんでいく、地図に手を入れていく、地図を作っていくということではないかと思う。メンタルマップもある。地図を見る、地図を手にするということは、地図作りがおこなわれていくということなのである。ここで目に触れたヴァレリーの言葉は、記憶にかかわるパートに見られるものだ。つぎに記憶のパートと感覚、感性にかかわるパートから、ヴァレリーのいくつかの言葉を紹介したい（同書、一六四ページ、記憶、松浦寿輝訳、七九ページ、八一―八二ページ、感性、市原豊太訳）。

記憶において私をもっとも驚かせるのは、それが過去を繰り返して言うということではなくて――それが現在を磁化させるということである。（中略）

一般に、記憶は死であるよりはむしろ生である。それは、感覚という滋養によって養われている思考の、血と言うべきものだ。

感覚は或るもの、存在または欠如に依って生ずる。

知性は感覚の一つの註釈、一つの継続、一つの拡大、一つの参照――一つの組成である、これに対して感覚は単純性である。一方は一つの又多くの行為、他方は、出来事。

諸々の感覚はたしかに「受け取る」。しかし「求め」もする。これは一つの肝要な点だが、常に忘れられてゐる。

ポール・ヴァレリーにとっての原風景は、地中海である。生まれ故郷は、地中海に臨む港町、セート、ラングドックの海岸に近いところだ。ヴァレリーの『カイエ』には、ところどころに彼のスケッチが見られる。水彩画だ。感性ゆたかな絵ごころが、『カイエ』には漂っている。視覚的なところがヴァレリーには見られるものの、ヴァレリーの耳もなかなかのものだと思う。地中海のさまざまな感覚と感性が、この「海辺の墓地」の詩人、『テスト氏』の作者には感じられるのである。ヴァレリーの処女作は、『レオナルド・ダ・ヴィンチの方法』である。

さらにヴァレリーと向き合いたいと思う（同書、八六―八七ページ、一一一ページ、感性）。

感覚上のさまざまな出来事もしくは感性のさまざまな出来事は、一つの波の通過に比較できる。

記憶はどうか？

我々はいろいろな感覚が――特殊な諸感覚や内臓の諸感覚が――演奏する非常に複雑な一つの楽器であり、また「世界」もいろいろな感覚を演奏する、見られた世界、食べられた世界、吸ひ込まれ、嗅《か》がれ、ぶつかられた世界感性は何か欠けてゐるものを創り出す。――いろいろな観念、形象など。感性は空虚の補足物なのだ。

感覚や感性は、世界との触れ合い、コンタクトによって、人間の身体によって、プラクシスとポイエシスの方へ、行動や行為に、創造的営為に、さまざまな表現に向かって、動機づけられているのである。方向づけられているのである。

「曙《あけぼの》。すべては橙色――海は、蒼空の青……(雨の前兆。)」(同書、九六ページ、感性) ヴァレリーは、朝の景色について感性を言葉として残している。『カイエ』には海や船、舟のスケッチ、水彩、淡彩の光景が姿を見せている。ヴァレリーにとって船はまぎれもなく建造物であり、彼は、船に建築を見ていたのではないかと思う。建築――ヴァレリーは、それを空間に捧げられた頌歌と呼んでいる。故郷、セートがイメージされるシーンだが、小高いところから眺められた港の風景、情景ほどヴァレリーの琴線に触れた風景はなかったのである。

ヴァレリーは、セートの小高いところにある墓地(トポス)、海辺の墓地で深い眠りについている。ある日、何年も前のことだが、このセートのヴァレリーの記念室や海辺の墓地を訪れたその日のことを思い浮かべている。ミュージアムの一画にヴァレリーの記念室があり、その片隅には、ヴァレリーがスケッチした手袋の絵があった。そのスケッチは、旅の記念として私自身のスケッチブックに残されている。地中海の人、ヴァレリーは、『カイエ』にしばしば自分自身の手をスケッチしている手の人なのである。手のさまざまなポーズが描かれている。手からスタートする世界がある。目から始まる世界がある。耳に注目しないわけにはいかない。耳によって開かれる世界の扉がある。耳の扉は、いつも開かれているのである。人間の身体の開口部として耳ほどみごとな開口部は、ないだろう。

人間の身体は、いつも世界に錨をおろした状態で世界と結ばれている。身体は特定の一点、地点に不動の状態でつなぎとめられているわけではない。人間は、活動と行動の渦中で身心を、自己自身の生活と生存を支えつづけているのである。自己自身の身心を、生活と生存を方向づけること、意味づけることにたずさわりつづけているのである。人間は、生命であり、生命力である。人間とは、行動であり、行動力なのだ。人間は、環境や世界にたいして働きかけつづけている。プラクシス（行為・実践）とポイエシス（制作・創造）は、人間の生成と存在と、また、人間の生活と生存と一体化されているのである。さまざまな舞台と場面において人間は、意思表示、感情表現、自己表現、自己呈示、態度表明などをおこなう社会的存在（生成／存在）だが、人間は、他者にたいして、人びとに向かって行動したり、行為したりするだけではなく、さまざまな対象や客体、世界に向かって自己自身を関与させながら、自己自身にたいしても働きかけていくアクティヴな主体、客体によって支えられている客体的主体なのである。

ところで人間の生活と生存の舞台と領域、人間のプラクシスとポイエシスの世界は、トータルに社会的だが、また、トータルに風景的だ。そこで私たちの誰もが生きている日常的世界、人間的世界は、グループやグループライフ、人間関係、メンバーシップ、フレンドシップ、リレーションシップ、スキンシップなどによって、また、大地の眺めである風景、音風景、地形などによって、トポスや道によって、ランドマークやパスやエッジなどによって意味づけられて（方向づけられて）いるのである。エッジ（ケヴィン・リンチが用いた言葉だ）といってもさまざま、山地や丘が平地と接するところに姿を見せているエッジがあるし、崖下ぞいのエッジや水の流れにそった河岸や川岸のエッジ、湖岸のエッジもある。さまざまなエッジのなかでもスケールが大きなエッジといえば、海岸線だろう。波打際や砂浜、海岸において体験されるエッジがある。

大地は、さまざまな河川によって方向づけられており（意味づけられており）、山脈や山々によって、森や森林によって、平野や盆地によって、沿岸部や海によって、さまざまなトポスと道によって意味づけられているのである。地理があり、地形や地質がある。風景がある。スカイスケープやサウンドスケープがある。

人間にとっては大地も風景もまさに母胎にあたるものであり、人間の感性は、プラクシスとポイエシスにおいて、人間の大地、土壌、源泉、母胎にあたるものだといっても過言ではないだろう。

海——おそらく誰もがイメージしたり、体験したりすることは、広大さ、果てしなさ、一様性、単調さなどではないだろうか。海においては無限性がイメージされる。海は水平線にあるといえるかもしれない。海原がある。気が遠くなってしまうような風景が目に触れる船旅がある。陸地と海原とではまったく異なる。旅には漂泊、さまようことなどといった言葉がふさわしいともいえるが、船旅や海となると、どことなく漂流といった感情によって包みこまれてしまうようにも思われる。寄港地、目的地、ゴールの港は、旅びとにとって特別な意味を持つ。船旅において、海や海辺においてよみがえるような、生き生きと始動するような感性があると思う。海辺や砂浜で波音を体験したり、海原や水平線などを体験したりしながら、微動だにしない人などいないだろう。海岸での夢想や思いがあるだろう。海岸は湖岸とは異なる。河岸、川岸とも違う。さまざまな水がある。陸水があり、海水がある。湖水、湖岸、湖といえば、ジャン＝ジャック・ルソーだ。

漂流という言葉は、やはり海そのものではないかと思う。漂流状態は、人間にとってはきわめて不安で困難な状態だ。海といえば陸であり、島である。無人島といえばロビンソン・クルーソーだが、ルソーの視野にはロビンソン・クルーソーも、無人島も入っていたのである。島であるような人はいない。これはジョン・ダンの言葉だ。イタケー島といえばオデュッセウスである。平和の象徴であるオリーヴの樹木が、ようやくの思いでイタケー島に帰還したこのオデュッセウス（『オデュッセイアー』）の一シーンに姿を見せている。

大地は、人びとの暮らし、日常生活によって、地形によって、風景によって意味づけられている。方向づけられている。大地は、人間の生活と生存の舞台だが、大地は、さまざまな動物や植物や鑛物の舞台なのであり、環境世界（ユクスキュル）、生活世界（フッサール）のさまざまな様相に注目しないわけにはいかない。五感のそれぞれを動員することによって世界のヴェールがいくらかずつ取り除かれていくのである。だが、世界はいいつくしがたいほど多種多様なヴェールによって包みこまれてしまっているといえるだろう。人間は、つぎつぎに世界にヴェールをかけているのではないかとさえ思われる。

イマージュ——鏡像、映像、画像……人間は、一方において大地を耕作しつづけてきたが、人生の日々において人間は、いたるところに意味の網の目（文化）を張りめぐらしつづけてきたのである。人間は、まさに意味そのもの、意味の理解と解釈、意味の附与は、人間においては、持続的な営みなのであり、意味は、人間のよりどころ、トポス（居場所）なのである。

言葉や言語の意味があるものの、人びとがそこで人生を旅している世界そのものが、意味なのだといっても過言ではないだろう。人間は、対象や客体あっての人間であり、自己自身ではないところのものとの触れ合いと関係によってこそ主体的人間、人間主体なのだが、そのような状態において人間は世界体験の主体なのである。

世界体験こそ意味の源泉であり、意味のトポスなのだ。感覚や感性によって身体が、体験が、意味づけられてきたのであり、感性によって、理性によって人間の行動や行為が、方向づけられてきたのである。あくまでも人間は身体的存在（存在／生成、生成的存在）であり、感覚によって身体は活性化されているのである。感覚や感性によって身体も、人間の行動や行為も方向づけられてきたのである。世界体験は、世界によって、身体によって、感覚、感性によって、人間の行動によって、プラクシスとポイエシスによって、意味づけられてきたのだ。方向づけられてきたのである。

人生の旅びと、世界体験の主体である人間は、世界を体験しながら、体験を意味づけているのである。感覚によって、身体によって、世界によって、体験を方向づけていくことは、たえまなしにおこなわれてきたのである。

人間は意味を紡ぎ出しながら、意味と呼びたくなるような繭のなかで、だが、繭に閉じこめられているのではなくて、世界に乗り出しながら、世界と触れ合いながら、世界と呼ばれる舞台で行動しつづけているのである。

ひとつの言葉、ひとつの単語は、森の入口、洞窟の入口であるようにも感じられる。海という言葉によって私たちにもたらされる感覚や感性、また、印象がある。海は地平線、それ以上に水平線である。水の野原、海原、海面である。たっぷりと海原、海面だが、たっぷりと空であり、さまざまな波であり波の動きである。船とともに、船によって海がイメージされたり、理解されたりするといえるかもしれない。海とは航路である。海中であり、海底である。潮流である。魚類であり、海の生物である。貝であり貝殻である。海岸や砂浜においては、流木であり、さまざまな漂流物、漂着物である。海は海水にすぎないわけではない。

人びとそれぞれの海がある。ポール・ヴァレリーの場合は、断然、地中海だ。生まれ故郷、セートであり、ラングドックの海岸だ。

トーマス・マンにおいては、海といえば、バルト海であり、生まれ故郷、リューベックだ。マンには、『ヴェニスに死す』という小説がある。水の都、ヴェニス、ヴェネツィアでは、海はアドリア海だ。ギリシアといえばエーゲ海が姿を現すが、地中海がイメージされる。地中海世界がある。

ゲーテのイタリアへの旅がある。ヴェネツィアでの日々があったが、ヴェネツィアでゲーテは、アドリア海を体験している。ラグーナ（潟）の光景がゲーテの目に触れている。彼は地図を手にしながらヴェネツィアのさまざまな地区を歩いている。このイタリアの旅においては旅の主目的地はローマだった。イタリアの旅――ゲーテは、ナポリからシチリア島に向かう。船旅が体験されたのである。船は、シチリア島のパルレモに到着する。その時、ゲーテは、すでに目にしていたことがあるクロード・ロランの絵かと思われるような光景、風景を入港したトポス、パレルモで体験したのである。クロード・ロランの絵に見られるような光や色彩や眺めが、ゲーテの目に触れたのだった。クロード・ロランの意味世界が、立ち現れてきたのであり、ゲーテは、クロード・ロランの意味世界を実際に体験したのである。

画家、クロード・ロラン、フランス人だが、彼の画業がみごとに花開いたのは、イタリアにおいてだった。さまざまなモチーフの絵があるが、海港、海辺の建物や塔、船、浜辺、太陽、海面などがモチーフとなった絵は、ことのほかクロード・ロランだ。彫刻家、オーギュスト・ロダンは、クロード・ロランを太陽の画家と呼んでいる。クロード・ロランが描いた太陽のさまざまな光と光景、時間帯がある。光こそ絵画のエッセンスだが、クロード・ロランは、まさに光の画家であり、彼の画風は、明らかに太陽によって意味づけられて（方向づけられて）いるのである。クロード・ロランを格別に感性の画家、サンス（サン）sens の画家と呼びたいと思う。パリのセーヌ左岸にあるロダン美術館（かつてのビロン館）の庭園の片隅には、パレットを手にしたクロード・ロランの立像が姿を見せている。ロダンの作品だ。

絵画は光とともに、人間も光とともにといえるだろうが、人間は、まさに五感そのものなのだ。人間の身体も、人間の行動や行為も、時間も空間も、トポスも道も、人間のさまざまな作品も、さまざまな道具も、人間の生活と生存のさまざまな舞台も領域も、さまざまな野も、人間の五感によって、人間の身体によって、自然によって、意味づけられているのである。

カントは、時間と空間を感性の形式と呼ぶ。自然、宇宙的自然、おおいなる自然としかいいようがない自然――ブロッホは、自然を朝焼けの国と呼ぶ。オルテガ・イ・ガセーは、太陽を大空の旅びとと呼んでいる。いずこにおいても太陽であり、月であり、星だが、さまざまな自然の光がある。光といえば絵画がイメージされるが、写真にも注目したい。絵画も、写真も、光の現場であり、感性や印象の現場だ。音や音楽ももちろん感性の現場だ。この世界のいずこも、大地のいずこの片隅も、さまざまなトポスや道も、感性の現場なのである。

土地が変わると、地方や国が変わると、風土が変わる。気候や光や吹く風が変わる。風景が変わる。オリーヴや糸杉の大地と風土がある。糸杉によって意味づけられたゴッホの絵がある。南フランスで描かれたゴッホの絵に見られるゴッホの感覚と感性がある。彼はアルルにやってきて、いままで目にしたことがなかったような太陽とその光を体験したのである。風土の力があると思う。感性の扉が開かれて、感性の躍動が体験されるような大地や空や光があるといえるだろう。風景によって人間にもたらされる風景の力がある。人びとがそこで生きている世界は、人間にとっては感覚的な世界といえるような様相を呈している世界であり、人間のプラクシスとポイエシスのために人間にさし出されている世界のさまざまな光や色や形、さまざまな音、さまざまな手があるのである。

地中海が生活史と風景体験の深いところに姿を現していた人といえるような人物、パリを感性を磨くための舞台装置と呼んだことがある人、彼こそアルベール・カミュだ。そのカミュにとって師ともいえる人がいる。ジャン・グルニエである。『孤島』のなかに、つぎのようなトポスがある（書物の特定の箇所をトポスと呼ぶ。J・グルニエ、井上究一郎訳『孤島』竹内書店新社、AL選書、一六二ページ、一六八―一七一ページ、見れば一目で……――プロヴァンスへの開眼）。

そうだ、われわれの風土をつくりあげるもの、ある混成物、人ごとに変る空と土と水との混成物が存在する。それに近づくとき、歩調は重くなくなり、心は花ひらく。しずかな大自然が、ふとうたいはじめるような気がする。そのときわれわれは、さまざまな事物を認識する。まるで恋人たちの一目惚れとでもいおうか。そこにある風景が、胸のときめきをあたえ、快い不安をあたえ、長い快楽をあたえる。波止場の石だたみに波がひたひたよせる音に、畑仕事の快いぬくもりに、夕焼け雲に、親愛の情がわく。私にとって、そのような風景は、地中海の風景であった。

心に感じられる形象の布置、これこそ地中海精神をつくりあげているものである。空間とは？　ある肩の曲線、ある顔の楕円形である。時間とは？　一人の青年が浜辺の端から端をめぐることである。太陽の光りが線を切り、数を生みだす。すべてが人間の光栄に協力する。人間の光栄とその滅亡とに。人間がなにがしかの価値をもつとすれば、人間が行動の舞台装置として、風景よりももっと遠くに死をもつことである。一方は他方なしには理解されないだろう。自分の生命の限界についてのつねに現前するするどい勘だけが、欲望にその人の輪郭をあたえる。人間の力と死の力とのそのような組み合わせから一つの「悲劇の哲学」が生まれた。

ソクラテスは、おそらく人間としての頂点に達した人間の象徴であろう。だが、彼は処刑される（彼の意思で死ぬ）。（中略）すべての人間がつぎつぎにたどる二つの道、生と死とのあの交叉点に立った彼が、友人たちとかわしたその最後の対話によって、彼は誰よりもよくボシュエの「いまこそおしえられなくてはならない」※を私におしえる。

※　「いまこそおしえられなくてはならない」——「他人の経験をまなばなくてはならない」の意。『聖書』の「詩篇」では「戒めをうけよ」（第一巻第二篇十）。ボシュエの『弔辞集』のなかの「イギリス女王への弔辞」に引用されている（ラテン語）。——（『孤島』二〇〇ページ、訳注（五）による）

地中海に沿って旅したあの幸福な時を喚起するのに私は努力を要しない。それらの時間は、絶えず現前している。アルジェの台地の上での熱い夜、はげしい欲望のように唇をかさかさにするシロッコ、イタリアの風景のかがやき、そして人いきれ、——いずれも、私にとっては、実を結ばないあだ花ではなかった。

しかし、ギリシアを語ろうとすると、私に映像はうかばない。それらの映像は一つの感情に置きかえられる。愛しはじめて、あうことをほとんどやめている人の映像が心のなかで大きくなるにつれて、目から消えて行くようなものだ。木がなくてむきだしの風景、岩石の多い丘、おもちゃのようにもろい古代の神殿。大きな悲しみにも似た極度の簡素。私自身と人間とのぴったりした一致。私は日々の作為や虚偽をその場にすて、ついに私の人間性とじかに顔をつきあわせることができる。ついに私から解放され、ついに私自身にかえる！　一つの友情がついに可能になる！

プロヴァンスは、その点からいえばおそらく力はよわいが、なごやかさではまさっている。いまでも私はあの春の朝を思い出す。その朝私はパリからの汽車をおり、ドン群山の岩山がきりひらく空間を発見して驚嘆した。太陽がかたむくにつれて海のように変化する川の流れを、平野を、古い館の跡をながめて、私は何日かをすごした。それ以来、私はもっとも美しいところをつぎつぎに発見した。アルル、——それから、アヴィニョンがひろげるすばらしいながめをかたいこぶしのなかににぎっているレ・ボー。ルールマラン。それから、いまは土地ブローカーの脅威にさらされているポール＝クロ島。しかし私をほんとうに南フランスのふところに入れてくれたのは、アヴィニョンの田舎である。それに、私がこの土地を五月のちかちかする微妙な光りのなかでしかふたたび訪れる気にならないとすれば、それははじめてこの土地を知ったのがその季節であったから

であり、感情にとっては第一印象だけが大切だからである。（中略）

プロヴァンスに結びついた私の友情――親愛感――は、まもなくその風景、その史蹟と合体した。私の精神のなかで、物と存在とが一体となった。大自然から人間へとかよいあう親愛感は、いずれも何かを建造するという同一の意思となってあらわれる。かつてローマのものであった土地は、そうした親愛感から発する肯定の声をもっぱら建物に高めている。人間が人間に結びつくのは、ひたすら築くためである。他の土地では破壊される都市。ところがその都市を建設するのは人間の親愛感である。この土地では、すべての人間が建築家として生まれる。ロマネスク芸術、ルネッサンス芸術は、古代と力をあわせ、人間に精神の重心をとりもどさせる。風景もまた一つの建造物である（建造物 construction という言葉は人々が使いふるしたが、ここでは永遠に新しい）。いまや私は緊密な空にそびえる四角い塔を愛する。それに、糸杉が地面と交えるあの直角のなんという美しさ！

さまざまな樹木には、どことはなしに柱や建造物がイメージされるようなところがあるが、そうはいっても橄欖樹、オリーヴと糸杉とでは、その姿と形、たたずまい、雰囲気、私たちの印象などという点において、ずいぶん異なる。オリーヴの姿と形は、決して一様というわけではないが、オリーヴには羽を広げて横広がりに枝葉がのびているように感じられるところがある。その葉の色は、まさにオリーヴ色、銀灰色と緑色とが微妙に融合しているように見える独特の色合いが美しい。糸杉の色彩感も独特だが、その姿と形には燃え立っている焔のように見えるところがあり、直立状態の糸杉のフォームは、目に焼きついて離れない。糸杉は、大地の片隅から空に向かって燃え立つように直立している。塔といってもさまざまだが、鋭角的な尖塔には糸杉がイメージされるようなところがある。だが、植物と人間の手と力と智恵によって建てられた塔とはまったく違う。その姿と形、大小を問わず塔は、ランドマークそのもの、糸杉にもランドマーク性が見られる。樹木や植物の質感、石の質感、重量感がある。

かつて旅のグループで南フランスをまわった時、セナンク修道院を訪れたことがある。その時、目に触れたこの修道院の塔を思い出している。さまざまな建築や建造物のなかでも人間の感覚と感性にアクティヴに働きかけてくるものというならば、塔と橋に指を折ることになるだろう。

橋はまわりにあるものを集めて、ひとつの風景をつくり出す、とハイデッガーはいう。ジンメルが見るところでは、橋は、風景において絵画的な印象を人びとに与える眺めなのだ。パリ、エッフェル塔を天に、空に向かって架けられた橋と呼んだ人がいる。ロラン・バルトだ。バルトにとっては、フランス南西部の地方都市、バイヨンヌは、その生活史において大切な原風景だった。ロラン・バルトにとって光といえば、フランス南西部の光なのである。秋の光、フランス南西部の光は、彼の感性に微妙に、だが、激しく働きかけてきた光だったのである。

ここで私たちの目に触れたグルニエにおいては、プロヴァンスの五月の光だ。人間の感覚と感性は、さまざまな光によって意味づけられて（方向づけられて）きたのである。絵画も、写真も、建築も、さまざまな光のなかで息を吹きかえし、よみがえり、まことにさまざまな表情を見せてきたのである。光を感性の源泉と呼びたいと思う。光とともに色と形が浮かび上がる。音は光によって左右されない。耳は眠りにつかない。時間帯によって耳に触れる音が異なる。建築的空間において体験される音や反響、残響がある。

塔と鐘——カンパニーレ、鐘塔、鐘楼、音源となっているような塔がある。見晴らし台、見張りのトポスとなっているような塔がある。塔とは、まさに視点なのだ。オルテガは、視点は、パノラマをつくり出す、という。建築には、どことはなしに記念碑性が感じられるが、ジョン・ラスキンがいうように建築は記憶のよりどころなのである。ラスキンは、建築のいわば輪郭線、界線について言及しているが、塔の界線は、まことに印象的だ。

建築を光と色彩、光のドラマという時には私たちは、モネのルーアン大聖堂の連作に注目しないわけにはいかないだろう。モネにおいては、光のドラマは、ひとつの中心的モチーフだが、積み藁をモチーフとしたいくつもの作品において私たちが体験する形と色と光のみごとな光景は、ほんとうに印象的だ。セザンヌは、モネを「太陽が沈むとき、それをさまざまな透明さにいたるところまで追ってゆける唯一の眼、唯一の手」とたたえている（ジョワシャン・ガスケ、監修　高田博厚、訳　与謝野文子『セザンヌ』求龍堂、二〇五ページ、第二部　彼が私に語ったこと、第一章　モチーフ）。

パリで生活したこともあったが、セザンヌといえば、南フランス、プロヴァンスだ。やはりエクス＝アン＝プロヴァンスである。誰もがイメージするのは、サント＝ヴィクトワール山だろう。印象主義の特徴を引き出しながら印象主義のひとつの伝統をつくること、それがセザンヌが意図したことだった。「実物を写生してのプッサンだ」。――セザンヌの言葉だ（同書、二〇五ページ、モチーフ）。セザンヌは、ある時、プッサンを「戯曲にした『方法論序説』」と呼んでいる（同書、二七〇―二七一ページ、アトリエ、第二部の第三章）。セザンヌは、自己自身の方法をレアリスムと呼ぶ。現実の英雄主義――セザンヌの明確な態度表明だ。

人間は、あくまでも世界体験の主体であり、意味そのもの、意味のなかで生きている、意味がまるで繭となっているような生成的存在だが、人間は繭や貝殻のなかに、また、身体に閉じこめられているわけではなく、人間は、初めから、そして終始、世界に身を乗り出しながら、世界のなかで、世界をプラクシスとポイエシスの舞台として、世界と結ばれた状態で生きているのである。生活しているばかりではなく、人生の旅びととして生存しているのである。私たちの誰もが、人間的世界で、世界体験、生活と生存にかかわるさまざまな体験によって意味づけられた（方向づけられた）意味世界で、人生の一日、一日を旅しているのである。主体と客体の接点で、主観的なものと客観的なものとの接合点で、人間的世界、まさに感覚と感性――意味――方向が意味を持っているような世界において、人間は対象や客体に支えられながら、対象や客体によって意味づけられながら、現実を構成しつつあるのであり、世界を創造しつづけているのである。人間は、サンス（西田幾多郎はサンという）sens によってトポスを確かなものとしているのであり、道をチェックしつづけているのである。世界に乗り出した状態で世界を旅すること、それが体験なのである。人間は、五感と感覚によって救われているのであり、感性によって、五感によって、その行動が方向づけられているのである。感性と感覚によって意味づけられた状態で人間は表現者、表現的存在（生成／存在）として世界にその姿を現しているのである。

私たちの誰もが表現者であり、表現的に生きているが、ポイエシスとプラクシスとが火花を散らすところで、表現的活動の現場で、みごとなまでに感性と行動の人として生きた人びとというならば、さまざまなアートなどの諸領域で世界を生きた人びとということになるだろう。

ここでさきのセザンヌのプラクシスとポイエシスの現場、感性のトポスを見ることにしたい。セザンヌとガスケとの対話のシーン、セザンヌがガスケに向かって語ったセザンヌの言葉に注目したいと思う（前掲、『セザンヌ』一七九―一八二ページ、二〇六―二〇八ページ、二一一―二一五ページ、第二部、第一章　モチーフ、二七一―二七二ページ、第二部、第三章　アトリエ）。

芸術は自然に平行しているひとつの調和です。（中略）芸術家の全意思は、沈黙であらねばならない。自分の内の、偏見の声々を黙らせなければならないし、忘れて、忘れて、沈黙にひたって、完全なるひとつのこだまになる。そうすると、彼の感光板に、景色全体が記されてゆきます。画布にそれを定着させ、外に顕在させるにあたって、メチエがのちにものを言う段になりますが、それも、命令に従い、無意識に翻訳するという敬虔なメチエです。（中略）風景は、私のなかで反射し、人間的になり、自らを思考する。私は風景を客体化し、投影し、画布に定着させる……。（中略）私の絵、風景のどちらも両方とも私の外にあって、しかし一方は、混沌としていて、つかみどころもなく、こんがらがっていて、論理的な活動なしに、いかなる理にもはずれている。他方は、定着した、感覚界の、範疇化されたもので、表象のドラマや様相に一役かっています。

セザンヌ　違う。違う。見てごらんなさい。これじゃないんだ。全体の調和《ハーモニー》がなっていない。この絵は何の匂いもしない。どんな香りがここから発しているか言ってごらんなさい。どんな匂いが出ていますか。さあ……。

ガスケ　松の香り。

セザンヌ　あなたがそうおっしゃるのは、前景に大きな松が二本、枝をゆらゆらさせているからだ……でもそれは視覚的な感覚です……だいいち、私のただただ紺碧の香りというものは、それは陽の下ではえぐいのですが、毎朝ここで涼しくなる牧場の緑っぽい香りや、サント・ヴィクトワールの遠方の大理石の香り、石ころの匂いと結ばれなければならない。それを私はちゃんと表現していない。それを表現しないといけません。しかも色彩において。文学ぬきで。ボードレールやゾラがしているように。彼らは一つの詩句全体、一つの文全体に不可思議な香りを与える。感覚が絶頂に達しているとき、全存在と統合調和する。世界のめまぐるしい様子は、脳裡における目や耳や口や鼻が、おのおの独自のリリシズムをもって受けとめる同じひとつの動きのなかへと溶け込んでゆく……そして私の思うに、芸術は、全宇宙の感動がまるで宗教的なかたちで、しかも、たいへん自然なかたちであらわれてくるという恩寵の状態にわれわれを引き入れる。全体的調和は、色彩でもそうですが、いたる所にわれわれが発見しなくてはならないんです。ほら、目をつぶって、世界で私の一番好きな場所の、サン・マルクのあの並んだ丘を想うと、スカビューズの花の匂いという私のもっとも愛する香りがすっと伝わって来ます。野原の樹木の匂い、私の場合は、ヴェーバーのなかにそれが聞こえます。ラシーヌの詩句の奥底に、プッサン的な、地方色というものをひとつ感じますが、それはルーベンスのある種の赤色の下では、ロンサール調のオード、ささめき、リズムが広がるようなものです。

ご存知でしょうが、フローベールは『サランボー』の執筆中に、ものが緋色に見えていたと言っています。まあそれで私は、《数珠をもつ老婆》を描いていたときは、フローベール的な色調《トーン》というか、『ボヴァリー夫人』

からこみあげてくるように思えるひとつの雰囲気、何とも定義しにくいもの、水色《ブルー》めいた、焦茶色が目に見えていました。一生懸命にアプレイウスを読んで、文学的すぎて危険なものに思われたこの盲執を追い払おうとしましたが、どうにもならない。その大きな焦茶色のブルーが私の魂に入り込んできては、歌うのです。全身その中につかっていました。

ガスケ　教えですか。誰のための？　なにか社会的芸術のようなもの？

セザンヌ　いや、まったく、そうじゃないよ……もしかして、その名称を私がおそれているのかも知れない。でも、皆のためのひとつの教え、たしかに私はそれを求めているんだよ……絵《タブロー》の観点から自然の理解、表現手段の発展。誰もが表現すればよい。今朝ほど君に言ったが、私には、地学を知る必要があるよ、サント・ヴィクトワールがどのように根を下ろしているか、土壌の地質学的な色彩、そういう事は心を動かすし、私をよくしてくれるのだ。（中略）この間の晩、エックスに帰る途中で、私たちはカントの話をしましたね。私は君の観点に立ってみようとした。感性のある木々？　木とわれわれとの間に共通の何があるだろうか。私に見えるような松と、実際に存しているところの松との間には、何があるか。ちょっと、これを私が描いたらどうだろう……そうすれば、われわれの目について、絵《タブロー》を与えてくれる自然のあの一部分を実体させ《レアリゼ》たことになるんではなかろうか？　感性をそなえた木々！……そしてその絵のなかには、範疇のあらゆる表や、君が口にする本体《ヌーメン》だの、現象だのよりはずっと万人には入ってゆきやすいひとつの外観の哲学が、存在するのではないだろうかね。それを見て、自分に対して、人間に対して、万物の相対性を感じることになるだろう。私は、こう自分に言い聞かせた。空間と時間が、色彩の感性の形相となるように描いてみたい。なぜかといえば、私はときどき、いろいろの色彩を、大きな本体的本質として、生きた観念として、純粋理性の存在者たちとして、想像することがあるのだよ。ぼくたちが通信できる相手のように。自然は表面にはない。奥行にある。いろいろの色彩は、表面にあっての、この奥行の表現である。世界の根から立ちのぼってくる。色彩は世界の生命だ、諸観念の生命だ。(中略)素描はひとつの代数、ひとつの記述だ。生命がやってきてそれに、みなぎった瞬間、感覚を意味した瞬間、色がつくのだ。色の円熟は常に素描の円熟に相応している。(中略)自然は直線を憎悪する。(中略)われわれは、道路検査官ではないんだ。あの連中は色彩なんぞ気にはしていないよ。それなのに私は……そう、そう、感覚がすべての基盤にある。

セザンヌ　写す……写す、そうだ……それしかないのだ。でも資質のある人々は、どうなんだ！　絵画は自分の内輪のものはちゃんと見分けますよ。私はね、私は自然のなかに没入したい、自然と一緒、自然のように再び生えてきたい。岩の頑固な色調、山の合理的な強情、空気の流動性、太陽の熱が自分にほしいのだ。ひとつの緑の色のなかに、私の頭脳全体が、木の樹液の流れと一体になって流れ出すであろう。われわれの前には、光と愛の大きな存在が立ちはだかっている、よろよろする宇宙があり、物たちにはためらいがある。私はそれらの物たちのオリュンポス山になってやるのだ、物たちの神になってやるんだ。(中略)色彩の真珠のような光沢ある笑みが、気を失った世界の死顔に生気を再び与えている。昨日はどこにある、一昨日はどこにある？　私の見た平野や山はどこだ？　この絵のなかに、この色彩のなかにあるのだ。君のやっている詩のなかよりは、ぼくたちの絵のなかのほうに、世界の認識が永久に存続する。それは、より多くの物質化した感覚がそこには参加しているからだ。絵は「人間」の歩んだ段階の道しるべとなっている。（中略）エジプトの地下室にいっぱいいる狩人や漁師、ポンペイの数々の甘い誘いかけ、ピサやシエナのフレスコ画、ヴェロネーゼやルーベンスの神話を題材にした絵、そういうものからひとつの証言が浮かび上がってきます。ひとつの精神が汲みとれます。それも、どこにおいても同一の精神であり、客観化された記憶なのです。彼の見ているもののなかに具体化された人間の、絵にされた記憶です。われわれは、この目で見たものしか信じません。絵画のなかには、人間が見てきたものを見ることができます。人間が見たいと思ったものを。われわれは皆同じ一人の人間です。色のついたこの鎖に一個の輪を私が足してゆくことになります。私の空色の輪。夏の自然がもたらしてくれるものとか、知性のなかにもう一度入り込んでゆく風景、風景の実証主義です、文明人のわれわれが、サリア族の群が昔渡って行ったこの風景、そういうひとつの風景を目の前にして、ダーウィンやショーペンハウアーについて雑談しながら感じること。最後の段階に来て疲れ果てたわれわれの五感には、自然の涅槃というインドから来たなぐさめがあります。（中略）ヴェネツィア派の人たち。ヴェネツィアで君は見ましたか、あの巨大なティントレット、あそこには陸と海と、水陸の地球がわれわれの頭上にぶら下がっていて、移動する地平線があり、奥行と海の遠景があり、飛翔する肉体があり、巨大な丸みが、地球図が、ほうり出された惑星が、落下して天空をころげゆく。彼の時代にですよ！（中略）言葉に、色に、意味がある。絵描きが、絵の文法を知った上で、そのセンテンスをこわさずに過剰なほど練って、目に映るものを敷き写すと、欲しようが欲しまいが、彼がその画布《キャンヴァス》の上で翻訳するものは、彼の時代の最も情報をつかんでいた頭脳が構想したものや、構想しつつあるものなのだ。ジォットはダンテに対応し、ティントレットはシェークスピアに、プッサンはデカルトに、ドラクロワは、誰にだろうか。

ガスケ　方法ですか？

セザンヌ　そう、いつも同じものだ。真実。（中略）私の方法、私の基準、それはレアリスムだ。だけど、その辺はよく理解して下さい、そうとは知らずに高貴なものに満ちたひとつのレアリスムです。現実の英雄主義。クールベ、フローベール。それよりはさらに優れて。私はロマン主義の徒ではない。世界の無限の広がり、世界の急流がほんの一寸足らずの物質のなかに。それが不可能だとお考えですか。血の色づいた永続。ルーベンス。

セザンヌ　プッサンはフランスの国土全体が現実化したものの一部分なのだ。戯曲にした『方法論序説』なのだ。ぼくたちの人生の二十年、五十年の歳月が空間として画布の上に写されたものなんだよ、理性と真理が充満しきって……しかもだね、真っ先にだね、あれは絵というものだ……（中略）プロヴァンスのプッサン、私にぴったりなんだがね……《ルツとボアズ》をモチーフで二十回も私は描き直そうとしたのだ……（中略）あの《秋》には、ピュヴィ・ド・シャヴァンヌがどんなにか教えられたことか……私は太陽に憂鬱を混ぜてみたい……プロヴァンスには今まで誰も表していない一種の悲哀がある。プッサンならその悲哀を、アリスカン

のポプラの木陰の墓に寄りかかっている姿として表しただろう……私はプッサンみたいに、草の中に理性をこめ、空には慟哭を盛りこんでみたい……でも、分相応に満足しなければならない……

さまざまな画家たちがにぎやかに姿を見せている。さまざまな絵画や壁画が、私たちの目に触れる。ルーヴル美術館が姿を現す。セザンヌの感性がきらめいている。絵画巡礼といった趣もある。セザンヌにおいては、絵画においては、あくまでも目なのだが、それ以上に身体と全感覚が、人間の根底的な感性が、また、感性とならんで理性と知性が、クローズアップされてくる。匂いや香りさえ絵画や表現活動、プラクシスとポイエシス、制作において重要な意味を持っているのである。雰囲気や対象の感性の表現が、必要とされるのである。

ここでのセザンヌにおいては、クロード・ロランではなくプッサンであり、レンブラントではなくルーベンスだ。ティントレットやヴェロネーゼらにセザンヌが注目している。セザンヌの支えと方向づけとなっているのは、あくまでもプッサンだ。

パリ、セーヌ右岸にあるルーヴル、フランス絵画のルームがいくつもあるが、フランス絵画のトポスとして私がいつも特に注目しているのは、プッサンとクロード・ロランの絵画が数多く展示されているルームとコーナーだ。絵画の宝石と呼びたくなるようなトポスだ。

ガスケに向かってセザンヌがつぎのように語っているトポスがある（前掲、同書、一九八ページ―一九九ページ、二一〇ページ、モチーフ、第二部　彼が私に語ったこと）。

私は文学的絵画は嫌いだ。（中略）色彩的な論理があるじゃありませんか。画家はそれだけに服従すればよいのです。頭脳の論理には絶対に服従してはいけません。自分をそれにゆだねたら、破滅する。いつも目の論理。正確に感じれば、正確に考えることになりますよ。絵画はまずひとつの光学です。われわれの芸術は、われわれの目の考えているものの中にある。自然というものは、敬意をもって接すれば、自分が何を意味しているかを、適当な工夫をして言ってくれるんです。

すべてを表し、すべてを置き直すには一つしか道はない。色彩だ。敢えて言わしてもらえば、色彩は生物的なのだ。色彩は生きていて、ただ一つ物に生を与え得る。

色彩のなかの面《プラン》だ、面《プラン》だよ！　諸面《プラン》の魂が融合する色鮮やかな場。プリズムの熱に到達する。太陽において諸面《プラン》が出会う。私はパレットの上の色調《トーン》をつかって面《プラン》を作っている、おわかりですか……面《プラン》をみなきゃいけません……はっきりと……しかしそれらを配置して、混ぜるのです。回転するものであると同時に、中間にふさがるものでなければならない。容積《ヴォリューム》だけが大事なのだ。よい絵を描くためには、物と物の間に空気が要る。よい思考をするためには、観念と観念の間に感覚が要るのと同じだ。（中略）色調の確かな置き方をするなかで、いろいろな対照を縁組みさせてゆく必要がある。目が少しでもひるんだら、おしまいだ。私の場合、大変なのは、目が幹や土塊にくっついてしまうことだよ。そこから目を引き離すのに苦しむんだよ、あまりに何かに引きとめられるから。

セザンヌは、光の大地に、生命そのものともいえる色、色彩に情熱的に取り組んだのである。掘り下げるようにして大地にチャレンジしたのだ。理性と感性とが激しく触れ合うところ、重なり合うところこそセザンヌのトポス、居場所だったといえるだろう。カントのことがセザンヌの視野に入っていたように思われるが、ボードレールが、いつもセザンヌのかたわらにあった。

色彩感覚、形態感覚、コンポジションにかかわる感覚、マチエールの感覚……絵画の画面は、全面的に感覚と感性によって意味づけられた光と色彩のトポスなのだ。セザンヌにおいては、色彩だが、もちろんセザンヌの絵画世界を唯一の世界たらしめているのは、セザンヌの方法と彼のスタイルなのである。

画家は、根本的に見る人、見つめる人、凝視する人である。光と色と色彩、形、コンポジション、絵の肌（マチエール）、タッチ、点と線、リズム、トーン（色調）、スタイル、ヴィジョン、意味、さまざまな絵画作品、自然、そこで人びとが生きている世界と世界の片隅、人びとが見ているもの、人びとが見ようとしているもの、想像力（イマジネーション）――これらのいずれにおいても情熱を傾注しながら、自己自身の身体と感覚、感性、自己自身の目と手、まなざし（見るという行為）に自己自身を委ねながら、世界を、時間と空間を一層、深く広く生きようと努めた人――画家とはそのような創造的で表現的な人間なのである。感性を極限的に燃焼させながらふたつとないオリジナルな世界、光と色と形のドラマの世界、まさに色彩的な光の雰囲気的世界を創造しようと努めた人びと――

そのような人びとこそ画家と呼ばれる人びとなのである。

ジンメルは、人びとは生きるために見るが、画家は見るために生きる、という。確かにそのとおりだが、見ることと、まなざし、目において、いうまでもなく手において、画業が、ポイエシスとプラクシスが、理解されるのである。絵画を理解するためには、人間の身体と感覚、感性に注目しなければならないが、まことに人間的な創造的で表現的な営み、光と色と形とコンポジション、マチエールとタッチ、モチーフのドラマ、絵画を深くイメージしたり、理解したりするためには、太陽と星に、宇宙的空間に、また大地、植物、鑛物などに、そして鏡にひとしく注目しなければならない。顔料、絵具の素材などについて理解しようとするならば、どうしても大地の片隅、片隅に注目しないわけにはいかない。

レオナルド・ダ・ヴィンチは、鏡の効用と効果について述べている。さまざまな鏡が、絵画史に姿を見せる名だたる絵画作品にさまざまな状態で描かれてきたのである。例えば、ヤン・ファン・アイクの作品、ティントレットの作品、ベラスケスの作品……ほかにも鏡が画面に姿を現している絵がある。

人間の目、瞳にはソフトな鏡の表情が浮かび漂っていると思う。誰の目でも、目はまことに表情ゆたかな風景であり、心の窓といわれてきた人間の目は、ほんとうに魅力的だ。目にあふれている人間性と力がある。デルポイの神殿の銘――「汝自身を知れ」、プラトンとアルキビアデスとの対話の一シーンだが、他者の瞳（人見）が鏡となって、そこに自分の姿が映って見える、というところがある。人間と人間との対面的状況においては、たがいに鏡となっているのではないかと思いたくなる時がある。

人びとそれぞれの生活史は、みごとなまでに意味の源泉であり、意味のトポスなのである。さまざまな体験と体験の照合、結合、さまざまな体験の秩序づけと組織化、方向づけ、さまざまな体験に見られるギャップの調整、さまざまな体験に筋道をつけて、進路をつまびらかにすること、さまざまな体験を微調整すること――こうしたことは、生活史と日常生活の場面、場面において、たえまなしにおこなわれているのである。人間のプラクシスやポイエシス、人間の行動や行為を方向づけていくことができるような、さまざまな秩序づけられた体験こそ意味と呼ばれるにふさわしい人間の体験、諸体験、体験流なのである。

ヘルマン・ヘッセがいう人間的体験、精神的体験、風景体験は、人間の体験へのアプローチと人間の体験の理解にあたって手がかりや糸口となる見方ではないかと思う。ヘッセがいう風景体験は、なかば旅体験ともいえるような体験だが、彼が風景に注目していることは、重要な着眼点だと思う。

旅――それは、時間と空間への、トポスと道への、また、自己自身へのチャレンジであり、旅とは、世界体験の深まりと拡大、人間のよみがえりなのである。旅は、ゴールとコース、さまざまな地点、旅の方法などによって意味づけられたプラクシスそのものだが、出発から帰着までことごとくが、旅においては特別の意味を持っている。いったいどのような時点で旅にピリオドが打たれるのだろう。旅の記憶、旅の思い出、旅に寄せられた郷愁にこそ旅の真骨頂があるようにも思われる。旅、体験された旅は、意味づけられた旅として、人間的時間や内的時間となって、人間のアイデンティティ（自己同一性・存在証明）の大切なパート、重要な構成要素となっているのである。

人生と呼ばれるきわめてスケールが大きな旅は、そのつどのさまざまな旅によっても方向づけられて（意味づけられて）いるのである。さまざまな旅において生存の感情がしみじみと体験されることがあるように思われる。旅だちは、勇気が必要とされることであり、どのような旅でも、旅にはどことはなしに冒険と呼びたくなるようなところが見られる。フランス語 sens 感覚・意味——方向、旅においては、こうしたフランス語、サンスが、特別な意味を持つことは確かだと思う。おまえが（あなたが）たどる方向だけが意味を持つ、とサン＝テグジュペリはいう。彼が見るところでは、方向とは創造的な行為なのだ。方向においては、プラクシスとポイエシスとが、同時的に理解されるのである。道をたどること、歩みつづけること、旅の日々、持続的な行動においてこそ旅の意味と意義が理解されるのである。

旅とは、身体と五感の活性化であり、非日常的な行動と行為の持続的な方向づけ、意味づけなのである。旅とは、誰もが、なかば別人になることだ。見知らぬ人、異邦人、旅びととなるということは、人間において、きわめて重要な世界体験なのである。日常的にたえまなしにおこなわれている世界構築、現実（リアリティ）構成、状況の理解と定義づけ、アイデンティティの持続と構築は、旅においては、ことのほか念入りに、慎重におこなわれなければならない。旅の楽しさがあるが、旅の厳しさもある。旅においてうながされる、体験されるさまざまな自覚がある。

旅とは、ここからそこへ、かなたへなのだ。移動、漂泊、さすらい、さまようこと——旅とは、さまざまな動きであり、動きにともなったパースペクティヴ（遠近・眺望・視野）の変化、大地と風景と風土の変化、衣食住にわたる人びとの暮らしの変化、光と風の変化、空と大地と海の色彩と模様の変化などにおいて体験されるさまざまな驚きとショックと感激、感動に旅の真髄があるのである。

情報と知識、時刻表、地図、道しるべ、案内板、案内図……旅びとは、さまざまな手助けと導きによってトポスからトポスへとコースやルートや道をたどる。交通の手段と方法、スタイルによって旅の趣と表情が変わる。視野ばかりか五感に応じたさまざまな野が体験される。一夜の宿、何日にも及ぶ宿、旅においては、宿、ホテルなどは、きわめて重要だ。

さまざまなトポス、ホテル、部屋、ゲストルームのたたずまい、模様、雰囲気、ムード、家具調度品、窓、窓からの眺め、ロビーの状態、食堂、宿の立地と環境、位置、ゲストにたいするホテルや宿の従業員の接し方、態度、言葉づかい、表情、マナー、服装などは、旅体験と旅の印象と思い出を大きく左右する。

ホテルの窓からの眺め、風景は、旅びとの感覚や感性にさまざまな状態で働きかけてくる。思わず声をあげたくなるほど、すばらしい風景や眺望が体験されることがある。窓とは視点とパースペクティブそのもの、窓はまるで額縁だ。鏡と窓は、絵画においては、画面の急所なのである。窓と窓辺は、トポスであるルームにおいて私たちの感性に鋭敏に働きかけてくるトポス、場所なのだ。部屋、客室の窓、ホテルの廊下の片隅の窓、さまざまな窓によって演出される風景、光景、感激をともなった風景体験がある。ふだん目にしたことがないものが、目に触れた時の驚き、ヨーロッパの旅において各地で耳に触れた鐘の音……五感に触れる驚くべき世界の様相があった。

ある年のドイツ、アイゼナッハで下車、ヴァルトブルク城をめざす。雪降る日となり、雪の森林をぬけて、私たちのタクシーは、ヴァルトブルク城がすぐ近くに見えるホテルに到着。雪をかきわけるようにして、私たちは山地の自然がゆたかなホテルにアプローチして、そこで一夜を過ごしたが、まるで童話の世界に踏みこんだような気持になった。このホテルの廊下の小窓からの風景——すぐ近く、目前にはつらら、ホテルの窓と屋根、軒先、そしてその先の方には名だたる城、ヴァルトブルク城が稜線に沿って姿を見せていた。ライトアップされた城の夜景と雪景色が、いまあざやかに目に浮かぶ。

また、ある年のイタリア、私たちは、シエナからバスで、途中、一回、乗りかえて、丘の上のトポス、集落、町、たくさんの塔が林立していることで名高いサン＝ジミニアーノを訪れたが、この塔の町のメインストリートに沿ったホテルに投宿した私たちは、ホテルの客室の窓から、まことにすばらしいトスカーナの風景を体験することができた。到着したその日、ゲストルームの窓からは、すぐそこに、眼下に、また、少し離れたところに、かなたにいたるまで波打つトスカーナの風景が展望されたのだったが、翌朝、窓からの眺めは、激変してしまった。朝早く、サラサラというような感じの音が耳に触れる。気になって窓を開けると、雪、雪の朝だった。窓からの眺め——前日とは打って変わって、すばらしい雪景色、トスカーナの塔のサン＝ジミニアーノで私たちは春の景色と雪景色を一日ちがいで、ほとんど同時に体験したのである。雪の日、吹雪のなかで私たちは、サン＝ジミニアーノの小高いトポス、砦に向かい、この砦から雪煙りのなかに姿を見せていたいくつもの塔を見ることができたが、夢幻の眺めと呼びたくなるような風景が体験されたのだった。サン＝ジミニアーノの二日間、春の風景と雪景色を生涯、忘れることはないだろう。感激の旅があるのである。

❖

人間の感覚と感性は、人間の行動や行為の導き手なのである。人間的世界は、さまざまな時間によって、トポスと道によって意味づけられているのである。さまざまな旅があるが、人間的世界も、人間も、晴れの日と呼びたくなるような旅によって活性化されているのである。人生の旅びとにとって、どのようなスタイルのどのような旅をおりおりに体験するのかということは、きわめて大切なことではないかと思う。

人間的世界は、感覚と感性によって、もちろん理性によって意味づけられているような世界だが、決して理性優先の世界とばかりは、いえないだろう。初めに感覚、感性があった、といっても、過言ではないと思う。感覚と感性、そして理性――身体は、なによりも感覚的な身体なのである。人間は、根底的には感覚と感性によって方向づけられているのである。

第2部

フェルメール（1632-1675）
「ヴァージルに向かう若い女性」　ロンドン、ナショナルギャラリー

言葉の泉

書斎は西洋風　日本風の二に分つ　その外の建築はどうでもよろしとす。（中略）日本風書室は広からずともよし。ただ清潔にして雅致あるを要す（中略）南方の庭には一すじの小川ありて　書斎の椽より川に至るまでの間は快豁《かいかつ》に遒麗《しゅうれい》してなるを主とす　故ニ芝をしきて処々に、すみれ　蓮花草、つくしなどの春草を点綴《てんてつ》すべし

正岡子規著、粟津則雄編『筆まかせ 抄』岩波文庫、一七三ページ—一七四ページ、第三のまき（明治二三年）、書斎及び庭園設計。

私はその前年（日露戦争の始まる年の前年をさす、山岸　健、注記）の十一月に、代々木《よよぎ》の郊外に新居をつくった。それもどうかして、静かに自分の心を纏《まと》め、かつ本当の仕事を爲《し》たいためであった。社に行っている時間は仕方がないが、帰ってからまでも、来客——ことにつまらない雑談好きの来客に妨げらるるに堪《た》えない。どうかそれを免《まぬが》れたい。そう思って、郊外の畑の中に、一軒ぽっつりとその新居を構えた。朝の白い霜、遠くにきこえる市声、場末の町の乗合馬車の喇叭《らっぱ》の音、霜解のわるい路、それでも私は静かに社から帰って後の時

間を書斎に過すことを得たのを喜んだ。

田山花袋

田山花袋『東京の三十年』岩波文庫、二〇七ページ、私のアンナマール。


日常生活の世界と詩歌の世界の境界は、ただ一枚のガラス板で仕切られている。

このガラスは、初めから曇っていることもある。

生活の世界のちりによごれて曇っていることもある。

二つの世界の間の通路としては、通例、ただ小さな狭い穴が一つ明いているだけである。

しかし、始終ふたつの世界に出入りしていると、この穴はだんだん大きくなる。

眼は、いつでも思った時にすぐ閉じることができるようにできている。

しかし、耳のほうは、自分では自分を閉じることができないようにできている。なぜだろう。


学生時代には本郷へんの屋敷町を歩いているとあちらこちらの垣根の中や植え込みの奥から琴の音がもれ聞こえて、文金高島田《ぶんきんたかしまだ》でなくば桃割れ銀杏返《いちょうがえ》しの美人を想像させたものであるが、昨今そういう山の手の住宅区域を歩いてみても琴の音を聞くことはほとんど皆無と言ってもいいくらいである。そのかわりにピアノの音のする家が多くなったが弾いている曲はたいてい初歩の練習曲ばかりである。まっ黒な腕と足を露出したおかっぱのお嬢さんでない弾き手を連想するのは骨が折れるようである。

たまにいい琴の音がすると思ってよく聞くとそれはラジオである。

寺田寅彦

寺田寅彦『柿の種』岩波文庫、一一ページ、短章　その一、(大正九年五月、渋柿)、一八ページ、短章その一、(大正十年三月、渋柿)、二三ページ、琴、短章　その二。

冗談は抜きにして峠越えの無い旅行は、正に餡のない饅頭である。昇りは苦しいと云っても、曲がり角から先の路の附け方を、想像するだけでも楽しみがある。峠の茶屋は両方の平野の文明が、半は争ひ半は調和して居る所である。殊に気分の移り方が面白い。更に下りとなれば何のことは無い、成長して行く快い夢である。頂上は風が強く笹がちで鳥屋の跡などがある。少し下れば枯木沢山の原始林、それから植ゑた林、桑畑と麦畑、辻堂と二三の人家、鶏と子供、木の橋、小さな田、水車、商人の荷車、寺藪、小学校のある村と耕地と町。こんなのが先づ普通である。だから峠の一方の側が急なら急な方から上り、表と裏とあれば裏の方から昇って、緩々と水に沿うて下って来るやうに路順をこしらへることを力めねばならぬ。

村の後の川原の咲き続いた月見草の花が、どの家を覗いて見ても裏口越しに、一こまづゝはっきりと見えた夕方の風情などは、大きな音楽を聴くやうな有難さへ感じられて、今でも寂しい日には折々思ひ出して居る。

信州姥捨の鉄道は、大まはりをして山を越えて居る。あの車の窓から顔を出すと、例の田毎の月は寧ろ小規模で、昼間の月見岩などは省みる者も無く、眼下には多くの村里が連なって、里毎に大木の杏の樹を栽ゑて居る。四月二十二日の晴れた午前、よい都合にこゝを通ってもう一度見に来ようと思ひ、又自分の村にも杏を栽ゑようと決心した。（中略）

この私たちの新住宅地は、もう大東京の一部になり、町だから殺風景でもしかたが無いやうなものだが、あの頃はまだ砧村と呼ばれて居た。砧村の特色は麦畑の多いことで、雲雀は二階の窓の外に鳴いて居たが、それも一年毎に少なくなる。

強ひて風景の作者を求めるとすれば、是を記念として朝に晩に眺めて居た代々の住民といふことになるのであるまいか。

風景観賞の手ほどきといふようなものがもし入用ならば、日本では何としても川からまづ学んで行かなければならなかったのである。

柳田國男

『定本　柳田國男集　第二巻』筑摩書房、二三〇ページ—二三一ページ、峠に関する二三の考察、秋風帖、三一四ページ、三一六ページ、三一九ページ、美しき村、豆の葉と太陽、三九ページ、川、豆の葉と太陽。

私は、春雨《はるさめ》のしとしとと降る日に、色々な調子の雨だれの音を聴きながら、作曲するとよくまとまる。ことに夜など寝床《ねどこ》の中にて、庭に落ちる雨の音を聴いているのは面白いものである。芽生《めば》えのしている木などに落ちる時などは、自分にも何となく、そんな気がするのである。

雨の日に外出して、番傘《ばんがさ》に雨が降りかかる音を聞きながら、歩いていると、同じ外を歩くにしても、のんびりとした情緒が起る。そんな時には、靴の足音よりも、高下駄《たかげた》を踏む音の方がよい。（中略）

夏は、朝早いのも気持ちがよいが、何といっても、夜がよい。蚊遣《かや》りのにおいや、団扇《うちわ》をしなやかに使っておる物音などは、よいものである。夏になると、部屋を明け広げるせいか、近所が非常に近くなって、私の耳に響いて来る。横笛の音《ね》などは夏の夜にふさわしいものだと思う。

宮城道雄

『新編　春の海　宮城道雄随筆集』千葉潤之介編、岩波文庫、七六ページ―七七ページ、四季の趣、（一九三五年『雨の念仏』）

機《はた》を織っているとき、思わず竪琴《たてごと》をかきならすような気持ちになるときがある。ひといろ音色を奏でるように色を織り込んでゆく。経糸《たていと》の図柄に対して緯糸《よこいと》で全体の主題を求めてゆく。（中略）

心が語り、体が受けるリズム、笠間に湧き出るリズムを息のような軽さで掬《すく》いこみ、織に流しこむ。かたまる寸前のゼリーのような状態で、揺らいでいるうちに次の旋律が生れる。ひと駒、ひと駒、フィルムのようだ。

それが自然につながってゆく。
色《ハーモニイ》が先なのか、間《リズム》が先なのか、両者に追いつ追われつ、そんなときは手にふれた抒《ひ》をそのまま投げている。
なにかあるリズムにのって、即興の歌をうたっているような気がする。

志村ふくみ

志村ふくみ・文、井上隆雄・写真『色を奏でる』ちくま文庫、六〇ページ—六一ページ、色の旋律。

音楽の理性《ラテイオ》と音楽の生命との間の関係は、音楽史上もっとも重要な緊張関係のひとつであるが、この緊張関係は移り変ってゆくものなのである。

イタリアの文化、(実際、近代の戸口に至るまで)北方の音楽文化の室内空間的性格には無縁であった。ア・カペッラ歌唱 A-capella-gesung とオペラは、そして特にオペラはそのアリアが、理解し易い、歌い易いメロディーを求める家庭需要を充たすように作られており、市民的な〝家庭《ホーム》〟文化がないという事実によって規定されたイタリア流の理想であった。こういう事情により、ピアノの生産とピアノのそれ以上の技術的発展との中心は、当時音楽的にもっとも良く——つまりこの場合、もっとも広汎に——組織されていた国、すなわちザクセンにおかれていた。

その最高の魅力を発揮するために、オルガンは巨大な室内空間を必要とするが、ピアノが必要とするのは適度の大きさの室内空間である。（中略）

それゆえ、ピアノ文化の担い手が北欧の諸民族であったことは、決して偶然ではない。彼等の生活は、南欧とは反対に、ただ気候の点だけからしてもすでに家に結びつけられており、〝家〟に中心をおいていた。南欧では気候的歴史的な諸理由からして、市民的な家庭の楽しみというものが遥かに立遅れていたので、そこで発明されたピアノは、すでにみてきたようにわれわれの処でのようには急速に拡まらなかったうえに、われわれの処でとっくに自明のこととなっている程変には、市民的〝家具〟としての地位を獲得してはいないのである。

マックス・ウェーバー

マックス・ウェーバー、訳解　安藤英治、池宮英才、角倉一朗『音楽社会学　経済と社会　付論』創文社、二〇三ページ、二三四ページ、二三七ページ―二三八ページ。

バルトークが「夜の音楽」（Klänge der Nacht）と名づけた驚くべき夜想曲に耳を傾けてみよう。伝統的な通奏低音や言説の流暢な連続性がこれほど悪しざまに扱われ、これほど無残に蔑視されたことは一度たりともなかった。一瞬の小さな物音――神秘的なターン、高音部での甲高い合音、奇妙な仕方で反復される音――が呼応し合って、夜の広大な静寂のなかに拡散していく。フクロウとヒキガエルの対話が聞かれる。コオロギの鳴き声は、葉ずれの音やありとあらゆる夜行動物たちがたてる金属的で規則的な音と呼応している。動物や植物や鑛物のこのような声の只中に、旋律と音調を全面的に欠いた自然の喘ぎの只中に、今や人間たちの歌が立ちのぼる。この歌は、いかにそれが洗練を欠いていようとも、やはり諧調であり韻律であり音調であり、なにかを意図したものである。その他の農民たち特有の荘重な悲しみと共に、夜に満たされた心の静かな物悲しさと共に、それは歌われる。（中略）

バルトークの詩神はラプソディーの詩神である。バルトークの音楽は、ロシア人たちの音楽と同様、決然とラプソディーを指向している。

次のような言い方ができるとするなら、結局、物は生きてはいるがみずからの生を生きてはおらず、それに対して、人間は生きているのみならず、みずからの生を生きているのである。人間は、その意識状態および精神の持続を生きる。（中略）ジンメルのいう生は連続的で創造的な生成であり、みずからの意識をいわば反省しつつ、われわれは、かかる生成の場面を自分自身のうちで体験するのである。ところで、生物学の対象となる生命現象は、揺るぎない法則の鎖につながれて「生命経済」の原理に従う完全に予測可能な律動として、周期運動の形態をまとって生起する。これに対して、「精神の次元で」「生きられた生」は、感覚能力ならびに意識をそなえたものとして「この生を生きる」主体を想定している。

ジャンケレビッチ

ウラジーミル・ジャンケレヴィッチ、合田正人訳『最初と最後のページ』みすず書房、三一四ページ―三一五ページ、ベーラ・バルトーク、第三部　音楽論、三六六ページ―三六七ページ、ゲオルク・ジンメル　生の哲学者、附論。

エッフェル塔は、パリを眺める。エッフェル塔を訪れるとは、パリの本質を見つけ理解し味わうために展望台に立つことである。するとここでもまた塔は、独自な記念碑となる。（中略）この塔は、訪ねてきた人々の視点の位置そのものによって、都市を一種の大自然に変える。この塔は人間の雑踏を風景に変え、しばしば暗いものである都市の神話に、ロマンチックな意味と調和と軽快さをつけ加える。この塔によって、そしてこの塔から始まって、都市は、人間の好奇心の対象となる偉大な自然のテーマ、大洋、嵐、山、雪、川などと一体化する。だから、エッフェル塔を訪れることは、他のほとんどの記念碑を訪れる時のように、歴史上の貴重品にふれることではなく、むしろ新しい自然、いわば人間的空間という自然にふれることなのである。この塔は、痕跡でも思い出でもない。つまり文化ではない。そうではなくてこの塔は、自然化された人間性を視線によってむさぼることを通して、じかにもう一度空間に人間性を戻すのである。

大地から直接とられる材料である石は、なによりも土台と不変性の象徴である。だから、住居というものがこころよく永遠性を求めるものである限り、石こそ住居にふさわしい材料である。（中略）ところが、鉄の運命は石とはまったく異なっている。鉄は、火の神話に参加している。（中略）エッフェルは、塔の建設に鉄だけしか使わないことによって、さらには、この鉄のかたまり（エッフェル塔）を、パリの空にそびえ立たせて、さながら鉄に献げる聖なる碑と化することによって、鉄の歴史を二重に飾ったのである。鉄の中にこめられているもの、それは十九世紀のすべての情熱、バルザック的でファウスト的な情熱なのである。

ロラン・バルト

ロラン・バルト、宗　左近／諸田和治訳、伊藤俊治　図版監修『エッフェル塔』ちくま学芸文庫、二四ページ―二五ページ、六〇ページ―六一ページ。

とてもとてもふしぎな、それでいてきわめて日常的なひとつの秘密があります。すべての人間はそれにかかわりあい、それをよく知っていますが、そのことを考えてみる人はほとんどいません。たいていの人はその分けまえをもらうだけもらって、それをいっこうにふしぎとも思わないのです。この秘密とは――それは時間です。時間をはかるにはカレンダーや時計がありますが、はかってみたところであまり意味はありません。というのは、だれでも知っているとおり、その時間にどんなことがあったかによって、わずか一時間でも永遠の長さに感じられることもあれば、ぎゃくにほんの一瞬と思えることもあるからです。なぜなら、時間とはすなわち生活だからです。そして人間の生きる生活は、その人の心の中にあるからです。

人間というものは、ひとりひとりがそれぞれのじぶんの時間を持っている。そしてこの時間は、ほんとうにじぶんのものであるあいだだけ、生きた時間でいられるのだよ。

丸天井のまんなかから射しこんでいる光の柱は、光として目に見えるだけではありませんでした――モモはそこから音も聞こえてくることに気づいたのです！

ミヒャエル・エンデ

ミヒャエル・エンデ、大島かおり訳『モモ』岩波書店、岩波少年少女の本三七、七五ページ、二〇一ページ、二一七ページ。

子どもたちの世界は、いつも生き生きとして新鮮で美しく、驚きと感激にみちあふれています。残念なことに、わたしたちの多くは大人になるまえに澄みきった洞察力や、美しいもの、畏敬すべきものへの直感力をにぶらせ、あるときはまったく失ってしまいます。

もしもわたしが、すべての子どもの成長を見守る善良な妖精に話しかける力をもっているとしたら、世界中の子どもに、生涯消えることのない「センス・オブ・ワンダー＝神秘さや不思議さに目を見はる感性」を授けてほしいとたのむでしょう。（中略）

わたしは、子どもにとっても、どのようにして子どもを教育すべきか頭をなやませている親にとっても、「知る」ことは「感じる」ことの半分も重要ではないと固く信じています。

子どもたちがであう事実のひとつが、やがて知識や知恵を生みだす種子だとしたら、さまざまな情緒やゆたかな感受性は、この種子をはぐくむ肥沃な土壌です。幼い子ども時代は、この土壌を耕すときです。

美しいものを美しいと感じる感覚、新しいものや未知なものにふれたときの感激、思いやり、憐れみ、賛嘆や愛情などのさまざまな形の感情がひとたびよびさまされると、次はその対象となるものについてもっとよく知りたいと思うようになります。そのようにして見つけだした知識は、しっかりと身につきます。（中略）

たとえば、子どもといっしょに空を見あげてみましょう。そこには夜明けや黄昏《たそがれ》の美しさがあり、流れる雲、夜空にまたたく星があります。

こどもといっしょに風の音をきくこともできます。それが森を吹き渡るごうごうという声であろうと、家のひさしや、アパートの角でヒューヒューという風のコーラスであろうと。そうした音に耳をかたむけているうちに、あなたの心は不思議に解き放たれていくでしょう。

レイチェル・カーソン

レイチェル・カーソン、上遠恵子訳、森本二太郎写真、新潮社、二三ページ—二六ページ。

音および音風景と日常生活

ぼくはもう何もしないで聞くだけにしよう。
耳に入るものをこの歌のなかに歌いこむため、さまざまの響きを取り入れて歌を作る助けにするため。…
ぼくには聞こえる　合流し、結びつき、溶けあい、あるいは追いすがるすべての音が、都会の音と都会の外の　音とが、
昼と夜との音が、…

（ホイットマン「ぼく自身の歌」二十六より、『ホイットマン詩集　草の葉（上）』）

序章　日常生活論としての「音の社会学」

人間にとって、音とはいったい何なのだろうか。生活のなかで、音はどのような意味をもっているのだろうか。この論文では、音および音風景という視点から日常生活を理解するようにつとめ、人間と音とのさまざまなダイナミックなかかわりについて研究する。

社会学は私にとって、人間の生活を、人々の交わりを、生きている世界を、人間存在そのものを、深く見ていくことができる、一つのアプローチ、パースペクティブである。

私は、「音」に焦点を当てることにより、人間が生きる姿を、できるだけ深く、ありのままに見ていきたい、と考えている。そして日常生活論としての「音の社会学」、更には「環境社会学」を提唱していきたい、と思う。

ところで、「日常生活論」、「日常生活の社会学」とはどのようなものなのか。

「日常生活の社会学」とは、私たちが生きている日常的世界、私たちの身辺、手元、足元、そこやここ、私たちの日常生活の舞台と場面にサーチライトを向ける社会学である。平凡な日常生活、ごくありふれたもの、人々が日々体験しているような出来事や事象、要するにtrivialなものをクローズアップする社会学である。見慣れた風景を異邦人の眼でみること、私たちの日常的体験をふまえて社会的現実を多次元的に理解すること、意味世界という視点から社会的現実を理解すること、こうしたことが課題となる社会学である。「日常生活の社会学」においては、まさに、生活している人々、人間主体、人間存在、人間の実存へのアプローチがなされるのだ。P・L・バーガーが述べた「舞台裏を見る」、「トリックを見破る」、という態度、A. シュッツが述べた「自明性に疑いをかける」という態度が、「日常生活の社会学」の基本姿勢である、と私は思う。「日常生活の社会学」の理論としては、シンボリック・インタラクショニズム、ドラマトゥルギーの社会学、レイベリング理論、現象学的社会学、エスノメソドロジー、実存主義の社会学、が注目される。また、M・ヴェーバーやG・ジンメルの社会学、シカゴ学派の仕事も注目に値する。歴史社会学や社会史にも眼を向けなければならない。

人間は共同生活の場面において、まさに音と根源的にかかわりあいながら生きている。「音楽」という枠組みにとどまらず、耳に入る「音」全てを対象とする「音の社会学」を「日常生活の社会学」、「日常生活論」に位置づけながら考えていくこと、これが私の課題である。そのなかで、人間をクローズアップさせていきたい、と考えている。

第一章　「音の社会学」の射程（一）――都市へのアプローチ――

土地のさまざまな場所はまた人間でもある。

（マルセル・プルースト『ジャン＝サントゥイユ』）

「音の社会学」においては、雰囲気的世界としての都市をクローズアップさせる。雰囲気的世界として都市をみていく、ということは、人々の体験を重視しながら都市へアプローチする、ということである。現象学の視点が生かされたアプローチだ。

人々は、さまざまな都市で、また、都市のあちらこちらの場所で、気分づけられながら生きている。いつ頃、どのあたりで、どのような音を人々は耳にしたか。現在、都市ではどのような音を聞くことができるのか。音が醸し出す雰囲気をクローズアップさせていきたい。

昔は聞こえたが、今は聞こえなくなった音がある。

永井荷風も、「虫の声」において、次のような音が聞こえなくなってしまったことを懐かしく思い出している。（昭和十八年頃の文章）

……ふけそめる夏の夜に橋板を踏む下駄の音、油紙で張った雨傘に門の時雨のはらはらと降りかかる響、夕月をかすめて啼過る雁の声、短夜の夢にふと聞くほととぎすの声、雨の夕方渡し場の船を呼ぶ人の声、荷船の舵の響き、必要なものを売りにきた行商人の声。

現代の都市において耳にすることができる音は、本当にどこの都市でもたいして変わりがないのだろうか。都市は個性的な顔を失ってしまったのだろうか。都市が全く中性的な場所になってしまっているとしたら、それは問題である。現代の都市において人々は騒音とどのようにかかわっているのだろうか。

歴史家、阿部謹也は、「西洋の中・近世の都市は、さまざまな音や叫び声の交響楽の世界であった」と述べている。朝六時に市門が開かれるときに鳴らされる鐘の音、市の牧人が各家庭から家畜を呼び集める笛の音、山羊や羊がそれぞれ首につけて一斉に市門に走っていくときの鈴の音、3時間おきに鳴らされる教会の鐘の音、塔守の吹く笛の音、各種の職人たちは単純労働をするときに必ず唄う職人歌、こじきの訴えの歌、大道芸人の笛や歌、市のトランペット吹きが高らかに青空にこだまさせる音、市場の商人たちの呼び声、夕べの鐘。なかでも鐘の音は特別な意味をもち、階層をこえた共同体全体の絆となっていた。「鐘の響く範囲が領主の支配領域であることは、たぶん自明なこととしてあった」し、あらゆる法的な行為の際には、必ず鐘を鳴らしていた。

「音の社会学」では、コミュニケーションを新たな視点から捉えていく。

ヨーロッパにおける都市のシンボルとなるような音が鐘であれば、他のところでは何だろうか。イスラム世界では、ミナレットに上がってする、塔上からの祈りの時間の弘布が特徴的なものになっている。日本においては、例えば神田サウンドスケープ研究会が、「神田を象徴する音」として「神田祭りの音」と「ニコライ堂の鐘」を挙げている。

標識音（サウンドマーク）（R・マリー・シェーファー）
共同体の人々によって特に尊重され、注意されるような特質を持った共同体の音。標識音はその共同体の音響的な性格を独自なものにするから、ひとたびある音が標識音として確立されると、その音は保護される価値がある。

第二章　「音の社会学」の射程（二）――コミュニケーションへのアプローチ――

音はコミュニケーションの手段でもある。「音のコミュニケーション」は人間のコミュニケーションのなかでどのような位置をしめてきたか。

「音のコミュニケーション」のあり方は、時代が移るにつれて、形を変えてきた。その具体的な変容を考える際に、R・マリー・シェファーのサウンドスケープ研究は、非常に役立つ。また、マーシャル・マクルーハンの、独自のメディア観に基づいた文化史ともいうべきメディア論も注目に値する。

文字のない時代には、人間のコミュニケーションは、同じ場所で同じ時間に、主に口頭的、聴覚的に行われていた。そこでは音に第一の役割が与えられていた。人間コミュニケーションの密度が濃く、人々は全身の感覚を総動員してコミュニケーションに参加した。次に書き言葉は同じ場所同じ時間という制約を克服した。書き言葉をより洗練させた活字メディアは、諸感覚から視覚だけを際立たせ、人間と人間とを分離し、コミュニケーションにおける参加度を小さくした。そして、電気メディアの時代、同時性が回復し、人々は全身の感覚を総動員してコミュニケーション過程に参加するようになる。地球的規模でコミュニケーションのネットワークが発達し、地球は新しい一つの部族社会になる。

ところで、人間にとってことばとは、どのようなものなのだろうか。ことばは、音声を用いた人とのやりとりである。人間は生まれた時から、ことばを話せるわけではない。ことばを話すために、子供の内部では激しい戦いがくりひろげられ、しだいにことばを獲得するのである。生後しばらくは、不快の時の泣き声しか音声活動を行わないこどもが、いかにしてことばを獲得していくのか、この過程をクローズアップした。

次にことばが意味を伝える伝え方について研究した。

分節的側面と超分節的側面の区別

ある言語のなかで音声が担わされている約束に従って概念化された形で意味が伝えられる側面と、音声そのものが帯びている性質が直接、ないしは象徴的なやり方で意味を伝える側面とが区別をすることがわかった。

なお川田順造は、言語音を三つに大別している。

文字のない世界におけることばの問題

文字のないサバンナにおいては、ことばは音の世界のものとしてだけある。

モシ族には、次のような音をめぐる考え方がある。

メッセージとしての音（コエガ）と騒音（ブーレ）という区別はある。しかし、それぞれのなかに人間の声、動物や虫の声、楽器音、道具音、といった音源による区別はない。モシ族には、「音楽」ということばはないのである。「モシ族にとって、人間のことばと楽器音は、基本的な概念の上で同一視されているだけでなく、太鼓ことばにおけるように、この二つは事実重なりあってもいます。」（川田順造）

サバンナにおける楽器ことばは、非常に興味深いものである。この論文においては、メッセージを楽器で伝えることの意味についても考察をおこなった。

文字の存在しない、音による伝えあいの世界、サバンナ。そこで生活する人々の声は、生き生きと輝いている。ことばの抑揚は、繊細な変化に富んだものになっている。

いったい、人間の「声」とは何なのだろうか。

声はイヴェントになりうる。声は私的な部分から出るものでありながら、口からでた瞬間、公のものになる．声は政治的なものでもありうる。「声のヒエラルキー」という問題がある。声は文化的属性を担う。声を発することは、呼ぶことと深く関わっている。

声による伝えあいの魅力はどのようなところにあるのだろうか。「声が豊かだ」とは、どのようなことなのだろうか。

声はさまざまな情報、メッセージの内容以外の情報も伝える。

E・ゴフマンの「印象操作」の文脈において声を考えることも重要である。「声色を使う」ということばにも注目したい。

声と法律との関係、という問題もある。

「電話」と声という問題もある。ここでは、以上のようなことを論じ、多角的に声について考察をおこなった。

「音というコミュニケーション世界の支配」、これは、J・ハバーマスのことばである。音を媒介にした法的支配、政治的支配、という意味で音と法行為が結びついていることを彼はこのように呼んだ。例えば、第1章に述べたように、中世において音の世界はほとんど法慣行として確定されていた。そこには、「音というコミュニケーション世界の支配」があったのである。

「音の社会学」においては、今まで述べてきたように、さまざまな角度からコミュニケーションにアプローチしていく。今後更に広く深くコミュニケーションを捉え、従来のコミュニケーション論と異なるパースペクティヴの、新しいコミュニケーション論をつくりあげていきたい、と考えている。

第三章　「音の社会学」の射程（三）――文化へのアプローチ――

異なる文化に属する人々は、ちがう言語をしゃべれるだけでなく、おそらくもっと重要なことには、ちがう感覚世界に住んでいる。

（エドワード・ホール『かくれた次元』）

文化としての音は、……各民族の感受性や美意識、それを培った異質の風土から生まれます。

（武満徹・川田順造『音・ことば・人間』）（引用は武満徹）

人間はどんなに努力しても自分の文化から脱けだすことはできない。

（エドワード・ホール『かくれた次元』）

人間にとって「音」とは何か。人間にとって「文化」とは何か。音の認識の仕方は、民族によっても異なり、ひいてはそれが固有の文化を形成する要因にもなってきた。

聴覚中心の文化、聴覚中心の社会がこの地上には存在している。農村地帯のアフリカ人や、エスキモーは、その例である。その世界は、そこに住む人間がある音を聞いた場合、その音が直接、彼自身に関わる意味をもっている世界である聴覚文化では、全ての事物は、そこにあるがゆえに除外することはできないのである。

文化によって「音の世界」の概念的区分は異なる。アフリカのモシ族については二章で述べた。日本人は、日本の耳は、どのように音を聞くのだろうか。角田忠信は、日本人と欧米人とでは、同じ種類の音に対する脳の窓口のあり場所が左右違っている場合があることを指摘している。

日本人：右の劣位半球「器楽曲、機械音、雑音」
　左の言語半球「計算、子音、母音、笑い声、泣き声、嘆声、いびき、ハミング、虫の音、鳥や獣の啼き声、邦楽器の音」

欧米人：右の劣位半球「器楽曲、機械音、雑音、母音、笑い声、泣き声、嘆声、いびき、ハミング、虫の音、鳥や獣の啼き声」
　左の言語半球「子音を含む音節、及び計算」

角田は日本型脳は、「母音が有意である日本語の理解と発語に最も適した単脳言語パターンへの定着」による、とみている。

欧米人が楽音と騒音を区別しようとするのに対し、日本人は昔から芸術としての音楽と、鳥の声、虫の音、せせらぎ音などの自然音との間に価値の上下をつけたがらなかった。

「音から音楽が成立する軌跡は社会や文化によってそれぞれ異なる」（田中直子）

日本においては、「音」も「音楽」も、自然も、自然の中の無音状態も、それぞれが交じり合い、共存しあっていた。

日本古来の調べや歌が、〈うたまひ〉とか〈あそび〉、あるいは〈もののね〉といったことばで表されていたことにも、注目しておきたい。

日本の音楽の特徴は、どのようなところにあるのだろうか。

音色を重視する、雑音性が豊かである（日本の楽器には、ほとんどの場合、サワリがある）、日本独特の間の感覚がある、余韻を楽しむ性質がある、このようなところに日本の音楽の特徴がある。

サワリとは何か。尺八においては、竹を通る風の音がサワリである。

余韻の問題――日本と西洋においては、鐘の音の楽しみかたに違いがある。日本の場合、鳴る鐘の音よりは」、むしろ余韻を楽しむといった趣がある。西洋では、鐘の音一つ一つに耳の注意を集めようとしている。

日本人の音の認識のしかたと、日本人の生活様式とは関わりがあるのだろうか。

「紙の窓には耳の意識がはたらいている」

（R・マリー・シェーファー）

障子が果たした役割を考えることは重要である。

水琴窟、鹿《しし》おどし、……日本人は身近なところに音のしかけを施してきた。

水琴窟とは何か。水琴窟は、つくばいや縁先手水鉢《ちょうずばち》の排水口を利用する。排水口の下は通常細長い穴を掘り、そこに石やじゃりなどを詰めて自然に水がはけるようにしておくのだが、水琴窟の場合は、水瓶や漬物の瓶などを逆さに伏せて排水口をつくってしまう。そしてその底に溜まっている水に、手を洗って流れ込んだ水が一滴ずつ落ちるように工夫し、その水滴音が瓶の中で増幅されて地上に幽かに漏れきこえてくるのを楽しむ趣向である。水琴窟は江戸文化において生み出された。それは、滅多にない特殊なものではなく、かなり普及した身近な音のしかけだった。

鹿《しし》おどしとは、太い竹を切って横におき、流れる水を受けた一方のはしが、かたむいて水をこぼすと、反動で他方のはしが、石をたたいて高い音を出すしかけである。

茶の湯においても、音と沈黙は意味性を付与される。鈴木正崇は次のように述べる。

「茶事においては、音と水が時間と空間を分離すると共に結び付けるのであり、場面の移行において大きな働きをなすといえる。そして音や水そのものも、自然の情緒を感じさせることで、主客ともに音と水を介して自然の中に帰入していこうとする点に茶事の特色がある」。

なお、茶の湯のたぎる音は、松らい、つまり松をわたる風の音に擬せられ、居ながらにして大自然のなかに遊ぶ心地がする、とされてきた。

第四章　「音の社会学」の射程（四）——時代へのアプローチ——

「……歴史は毎日のことです。それは出来事ではなくて、社会学なのです。それは思想のあゆみなのですよ」

（ホワイトヘッド『ホワイトヘッドの対話　一九三四―一九四七』）

時代が変われば、耳に入る音は異なる。「音の社会学」では、時代についても語っていく。

柳田國男は『明治大正史　世相篇』において、眼に見、耳に聞いたものを重んじる「新色音論」を展開している。彼は「時代の音」についても考察した。それは非常に興味深い研究だ。特に、彼が「音は欠くべからざる社会知識であった」と述べていること、「新しく珍しい音響の印象は、これを多数の幻に再現するまで、深く濃かなるものがあった」と述べていることに注目したい。「耳を澄ますという機会は、いつの間にか少なくなっていた」。これも柳田の指摘だ。

音の風景はどのように変わっていったのだろう。論文においては時代を追っての考察をおこなったが、この報告では現代社会に焦点をあてたい。

現代社会は音のあふれた社会である。実にさまざまの音を、私たちはあちらこちらで耳にしている。小川博司は、現代社会を「音楽化社会」として考察している。家庭のステレオ装置、街に流れるＢＧＭ、酒場のカラオケ、ディスコ、……電報からもメロディーが流れる。たしかに現代社会は音楽に満ちている。サウンドスケープとしての広告音楽、という問題もある。音を利用した商品が増加している。自動販売機、湯沸かし、炊飯器、時計、ポスター、会議などで意見が出尽くしたときに生じる「居心地の悪い間」に反応して、次の声があがるまでせせらぎの音をながす機械……。その一方、騒音問題もますます増加している。

一九九八年、新聞には音に関するどのような問題がとりあげられたのか、その一部を紹介する。

・瀬戸大橋の騒音問題

・生活型公害の増加、特に「自動車、オートバイによる騒音」の被害を受けている人は多い（六月四日発表「生活型公害に関する世論調査」の結果）。

・「乗客の不快感と周辺住民の苦情を解消したかった」。八月八日、JR千葉駅の発車予告ベルが全面的に廃止された。

・横浜市に、春、周囲の音や振動に感じて音楽を奏でる橋、西鶴屋橋ができた。

この橋は、私も実際に見にいった。

「橋の上で、少しだけ耳を傾けてください　かすかなささやきがあなたの耳にとどきませんか　風に揺れる木の葉や樹々のささやき……　ふと耳を澄ませた時　はじめてきこえてくる音たちに　あなたの心が響きませんか」

この橋があるところは、騒音が大変にひどいところだ。この橋をつくった人は、人々の意識を喚起したい、と語ってくれた。この橋は、サウンドスケープ・デザインの一例である。

現代に生きる私たちは、騒音問題に正面から取り組まなければならない。

より豊かな生きかたをするために…社会学は身辺の事象を見つめなおすところから始まるのだ。

現代社会において、音楽療法が注目されてきていることにも注目したい。

水琴窟が仕掛けられている蹲《つくばい》（愛知・新城）
田中直子「環境音楽のコト的・道具的存在性――日本の音文化から」

終章　音の社会学と環境社会学

人間であれば、事象それ自体ではなく、事象の意味を糧とするのである。

（サン＝テグジュペリ『城砦』）

参考文献

ジャック・アタリ、金塚貞文訳『音楽／貨幣／雑音』みすず書房　一九八五年
アドルノ、三光長治、高辻知義訳『不協和音　管理社会における音楽』音楽の友社　一九八二年
阿部謹也・網野善彦・石井進・樺山紘一『中世の風景』（下）中央公論社
新井満・天野祐吉　対談「引き算の時代だね、いまは。」広告批評一一一号　マドラ出版　一九八八年
M・ウェーバー　安藤英治、池宮英才、角倉一郎訳『経済と社会　音楽社会学』創文社　一九八〇年
マジョリー・F・ヴァーガス、石丸正訳『非言語（ノンバーバル）コミュニケーション』新潮社　一九八七年
江原由美子、山岸健編著『現象学的社会学　意味へのまなざし』三和書房　一九八八年
小川博司、庄野泰子、田中直子、鳥越けい子編著『波の記譜法　環境音楽とはなにか』時事通信社　一九八六

年
小川博司『音楽する社会』勁草書房　一九八八年
小倉朗『日本の耳』岩波書店　一九八七年
岡本夏木『子どもとことば』岩波書店　一九八八年
ハロルド・ガーフィンケル　山田富秋、好井裕明、山崎敬一編訳『エスノメソドロジー　社会学的思考の解体』せりか書房　一九八七年
川田順造『聲』筑摩書房　一九八八年
川田順造『サバンナの音の世界』白水社　一九八八年
黒沢明『蝦蟇の油』岩波書店　一九八四年
E・ゴッフマン　石黒毅訳『行為と演技』誠信書房　一九七六年
R・マリー・シェーファー　鳥越けい子、小川博司他訳『世界の調律――サウンドスケープとはなにか』平凡社一九八三年
G・ジンメル　居安正訳「感覚の社会学」『社会学研究雑誌　四』神戸大学社会学研究会　一九八七年
ソーロー　神吉三郎訳『ウォールデン――森の生活』岩波書店　一九八七年
武満徹、川田順造『音・ことば・人間』岩波書店　一九八三年
田中優子『江戸の音』河出書房新社　一九八八年
新潮日本文学アルバム　23『永井荷風』新潮社　一九八五年

永井荷風「江戸の水」『荷風全集　第十七巻』岩波書店　一九六四年
永井荷風「西瓜」『荷風全集　第十七巻』岩波書店　一九六四年
永井荷風「鐘の聲」『荷風全集　第十七巻』岩波書店　一九六四年
永井荷風「虫の聲」『荷風全集　第十七巻』岩波書店　一九六四年
永井荷風「葛飾土産」『荷風全集　第十七巻』岩波書店　一九六四年
P・L・バーガー　水野節夫、村井研一訳『社会学への招待』思索社　一九七九年
林進、小川博司、吉井篤子『消費社会の広告と音楽　イメージ志向の感性文化』有斐閣　一九八四年
原広司『集落への旅』岩波書店　一九八七年
エドワード・ホール　日高敏隆、佐藤信行訳『かくれた次元』みすず書房　一九八六年
正岡子規『墨汁一滴』岩波書店　一九八七年
三木清「人間学と歴史哲学」『三木清全集　第五巻』岩波書店　一九六七年
三谷一馬『江戸物売図集』立風書房　一九八〇年
ユクスキュル　日高敏隆、野田保之訳『生物から見た世界』思索社　一九八三年
柳田國男『民間伝承論』伝統と現代社　一九八〇年
柳田國男『明治大正史　世相篇（上）（下）』講談社学術文庫　一九八七年
山岸健『日常生活の社会学』NHKブックス三〇九　日本放送出版協会　一九八四年
山岸健『増補　都市構造論　社会学の観点と論点』慶應通信　一九八六年

山口昌男『山口昌男・対談集　身体の想像力　音楽・演劇・ファンタジー』岩波書店　一九八七年
和辻哲郎『風土　人間学的考察』岩波書店　一九八七年
G.H.Mead, The Problem of Society——How We Become Selves,George Herbert Mead On Social Psychology,
Univ.of Chicago Press, 1964
Norbert Elias, Zum Begriff des Alltags, 1978
Bernard Phillips, Sociology From Concepts to Practice, McGraw -Hill, Inc., 1979
Jack D . Douglas, Introduction to The Sociologies of Everyday Life,Allyn andBacon,Inc.,1980
Joel M . Charon, The Meaning of Sociology, Prentice-Hall,Inc., 1980, 1987

（慶應義塾大学文学部社会学専攻、山岸ゼミナール、卒業論文発表会、報告レジュメ、一九八九年二月二日。）

音の社会学の射程と地平

――音の社会学の対象をめぐって――

できごととして〈音楽〉を捉えるとはどのようなことなのか。
前回、前々回と、二回にわたってこのことについて述べてきた。
さまざまな音の世界の広がりのなかから、いかに〈音楽〉が生起してくるのか。

←
音地平

このことを問うことが、できごととして〈音楽〉を捉える、ということの意味であった。

しかし、〈音楽〉をできごととして捉える、ということの意味は、「音の社会学」全体のなかに位置づけることにより、より明確になるように私には思われる。

ここでは、音の社会学の対象を明確にし、そのなかに〈音楽〉を位置づけてみたい。

❖ 音の社会学の研究対象：ありとあらゆる音。

自然音、人間音、機械音。聞こえる音、聞こえない音、過去の音、未来の音。

世界のありとあらゆる音が「音の社会学」の研究対象である。

〈音楽〉とはいかなるものであり、〈騒音〉とはいかなるものなのか。

これまでの社会学において。音を対象化する場合には、〈音楽〉か〈騒音〉か、という二方向どちらかから、音を対象化することが行われてきた。

「音楽社会学」と「騒音問題の社会学」が音を扱う社会学として存在していた。

しかし、これまでの社会学においては、〈音楽〉や〈騒音〉を人々の日常的体験の文脈で、できごととして理解することは、ほとんど行われてこなかった。

「音の社会学」ではまさにそのところを問題にしていく。

豊かな音の世界の広がりのなかに〈音楽〉や〈騒音〉を位置づけ、そうした音の世界の広がりのなかから、いかに〈音楽〉や〈騒音〉が生起するのか、を問うのである。

自明性に疑いをかける現象学の視点から、音をめぐる社会学において、パラダイム革新を行いたい、と思うのである。

音地平、豊かな音の世界 ─┬─ できごととしての〈音楽〉
　　　　　　　　　　　　└─ できごととしての〈騒音〉

→ ここのところを問題にするのである。

これまでの社会学において、〈音楽〉と〈騒音〉が同時に論じられることは、ほとんどみられなかった。「音の社会学」においては、〈音楽〉も〈騒音〉も視野にいれて論じていくのである。

日常的体験の文脈で音について論じていくのである。

ただし、全ての音が〈音楽〉か〈騒音〉に分かれるわけではない。

また、ある人にとっては、〈音楽〉に感じられるものが、ある人にとっては〈騒音〉に感じられることもある。

そうした場合も視野にいれて、「音の社会学」では論じていきたいと考えているのである。

❖ 音響体（sound object）と音事象（sound event）

音響体（sound object）は、Pierre Schaeffer によりつくられた用語（l' object sonore）。

「人間の知覚の音響的な対象であり、数学的、電気音響学的な合成の対象ではない」。

サウンドスケープ中の最も小さい独立要素。

陶器の割れる音、汽笛の音、教会の鐘の音など。

しかし、音響体は、R.Murray Schafer によれば「実験室の標本」のようなものであり、音の意味論的側面や場のコンテクストにおけるそれらの相互作用には関わりのないものなのである。

音事象は R.Murray Schafer によりつくられた用語。
音を客体としてだけでなく、ある場所で特定の時間的経過のなかで起こる出来事＝事象として捉えるのが、音を音事象として捉える捉え方なのである。

音事象として音を研究していく視点が、「音の社会学」の基本的視点なのである。

（慶應義塾大学文学部社会学専攻、山岸ゼミナール、卒業論文発表会、報告レジュメ、一九八九年二月二日）

楽しい都市空間

―宇都宮の中心市街地の活性化をめぐって―

楽しい都市空間とはどのような都市空間か?
まちづくりとは何か?
学生がまちづくりに参画することの意義はどのようなものか?
宇都宮の中心市街地の活性化のために何が必要か?

二　都市とは何か

「社会的実験室」「文明人の自然の居住地」（R・E・パーク）
「都市は社会的に異質な諸個人の、相対的に大きい、密度のある、永続的な集落である」（L・ワース）
「都市はわれわれをすべてドロップアウトにするような文化の分裂を象徴している」（L・マンフォード）
「集合的消費の単位」（M・カステル）

雰囲気的世界としての都市

私たちは都市で何を経験しているのだろう。人々の日常生活、他者、出会いや別れ、街路、さまざまなたてもの、車、木々の緑、空……。自然、文化や文明、歴史。

若者の集まる動きの速い街もあれば、動きのゆっくりした街もある。色彩豊かな街もあれば、落ち着いた渋い色の街もある。季節、時刻、天候によって人々の気持は左右されるし、休日や祭日、イベントのあるなしや管理状況によっても、人が受ける印象は変わってくる。その人が、その土地の住民であるか、旅行者であるか、ということでも、体験の違いは出てくるだろう。都市は、見る人の視点や位置によっても、違った顔をみせるものだ。「音」や匂いも忘れることはできない。

耳に入ってくる音、どこからともなく漂う匂い、眼に入る光、色彩、手ざわり、足ざわり、味わい、人はまさに自分自身の身体全体で都市を引き受けているのである。

都市の面白さは、都市がさまざまな顔をもっているところにある。
「街のどの方角にいるかということを香によって知ることがあります」。（ヘレン・ケラー）
「アメリカのそれぞれの地域と町には、それ固有の音楽とリズムがある」。（エドワード・T・ホール）
「土地のさまざまな場所は、また人間でもある」。（マルセル・プルースト）

人間の顔や相貌がそれぞれ異なるように、土地の相貌、風景の相貌も異なる。現代の都市は私たちにとってどこまで個性的な場所になっているのだろう。時代と共に都市の個性は失われてきたのか。

場所と空間（イーフー・トゥアン）
「場所すなわち安全性であり、空間すなわち自由性である。つまりわれわれは場所に対しては愛着を持ち、空間に対しては憧れを抱いているのである。（中略）空間と場所は、人間が生きている世界の基本的構成要素である」。「ある空間が、われわれにとって熟知したものに感じられるときには、その空間は場所になっているのである」。

都市に生きた人々に注目しながら、人間にとって空間や場所がもっている意味を問題にしていきたい。人々の都市体験を改めて問うことが重要なのだ。

三　まちづくりをめぐって

「まちづくり」とはよい「まち」を「つくって」いくこと。

よい「まち」とは？（田村明『まちづくりの実践』岩波新書、を参考に）

住んでいる全ての人々にとって、生活が安全に守られ、日常生活に支障なく、気持ちよく豊かに暮らせ、緊急時にも対応できる「まち」。

住んでいてよかった、という実感を心から感じ、次の時代にも継続が期待できるもの。

「まち」は、生産・流通・業務・政治・慣行・学術などの、都市ごとの機能も重要だが、もっと重要なのは、老いも若きも充実して生き生きと生活できる場であること。

どんなに都市機能が充実して素晴らしく見えても、住んでいる人たちが不幸せなら「よい」まちとはいえない。経済的に豊かでも、一部の者のためだったり、騒々しいばかりで、落ち着いて住めない「まち」もよいとはいえない。見える都市施設や機能ばかり優先させて、見えない「まちづくり」を疎かにした都市は、落ち着いて住めないまちになる。

「まちづくり」の一〇の提案

一．官主導から市民主導へ
二．ハードだけでなくソフトを含めた総合的な「まち」へ
三．個性的で主体性のある「まち」へ
四．全ての人々が安心して生活できる人間尊重の「住むに値する」まちへ
五．マチ社会とその仕組みづくり
　異質で多様な価値観をもつ人々が、互いによい刺激を与えながら多数が暮らしていくのがマチの本質。
六．「まちづくり」を担うヒトづくり
七．環境的に良質なストックとなる積み上げ
八．小さな身近な次元の「まち」に目を向ける
九．広域的に考え、世界の「まち」と繋がる
一〇．理念や建前だけでなく実践的なものへ

「まちづくり」の仕事

一．公害や環境汚染・災害の防止を図ること
二．宅地の乱開発の防止、将来を考えた土地利用の適正化を図ること
三．水と緑と花を豊富にし、生活を人間的で潤いのあるものにしていくこと

四．美しく魅力的で個性的な景観づくりを行うこと
五．地域内に産業を起こし、働きの場と収入の確保を図ること
六．大学を興し、観光・文化・娯楽などにより人口の定着や雇用の場をつくること
七．地域内の交通が快適に安全に行われるようにしてゆくこと
八．歩行者が自由に歩き憩うことができる快適な空間の確保を図ること
九．中心市街地など賑わいや人々の交流の場をつくり、人間を生き生きとさせること
一〇．伝統的文化を保全復元し、またその活用を図ること
一一．自然や緑の保護を図り、ワイルドライフを体験させること
一二．ゴミを少なくしてリサイクルをはかり、環境に負荷をかけないようにすること
一三．市民が自ら質の高い生活をもてる文化的、芸術的な充実を図ること
一四．市民として自覚し成長してゆく市民学習・生涯学習を行うこと
一五．「まちづくり」を行うヒトづくりを行うこと
一六．異なる人々が結びつく地域コミュニティを育成してゆくこと
一七．子どもたちが生き生きと目を輝かせる生活をおくれるように支援すること
一八．日常の生活から阻害された孤独な人々を支援してゆくこと
一九．万一の災害などに、適切に対応できるようにしておくこと
二〇．犯罪や社会的病理を防ぎ、場合により適切な措置をとること

二一．病の発生を予防し癒して、健康で活力ある生活ができること
二二．高齢者・身体障害者などが一般人と変わらずに社会活動ができるようにしてゆくこと
二三．市民への情報の提供と、互いの交流を図ること
二四．イベント・祭りなど、地域を個性化し元気づけるコトおこしを行うこと
二五．自治体組織と運営を市民的なものに再編成してゆくこと
二六．広域的な地域間の連携を図っていくこと
二七．国際的な理解を深め、平和や環境をテーマに協力しあえるように交流と連携を図ること

住んでいる人々が積極的に価値を発見し、認めていくことが重要！
宇都宮の価値、宇都宮の魅力とは？

地域の価値を発見し認めれば、住民には地域への誇りも愛情も湧いてくる。
宝探し
宇都宮まちづくり推進機構　宮歩き探偵団
フォトラリー

五感フォトラリー
遊び場・デートスポットフォトラリー

好きなもの・魅力的なこと
改善すべきことを探すと共に、生活者がまちを好きになり、まちに誇りをもてるようにする仕掛けが重要！
宇都宮の宝は何か

四　中心市街地とはどのような場所か

中心市街地活性化関係府省庁連絡協議会『中心市街地活性化のすすめ　二〇〇二年度版』
街の活力や個性を代表する「顔」ともいうべき中心市街地の衰退・空洞化という問題の深刻化

地域経済の発展や豊かな生活の実現に大切な役割を果たす中心市街地

中心市街地をこれからの時代のニーズに対応した地域コミュニティの中心として、人が住み、育ち、学び、働き、交流する場として再生することが強く求められている。

五　学生がまちづくりに参画する意義をめぐって

地域に新たなる活力をもたらし、生き生きと生活することのできる　まち　をつくる上で学生の役割は非常に重要である。

北海道札幌市　ＹＯＳＡＫＯＩソーラン祭り
大垣市「マイスター倶楽部」

新たなる発想、エネルギー、実行力
学びの機会は大学内と共に地域にある。

産官学・市民の連携
作新学院大学人間文化学部リエゾンオフィス　キャップストーン・コース
宇都宮は実験都市

六　宇都宮の中心市街地、宇都宮のまちづくりをめぐって

二〇〇二年五月　宇都宮まちづくり推進機構「宇都宮グランドデザイン　ピカッと光る「都市（まち）」　すみたいまち　いきたいまち　うつのみや」

二〇〇三年二月　第四次宇都宮市総合計画改定基本計画

七　夢と希望のあるまちづくりを考え、実行し続けるために

人々の街に対する思いを結集させ、実行することが重要！

まちづくりは人々の出会いとコミュニケーションから始まるのである。

（手もとの原稿）

とちぎ感性創造プロジェクト

アート・生活・まちづくり
大学と地域社会の新たな関係、アートウォークへの参加をめぐって

「芸術のおかげで、われわれが見るのは、ただ一つの世界、われわれだけの世界ではなくて、多様化された世界であって、われわれは独創的な芸術家が存在するだけそれだけ多くの世界を意のままにもつことができる」。フランスの作家、プルーストはこのように述べている。私たちは、さまざまな芸術家や芸術作品、芸術家によって創造された世界に出会う時、これまでに体験したことのない宇宙との出会いによって、自分の意識がゆさぶられるのを感じたり、びっくりすることがある。人間を「シンボルを操る動物」として理解したカッシーラーによれば、芸術とは、現実の模倣ではなく、「現実の再発見」、「現実の強化」なのである。

私は、作新学院大学人間文化学部で教育・研究に携わるなかで、「生きていることは面白い！」と感じることが大切だと考え、学生と一緒に具体的に行動し、さまざまな人に出会い、多くのものを見たり、聴いたり、触れたり、味わうことを通して、学生の生きる力や可能性を豊かに拡げたいと考えてきた。作新学院大学人間文化学部リエゾンオフィスは、大学が栃木という地域にしっかりと根をおろし、地域の方々と手をつなぎ、連絡をとりあいながら、

地域の諸問題に取り組み、地域のために貢献したいという思いから、二〇〇三年四月に大学内にオープンしたオフィスである（「リエゾン」（liaison）「連絡」「連結」「つなぎ」を意味する言葉）。リエゾンオフィスでは、遊びや音楽を通して子どもたちや地域の方々と交流する活動、五感を通して宇都宮市内を再発見する活動、地域の祭りへの参加など、学生と教員が一体となって、さまざまな地域活動が行われてきたのである。

そうした大学の地域活動の一つのキーワードが「アートとまちづくり」である。一昨年から私は、学生と共に、アートウォーク（オープンスタジオinとちぎ）に参加してきた。アートウォークは、栃木県内在住の作家の方のスタジオを期間限定で公開し、制作中の作品や道具類を前に、アーティストと鑑賞者とが語り合い、直接交流を深めるイベントである。昨年は作新学院大学を会場にシンポジウムが行われたのである。

今年も一一月一四日（日）にアートウォークのシンポジウムを行う予定である。

今年度から新たに三年生の必修科目として人間文化学部に開講され、学生が地域に出て地域の方々と共に地域活動や地域の諸問題に関する調査を行う実践教育科目、キャップストーン・コースにも触れておきたい。私はこのコースでも、美術などを担当している教員、赤羽薫氏と共に、「アート・生活・まちづくり――とちぎ感性プロジェクト――」と題したプロジェクトを行うことにしたのである。

このプロジェクトは、Ⓐ市民参加型の開かれた美術館を目指して、地域との積極的な出会いの演出、Ⓑ五感を活用した楽しいまちづくり――たのしい市・たのしい集まり、たのしいアイデア――の二つのパートからなる。

Ⓐ市民参加型の開かれた美術館を目指して、地域との積極的な出会いの演出。これは宇都宮美術館と連携し、美術館を市民にとって、より身近な場所にし、地域のアート文化を活性化するには、どのようなことを行えばいいのか、を探求するプロジェクトである。具体的に、美術館を市民にとってより身近なものにするワークショップを学生・教員・美術館が共に企画し、市民と美術館の積極的な出会いの場面を演出する。子ども対象のワークショップや社会人対象のワークショップ、さまざまなワークショップを企画することにより、市民に親しまれる美術館とは何か、を実践的に探求する。また、アートウォークにおけるスタジオ公開の模様や、作家と一般の方々の交流に関する活動記録を残し、そうした記録を生かしながら、アートウォークのシンポジウムに協力する。地域のアート文化を活性化するための方法と意義について、学生と共に考察したい。

Ⓑ五感を活用した楽しいまちづくり――たのしい市、たのしい集まり、たのしいアイデア――。栃木県のもつ特性として、都会的な便利さと、自然とふれあいながら暮らせる快適さの両面がある。これらの特性に注目しながら、人々の五感という視点を生かし、それぞれの地域で育まれてきた歴史・伝統・文化を大切にして、地域の個性が開花するような美しい景観を演出したい。感性を生き生きと躍動させながら人々が生活することができるライフスタイルとはどのようなものか。宇都宮市を中心に、栃木県を感性に潤いをもたらす場面として活性化する方法を探究する。

具体的には、宇都宮市役所の都市開発部都市計画課と連携して、「うつのみや百景」に選ばれた場所の現状を把握し、それぞれの風景を保全する取り組みを調査し、環境やまちづくりに関する教育の可能性を探ること、アートと感性をキーワードに、宇都宮市の中心市街地の活性化の方法を探求することなどを予定している。街角のアート、看板などを調査したり、宇都宮市の音風景マップを作成する。宇都宮市の中心市街地の活性化と文化を重視したまちづくりのプランとして検討が進められている「向明公園プロジェクト」などにも協力する。また、宇都宮まちづくり交流センター・イエローフィッシュの活動を、現在活動している学生を中心として、より盛んにしていきたい。

街角に看板、広告、彫刻などが多く見られる現代、まちづくりを考える際には、アートとまちづくりの関係が重要である。

栃木県内には、世界遺産にも選ばれている日光、また、宇都宮の大谷石など、アートとまちづくりの双方の視点から注目される文化が存在していることを重視したい。宇都宮美術館がある〈うつのみや文化の森公園〉は、うつのみや百景に選ばれている。美術館のワークショップを行う際にはこの森がクローズアップされてくるし、まちづくりにとっても、こうした森の存在を考えることは重要である。

プロジェクト全体を通して、人々の感性の躍動を図り、身近な環境資産の価値と意義を考察したい。

作家ヘルマン・ヘッセは人間の体験領域として、人間的体験、精神的体験、風景的体験に注目している。人々の出会いや触れ合い、交わりは私たちの人間的な生き方と人間の幸福にとって大切であり、文学や音楽、絵画、映画などとの出会いのなかで人間が感じる精神的躍動も重要である。人間にとって宝物のように感じられる風景、自分自身を語る際に欠かすことのできない風景、心の奥底にある大切な風景を「原風景」という。うつのみや百景に選ばれている風景と、そうした風景を魅力的な風景として推薦した人々の思いに注目したいが、私たちにとって「原風景」と感じられるのは、どのような風景なのか。

私は大学での教育と実践を通じて、学生に人間的な生き方と人間の幸福について理解を深めてほしい、と思う。また、地域での実践的活動を通して、多くの人々と人間として生きる喜びを分かち合いたいと思う。

九月一一日から始まるアートウォークの魅力は、作家の仕事場、舞台裏を見せていただき、作家の方々と触れ合いながら、作品世界を楽しむことにある。作家の声を聞き、作品の誕生の現場に出会うことで、美術館やギャラリーで得られる体験とは異なる感動や喜びが得られるのである。

一九九七年から始まったアートウォークだが、今年は過去最高の二一作家が参加する（他に過去に参加したことがある作家の関連イベントもある）。作家のジャンルも、絵画、陶芸、彫刻、ガラス、工芸、家具、書、写真、映像など、さまざまである。宇都宮、鹿沼エリアの作家だけでも一〇名の作家が参加し、ワークショップやパフォーマンス、スライドによるショーなども予定されている。

ぜひ、多くの方々にスタジオを見学していただき、アーティストや作品との出会いの一時を味わっていただければ、何よりのことと思う。また、作家が集い、一一月一四日に作新学院大学で開かれるシンポジウムにもぜひ足を運んでいただきたい。大学ではミニコンサートも行われる予定である。
次号からは、学生にも執筆してもらいながら、学生とのプロジェクトの模様を紹介していきたいと思う。大学は地域でいかに活動しているのか。身近な宝を大切にしたより魅力的な地域づくりのために、まちづくりに学生の感性と発想を生かしながら、日々、活動していきたい。読者の皆様から、大学の地域社会における活動・取り組みについて、さまざまなご意見をいただければ、と思う。

(『地元楽　楽んで宮の「じもとがく」vol.7　後援・宇都宮まちづくり推進機構、絹衣出版、平成一六年九月)

金沢・長浜視察旅行に参加して

――アート・歴史・文化を大切にしたまちづくりを夢みて――

「街は街を愛する多くの人々の思いと努力により、形成される。」「人々が街の歴史と文化を大切にし、街がもつ資産、宝を発掘し、そうした宝がもつ意味を現代に再生させるなかで、街は蘇る。」「一人一人の懸命な街への思いが共有されることにより、人的ネットワークが形成され、議論を重ねるなかで、多くの人々の熱い思いがやがて花開く。」

これが、私が今回、金沢・長浜視察旅行に参加して、実感したことである。金沢・長浜のそれぞれの街で、自らが暮らし、愛する街に対して熱い思いを持つ方々にお会いし、まちづくりに大切なのは、ハートと根性、やる気、発想、創造性、夢とイマジネーション、楽しさであることを発見したことは、今後、宇都宮のまちづくりを考える上で、大きな財産になった。

訪れた場所をふりかえってみたい。まず、金沢・大野町もろみ蔵まちづくり21。私は元来、歴史を感じることができる空間が好きなのだが、醤油蔵を改造して作られた、独得の雰囲気の「もろみ蔵」で食べた醤油ソフトクリームと、暑い夏に汗をかきながらレンガ敷きをしたり、協力しながらペンキを塗った、という人々の思いのこもった空間のよさ、手づくりの味の感じられる作品や、醤油樽を生かした陳列棚、机などの家具の暖かみは忘れられない。特に、現在、大学教育に携わり、学生に、多くの人との出会い、ふれあいを楽しみながら、地域で活躍する人に成長してもらいたい、と思っている私にとって、高校生、学生も、地域の方々やアーティスト、建築家などとともにまちづくりに参加した、という話は、大学と地域社会の関係を考える上で大いに参考になった。

アートはアートを愛する人々の思いにより、育てられる。作家のイマジネーションは、多くの作品や、体験の広がりだけでなく、アーティストを支援する、自由に活動できる場や人々との出会いにより、膨らみ、豊かになっていく。現在、私は、夏休みに栃木県在住のアーティストのアトリエを期限限定で解放し、一般の観客にアトリエを訪ねてもらい、アーティストと交流しながら作品製作の舞台裏に触れることで、アートを好きになってもらう「アートウォーク」という活動に参加している。昨年の春に宇都宮に来て、秋からこの活動に参加しているため、「アートウォーク」には、まだ、準備段階しか関わっていないのだが、アートが生まれる現場に立会い、日頃は遠い存在であるアーティストの方々と触れ合うことで、アートの楽しみが膨らむことをさまざまな場面で体験している私にとって、栃木県内で展開されてきている「アートウオーク」を考えると、心が躍るのである。

金沢・大野町でもアトリエ空間を見たが、「空いている蔵をお借りして、若手の現代アーティスト（美術、舞踏、演劇、音楽など）が育っていく空間を提供していこうとして」くらくらアートプロジェクトがおこなわれていることは大変素晴らしい。多くの人との出会いのなかで、また、安価でアトリエを借り、作品をみてもらうスペースもある、といったサポートを受けながら、アーティストは夢を膨らませて制作し、地元の方も、観客も、味のある空間で、交流を深めながら、アート好きになっていくだろう。

「街のなかにある蔵が醤油のもとになるもろみを育ててきたように、ワークショップを通じて街づくりの面白さを体験し、まちづくりびとが育つ」ようにしたい、という思いは共感できる。

蔵にある大きな醤油樽やさまざまな道具、舞台装置のような空間も私を驚かせた。市の〈こまちなみ保存事業〉についての話もあったが、町並みを保存し、再生・形成するための市の課題と役割についても考えさせられた。軒先の工夫をこらした看板も大変面白かったが、こうした仕掛けが訪れた人々の遊び心を誘う。地域通貨「もろみ」の運用、まちづくりサポーターの募集、しょうゆカステラ、しょうゆまんじゅうなど、オリジナル商品の開発、それらは共に宇都宮のまちづくりを行っていく際の手法として、参考になる。案内をして下さった直江さんの店、源の空間と伝統の醤油の味も魅力的であった。いかに多くの人々にまちづくりに関心をもってもらうか、みんなのまちである、という思いをいかに共有していくか、まちの歴史を大切にしながら、いかに個性を大事にしたまちを育てていくか、多くのヒントが、今回訪れた全ての場所から得られるのである。アートを通して人々の夢を育て、限られた人々だけでなく、多くの人々が主役となり、生き生きと生活することのできる街をつくっていこう、という思いは、金沢市民芸術村でも感じられた。

私は、学生の時から、オーケストラに参加し、現在も仕事の傍ら、オーケストラや室内楽演奏を楽しんでいる。また、演劇を趣味や仕事にしている友人もいる。自分自身や周囲の人々の経験から言えることは、練習場と発表の場所を確保するのが大変難しい、ということである。週に一度の練習場をとるために、練習場係が時間をぬって場所をとりに行き、連続して同じ場所をとるのが難しいため、週ごとに移動を迫られる。楽器や譜面台をのせたトラックを毎週、さまざまな場所に走らせ、楽器係を中心に皆で積み下ろしをするのである。

また、公共の場所を使用するため、当然のことだが、場所の使い方は勿論、入・退出の時間も大変厳しい。舞台や練習空間に傷をつけるなど、もっての他である。絵画や陶芸の場合も、展覧会を開こうと思ったら、場所と資金を確保するのが大変である。

そうした経験を重ねてきている私にとって、レンガ倉庫の再利用で、木のぬくもりも感じられるため、大変、趣があり、ただそこにいるだけで、感性とイマジネーションが膨らみ、心が躍り、踊ったり、はねたり、奏でたり、叫んだり、唄ったり、叩いたり、身体を動かし、演じてみたくなる創造の場との出会い、しかも、市街中心部から近い上に、低料金・年中無休二十四時間オープン、「壁に穴を空けてもいい、柱が邪魔なら切り取ってもいい」という空間との出会いは、まさに夢のようなできごと、従来の公共施設では考えられない、未来への夢と希望を開くできごとに思われた（もちろん、元に戻したが、実際に床を切った建築家がいたという）。運営に行政が口を出さず、市民からディレクターを募集し、しっかりと責任をもって運営・管理するという方式も、市民によるまちづくり、空間づくりのあり方として、すばらしい。市民は、ただ、鑑賞するのではない。まさに、アートと共に生き、アートを通してイマジネーションを開花し、主役になるのである。市民は、創造の自由を満喫しながら、責任をもって、場所の管理・運営に関わっていく。ディレクターを補助するボランティアのサポーターが多いこと、大人だけでなく、子どもが主役になれる活動も多くおこなわれていること、数々のワークショップや講座が開かれ、多様なジャンルの創造活動に参加できること、も大変魅力的に思われた。

ただ、宇都宮には、どれほど、人々が時間や周囲への影響を考えず、思い切り音を出せる場所があるのだろうか。楽器片手に気軽に集まれる場所があるのだろうか。先日、宇都宮ジャズ協会の事務局長で、うつのみやジャズのまち委員会委員をされている方の話を聴く機会があったのだが、例えば、音楽を演奏したり、音楽をＢＧＭにパフォーマンスするのが大好きな市民が集まって、市内数箇所を会場として開催される〈宇都宮市民芸術祭　ミヤ・ストリート・ギグ〉の際も、店の営業妨害になる、ということが言われ、音をだすことのできる時間が十二時から十六時に限られている、という。

ジャズのまちとして宇都宮を育てていくことに関心をもっている人が、まだ、限られているのかもしれない。音楽には好みもあるし、ただ、うるさいだけ、と思う人もいるのだろう。

しかし、街の人々が笑顔で生き生きと、音楽を奏で、聴き、音楽の話題を通してコミュニケーションが活性化されていく街は魅力的ではないか。街の魅力は、いかに、街の人々が元気で活力に溢れているか、ということによって、つくりだされる、と私は考える。

いかに、人々が生き生きしている場面を作り出していくか。老若男女、誰もがそれぞれのスタイルで生活を楽しみ、生きることを楽しむ場面を作り出していくか。金沢には「オーケストラ・アンサンブル金沢」という優れたプロのオーケストラもあるが、ただ、アートを享受するだけでなく、まさに市民のための、市民が創造するアート空間、寝泊りすることもできる場を市が市民と一体となって作り出していること、当初、壊す予定もあった、大正末期に建てられたレンガ倉庫や、金沢市郊外から移築した古い農家を現代的に再生させて、そうした空間・場を作り出していることに感動を覚えた。融雪の機能も持っている、という水路があることも魅力的だった。

また、新しいものを生み出していくだけでなく、「金沢職人大学」と称して、金沢市民芸術村に、「金沢に残る伝統的で高度な職人の技の伝承と人材の育成を行うと共に、資料の収集、調査及び公開を図ることにより、文化財の修復等を通じ、匠の技への高い社会的評価と一般の理解と関心を深めること」を目的とした学びの空間が設けられていることも意義深い。「伝統的なもの、歴史、人々が生きてきた証、培われてきた財産を生かし、世相を超えた交流が生まれてこそ、まちは輝くと私は思う。私たちが訪れた際には、子どもを対象とした講座が開かれていたが、さまざまな実体験を通して、子どもたちが伝統的な技に触れることも、世代を超えてコミュニケーションを活性化し、手づくりのよさを見直す、という意味でも意義深いものに思われた。子どもたちが器用なことにも驚いた。

伝統と現代の共生を意図したまちづくり、という点で、私たちが金澤東山まちづくりから学ぶことも多い。江戸時代から続く茶屋町のたたずまいは、歩いていると三味線の音が聞こえてきそうなのだが、歴史を感じることができ、心が奪われる。町家の内部を喫茶店・ギャラリーなどにし、古いたたずまいを現代的に再生させることは、京都などでも見られるが、歴史の街、金沢の独得の雰囲気のある街並みは、人々の心を刺激し、時間を超えた世界へ誘う。金澤東山まちづくり協議会はマンション建設の阻止を行い、金沢の伝統文化、生活文化、金沢の環境、風土を大切にするまちづくりを行っているとのことだが、歌舞・食文化など、伝統文化の良さを味わい、春の訪れをあじわうことのできる祭りを、市民手づくりで行う、という手法もよい。文化継承の場としての浅の川演舞場の建設を目標に浅の川園遊会を企画しているとのことだが、交流の舞台として川の空間に注目していることも興味深い。私たちを案内して下さった中村さんの話を聞いているだけでもこの祭りの規模の大きさが目に浮かぶ。この祭りを一度見てみたい。

宇都宮の場合も、昨年、八月の宮まつりの賑わいにも、この街のどこにこのパワーがあるのだろうか、と思宇都われたが、人々が賑わう祭りをいかに演出していくのか、ということもまちづくりの重要なポイントだ。宮の川をいかに物語性のある空間にしていくか。人々が歩きながら季節の変化を感じることができる街をいかに創出するか。川がゴミや悪臭に満ちた空間であってはならない。

金澤東山まちづくり協議会では、「本物のまち」をつくることを意図しているという。本物のまちでは、売っているモノもそこにいる人も本物で、いい雰囲気があり、ゴミを捨てる人もいなくなり、夜歩いても安全なまちになるのではないか、と事務局長の福嶋氏は述べている。福嶋氏は東山にあるような古い家は暗くて寒い、と以前、人々に考えられていたが、長い間残って来たものは「良いもの」であるという。

宇都宮を私たちはいかに「本物のまち」にしていくことができるのか。宇都宮の「良いもの」はどこにあるのか。宇都宮のまちづくりを考える場合、大谷石はキーワードになると思われる。宇都宮の伝統を生かし、人々が本物に出会う空間をいかにつくるか。宇都宮市内に残る大谷石の建造物、大谷石の文化を再発見し、大切にしていく活動も進められている。こうした活動も大切にしながら、個性と伝統を生かしたオリジナリティ溢れる宇都宮を築いていきたい。

滋賀県長浜でも、私たちは本物に出会うことができた。一時は衰退し、「ひと四人と犬一匹」のまちになった長浜のまちおこし。再生の大きなきっかけは、長浜城再建と「黒壁」と呼ばれ、長浜のランドマークとして親しまれてきた、明治三十三年の建築、百三十銀行の買収、第三セクター株式会社黒壁の誕生であるという。長浜でも「本物」にこだわり、ガラスへの注目を中心に、今まで古ぼけて見捨てられていた黒い漆喰壁の蔵や店に新しい生命を吹き込み、中心市街地を創造的に蘇らせたのである。

「この十年間で長浜の町の何が変わったかというと、それは〝人の気持〟だろう。人の考え方が変わらなければ、どれだけ多大な資本を投入しても活性化しない。たとえ小さくても、たとえ一人であろうとも、自分たちはまちのために何かを産み出してやろうとすぐに実践することが大切だと思う。百年後の長浜にも生き生きと続いているようなまちづくりを目指している。

株式会社　黒壁　代表取締役社長の笹原氏は、まちづくり役場で入手した『みーな』という情報紙でこのように述べている。今回お話をうかがった山崎さんも実にパワフルな女性だったが、長い時を越えて長浜の「曳山まつり」を盛り上げてきた人々の気迫がまちづくりにも込められているように思う。

宇都宮の人々にはどれほどの街に対する愛情、自分たちの街を人々が夢を描き、安心して暮らすことのできる街にしようとするパワーがあるのだろうか。

長浜のまちづくりには、さまざまな人やグループが網の目のように関わっているが、私たちが、世代を超えて人々が夢を描く街をつくる、という点で長浜から学ぶことも多い。長浜では秀吉博覧会の際、市民ボランティアが千人ほど参加した、という。熟年ボランティアが大活躍したのである。そうしたボランティアの一部は、今も、「プラチナプラザ」の野菜工房、おかず工房、リサイクル工房、井戸端道場で活動している。高齢化が進む現代社会において、まちづくりのキーワードは、若者も、高齢者も、子どもも、それぞれが生き生きと夢を描くことができる、ということだろう。

高齢者の生きがいづくりと、商店街の活性化の同時進行、という点で、「プラチナプラザ」はいいヒントになると思われた。

金沢でも長浜でも、私たちは、実に元気のいい、まちづくりに対する情熱をもった人々に出会った。それぞれのまちに、創造的に夢を描く人々がいた。今回、私たちが味わった人々のパワーを宇都宮でもぜひ、自分たちのものとして開花させ、この街で生活してよかった、と人々が感じることのできるまちを築いていきたい。

三月にも宇都宮のもつ宝を発見するフォトラリーが行われるが、楽しみながらまちづくりに興味をもつことができる機会をさまざまにつくっていくことが必要である。宇都宮にはどのような人々が生き、どのような夢を描いているのか。

私たちは、宇都宮の街をシャッターの閉まった街にしてはならない。アート・歴史・文化・夢・希望・人々の交流。人々が街の話をすることができる場をつくっていこう。

私はまだ宇都宮に来て一年にも満たないが、私自身の研究テーマである、街の音風景、感性文化にも注目しながら宇都宮の街を歩き、学生や地域の方々と共に、街にある宝、街に生きる宝を多く発見したいと考えている。

（宇都宮まちづくり推進機構、金沢・長浜視察旅行の報告書、掲載。）

感性の地平を拡げる

——サウンドスケープと地理教育の関係をめぐって——

一．感性の行動学と社会学
二．音風景／サウンドスケープとの出会い
三．音響コミュニティをめぐって
四．時代の移り変わりをめぐって
五．音楽／騒音／静けさをめぐって
六．『遠野物語』の世界から見えるもの　～ザシキワラシ、天狗、わらべ歌をめぐって～
七．遊びと人間
八．国際理解を深めるために
九．障害者と日常生活　～多様な地域認識へのアプローチ～
一〇．感性とイマジネーションを豊かにしていくために
　～サウンドスケープ・デザインをめぐって～

（日本地理教育学会における講演の項目とコンポジション）

京都／詩仙堂／鹿おどし

明保セミナー　明保文化教室

明保小学校一三〇周年記念講演会

家族とは？

――子どもは今、親に何を期待しているのか――

家族とはなにか？

家族全員がくつろげる温かな家庭を築く秘訣はなにか？

子どもに夢や安らぎを与える秘訣は何か？

現代社会において、子どもたちはどのような問題を抱えているのか？

子どもたちが生き生きと生活できるようになるために、考えなければならないことは何か？

子どもと大人はどのような関係を築いていけばいいのか？

一・社会学と感性行動学

二．家族とはなにか？

三．子どもという存在—「子ども期」とは何か？—

三—一　「子ども期」という概念をめぐって

アリエスの視点

三—二　現代社会における子ども

少子化

早期教育の進行

子ども時代、「子ども期」は失われつつあるのか？

朝日新聞記事　鏡の中の「子ども」

三—三　子どもに関する問題

学級崩壊

不登校

いじめ

子どもの虐待

子どもが起こす事件

四．子どもの声を聞く—子どもたちの主張をめぐって—

地域
社会全体の変革
作新学院大学人間文化学部　リエゾンオフィス　　キャップストーン・コース
小学校　総合的な学習の時間との連携
「子どもたちが〈まち〉に興味をもち、〈まち〉に魅力を感じてくれるための活動」

一人一人の存在が大切にされる社会を求めて

子どもの問題をめぐるNPO（nonprofit organization）

子どもが夢をもって生きることのできる社会を創造するために、私たちは、共に歩まなければならない。子どもたち一人一人の感性を大切にすることが重要である。
そして、子どもたちが安心して生活することができるために、家庭の役割が重要なのである。

（明保セミナー　明保文化教室、明保小学校一三〇年記念講演会、二〇〇三年七月五日、講演レジュメ。）

人間と環境世界

――ヘレン・ケラーの場合――

本報告の目的

人間にとって環境とはどのようなものなのだろうか。人間は世界をどのようにして認識し、どのような状態で世界に住みついているのだろうか。人間の感覚とはどのようなものなのだろう。

今回の報告では、三重の障害を負う身で、名門大学への入学を果たし、優秀な成績で卒業し、何冊もの著書を出版して、かつ啓蒙的な講演を行い、眼が不自由な人のための募金活動の先頭に立ち、障害者に対する社会一般の関心を呼び覚ましたヘレン・ケラーが生きた世界を考えることにより、このような問題にアプローチする。

一　ヘレン・ケラーが生きた世界

一―一．ヘレン・ケラーのコミュニケーション

一八八〇年六月二七日にアメリカ、アラバマ州タスカンビアに生まれたヘレン・ケラーが病気のために三重苦を負うようになったのは、一八八二年二月のことであり、ヘレン・ケラーを支えることになるサリバン先生とヘレン・

ケラーが出会ったのは一八八七年のことである。この間の自らをふりかえって、後にヘレン・ケラーは次のように書いている。

「先生の来て下さらない前、私は自分の存在について何も知りませんでした。私は世界ならぬ世界に住んでいたのです。（中略）私の内面生活は過去、現在、未来の無い、希望も期待も無い、驚きも喜びも信仰も無い空間でした」

（ヘレン・ケラー［一九三七年、一〇三―一〇四ページ］）

その後、サリバン先生との出会いにより、ヘレン・ケラーの精神は覚醒されていく。

水のエピソード

サリバン先生との出会いから二週間後のことである。

「ふたりは井戸小屋をおおうているスイカズラの甘い香りにひかれて、庭の小径を下っていきました。だれかが水を汲みあげていましたので、先生は樋口の下へ私の手をおいて、冷たい水が私の片手の上を勢いよく流れている間に、別の手に初めはゆっくりと、次には迅速に「水（ウォーター）」という語をつづられました。私は身動きもせずに立ったままで、全身の注意を先生の指の運動にそそいでいました。ところが突然私は、何かしら忘れていたものを思い出すような、あるいはよみがえってこようとする思想のおののきといった一種の神秘な自覚を感じました。この時初めて私はw-a-t-e-rはいま自分の片手の上を流れているふしぎな冷たい物の名であることを知りました。この生きた一言が、私の魂をめざまし、それに光と希望と喜びとを与え、私の魂を開放することになったのです。」

（ヘレン・ケラー〔一九六六年、三一ページ〕）

ヘレン・ケラーのコミュニケーションは、このようにして指話から始まり、次に読むことへと進んでいった。『私の生涯』には、「愛」「考える」といった抽象的観念を得るのに苦労した、というエピソードもある。

また、ものが言えるようになりたい、という衝動は常にヘレン・ケラーの心の内にあった。初めての発声法の訓練は、一八九〇年、サラー・フラー女史によるものだった。フラー女史は、ヘレン・ケラーの手を自分の顔に軽く触れさせながら発音してみせて、舌と唇の位置を感じさせる、という方法で、発声を教えた。その四年後には、ヘレン・ケラーは、ニューヨークのオーラルスクールに通い、発声法と読唇法を学んでいる。更に一九一〇年から三年間にわたって行われたボストンの高等音楽院の声楽の教授であるチャールス・エ・ホワイト氏との練習は、普通の人に近い状態で話せるようになるほどの効果をあげたのである。

（ヘレン・ケラー〔一九六六年、二四七―二五六ページ〕）

ヘレン・ケラーは、ふつうの人が眼で読むかわりに指で読み、耳で聞くかわりに手で読んだのである。

一—二ヘレン・ケラーの感覚と世界認識

ヘレン・ケラーは世界をどのように認識していたのだろうか。

手とはなにか

ヘレン・ケラーは自らの手について、次のようなことを述べている。

「私にとって手は、丁度貴下方にとって聴覚と視覚とを合わせたようなものであります。(中略)私のすること、なすことの一切は、皆私の手を旋回軸として、これに帰着するのであります。私をこの人間世界に結びつけて居るのは手であります。だから手は私にとって触覚であり、私はこれによって孤立と暗黒との中から抜け出で、指に触れる凡ゆる快楽、凡ゆる活動をとらえることが出来るのです。御覧なさい、他人の手から私の手へ一つのささやかな言葉が落とし込まれます。指が微かに震えます。そしてここから私の生活の知恵や悦びや充実が始まるのです。(中略)凡ての経験や思想に於いて、私は手を意識しています。私を動かすもの、私の心を踊らせるものは皆、闇の中に於いて私に触れる手としてでありまして、この触覚こそは私の実在なのであります。

(ヘレン・ケラー[一九三七年、三—四ページ])

触覚について

ヘレン・ケラーは「私の世界は触覚より成り立っている」と書き、諸感覚を分類した際にディドローの言葉を引用しつつ、「嗅覚は聴覚よりも少し劣り、触覚は眼よりもずっと優って居る」［一九三七年、七四ページ］と述べている。彼女においては、「身体の原子が一つ一つ皆振動計」［一九三七年、四五ページ］であり、身体中の皮膚の各分子が触れたり触れられたりするための感官だったのである。

ヘレン・ケラーは身体で音を体験している。水差しの中の「ぶくぶく」という液体の音、燃える火の音、時計の音、風車の金属的な響き、風の音……。

人間の足音について、彼女は次のように述べている。

「人の足音も触覚からいえば、その人の年齢、性別、態度によって異なることを発見いたします。子供の足音は成人の足音とは間違えっこありません。また青年の強く自由な足音は中年の人の落ち着いた足どりや、床の上を足をひきづって歩いたり、或いはゆっくりしたような調子で床を打ちつけて歩く老人の足音とは違います。」

（ヘレン・ケラー［一九三七年、四〇ページ］）

ヘレン・ケラーは都会の音を体験し、自然の音を体験した。更に、ピアノやヴァイオリンの演奏を指先で聴き、ラジオも聴取したのである。

ヘレン・ケラーはまた、彫刻を手で体験した。そして次のように述べている。

「私はときどき、彫刻の美にたいしては、目よりも手のほうがいっそう敏感なのではないかしらと思うくらいです。直線や曲線の驚くべき音楽的な流れは、目で見るよりも、もっと微妙な点まで感じられるのではないでしょうか。」

（ヘレン・ケラー［一九六六年、一四四ページ］）

嗅覚について

ヘレン・ケラーにおいては、嗅覚も重要な意味をもっていた。彼女は嗅覚を「真に力のある魔術師」［一九三七年、六一ページ］と呼んでいる。彼女は入って行く家の種類を嗅覚で知り、発散する匂いから人々のことや仕事を認識することができた。

ヘレン・ケラーは、「街のどの方向にいるかということを香りによって知ることがあります」と述べている。

「五番街は香気のあふれている街であります。貴族的気品に包まれている街だといっても、冗談としかおとりにならないでしょうが、ほんとうにそうなのです。その平坦な舗道を歩いていると、高価な香水、白粉、クリーム、上等の花、家々から立ちのぼる快い発散を感ずることができます。住宅地域ではおいしそうな食べ物、絹織物、上等なとばりなどを香りで感じます。私が歩いているとき、ときたま戸が開くと、その家の人がどんなコスメチックを用いているかということがわかります。また炉には火が盛んに燃えているか、まきを使うか石炭を使っているか、コーヒーを飲むときそれをほうじるか、蝋燭をともすか、その家は長い間空家になっていたか、ペンキ塗りかそれとも最近に装飾せられたのか、あるいは掃除をしているところであるかどうか、というようなことなどがよくわかるのです。」

（ヘレン・ケラー［一九六六年、三三二ページ］）

場所の匂い、というものがあるのである。

ヘレン・ケラーと世界

ヘレン・ケラーの世界は、たしかに沈黙と暗黒の世界であった。しかし、今まで述べてきたように、その沈黙も暗黒も、触覚、嗅覚、味覚など、さまざまな感覚に対しては、門戸をひらいていた。諸種の感覚が互いに協力し合う様子を、ヘレン・ケラーは次のように語っている。

「自然は凡ての人の必要に適応するものです。もし眼が損なわれて麗しき太陽の姿を見ることが出来ないなら、触覚はいよいよ鋭敏となり、特別力を増して来ます。自然は練習によって残って居る感覚を強くし、またその数を増加するものです。こういうわけで盲人は他の人よりも容易にかつ明瞭に音を聞くことがしばしばあります。嗅覚は殆んど新しい一つの能力となって、事物の間に侵入します。」

（ヘレン・ケラー［一九三七年、三八ページ］）

このように述べながら、ヘレン・ケラーは想像力の重要性、精神の重要性、内なる世界と外なる世界の対応の重要性を繰り返し強調している。ヘレン・ケラーの思想は、決して色彩の無い思想ではなかったのである。

一―三　ヘレン・ケラーと哲学

ヘレン・ケラーは「知識は力である」「知識は幸福である」と述べ、「人の進歩の道程を示す思想や行為を知ることとは、幾百年を通じて人類の偉大な心臓の鼓動を感じることである」と語っている。(ヘレン・ケラー〔一九六六年、一一七ページ〕)

『わたしの生涯』には数人の哲学者が現れる。ソクラテス、プラトン、デカルト、カント、エマーソン……。ヘレン・ケラーはこれらの哲学者により、自らのおぼつかない信念に対する力を与えられたのである。プラトンから彼女は精神の作用を教えられた、と述べている。デカルトの「われ思う、ゆえにわれ存り」からの影響は更に大きかった。ヘレン・ケラーはこのことばにより、それまでは、事物と、感覚と、断片的な印象がただ雑然と転がっている中を手探りに歩んでいたにすぎない三重苦の自分を、精神の力を働かせて、より強く支配していくことができるようになったのである。カントの「概念を伴わない感覚は無意味なものであり、感覚を伴わない概念は空虚なものである」という説、「時間と空間とは一定不変のものではなくて、わたしたちが人生を経験するための変化多き道である」という説からも、また彼女は元気づけられたのである。

ヘレン・ケラーにとって、書物はふつうの人以上に多くの意義をもっていた。喜びや知恵だけでなく、ふつうの人が眼や耳から得る知識までを、彼女は書物から得ていたのである。

『わたしの生涯』には、ウィリアム・ジェイムズとの出会いも描かれている。ヘレン・ケラーは、プラトンやフランシス・ベーコンに似ているアメリカ人、としてウイリアム・ジェイムズを捉えている。

一—四　ヘレン・ケラーと自然

ヘレン・ケラーはまた、田園や戸外を深く愛していた。その背後には、そもそも初めからヘレン・ケラーの思想を自然と結びつけて「小鳥と花と私は楽しいお友達」である、と言うことを彼女に感じさせたサリバン先生の影響もあった。

ヘレン・ケラーは、雨の日に木がおしゃべりをしながら笑いあうのを感じることができたし、葉のたてる音、草の音、鳥が止まると痛いといってかすかに泣く小枝の叫びやアザミの銀色のそよぎなどを聞くことができた。

自分の家の庭について、ヘレン・ケラーは次のように述べている。

「私にとってはこの庭は、騒々しい世界からの避難所、瞑想の場所、小鳥、ミツバチ、チョウなどの美しい、静かなすみか、不安な魂が夜の荒波にもまれた時のいこいの国、罪を悔ゆる秘密のざんげ室なのであります。私にとっては、どの時刻に下り立っても同じことです。金色の太陽の門が上がって葉ずれがねぐらの鳥をゆり覚まし、まだ夢路をたどっている花からは狭霧の露が払い落とされ、開いている花はその顔をもたげて陽を仰ぐ東雲《しののめ》であろうと、または、生活を表す一際の旗がひるがえり、太陽の光線が万物を美しく見せる真昼であろうと、宵闇が静かにあたりに迫って、「世界がその翼を収め」、草影には蛍が灯をともす寂黙たる夕暮れであろうと、私の心は庭に下りるごとに、限りなき歓喜に満たされるのであります。」

（ヘレン・ケラー〔一九六六年、四五六ページ〕）

ヘレン・ケラーの文章から私たちは、自然に対する豊かな感受性を読み取ることができるのである。

一―五　ヘレン・ケラーと家

ヘレン・ケラーにとって、自分の家とはどのようなところだったのだろうか。上に引用した文章からも彼女の気持をうかがうことはできるが、次の文章もまた興味深い。

これは、一九一七年、わずかしかなかった財産もほとんどなくなってしまい、レンサムの家を売らなければならなくなった時のことである。

「家には心があって、私たちの去るのを悲しんでくれるような気がしました。それぞれの部屋は、耳には聞こえませんが、優しい言葉で別れを惜しんでくれました。私は元来家というものを、ただ木材とセメントとでできているものとは考えておりませんでした。家は一つの精神であって、私たちを庇護するか、追放するか、祝福するか、それとも呪そするものであります。私の家は私を育み、その心の中に子供の笑声と小鳥の歌とを蓄えていたホームであったのであります。そこで私は畑が鍬を入れられ、耕されていくのを見、種子がまかれるのを見、新しい花や、野菜が庭にはえるのを待っていたのであります。」

（ヘレン・ケラー［一九六六年、三六〇―三四一ページ］）

家はどのようにして家になるのか、これも非常に大きな問題である。

一―六　ヘレン・ケラーを囲む人々

ヘレン・ケラーは決してただ一人で彼女の世界を生きたのではない。サリバン先生をはじめ、彼女とともに生きる多くの人がいたのである。ヘレン・ケラーは次のように語っている。

「結局私の生涯の物語を作り上げているのは、私のお友だちであることがおわかりになったでしょう。思えば数えきれぬほどのたくさんの方法で、この人々は私の欠陥を、かえって美しい特権に変え、私の眼と耳の損失がかもし出す闇と沈黙の谷の陰を、心静かに幸福に、歩ませてくださるのであります。」

（ヘレン・ケラー［一九六六年、一五九ページ］）

ヘレン・ケラーの視野には、過去の時代に生きた人々の姿も入っていた。ヘレン・ケラーを囲む人々を考えることなく、ヘレン・ケラーが生きた世界を考えることはできない。

二 環境世界とは何か

一にお いてはヘレン・ケラーが生きた世界を検討してきた。ヘレン・ケラーが豊かな感受性をもって世界を体験していたことが、明らかになったと思う。また、人間の感覚の素晴らしさを、改めて認識することができたと思う。

人間と環境、人間と世界の関係とは、本当に不思議なものである。同じ人間だからといってすべての人間が同じやりかたで世界を認識している、ということはできないし、同じ世界を同じように理解している、ということもできない。感覚のもつ意味も、人によりさまざまなのである。

どのような意味を世界に付与しながら生きていくのか。環境世界や感覚の問題を考えるなかで、改めて意味の問題がクローズアップされてくるのである。

ドイツの生物学者、フォン・ユクスキュルの「環境世界論」は、このような問題を考える一つの手掛かりになるだろう。ユクスキュルはその著作のなかで、環境とそこに生きる主体とを切り離して考える機械的環境論を批判している。環境世界とは、彼によれば、主体に応じた独得の知覚標識によって満たされ、一種シャボン玉のような限界性によって個別に隠蔽された世界であり、「あらゆる主体は、ただ主観的現実のみが存在し、そして環境世界のみが主観的現実である世界に生きている」のである。

人間の感覚にいかに差異があるか。

この地上には、例えば農村地帯のアフリカ人やエスキモーのような、聴覚中心の文化、聴覚中心の社会が存在している。その世界は、そこに住む人間がある音を聞いた場合、その音が直接彼自身に関わる意味を持っている世界であり、全ての事象はそこにあるがゆえに除外することができないのである。

また「音楽」ということばのある社会もあれば、「音楽」ということばのない社会もある。

「異なる文化に属する人々は、ちがう言語をしゃべれるだけでなく、おそらくもっと重要なことには、ちがう感覚世界に住んでいる」と述べたのは、エドワード・ホールである。感覚は社会によってもつくられるのだ。

いままで社会学では、感覚や身体の問題がどのように扱われてきたのだろうか。

どのような音がいつ頃どこで聞こえ、人々がそれをどのように体験してきたのか、を具体的に調べていくとともに、社会学の歴史の中に「音の社会学」「感覚の社会学」「雰囲気の社会学」を位置付けながら感覚や身体について考えていきたい、と思っている。

《参考文献》

ヘレン・ケラー、岩橋武夫訳『わたしの生涯』角川文庫、一九六六年（原著出版「暁を見る」一八八七―一九〇一年）、（「濁流を乗りきって」「闇に光を」一九二九年））

ヘレン・ケラー、岩崎・遠藤・荻野目共訳『ヘレン・ケラー全集　私の住む世界　私の詩集　石壁の歌』三省堂、一九三七年（原著出版一九〇八年、一九一〇年）
ユクスキュル、日高・野田訳『生物から見た世界』思索社、（原著出版「動物と人間の環境世界への散歩」（一九三四年）「意味の理論」（一九四〇年）、ともに一九七〇年再録）
エドワード・ホール、日高・佐藤訳『かくれた次元』みすず書房、一九七〇年（原著出版一九六六年）
ジョゼフ・P・ラッシュ、中村妙子訳『愛と光への旅　ヘレン・ケラーとアン・サリヴァン』新潮社、一九八二年（原著出版一九八〇年）
山岸健『社会学の文脈と位相　人間・生活・都市・芸術・服装・身体』慶應通信、一九八二年
山口昌男・対談集『身体の創造力　音楽・演劇・ファンタジー』岩波書店、一九八七年
宮岡伯人『エスキモー　極北の文化誌』岩波新書、一九八七年

（慶應義塾大学大学院社会学研究科、山岸ゼミナール、報告レジュメ、一九八九年七月一二日）

エッフェル塔とその周辺

「エッフェル塔は橋である」

ロラン・バルト(1)

モダンの社会とはどのような社会であり、ポスト・モダンの社会とはどのような社会なのか。時の流れのなかで、人々の生活や思考のありかたは、どのように変容しているのだろう。ここでは、パリのエッフェル塔と横浜の西鶴屋橋をクローズアップさせることにより、モダンの時代とポスト・モダンの時代の性格について考察していきたい。

エッフェル塔と西鶴屋橋はそれが置かれた場所も造られた時代も、造られた環境も全く異なる二つの事物である。しかし両者はそれぞれに、ある時代の時代観や社会観、更には人間観をも非常によく現わしている点で共通しているように私には思われる。ここではそれらのものがどのようなものであるのかを検討していきながら、そこに表現された時代のひだにできるだけ深く迫ってみたいと思う。表現やデザインの変容について述べるとともに、都市空間の変容、人々の身体感覚の変容についても言及していきたい。

第一章　エッフェル塔――モダンの時代の象徴――

一八八九年、パリの万国博覧会を記念して建てられたエッフェル塔。ここではまず、エッフェル塔が造られた時代にさかのぼり、塔がどのような背景のもとに造られ、人々や時代に何をもたらしたのかを考えていきたい。そのなかで、エッフェル塔のモダン性を描き、モダンの時代の性格を探っていきたいと思う。

第一節　エッフェル塔――万国博覧会のシンボルとして――

エッフェル塔の背景にあった万国博覧会。博覧会の理念や性格はどのようなものだったのか。

世界ではじめての万国博覧会が開かれたのは一八五一年、ロンドンのハイド・パークにおいてのことである。万国博覧会はその歴史の初めから、モダンを象徴する催しであった。

「一八五一年のロンドン・ハイドパークで開かれた最初の万国博は、イギリスが世界にさきがけて実現した工業社会の自己検証なのであった。（中略）理性・科学・技術・文明そして進歩、それは十九世紀のイギリス人をとらえた新しい偶像なのであった」。（吉田光邦『万国博覧会　技術文明史的に』五五―五七ページ）傍点：報告者。

展示品・展示会場にみるモダンの時代

アメリカ製の家具にはすでに、有用性のみに徹底し、機能のみを追うという工業社会・機械時代のもつデザインの方向が現れていたし、ライフル銃は規格部品の組み立てという新時代の生産様式によってつくられたものだった。

展示会場となったのはクリスタル・パレス（水晶宮）、三八〇〇トンの鋼鉄材、七〇〇トンの鋼鉄、三〇万枚のガラス、六〇万フィートの木材を用いて造られた、鉄とガラスの建築としては今までにないほどの大空間。人々はここでそれまでには体験したことのない空間感覚を得た。博覧会の建築はそれ自体が新しい未来建築のシンボルであり、建築技術は最新の技術の結集でなければならない、という考えは、すでに第一回の万国博から存在していた。↓エッフェル塔への道

十九世紀の万国博における国際性（日本人と万国博の関わりを考えるなかから）

福沢諭吉・渋沢栄一における博覧会

「博覧会は元と相教え相学ぶの趣意にて、互に他の所長を取て己の利となす。之を譬えば智力工夫の交易を行うが如し。又各国古今の交易を行ふが如し。又各国古今の品を見れば、其国の沿革風俗、人物の智愚をも察知す可きが故に、愚者は自から励み智者は自ら戒め、以って世の文明を助くること少なからずと云う」。（福沢諭吉）(2)。

十九世紀は植民地獲得の時代。博覧会では進歩を象徴するものが展示された傍ら、植民地の生活の姿が展示された。モダンの発想の特徴は、ものごとを二分すること。

文明・対・未開という二分法がはっきりとみえる博覧会は、そうした意味でもモダン社会の産物であった。

エッフェル塔はフランスの国力のシンボルとしてその姿を現わした。

「万国博覧会は商品という物神（フェティシュ）の霊場である」。（ヴァルター・ベンヤミン）(3)

ベンヤミンは資本主義文化の華やかさの絶頂を博覧会に見た。

エッフェル塔は万国博覧会というモダン社会の祭典を背景として生まれてきたのである。

第二節　エッフェル塔がもたらしたもの――鉄とイルミネーションをめぐって――

鉄で造られ、三〇〇メートルの高さを誇るエッフェル塔。この節では材料と形態がもたらしたものをクローズアップさせる。

十九世紀は鉄の時代。鉄が可能にしたものは何だったのか。

（一）鉄道

一八二五年、最初の鉄道がイギリスのストックトンとダーリントンの間を走って以来、鉄道は人々の生活を徹底的に変えていった。

福沢諭吉、ハーバート・スペンサー、柳田國男、ヘンリー・デーヴィッド・ソーロー、チャールズ・ブースにおける鉄道。

（二）駅

〈乗降所〉（アンバルカデール）と呼ばれていた駅が急激な乗客の膨張に対応するために改装され、〈駅〉（カール）と呼ばれるようになったのは一八六〇年代から世紀末にかけてのこと。鉄骨とガラスが精妙に組み合わされた駅、鉄道網の心臓部の位置を占める駅もまた、未来を志向する技術と進歩の楽天的な信仰が具象化された場所に他ならなかった。

（三）建築物

補助材として鉄が使われるようになった歴史は古い。しかし、鉄でなくては作れないものが生まれたのは産業革命以降のことであった。建築家は鉄に対し強い抵抗感を感じたという。当時の建築家の作品には、抵抗感と鉄を利用して新しい様式を作りだそうとする努力が現れている。

ベンヤミンも建築材としての鉄に注目した。彼は「パリ――十九世紀の首都」において、「建築史に人工の建築材料が登場したのは、鉄をもって嚆矢とする」(4)と述べた。

（四）橋

ギュスターヴ・エッフェルとエッフェル塔

エッフェル塔にはエッフェルのそれまでの経験が生かされている。

なお、ロラン・バルトはエッフェルの全ての仕事に共通する点を見出している。彼はエッフェルの建築物の全ては人間相互のコミュニケーションという考えから建てられたものだ、と考えたのだ。

エッフェル塔が生みだしたもの

↓

新しい美の観念。

幾何学的な曲線とその構成による美。外壁のない空虚が空間を構成する美しさ。都市の地平線を構成する美。緻密な計算と鉄の適切な使用法によって生みだされたその塔の姿は当時の芸術家の美の観念とは真っ向から対立するものだった。

それまでの造形美に対する機能美の観念の誕生。

それは二〇世紀の建築やデザインにおける機能主義の美の理念を養っていく根となったのである。

今和次郎もまた「近代的造形感情の問題」においてエッフェル塔の形態にアプローチしている。

「十九世紀の建築学は考古学につきる感があったのであるが、それ以来、建築学は物質的建築学につきる感がある情勢を呈するにいたったのである。そこで建築学のそのような重点の動きから、建築美にかかわる議論も新しい分析のうえに立たなければならないことになってしまった」。(5)

美の世界における時代の転換はこのようにして、エッフェル塔によりもたらされた。

エレベーターとイルミネーション

人間の空間感覚の変化と電気の時代、電力の時代の幕開け。

新しい空間、新しい美、新しい技術は、エッフェル塔の誕生により、人々が実感できるものになったのだ。

第三節　エッフェル塔——高さと視点の誕生——

エッフェル塔は高さ三〇〇メートルの塔であった。(正確には一八八九年時点で三一二・二七五メートル)。塔の高さが時代や人々にとってもっていた意味は、どのようなものだったのか。

塔の高さがもたらしたもの――都市空間の変容――

「塔はまずその高さによってモニュマンになった」(6)。

一八六〇年代を中心に Georges-Eugene Haussemann により行われたパリの大改造。それはパリの全域を対象とする大規模な改造であったが、いまだ都市をめぐる観念は、垂直方向に視野を広げるようにはなっていなかった。

都市空間を立体的に変えたのは、エッフェル塔に他ならない。都市空間の広がりや新しい空間感覚が、エッフェル塔によりもたらされたのだった。

モダンの時代においては、都市を効率的に機能させ、多くの人々に利便を供するには建築の高層化が最善の道とされた。それが実現すれば、人間は前世紀までの暗い陰鬱な暮らしから開放され、近代の利便を享受することができると人々は夢想したのだった。そのためには都市を構成する個々の建築をまず変身させなければならない。十九世紀以前の材料である煉瓦や石、木などの自然の材料にかわって、工業製品である鉄とガラスとコンクリートで建築を造る、という発想が、超高層の立ち並ぶ都市風景の根底をなす考え方になったのだった。それはエッフェル塔からの道だった。

一八八九年を境として新しい都市空間への道が開かれたのである。また、エッフェル塔の高さは上昇志向、未来志向の精神を象徴している、といえるだろう。

新しい視覚世界

パリの証人、パリの地理的・歴史的・社会的構造をひかえめに固定する視線としてのエッフェル塔（ロラン・バルト）。

モダンの時代↓　視覚の世界において大きな変化がおこった時代、視覚のもつ意味が高まった時代。

支配するまなざし、写真、パノラマ、活字メディア、大都市で交わされる視線の変容。さまざまな視覚体験。

鳥の眼のまなざし、それはモダンを象徴するまなざしといえるだろう。

エッフェル塔がもたらしたまなざしもまた、鳥の眼のまなざしに他ならなかった。

人々にパリを解読する場所をもたらしたエッフェル塔がもつ意味は、都市空間にとって大きいのと同様、人々の精神生活にとっても大きなものだった。

第二章　意味と機能の間で——エッフェル塔の時代性——

エッフェル塔はたしかにモダン時代の産物である。しかし、それはあくまでもモダンの時代の塔であり、モダンにおいてその役目を終えた塔なのか。
ここでは、いくつかの絵をクローズアップさせることにより、そのことについて考えてみた。

アンリ・ルソー〈私自身、肖像・風景〉（一八九〇）
込められている万国博への思い。

ローベール・ドローネ〈空気、鉄、水〉（一九三六）
古いパリや古い世界が近代の暴力によって解体されることに対しての恐れや希望。近代の科学技術の発展や時代のうねりを彼の作品に見ることができる。

エドゥアルド・アロヨ〈エッフェル塔へのオマージュ〉（一九八九）
エッフェル塔という身体。

エッフェル塔をモティーフとした作品から聞くことのできるさまざまなメッセージ。
時代を超える要素をもつエッフェル塔。

なぜエッフェル塔は、さまざまな姿で私たちの前に姿をみせるのか。
エッフェル塔が「意味をひきよせる」(7)事物である、ということにその問いの鍵はある。

ポスト・モダンの時代

意味重視の時代。人々の抱く意味が大きな役割をしめる時代。

エッフェル塔が、意味をひきよせる事物である限り、それは時代を超えて生き続けるように私には思われる。

しかし、私たちはエッフェル塔が造られた時代というものを強く意識させる次のような事実にも眼をむけなければならない。

エッフェル塔は本来、博覧会が終わると壊されることになっていた。「無用にして醜悪なエッフェル塔」が存在する余地は、その時代にはなかった。エッフェル塔が建てられた時代においては、無用であることは、何よりもの罪悪だった。エッフェル塔は、数回にわたって塔の取り壊しの動きと戦わなければならなかった。

エッフェル塔が壊されないですんだのは、今世紀初頭に発明された無線電信に塔が役立つことが明らかになったからだった。

モダンの時代

機能優先の時代。右のような事実は、私たちにそのことを実感させてくれる。

エッフェル塔は、今日でもラジオ・テレビ塔として利用されている。

モダンの時代は、コミュニケーションの時代であり、電波の時代である。エッフェル塔は、その点からもモダンの記念碑になったのだ。

エッフェル塔は、ポスト・モダンへ至る要素を持ってはいるものの、本質的にはモダンを象徴する事物。

ポスト・モダンのデザインとは、どのようなデザインか。

サウンドスケープ・デザインが施されている横浜の西鶴屋橋をクローズアップさせることにより、時代の変容を考えてみたい（西鶴屋橋が完成したのは一九八八年春のこと）。

「橋の上で、少しだけ耳を傾けてください　かすかなささやきがあなたの耳に届きませんか　風に揺れる木の葉や樹々のささやき…ふと耳を済ませた時　はじめて聞こえてくる音たちに　あなたの心が響きませんか」


西鶴屋橋がモダンを超える橋だと私が考える理由
（一）西鶴屋橋が現代社会を批判する視点をもつ橋であること
（二）橋のデザインが意味のデザインであること
（三）視覚のデザインではなく音のデザインが施されていること
以下、一つずつ理由をとりあげながら、西鶴屋橋の時代性を検討していく。

（一）現代社会を批判する視点
R・マリー・シェーファーのサウンドスケープ論
「音楽家は環境へ戻り、音の風景（サウンドスケープ）のデザインに力を貸さなければならない。それは貴い仕事だが、同時に想像力と勇気をも必要とする。しかし、私たちがそれをしなければ世界は音のスラムと化すだろう。

さあ、環境へ戻り、人々により美しい世界をさし示そうではないか。」(8)

ハイファイなサウンドスケープ、ローファイなサウンドスケープ

現代の音のあり方を批判

↓

機能優先のモダンの時代においては音の質が省みられることは、ほとんどない。

ポスト・モダンの時代：生活の質が問われる時代、環境へまなざしが向けられる時代。

西鶴屋橋のような質を求めるサウンドスケープ・デザインは、そうした時代において初めて可能となるもの。

(二)意味のデザイン

・橋の仕掛けに注目！

時々刻々変わる音。ごく些細な音。

人々は意識して初めてそこに参加することができる。

・日頃、気にしないように（無視するように）努めている都市空間の騒音に改めて注意を喚起することを意図して施された音。

初めから人々の意味を求めて、人々がそこに参加することを意図して造られた橋。

エッフェル塔もたしかに人々がさまざまな意味づけをすることができる塔。

しかし、それは通信という機能を与えられることなしには存立することができない塔であった。

それに対し、西鶴屋橋は渡るという橋本来の機能はもつものの、はじめから意味づけを意図して造られた橋。そのデザインは都市空間の現実を違った現実に変えることのできる真の意味での〈意味のデザイン〉なのだ。

西鶴屋橋の意味は、その場その場のできごととして創出されていくのである。

(三) 音のデザイン
「サウンドスケープ・デザイナーが耳を重視するのは、ただ現代社会の視覚偏重主義に対抗するためであり、究極的にはむしろすべての諸感覚の再統合をめざすものなのである」(9)

モダンの時代は人間の感覚が視覚に偏ってデザインされた時代。
→　都市空間に注目!
私たちが都市で体験している音は、そのほとんどが方向性や遠近感が失われた「貧しく醜い」音であり、特に意味秩序もなく氾濫している音である。

ポスト・モダンの時代
私たちの周囲では視覚偏重のデザインの有害性が、しだいに叫ばれるようになってきた。
〈においの風景〉や〈音の風景〉が目に見える風景とともにあるのだ、ということが語られるようになってきたし、聴覚や嗅覚に訴えるデザインが、生活のさまざまな場面で見られるようになってきた。
モダンのデザインが視覚偏重のデザインであったのに対し、ポスト・モダンのデザインは、人間の身体感覚全てに訴えるデザインではないだろうか。人間は、本来、身体全体で空間や時間を体験する生物であるはずである。ポスト・モダンの時代においては、そうしたことの意味が改めて見直され、五感に働きかけるデザインが生まれてくるのではないだろうか。

（例）シンクロ・エナザイジャー

デザインは時代の鏡である

それぞれの時代を生きた人々がいたし、それぞれの時代を彩った思想があった。さまざまなデザインが、人々によって現実のものとなってきた。それは社会学の興味深い主題である。私は、これからも人々が造り出してきた表現やデザインを時代や社会の動きのなかで捉え、そこに込められた思想を描く、という作業を続けていきたいと思う。表現の歴史を描くことは、生活の歴史を描くことに他ならないのである。

ところでポスト・モダンのデザインを考えていく際には、次のようなことが、理解のポイントになっていくだろう。
・人間と環境の関わり方の変容
・図と地の逆転、〈風景〉への注目

私は、これからさまざまなサウンドスケープ・デザインをクローズアップさせつつ、環境デザイン、環境芸術の歴史を追いかけてみたいと考えている。

現在パリでは「グラン・プロジェ」と呼ばれる大規模な開発が行われている。オルセー美術館、グラン・アルシュ、ラ・ビレットの公園計画、ルーブル美術館の大改造、新オペラ座などにより、パリは大きく様変わりした。松葉一清は、機能第一のモダニズムに異を唱え、人とモノ、歴史と現在を調和させているパリをポスト・モダンの都市、「都市の未来図」をみることができる都市として捉えている（『パリの奇跡　メディアとしての建築』）。エッフェル塔は、今後、パリの街においてどのような位置づけを与えられ、どのような意味を人々に抱かせていくのだろう。私はでき限り早いうちにパリに出掛け、自分の眼でエッフェル塔を見てきたいと考えている。

〔注〕

（1）ロラン・バルト　宗左近・諸田和治訳『エッフェル塔』審美社、一九七九年（原著出版一九六四年）三六ページ

（2）福沢諭吉「西洋事情　初編」『福沢諭吉全集　第一巻』岩波書店　一九五八年　三一二ページ。

（3）ヴァルター・ベンヤミン　川村二郎訳「パリ―十九世紀の首都」編集解説　川村二郎『ベンヤミン著作集六　ボードレール』晶文社　一九七〇年（原著出版一九三五年）一六ページ。

（4）ヴァルター・ベンヤミン　川村二郎訳「パリ―十九世紀の首都」編集解説　川村二郎『ベンヤミン著作集六　ボードレール』晶文社　一九七〇年（原著出版一九三五年）一〇ページ。
（5）今和次郎「近代的造形感情の問題」『造形論　今和次郎集　第九巻』ドメス出版　一九七二年　五二ページ。
（6）多木浩二「エッフェル塔　かたちの記憶」『エッフェル塔　一〇〇年のメッセージ〔建築・ファッション・絵画〕』カタログ　一九八九―一九九〇年　東京ステーションギャラリー　一五九ページ。
（7）ロラン・バルト　前掲『エッフェル塔』一二ページ。
（8）マリー・シェーファー「『波の記譜法』へ寄せて」小川博司・庄野泰子・田中直子・鳥越けい子編著『波の記譜法　環境音楽とはなにか』時事通信社　一九八六年。
（9）R・マリー・シェーファー　鳥越けい子・小川博司・庄野泰子・田中直子・若尾裕訳『世界の調律　サウンドスケープとはなにか』平凡社　一九八六年（原著出版　一九七七年）三三七ページ。

〔参考文献〕

〈著作・論文〉
磯崎新対談『ポスト・モダンの時代と建築』鹿島出版会　一九八五年。
今田高俊『自己組織性―社会理論の復活―』創文社　一九八六年。
今田高俊『モダンの脱構築　産業社会のゆくえ』中公新書　一九八七年。
渋澤榮一『滞在日記　全』日本史籍協会　一九二八年。

庄野泰子『「メディアの中の音」から「メディアとしての音」へ―サウンドスケープ・デザインの立場から―』
『建築雑誌　一九八九年　一一　むすぶ』日本建築学会。
多木浩二『眼の隠喩　視線の現象学』青土社　一九八二年
松葉一清『パリの奇跡　メディアとしての建築』講談社現代新書　一九九〇年。
柳田國男『明治大正史世相篇（上）（下）』講談社学術文庫　一九七六年。
山岸健『社会学の文脈と位相　人間・生活・都市・芸術・服装・身体』慶應通信　一九八二年
山岸美穂『音と音風景―東京の変遷と耳の記憶―』『日常生活の舞台と光景〔社会学〕の視点』聖文社
一九九〇年
吉田光邦『万国博覧会　技術文明史的に』NHKブックス一〇六　一九七〇年
ロラン・バルト　花輪光訳『明るい部屋　写真についての覚書』みすず書房一九八五年（原著出版一九八〇年）
ベンヤミン　編集解説　佐々木基一『ヴァルター・ベンヤミン著作集二　複製技術時代の芸術』晶文社
一九七〇年（一九二五年から一九三七年に書かれた論文を収録）
ミッシェル・フーコー　田村俶訳『監獄の誕生　監視と処罰』新潮社　一九七七年（原著出版一九七五年）
M・マクルーハン　森常治訳『グーテンベルクの銀河系　活字人間の形成』みすず書房一九八六年（原著出版一九六二年）
G・ジンメル　居安正訳「感覚の社会学」『社会学雑誌　一九八七　四』神戸大学社会学研究会
ソーロー　神吉三郎訳『森の生活　ウォールデン』岩波文庫　一九七九年（原著出版一八五四年）

Michael Collins & Andreas Papadakis, Post-Modern Design, Academy Editions, 1989
H. V .Savitch, Post-Industrial Cities Politics and Planning in New York, Paris,and London, 1988

〈雑誌〉
『現代思想 一九八五 vol.13 三 特集、ベンヤミン 遊歩の思想』青土社
『月刊 アドバタイジング 一九八八／六 特集 二一世紀社会を構築する―ゆらぎがつくる自省社会』株式会社 電通

〈カタログ その他〉
『モダン・パリ展――印象派から世紀末まで』一九八五―一九八六 小田急新宿店 グランドギャラリー ひろしま美術館他
『パリの終着駅』一九九〇年 東京ステーションギャラリー
『NHK衛星スペシャル 世界デザイン紀行一 モダンデザイン・一〇〇年の肖像、二 二一世紀デザインの旅』NHK取材班 柏木博 磯村尚徳 学習研究社 一九八九年
その他

（慶應義塾大学大学院社会学研究科、ゼミナール発表のためのレジュメ原稿）

音楽に見る風景

―音楽の可能性―

フランスの思想家、ポール・ヴァレリーは、音楽を「可能性の芸術」としてとらえている。音楽は私たちを刺激し育み、私たちの可能性を拓くのであり、音楽は、人生を賛美し、私たちを高揚させ、私たちに生きがいを与える。活力や希望の源となる音楽は、時に、私たちを旅や風景に誘い、また、その音楽を初めて聴いたり、その音楽に感動した時に出会った風景と私たちを再び対面させるのである。

「音楽は音である。コンサートホールの内と外とを問わず、われわれを取り巻く音である。ソローを見よ」。これは、アメリカの作曲家、ジョン・ケージの言葉だ。ソローは森の音を聴き生活した環境文学の生みの親ともいわれる作家である。この言葉を参照しながら、「サウンドスケープ（音風景）」研究を行ったカナダの作曲家、R・マリー・シェーファーは「今日すべての音は、音楽の包括的な領域内にあってとぎれのない可能性の場を形成している。新しいオーケストラ、それは鳴り響く森羅万象なのだ」と述べた。シェーファーは「騒音」に対する周囲の関心を高めるためにも、周囲の音に耳を澄まし、「音」を「楽」しむことに私たちを誘ってくれた人である。

日本人は、古来、虫の声に耳を澄ましたり、茶の湯の釜に松籟を聴いたり、ししおどしや水琴窟のような装置を考案するなど、生活のなかで音を重視し、音に対する心遣いをしてきた。そうした細やかな感性は、例えば、作曲家、宮城道雄が、弟が声をだして読む和歌、「水の変態」を聞き、水が霧、雲、雨、雪、霰《あられ》、露、霜になる様子をイメージし、水音、雨音などを思い浮かべながらつくった、箏曲「水の変態」にも現れている。

私たちは、音楽と音風景が相互に影響を与え合い、音楽家がさまざまな時代や文化の音とリズムの影響を意識的にも無意識的にも受けている様子を、作品や演奏を通して知ることができる。例えば、ヴィバルディ、ヘンデル、ハイドン、といった一八世紀の作曲家は、小鳥や動物、田園風景の人々、牧童、村人、狩人などを、生き生きと優しさに満ちた状態で描き、二〇世紀、未来派の作曲家、ルイジ・ルッソロは、自らを取り巻く新しい世界のもつ音楽的可能性を人々に教えようとして、音＝雑音を創造する楽器、イントナルモーリを発明し、「都市の目覚め」を作曲した（ルッソロは一九一三年に「雑音芸術未来派宣言」を発表）。

今日、人々の日常生活や、病院の治療やリハビリの場面で音楽の効用が注目されている。どの時代の人々も、理想とする風景を音楽に見出してきたことに注目したい。年末から新年にかけて、どのような音、音楽が街に響くだろう。数年前、ウイーンのシュテファン寺院前の広場で新年を迎えたが、新年とともにウインナーワルツが広場に流れ、花火、乾杯の声、音を聴きながら、人々がリズムにあわせて踊っていたその風景が目に浮かぶ。

（『SIGNATURE　1＆2』、二〇〇四年、一・二月合併号、シティコープダイナーズジャパン。）

庭園の想像力

――生きる意味を確かめるために――

庭園は人々が理想とする風景を現出させた時空間である。「庭」の語源には神聖で重要な神事を皆で行う空間、という意味があり、庭の源流には古代の人々の石・水・樹木に対する信仰がある。庭は単なる物質的空間ではなく、ひとりひとりの心のなかで、ひとつの宇宙イメージ＝自然＝祈りの場として生き続けてきた。日本庭園は、水・石・木および、灯籠《とうろう》、橋、竹垣といった景物の組み合わせから成り立ち、時代によりさまざまな様式を生み、新たな景観を作り出している。庭において、人は世界の意味を、自然と人々と共に我が人生の価値を確かめてきたのである。

庭は五感を通して体験される。人々の感性に働きかけるさまざまな工夫のうち、水への配慮は特に重要だ。日本ではかつて、庭を「山水」あるいは「林泉」と呼び、庭には必ず水が関係していた。日本庭園では「池」のことを「池泉《ちせん》」といい、池泉庭園には、滝、遣水《やりみず》、流れがあり、さまざまな水景を楽しむようにつくられている。しかし、水の姿だけが問題ではない。人々は、庭園の滝の石を組む場合にも、滝を落ちる水音の響きに微細な心遣いをしてきたのである。

庭には音を楽しむための仕掛けも設けられている。たとえば、鹿《しし》おどし（別名、僧都《そうず》、添水《そうず》）。もともと鹿おどしは、畑の農作物を荒らす鹿や猪などを、音を響かせて追い払うために考案された。それが農村で普及するにつれて、竹が石を打つカーンという乾いた響き、その余韻、また、音と音の間の風情が好まれ、庭に取り入れられたのである。

水琴窟《すいきんくつ》も音を楽しむ装置である。水琴窟の場合には蹲《つくばい》や縁先手水鉢《えんさきちょうずばち》の排水口に、水瓶や漬物の瓶などを逆さに伏せて排水口がつくられる。そして、その底に溜まっている水に、手を洗って流れ込んだ水が一滴ずつ落ちるように工夫し、その水滴音が瓶のなかで増幅されて地上に幽《かす》かに漏れ聞こえてくるのを楽しむ趣向である。屈む、蹲《つくば》う、手を洗う、口をすすぐなどの行為が聴き手の音体験に絡むこともあり、人々がこうした水琴窟体験を通して自らの身体を改めて意識させられることも重要だ。水琴窟の音は、日常を新たに発見させる契機となるのである。

日本の庭園には「枯山水《かれさんすい》」と呼ばれる水の全くない様式がある。こうした庭も無音の世界ではない。作家水上勉《みなかみつとむ》は枯山水庭園のなかでも特に著名な龍安寺《りょうあんじ》で、本堂の縁に座り、石庭を前にしている人々は「庭の聲《こえ》」を聴いているのだと述べている。石庭を吹く風に、人々は自分自身の心を聴く。水上は、禅寺の庭が余計なものを削ぎ落として簡素なのは、見えぬ音の交響曲を庭を訪れた人々に聴いてほしいせいかもしれない、という。龍安寺の白砂につけられた熊手ほうきの筋目も、油土塀のかげりやしみも、雨だれ落ちの小溝や、虎の子わたしと呼ばれる岩の配置も、ひとつひとつ眺めるほどに語りかけてくるのである。

庭において人々は静寂に耳を澄まし、空間の立ち現れ方に心開かれる。こうした日本庭園が、多くのアーティストにインスピレーションを与え続けてきたのである。

たとえば、作曲家、ジョン・ケージは一九六二年、ピアニストのデヴィッド・チュードアと共に来日した際、京都の龍安寺を訪れ、白砂と岩がつくりだす調和と均衡のなかに、自由さを許す空無の空間を読み取っている。砂のつくる空っぽな空間はどのようにでも対処できる柔軟さを備えており、そのなかで岩の自由な配置が可能になることにケージは注目した。彼は一九八〇年代に入り、彼のロフトの室内庭園にあった石を使って、龍安寺に基づくドローイングを手がけている（『Where R=Ryoanji』）。チャンス・オペレーション[1]の手法により、使う鉛筆の種類や岩の位置、岩の個数を決めて彼は版画、『龍安寺』シリーズを制作したのである。

また、彼はドローイング、版画とあい前後するように『龍安寺』というタイトルをもつ一連の作品を発表した。打楽器がリズムを刻む静止した空間に、低く唸りをあげる描線が見え隠れする音の庭（打楽器は熊手の描く美しい線の入った白砂の役割を果たし、楽譜に配置された長方形の箱に切りとられた曲線として断片的に並べられた一五個の岩の稜線を、ソロ楽器がグリッサンドで演奏する）。禅と鈴木大拙[2]に影響を受けた彼だが、龍安寺によっても示唆を受け、音によって、抽象的で立体的な山水画の世界を描いたのである。

ケージが日本の有益な遺産に対して自らの眼を開いてくれた、という作曲家、武満徹にとっても、日本の庭園のインスピレーションは重要だ。庭のイメージによる作品を多く発表した武満は、一九七五年にエール大学で行なった「鏡と卵」という講演で、一九六三年の作品、ピアノとオーケストラのための『弧（アーク）』に言及しながら、次のように述べている。

私が庭を好きなのは、庭が人を拒まないからだ。そこでは、人は自由に歩いたり、立ち止まったりすることができる。庭園の全体を眺めたり、一本の樹を凝視《みつめ》ることができる。……この作品（『弧』）で私は、オーケストラを四つの独奏楽器群（主として木管楽器と打楽器）と、弦楽器と、金管楽器とに分けた。そして各々に個別の役割がふり当てられている。独奏ピアノが、そのオーケストラの庭を歩行する役割を受けもつ。植物や岩や砂が、一つの空間のなかで、各々異なった時間的周期をもって存在しているということ、また、庭園全体に訪れる季節の変化、天候の変化、昼夜の変化は、音楽そのもののように思われる。

庭が空間的な芸術であると同時に時間芸術であるという点で、武満は庭が音楽に近いと考えていた。庭は人間を目覚めさせる。彫刻家、イサム・ノグチが龍安寺の石庭をめぐって、「この庭を眺めることによって、人は巨大な虚空へ、実存の別の次元へと移動させられるような感覚を味わう」と述べていることも興味深い。彼が、銀閣寺、桂離宮《かつらりきゅう》、詩仙堂《しせんどう》などの庭園から得た示唆も、ノグチの作品世界に生きている。

ドイツのサウンド・アーティスト、ロルフ・ユリウスは岡山の後楽園を訪れ、鶴がきて大きな声で鳴いた際、日本の庭の美学がわかったと述べている。こんな音があるのか、という驚き、音の後の沈黙。空間との共働。ふだん庭園には絶えず何かが欠けているのだが、クワッという音が加わったことによって、庭園が完璧なものになった、と彼は感じた。彼は二〇〇〇年四月には、大阪府豊能町でのフェスティバル「第一回　現代アートの森」のための新作、『Valley』を制作している。ユリウスの場合、「音楽を視る」「音楽の表面を視る」「音楽を手で感じる」といったような諸感覚の融合、関係を大事にしていることも重要だ。『Valley』において彼は、後楽園の鶴の声をイメージしながら、谷の横の小さな池のなかに倒れた木に小さな音を仕掛けることによって、谷の距離感が感じられ、耳もリラックスして、新たな体験が得られるような作品を意図したのである。

人間が生きることの意味や目的をともすれば見失いがちな現代社会において、日本庭園は人間が再び生きることの意味を確かめ、自然と人間の関係について深く思索する契機となる。庭園で人は、自然と人々と共に、再び自らと宇宙に出会うのである。

1　チャンス・オペレーション　音楽のなかに偶然性を導入する技法。ジョン・ケージが、易によって音色や音高を決定する『易の音楽（Music of Changes）』（一九五一）などで初めて用いた。シュトックハウゼン、リゲッティー、一柳慧、武満徹らが取り入れ、発展させた。

2　鈴木大拙（一八七〇—一九六六）……仏教学者。英文で「禅と日本文化」を出版。たびたび海外を訪れ、日本文化と禅思想を中心とした仏教哲学を広め、内外の思想家に多大な影響を与えた。

参考文献

ドーレ・アシュトン『評伝　イサム・ノグチ』（笹谷純雄訳、一九九七年）（一九九二年、原著出版）、小川博司・庄野泰子・田中直子・鳥越けい子『波の記譜法　環境音楽とはなにか』（時事通信社、一九八六年）、武満徹『音楽の余白から』（新潮社、一九八〇年）、水上勉「庭の聲」（朝日新聞社編『日本の名庭　生きつづける意匠』より、朝日新聞社、一九八六年）、山岸美穂・山岸健『音の風景とは何か　サウンドスケープの社会誌』（日本放送出版協会、ＮＨＫブックス八五三、一九九九年）、『現代詩手帖　ジョン・ケージ』（思想社、一九八五年四月臨時増刊）、『MUSIC　TODAY　特集　サウンド・アート　音を視る　音に触る』

（リブロポート、一九九三年No.一九）、「対談　ロルフ・ユリウス×中川眞」（『AAC On-line Magazine』より、愛知芸術センター、二〇〇〇年Vol.1）、その他

（『Bien　美庵』vol.20　May—June　二〇〇三年）

社会学の視点とアプローチ

—I—


人々の時間・空間体験を手がかりに、人生を旅することの意味を考察する。

社会学の課題は、人間、社会、日常生活を理解することにある。

社会学の視点から日々の平凡な出来事にアプローチする時、〈現実〉はこれまでとは異なる相貌で立ち現れる。


なぜ、時間・空間体験に注目するのか。

時間・空間体験が、私たちが生きていく上で本質的な体験。

人々の時間・空間体験を通して、人間、社会、日常生活の理解を深めることができる。

私たちが社会生活を営むためには時間・空間を組織立てることが重要。

ドイツの社会学者　ジンメル（一八五八—一九一八）
生活の本質的課題を、「毎日の生活を、その日が最初の日であるかのように新たに始めること——しかも一切の過去を、過去のすべての結果と在りし日の忘れがたい姿ともどもその日のなかに集め、前提とすること」に見ている。

一日一日、どのような出会いや感激を味わうことができるか、は私たちにとって大きな問題。

平凡な日常生活であっても、そこには驚くべきエピソードやスペクタクルが見られるのであり、私たちの人生に大きなページを刻む、風景や芸術、さまざまな人々との出会いがある。

社会のリズム、生活のリズム

エドワード・T・ホール『文化としての時間』

「アメリカのそれぞれの地域と町には、それ固有の音楽とリズムがある」

現代社会における問題

私たちが生き生きとした時間、空間を体験しているのか。

ミヒャエル・エンデ『モモ　時間どろぼうとぬすまれた時間を人間にとりかえしてくれた女の子のふしぎな物語』

人間から時間を盗むために、人間にむだな時間を浪費せずに節約し、時間貯蓄銀行に貯蓄するようにすすめ、時間貯蓄の契約が成立すると、「これであなたは時間貯蓄銀行の新しい会員になられたわけです。あなたはいまや、ほんとうに近代的、進歩的な人間の仲間にはいられたのです。」と言う時間どろぼう。

よい身なりをし、お金も余計にかせいではいるものの、不機嫌な、くたびれた、怒りっぽい顔をして、とげとげしい目つきの時間貯蓄家たち。

エンデは、文明の利器のよさを強調しながら、時間を節約し、時間に追われて生活する人間が、静けさが不安で耐えられなくなり、気違いじみた不愉快な騒音で大都会を一杯にし、「心臓はちゃんと生きて鼓動しているのに、なにも感じとれない」人になってしまったことを記した。

私たちはどのように生きているのか。

社会学の課題

人間・社会・日常生活、人々の世界体験を理解すること

私たちはどのように生きているのか。
どのような人々との出会いと交わり、別れを体験しているのか。
人々の関係、人と人とのコミュニケーションは、今日、どのように変貌しているのか。
時代の流れは、今日、どのような流れと方向に向かって動いているのか。
何が社会問題になっているのか。

高齢社会、国際社会、情報社会、都市社会、消費社会、学歴社会…、などと称される社会
私たちが生きる時代において、極めて深刻な環境問題
時間・空間体験を考えること　↓　人間・社会・日常生活の理解を深める上で重要。現代社会の仕組みと社会問題の克服の仕方を考察する上で重要。

社会変容とは時間・空間体験が変容することであり、人間の存在の仕方が変容することに他ならない。

テキスト　山岸　健『日常生活の社会学』ＮＨＫブックス三〇九

写真、絵画、文学、音楽、映画、建築などにも注目しながら、人間・社会・日常生活・時代についての理解を深めていく。

絵画は人々の日常生活の理解、社会理解を深める手がかり。

ミレー「晩鐘」一八五七―一八五九

モネ「ヨーロッパ橋　サン＝ラザール駅」一八七七

二点の絵は、全く異なる時間、空間体験を物語る。
二点の絵の隔たりが社会学を生み出した。

鉄道　↓　人々の時間・空間体験を徹底的に変容。
　社会学の誕生と展開に影響を与えていく。
　社会学の誕生と展開にとって極めて重要な意味をもつスペンサーは、鉄道技師だった。

想像力豊かに、社会及び、人々の日常生活をイメージすることは重要。

社会学的想像力（ライト＝ミルズ、一九一六—一九六二）
『社会学的想像力』一九五九年

世界を構築し続ける存在としての人間（ピーター・バーガー、一九二九—）
監獄としての社会／人形芝居としての社会／ドラマとしての社会

私たちはこれからの社会をいかに構築していくことができるのか。

人々が生き生きと生活することのできる社会とはどのような社会なのか。

私たちの誰もが社会の担い手である。

さまざまな人々との出会いと交わりのなかで、私たち一人一人がいかに生きていくのか。

これからの社会の行方を考えるためにも、社会学を学ぶことは重要なのである。


―Ⅱ―

社会学の課題
社会学の誕生と展開
社会学の視点の特徴

社会学とは?

なぜ、人々の時間・空間体験に注目するのか?

社会問題の克服の仕方
これからの時代を私たちはいかに生きていくのか。

私たちはどのように生きているのか？
さまざまな他者と共に、交わりのなかで生きている。

社会学　人が人々の間で生きることの意味

社会学　一八三九年　la sociologíe
社会についての問い　ギリシャ時代から

アリストテレス　ポリス的動物
ルソー
コント　フランス革命後の社会
　実証科学としての社会学
　予見するために見る
　三段階の法則
イギリス

スペンサー　鉄道の発展

社会進化論

軍事型社会から産業型社会へ

社会学　社会についての学

他者のなかで人々が生きる意味について

役割

社会とは何か

社会の内在化

サイン　シンボル　言葉

社会的世界において人がどのように存在しているか

他者とは何か

他者との関係がいかに時代の流れのなかで変わってきているのか。

時間・空間体験について

表局域と裏局域

空間の使い方をめぐる社会的規則　ルール

役割葛藤　役割闘争
直接的に役割問題にならない場面
役割からのがれることはできない
シュッツ　多元的現実論
ミード　社会化
人生を役割取得の過程として理解
ゴフマン
自己呈示
状況を定義　（W・I・トーマス）
役割演技　役割　地位
印象操作
表局域　裏局域　「すべて、この世は舞台」――シェイクスピア
小道具　役割を演じる舞台　舞台裏
役割距離
相互行為儀礼

儀礼的無関心
メンツ
見てみぬ振りをする
メンツを保つために
スティグマ
『出会い』『行為と演技』『アサイラム』 全制的施設
トータル・インスティチューション

時間・空間のコントロール

人々がどのように時間・空間をコントロールしているか。
社会学では対面的な人間関係のなかで人間を理解する。

電車のなかの乗客
役割
どのような社会秩序、車内秩序を保つ相互行為儀礼が行われているのか。

ゴフマン
　役割距離
相互行為儀礼、スティグマ
　メンツ　儀礼的無関心
アサイラム　服装
電車における相互行為儀礼

―Ⅴ―

家族
鏡に映った自我　　クーリー一八五四―一九二九
情報化
　情報化
　ニューメディア
　マルチメディア

学歴社会
塾
ものが与えられる
消費
モノ語りの人々
フロム
知育、学歴、競争などが重んじられるなかで、消費に価値がおかれるなかで何かが失われていくのではないか。
子育ての文化の変容
人生はいくつかの段階　『お気に召すまま』　シェイクスピア
子ども期、青年期、成人期、高齢期

子ども期、子ども時代の意味の変容
私たち：　大人の世界の重荷、重圧

アリエス　一九六〇　〈子供〉の誕生
　子ども　労働
hurried child

早く成長することの圧力　共働き

優れた知性

学校

有害

親

学歴社会

核家族、都市化

家庭も仕事も　役割葛藤

保育園、子育て支援センター

父親

役割の多様化

少子化

―Ⅵ―

役割葛藤、役割緊張

少子化

――Ⅶ――

「荒れる園児の母への眼差し」

「母子カプセル」が生む虐待

私たちはどのような時代を生きているのか。

私たちの人間関係はどのように変貌しているのか。

家族とは何か。

情報化、都市化、マクドナルド化（合理化）

学歴社会、消費社会

人間のモノ化、機械化

他者に対する思いやり、気遣い。

相手が何を考えているのか、を想像する力。

時代へのまなざし

疎外

テンニエス　意志

本質意志、選択意志

ゲマインシャフト、ゲゼルシャフト

身分から契約へ（メーン）

二つの意志形態という視点から、社会へのアプローチ

マージナル・マン（パーク）

家族…記号化された人間の集合なのか。

人が人のなかで生きていることの意味

対話の重要性

多元化された社会

人はさまざまな役割を演じながら生きている

そうした役割のバランス、役割と自分自身の関係をいかに考えていくのか。

子ども期、人生における子ども時代の意味変容

人間的対話の意味

ブーバー
ベルグソン
他者
人間　和辻哲郎　間柄存在

人間　歩み寄りのなかで生きている
サイン、シンボル
サイン、シンボル、言葉、コミュニケーション、自然環境

記号（サイン）…ある事象に有機体（行為者）が接した時引き起こされる反応と同様の反応を、その事象が不在の時でも引き起こす、事象の代用物。事象にかわって事象と同じ刺激や意味で行為者に作用するものが事象の記号（サイン）

サインには大きく分けて信号（シグナル）と象徴（シンボル）のふたつがある。

信号…事象とその代用物の関連が社会的・文化的に規定されることが少なく、生理的ないし機械的に特定の行

動を行為者にもたらす記号（サイン）
人間を除く動物間のコミュニケーションの場合、遺伝的に伝えられた生理的メカニズム以外の何物でもない、本能に基づく伝達であることが多く、ほとんどがシグナルを用いて行われている。
象徴（シンボル）：事象と代用物との関連が社会的・文化的に規定されたものであり、行為者の意識を通して行動をもたらす記号（サイン）
図案・音声・動作・物体などさまざま。
シンボルの代表…言語
言語について
言語…人間を人間たらしめているもの
私たちが言葉を失ってしまったらどうなってしまうのだろう。

人間…顔の表情によって、手の動きによって、身体全体で自らを表現しているが、言語を失ってしまったら、私たちは奈落の底につきおとされるといった気分になるだろう。もしかすると気分、感情というものすらなくなってしまうかもしれない。私たちは、他者が何を語りたいのかを知ることができるし、自分を表現することができる。
きくこと、語ること、見ること、触れること、味わうこと、世界との能動的な関わり

多元化された社会
人はさまざまな役割を演じながら生きている。
そうした役割のバランス、役割と自分自身の関係をいかに考えて行くのか。

コミュニティの喪失
公的生活と私的生活の二極分化
行政の情報開示
地方分権

多元的自我

地域、コミュニティ
役割と人間

社会的存在としての自分自身
人間としての個人のあり方

私たちは何に拠り所を求めるのか。
役割緊張、役割葛藤（闘争）をどのように乗り越えて行くのか。
子育て
男女平等、男女の役割分担
社会がどう子育てに関わるのか
政府：エンゼルプラン
人間　支えるもの
　　個人の自由の実現
人々の生き方を支えるもの

少子化対策
少子化とは？
少子化の原因
このまま少子化が進んで行くとどうなるのか
超高齢化社会（平均寿命が長くなる）
経済、社会保障、労働市場、子どもの健やかな成長に対する影響
そこでどうするのか？

生活軸
親密な場所

人間にとっての重要な体験
人間的体験、精神的体験、風景体験（ヘルマン・ヘッセ）

バーガー

レヴィ＝ストロース

いったい私たちはどのように生きているのか
人々の出会い…日常生活

人間的対話の意味

私たちはそれぞれ固有の世界を生きている

しかし私たちは互いに近づくことができる
ことば

和辻哲郎
人間　間柄存在

孤独な群集
私たちからことばが奪われてしまったらどうなるのか?

現代社会
多元化された社会

一人一人が生きがいのある人生

子ども期の意味の変容
私たち：子ども
アリエス　近代の子ども

音の魅力

音はその人の記憶、歴史を引き出す力があるのでは？

大学生　好きな音風景
　音を聞いてリハビリ

風景体験　ヘルマン・ヘッセ

柴又：山田洋次　風景体験のもつ意味

寅さんの教育論

バーガー　一九二九年生まれ

社会的規範

階層　同種の社会的資源が同程度に配分されている社会的地位ないし人々の集合
　照準集団

社会の三つのモデル

文化

旅

バーガー　アイデンティティ

アノミー

他人志向的人間

コミュニティ

サイン、シンボル

世界に触れること

教育

社会とは生涯にわたる一経験（バーガー）

―XI―

社会学の課題
人々がいかに生きているのか
時代の動向
情報化、都市化、核家族、母子カプセル
アノミー
ゲマインシャフトとゲゼルシャフト
人間が人間らしく生きているのか
いろいろな問題があるなかで、人々は世界の建設に加担していると感じながら生きているのか
故郷喪失、疎外、不条理
コミュニケーションの意味
よりどころ

サイン
シンボル
社会的規範
規範

フォークウェイズ、モーレス

文化
人々の生活様式
意味の網の目
サイン×シンボル
人々の生活様式を明確にする信念、価値、行動、もの
人々の関係、社会、文化のなかに位置づけられている人間
また、新たなる社会・文化を創造していく人間

子ども

子育ての文化

子ども期

人生の一時期

青年期　成人　高齢期　死

アリエス

世界の子どもたち

　労働する子ども

hurried child

ゆとり

コミュニティ

少子化
役割葛藤（役割闘争）
役割緊張
家族

アイデンティティのゆらぎ

元気を取り戻すためにはどうすればいいか

人は人に支えられながら生きている

現代社会および現代の人々の日常生活を社会学の視点からどのように理解することができますか。

テキスト、ノート、プリントに言及するとともに、自分自身の体験を踏まえて自由に論じて下さい。

次のことばに必ず言及すること。

家族、都市化、役割、地位、コミュニケーション

（一）ゲマインシャフトとゲゼルシャフト
（二）第一次集団
（三）所属集団、照準集団
（四）疎外
（五）情報化
（六）柴又
（七）音風景
（八）サン＝テグジュペリ
（九）フロム
（一〇）親密な場所

六題選択

（神田外語大学における講義「社会学」のプログラムと主要項目、方向。手控え。）

（＊オクタビオ・パスがいう、〈リズム・意味・方向〉にあたるものである。山岸　健記）

見直そう、暮らしの「音風景」

川のせせらぎ・教会の鐘…
見直そう、暮らしの「音風景」

鳥のさえずりや物売りの声など、身近にある音を再確認して保存しようとする動きが広がっている。生活に根差した音を聞くことで住民に環境や地域の問題に関心を持ってもらおうという狙いだ。こうした「音風景（サウンドスケープ）」を認識する効用について、『音の風景とはなにか』（日本放送出版協会）をまとめた山岸美穂・山口大学講師（感性行動学）に報告してもらった。

町づくりの一環に

仙台市は七月末までに、地域で親しまれている音を将来に残していこうと、住民から市内で聞こえる「好きな音」を募集した。川のせせらぎや祭りのにぎわいなど、二十―三十点を選んでCD―ROM（コンパクトディスクを利用した読み出し専用メモリー）にまとめ、今年度中に小・中学校などに配布する計画。市環境対策課では、「住民に環境保全について考えてもらうきっかけにしたい」としている。

おなじような狙いで金沢市は三月、地域の特徴ある音について、発生源を探すユニークなイベントを開いた。親子連れら三十六人が参加し、神社で参拝するかしわ手やカモメの鳴き声などの録音を聞き、実際に街にでてその音を探して回るという内容だ。

町づくりの一環として、音を対象にしたミニ博物館も生まれている。大阪市平野区に九八年春にオープンした［平野の音博物館］では、土蔵を改造して古い電話機を置き、地域の飲食店で録音した食器が触れ合う音などを聞けるようにした。区内の食堂など七ヵ所にも順次、こうした音を聞くことができる設備を設けており、住民や観光客の間で人気を呼んでいる。

リハビリにも活用

こうした生活感あふれる音風景の見直しが盛んになってきたのは、身の回りの環境や住民同士の交流を改めて意識する効果が期待できるからだ。音は形がないだけに、普段はそれほど注意していない。しかし自分が実際に体験し、愛着をもつ音を耳にすると、それにまつわる生活のシーンなどを強くイメージできる。これは、美しくても人工的な「いやしの音」ではなかなか得られない特徴だ。

単に、生活を見直すということだけではない。見逃せないのは、音の記憶は心地よさや安らぎと結びついていることが多い点だ。長崎県のある病院では、患者のリハビリに音風景を活用している。脳卒中などで身体が不自由になった高齢者らが、記憶に残る池の水音などを聞くと、訓練に対する意欲が増すという。

また、若年層を対象にした場合には、音を聞くという行為が周囲への関心を培うことにもつながる。東京都の池田邦太郎教諭は、町田市の小学校で、子供たちが木の枝や輪ゴムなどを持ち寄って音を出し、交代で目隠しをして聞く授業を試みている。私も見学したことがあるが、身近な素材を使って自由に音色を工夫できるので、子供たちは生き生きと取り組んでいた。

池田教諭はかつて、子供たちに五分間で聞こえた音を全部書き出させてみたこともある。すると回を重ねるごとに、気がつく音の種類が増えていったという。こんなふうに音を「発見」することで、注意力や感受性が養われていく。

こうした様々な効果を期待して音風景を見直そうとしても、現代の、特に都会では雑多な騒音が満ちているので難しいと感じるかもしれない。だが、東京などの都心にも、暮らしと深く結びついた特別な音が意外に残っている。

私がかつて参加した東京・中央区における調査では、近くの教会の鐘の存在が、予想以上に住民の間に根付いていることがわかった。

「朝夕聞いてきた」「最近は静かな週末にならないとよく聞こえなくて寂しい」などの声が寄せられた。住んでいる場所を象徴する音についてアンケートをとると、鐘の音や祭りの音などがクローズアップされてくる。このように地域の住民が共有している音というものは、生活のリズムに組み込まれているものなのだ。

安らぎを求める動き

音風景という概念は一九六〇年代にカナダの作曲家、マリー・シェーファーが提唱し、日本に取り入れられた。しかし、こうした概念こそ明確に形作られていなかったものの、日本人はもともと、生活の中の音に対して非常に敏感だったと考えられる。古い俳句や小説をひもとくと、暮らしの音を繊細に表現しているものが少なくない。

最近は街に携帯電話などの無機的な音がはんらんしており、音に関して自己中心的な人が増えている。ところが授業で、そうした電子機器を頻繁に使う学生に尋ねてみると、意外に多くから「安らげる音に触れていたい」という答えが返ってくる。暮らしのなかの音を確認する行為には、自分が発している音が周囲に与える影響、不快さに気づくという効果もある。たまには家庭の身近な音に耳を傾けてみてはいかがだろう。

（日本経済新聞、インタビュー記事、一九九九年（平成一一年）八月七日（土曜日）夕刊）

発見の喜び・感じる楽しみ

——『音さがしの本　リトル・サウンド・エデュケーション』と『「たからもの」って何ですか』をめぐって——

私たちは日々、何を感じながら生きているのだろう。子どもの感性はいかに育まれるのだろうか。

私が大好きな本、『センス・オブ・ワンダー』のなかでレイチェル・カーソンは、子どもにとっても、どのように子どもを教育すべきか頭をなやませている親にとっても、「知る」ことは「感じる」ことの半分も重要でない、と述べている。子どもたちが出会う事実の一つ一つがやがて知識や知恵を生みだす種子だとしたら、さまざまな情緒や豊かな感受性は、この種子を育む肥沃な土壌である。子どもたちが、美しいものを美しいと感じる感覚、新しいものや未知のものにふれたときの感激、思いやり、憐れみ、賛嘆や愛情などの感情をさまざまな対象に抱くことができるようにすることは、重要なことなのである。

ここに挙げた二冊の本は、子どもたちの「センス・オブ・ワンダー＝神秘さや不思議さに目を見張る感性」を育む手がかりを提供してくれる。

まず『音さがしの本　リトル・サウンド・エデュケーション』（春秋社、一九九六）。著者のR・マリー・シェーファーは一九三三年生まれのカナダの作曲家である。シェーファーは現代社会において、世界に音が過剰にあふれるなかで、「騒音」に対する周囲の関心を高めるためにも、ポジティヴに音環境を捉えることを構想した。シェーファーは、自然界の音、都市の喧騒、楽音のような人工の音など、私たちを取り巻く全ての音を風景として捉えるとともに、ある特定の地域のなかで、人々と音とがどのような関係にあるのかを研究した。「サウンドスケープ」という言葉をlandscape（風景）を基にして作り、サウンドスケープ研究や音を感じるワークショップを行ってきたのである。

シェーファーが子どもたちが自分で音を聞いたり考えたりするために考案したこの本は、音を感じ、音と向き合い、音に関する豊かな感性を育むための一〇〇の課題で構成されている。家や公園や学校や街角で耳をすますこと。目を閉じて音をたどること。靴を床の上で鳴らしたり足音に耳をすまして、靴を使って音楽を作ること。一番静かな場所を探すこと。音を聴きながら散歩すること。音の日記をつけること。音だけでまわりの動きをつかむこと。音に改めて意識をむけ、深く感じるためには、目かくしをすることや、目の不自由な人の話を聞くことも効果的だ。シェファーは「すてきな音なのに嫌な場所から聞こえてくる音」や「大きくて太っちょなものが作る、高くて鈍い音」など、音のイメージを想像することや、音が出るものを教室に持ってくることも課題として挙げている。私も実際に子どもたちがおもしろい音を発見する場面にこれまで出会ってきた。子どもたちは一枚の紙からもさまざまな音を出すし、輪ゴムのキュッキュッという音や木の枝をすり合わせる音も楽しい。ストローを切り刻んでガーゼのハンカチに入れると川の流れる音がする。シェーファーはこの他、音を絵にしたり絵にぴったりの音を探すこと、声で自然を表現すること、音をあらわす言葉をつくること、音を録音して集めること、今では聞けない音を思い出すこと、好きな音を作ることなど、さまざまな課題を提起している。こうした課題を行うなかで、子どもたちは世界には音が満ちていること、音のなかには好きな音も嫌いな音もあること、音のなかにはその場所、その町でしか聞くことができない音もあること、人それぞれ、音に対してさまざまな思いを抱きながら生きていること、音に耳をすますことはわくわくするような発見に満ちていることに気づく。私自身、耳の不自由なこどもたちとともに新しい音楽を創造するワークショップに参加したことがあるが、触覚や視覚によって音や音楽を体験し、楽しむ試みは、耳の不自由な子どもたちと共有することもできるのだ。

伊勢華子『「たからもの」って何ですか』(パロル舎、二〇〇二)は、伊勢が二年間の歳月を経て、二二の国と地域、一一九人以上の子どもたちに「宝物って何ですか」と聞き、子どもたちが書いた絵を収めた試みだ。子どもたちの宝物は、家族、友達、家、犬、空、川、いつも遊んでいる木、ぬいぐるみ、サッカー、ピザ、アイスクリーム、機関車トーマスなど、多様だ。この本から、私たちは、子どもたち一人一人がしっかりと大切にしているものがあること、どのような生活環境におかれても、生きていくなかで宝物と思えるものがあること、私たちが大切にしなければならないことは、一人一人の多様な感性であることに気づく。

ぜひ、多くの方々がここで私が紹介した二冊の本をお読みになり、子どもたちと好きな音や宝物について話しながら、発見の喜びを子どもたちと分かち合っていただきたいと思う。私たちの周囲にいかに素晴らしいものがあるのか。大切なものの存在に気づき、わくわくするような気分を味わうことで、子どもも大人も、一歩先に歩み出すことができるのである。

(手もとの原稿)

A・コルバン『音の風景』について

（小倉孝誠訳　藤原書店、一九九七年（原著出版一九九四年）、四六〇ページ）

1．アラン・コルバンと感性の歴史学

アラン・コルバン（一九三六〜）は現代フランスを代表する歴史家である。一定の時代の一定の文化において何が感じられ、何が感じられないか、その布置状態を発見することを課題とする「感性の歴史学」(1)を展開するコルバンは、これまで、『娼婦』、『においの歴史』、『浜辺の誕生』、『人喰いの村』、『時間・欲望・恐怖』などの著作を通して、身体と性、嗅覚、海という空間に対する感性、暴力の発現形態、時間や欲望の管理様式と都市の生理学をめぐる歴史を展開してきた。

〈まなざし〉をめぐる証言と資料が大量に残っている、それを体系的に分析することが可能だ、ということから、これまでの歴史学では、他の感覚に対する視覚の優越性が過大評価されてきた。だが、コルバンは、過去の時代における、人々の日常生活、感性、ハビトゥス（社会化を通して無意識的に獲得される知覚、発想、行為などを規定する構造）、社会的な絆を形成、強化し、社会的なアイデンティティの維持に大きく寄与し、個人の日常生活における行動や態度、社会的想像力、あるいはコミュニケーション様式までも規定していくような「社会的表象」にリアルに迫るために、人々の感覚行動や感情機構を多岐にわたり考察することが重要だと考える。本書において、コ

ルバンは、十九世紀に起こった、およそ一万件にのぼる鐘と鐘楼をめぐる事件の記録を、地方の古文書館に保存されている資料集のなかから発掘し、十九世紀フランス社会を生きた、人々の耳の記憶、鐘の音の体験様相を描き出したのである。

なぜ、コルバンは鐘にアプローチしたのか。それは、十九世紀のフランス社会において、鐘が極めて重要なものだったからに他ならない。十九世紀においては、鐘の響きによってもたらされるリズムがなければ、村落共同体は存立しなかったし、鐘は、人々の生活に区切りを与え、警報を発し、喜びの感情を表し、情報を伝え、人々を集合させ、祈りへと誘った。社会的な役割と、宗教的な役割を併せ持つ鐘は、鐘が鋳造され、鐘楼が根付いている大地と、鐘の音がこだまする空を、象徴的に結びつけるはたらきをしていた。今では無視されているものの、かつては多くの争いの原因であり、多くの情熱の原因であった鐘は、十九世紀における、現代とは異なる、世界や聖なるものと人々との関係、人々が時間や空間に自らを組み込むための方法、現代とは異なる、時間や空間に対する人々の感じ方を証言しているのであり、個人的及び、共同体的なアイデンティティを人々がいかに構築していたのか、に関し、私たちに多くを教えてくれる。鐘は十九世紀の人々がいかなる人間関係のなかで、どのようなコミュニケーションをとりながら生きていたのか、を私たちに語るのである。

2．本書の構成

本書は序章的な役割をもつ「非現代的なものの探究」に続き、「Ⅰ 音のアイデンティティーの擁護」、「Ⅱ お国びいきの心性」、「Ⅲ 鐘を鳴らす力」、「歴史の対位法」と、大きく4つのパートから構成されている。各パートの要点を記しておきたい。

Ⅰ 音のアイデンティティーの擁護

第一章 感性の文化を変えることは不可能 ここでは、フランス革命を境に生じた、感性文化の構図の変容が記される。共和国の指導者たちは、鐘を非神聖化し、鐘の宗教的な利用を制限し、鐘が人々の感覚に及ぼす影響力を弱め、鐘の厳粛さを独占しようとした。彼らは、諸々の共同体が要求した音を支配する権利を否定し、鐘を取り外し、戦争に用いる大砲にするため、溶かすなどの行為を行ったのである。しかし、地域共同体の人々は、そうした動きに対し、抵抗を示し、時間かせぎをして鐘の押収に抗したり、昼夜にわたり鐘を鳴らし続けて対抗したり、鐘を地中や水中に埋めた。十九世紀、各市町村は革命時代に失われた鐘を取り戻そうとしたり、数多くの鐘を新たに鋳造し、音の調和を求めることを行ったのである。

第二章 「鐘の略奪者」 ここでは、鐘の略奪が話題になる。十九世紀の初めの三分の二の期間、ある共同体のメンバーによる他の共同体からの鐘の「略奪」は、人々に大変な苦痛をもたらし、共同体の威信と名声と名誉を損ない、集団のアイデンティティを危うくし、個人の行政区域的な帰属意識を混乱させ、普通の盗みが引き起こす怒りの念よりもはるかに強い情動、屈辱と怨恨、哀惜の情を人々に生じさせていたのである。

Ⅱ お国びいきの心性 このⅡにおいては、前のパートで明らかになった、人々の鐘に対する執着の強さと激しさを支えているものが何なのか、が記されている。

第一章　共同体の鐘　ここでは、まず、鐘が共同体のアイデンティティの象徴であったことが確認される。さらに、本章では、村における鐘の鋳造にも焦点があてられる。一八六〇年以降、鐘が工場で鋳造されるようになるまでは、町や村を巡る鋳造職人が、それぞれの町や村で鐘を鋳造することが一般的であり、どのような方法を選ぶにせよ、住民共同体は何らかの仕方で新しい鐘の鋳造に参加し、自ら鐘の鋳造に参加したことが、鐘を鳴らしてもらえない時に住民が怒る、という行為を生んだ。コルバンは鐘を聖なる物体に変える祝別式にも注目している。

第二章　農民の聴覚の指標　ここでは、鐘の音域のなかに住まう人々の空間的、時間的、社会的指標が構築されるにあたって、鐘がどのような役割を果たしたか、が分析される。

まず、鐘の音とそれが生み出す情動が、鐘の音を待ちのぞみ、鐘の音を知覚する人々の地域的なアイデンティティの構築を促進したことが明らかになる。鐘楼は、警告と保全という二つの主要な機能をもっていた。鐘は個人や共同体の時間的指標の構築にあたっても、極めて重要な意味をもっていた。鐘は、起床、労働、昼食、帰宅、消灯、就寝など一日の生活リズムを区切る音だった。コルバンは、鐘が時間の正確さに次第に従っていく過程を明らかにしている。また、コルバンは、鐘の音をめぐって、「神聖で有機的な時間」を示す記号と、「近代を通じて市民的な時間として成長したもの」を人々がいかに調和させようと努力したか、あるいは、両者の間にどのような緊張関係があったか、を明らかにしている。十九世紀、共同体の時間的指標を定める音のメッセージは極めて重要であり、それだけにさまざまな論争や葛藤が各地で生じたのである。

さらに、鐘の素材である青銅と、敬意をつげる鐘が、社会的ヒエラルキーを物語り、人々の社会的移動を確認するものであることが本章では明らかになる。コルバンは、鐘が社会的卓越化を示す方法としていかなる意味をもったか、を明らかにしたのである。

第三章　真実の厚み ここでは、鐘が、通知、集合命令、警告、喜びの表現という四つの機能を果たす、重要なメディアだったことが明らかになる。

まず、通過儀礼の鐘について。こうした鐘を聴取し、メッセージを解読することは、地域共同体の人々の日常的な情報整理のため不可欠だった。個人や家族の象徴資本の管理において、鐘は極めて大きな重要性を有していたのである。

十九世紀の農村地帯では、鐘の音は確実性を保証した。不確かな風聞が支配的だった当時の情報世界においては、鐘は真実の厚みをもたらしたのである。世俗の鐘は、人々に集合するように命じる機能を持っていた。こうした鐘を鳴らすことは慣習とされ、集団的アイデンティティが生き残るための最良の保証でもあり、こうした慣習を廃止しようという試みは全て、人々の反発にあった。

鐘は警報としても用いられていた。コルバンは早鐘の言語がどのようなものであったか、を明らかにしている。鐘を所有しないというのは共同体にとって、単に自らのアイデンティティを象徴する音を剥奪されていることに尽きなかった。警報手段がないこと、集合を呼びかける合図がないこと、その結果、助けもなかなか到着しないと予想されること、風聞を確認できないこと、「鐘の音なしで」通過儀礼を祝わなければならないことは、皆、共同体にとって恐るべき解体の誘因だった。それゆえに、フランス革命直後、市町村は、熱心に自らの鐘を改めて鋳造しようとしたのである。

コルバンは鐘が集団的な歓喜を表すための特権的な装置であったことにも注目している。

Ⅲ　鐘を鳴らす力

第一章　地方的紛争の争点　ここでは、十九世紀が村でさまざまな闘争が繰り広げられた時代だったこと、鐘楼に近づくための方法と鐘の使用法をめぐって惹起されたさまざまな紛争は、少なくともある時期には、現代では忘れられてしまった地方的な事件のうちで、最も頻繁に発生したものであることが明らかにされ、紛争の争点と、紛争の歴史を規定したプロセスについての考察が試みられている。コルバンによれば、当時の町村を分裂させた大多数の紛争の焦点は、象徴資本の維持であり、名誉への配慮、侮辱されることに対する恐れだった。もう一つの紛争の争点は権力である。音の秩序づけは、音を聞き取ることのできる空間に対する支配力を証明している。それゆえに、共同体の代表者は鐘の支配を渇望し、「聖職者の祭服」と「市町村長の懸章」の闘いが繰り広げられたのである。

第二章　音のメッセージの統制　ここでは、まず、鐘の所有権がしばしば多くの紛争を引き起こしたことが語られ、市町村の大時計の所有権、設置、巻直し、鐘などから生じた紛争がクローズ・アップされる。大時計を獲得できれば、鐘楼のなかで市町村当局がさまざまなことを主張できるようになったのだが、それに伴って、紛争も生じたのである。鐘つき人の選出と活動もさまざまな紛争を引き起こした。鐘をめぐるもう一つの一連の紛争は、鐘楼への入室と鐘を突く能力に関わる。鐘、扉、綱をめぐる事件が生じたのである。

第三章　主要な「衝突」　ここでは、村での緊張関係を生じさせる鐘に二つのカテゴリーがあることが明らかになる。一つ目は通過儀礼の際に鐘を打ち鳴らすか、打ち鳴らさないかを決定する権限、すなわち、音の戸籍簿の掌握に関わるもの。次に、主権にまつわる祭典や多様な国家的行事の時に突かれる鐘。前者は一九世紀を通じて紛争をひきおこしたし、後者も、当時の農村共同体を引き裂く数多くの鐘をめぐる紛争を惹起したのである。

最後に「歴史の対位法」 このパートには「推論された感性から公言された感性へ」というタイトルがつけられている。ここまで、コルバンが探求してきたのは、社会的慣習、象徴的なものの管理、紛争の構図、集団的な情動の表われなどを研究することによって、大地の鐘に対する評価システムやその変化を把握することである。共同体のアイデンティティと団結力の象徴である鐘という聖なる物体に対して、人々が強い執着をもっていたこと、鐘楼と鐘は死者と生者を結びつける絆だったこと、農民の生活リズム、管轄区域の確かな境界、さまざまなヒエラルキーの表われに対する同意や反発、コミュニケーションの方法を構造化しているレトリックの複雑さ、などが、鐘の研究によって明らかになった。鐘の剥奪は人々の怒りを引き起こしたし、鐘にそなわる情動的な力も明らかになった。鐘の使用を統括すること、鐘楼の鍵を所有すること、鐘の綱に近づけることは、市町村という小宇宙を揺さぶる権力闘争の展開において重要な争点となったし、こうした争いは、包括的な構造に組み込まれることへの諾否を表していた。

こうした行動の身振りや行動から引き出される感性の歴史と並行して存在する、もう一つの歴史、村の鐘に関心を向けた外部の観察者たちが残した資料に依拠して構築される歴史が最後に語られる。この種の資料は発話者の表象・評価システムについて教えてくれるのである。

ロマン主義の作家にも、ナポレオンの耳にも、民衆の子守り歌、格言、なぞなぞ、諺的な言い回しなどにもコルバンの注意は向けられる。興味深いのは、コルバンが、時代的なずれはあるものの、ロマン主義詩人たちが歌った鐘の布置と、鐘をめぐる「探索」、「調査」の手続きは、一時期、密接につながっていた、と述べていることである。この実践は、ノスタルジーによって活性化され、それが従属しつづける詩的表象の解体と同時期の現象に他ならなかった。さまざまな人々によって、盛んに行われた鐘の探索にコルバンの目は向けられるが、コルバンは次のようなことも述べている。

農村的な基本単位の集合体と見なされる共和制フランスの構図において、鐘楼という主題は、重要な意味をもっていた。小さな祖国と大地への回帰を説く使徒たる農本主義者や地方分権主義者は、鐘楼を称揚することが容易な祝典の機会になると考えていたし、鐘楼の堅固な静寂さと、その音のメッセージを称揚することは、死者の群れに対する崇拝につながっていった。村の鐘楼は、国家主義的な感情の高まりと普及に情緒的な影響を及ぼした。

しかし、村で鐘を鋳造する習慣がなくなり、鐘の製造が工業化していったこの時代、鐘の意味は次第に失われていく。そこで、コルバンは最後に、鐘の音に対する不寛容さがいかに高まっていったのか、を分析する。大地の鐘によって描かれた風景が次第に消滅していき、次に鐘楼が沈黙し、やがて没落していく過程をコルバンは分析したのである。

この凋落を説明する要因はたくさんあるとコルバンは言う。要因に関する考察を進めるなかで、コルバンが、「生活のなかに他のさまざまなレトリックが侵入してくることによって、情報伝達のプロセスにおける鐘の記号の価値がしだいに失われ、数十年を経るうちに、権威は音の命令によってではなく、書かれた文書によって表現されるようになった」と書いていることは注目される。

また、音の景観が豊かになり、刷新されたことも鐘の聴取を衰退させる原因になった。蒸気機関とその唸り声、内燃機関、電動機、サイレン、新しい警報手段のせいで、鐘に当初、備わっていた近代性の刻印は、徐々に剥ぎ取られたし、二〇世紀にはアンプが発明されて、鐘の音が厳粛さを独占することもなくなり、鐘がもっていた名誉付加的な機能は、次第に忘れられた。鐘の音を共通に理解することによって、民衆とエリートが理解しあえるかもしれないという可能性は、誰の興味もひかなくなった。

コルバンは、今では忘れ去られた大地の鐘の威信を注意深く分析することは、アリスが飛び込む巣穴のように感じられた、という。今日、人々は、もはや、豊かな鐘のメッセージを読み取りつつ、生活してはいないのである。

3．若干の考察

鐘の音の風景をめぐっては、これまでにさまざまな研究が展開されてきた。しかし、かつて、これほどまでに生き生きと、ダイナミックに、鐘の音をめぐる人々の日常生活と社会変動を描いた本があっただろうか。コルバンは、鐘が単に、フランス中で響いていた音であったことを明らかにしたのではない。コルバンは、鐘が、人々と世界との、人々と聖なるものとの関係を規定し、人々が時間と空間の中に自らを位置づける際の様式に影響を及ぼし、共同体のアイデンティティ形成に関与していたこと、これまで考えられていたように、村人たちが受身的な、計略や推論を行うことができない、突然、古来からの怒りの感情にとらえられるような人たちではなく、鐘をめぐり、さまざまな闘争を広げていたこと、を明らかにしたのである。鐘の音は、十九世紀社会を生きる人々にとって、自らの生存に影響をもたらす重大な音であり、鐘の音を失うことは、個々人の、そして共同体のアイデンティティ、及び名誉に関わることだった。鐘の音をめぐる人々の記憶は、人々の身体に深く刻み込まれていた。音と時代、音と時間・空間、音とアイデンティティ、音と権力、音と共同体、サウンドスケープ研究者にとって極めて重要な言葉である。音響コミュニティについて、私たちは、コルバンの著作を手がかりに考察を進めることができる。日常生活における音の意味をいかに探求して行くか、を考える上でコルバンがもたらした功績か極めて大きいのである。

本書には鐘の響きが感じられる。フランスを旅した時のことがイメージされる。

本書には膨大な注がついていることも記しておきたい。コルバンは膨大な資料と格闘し、豊かな音の宇宙を描き出した。コルバンが、来日時の講演において、農民と音をめぐっての社会的表象を研究する際の問題点として、研究のために参照できる文献が、農民によって書かれた文献ではなく、農民とは別の表象システムに帰属している人々によってかかれたものであることを指摘する一方、こうした状況において、歴史家は、だきるだけ、まだ体系的に構築されていない史料や断片的な文献を集めることを、いわばできるだけ大地に近い、あるいは、底辺に埋もれている史料や文献を発掘して、それを参照し、まだ組織化されていない言説を解釈することが重要だ、と指摘したことも意味深い。音の風景を探求する上で、いかなる資料を用いることが重要か、という点でも、コルバンは示唆を与えてくれる。(2)

また、コルバンに、Prelude a une histoire de le space et du paysage sonores（「音の風景」というタイトルでL・フェーヴル、G・デュビィ、A・コルバン『感性の歴史』藤原書店、に訳出）という論文があることも興味深い。この論文において、コルバンは、音と静寂の関係、及び、鈴の音、労働歌、家畜の鳴き声、民衆歌謡など、人々の日常生活に付随する多様な音を論じながら、環境をめぐる表象の歴史を描いている。音の風景の歴史を研究することは、あらゆる物音や音が歴史性をまとっているという確信だけに基づいているわけではないし、音の一覧表を作るという単純な作業に還元されもしない。音の空間と風景の歴史をめぐる研究は、五感の間のバランス、さまざまな注意の向け方、聴取の質、メッセージの音量と頻度にたいする寛容さの限界、音声の評価システムなどを知ることを意味しているし、社会的な帰属によって異なる感性の文化の輪郭を浮かび上がらせる、知覚上のさまざまな習慣を考慮に入れることを前提としている。音の空間と風景をめぐる歴史は、情動の歴史、環境をめぐる表象の歴史、日常性の慣習の歴史に大きく貢献するし、個人的な、あるいは集団的なアイデンティティがいかに構築されるか、さまざまな表象がどのように形成され、社会関係がどのように組織されるか、を研究する上でも重要な意味をもっている。コルバンは、こうしたことを述べ、音や声が録音されることのなかった時代の「音の風景」を再構築することの難しさを自覚しつつ、単に、歴史的な民族音楽学の領域に属するものを援用するだけではなく、さまざまな史料を用いながら、音の風景を描く可能性を述べるのである。

コルバンによって示された「音の風景の歴史」という領域は、極めて豊かな領域を持っている。私たちは、フランスにおける偉大なサウンドスケープ研究者に対し、敬意の念を抱かざるを得ない。

私の『音の風景』は、コルバンのサインが入った本であり、私自身、コルバンの講演を聞いたことがあるのだが、今後、日本サウンドスケープ協会においても、コルバンとの出会いの機会があれば、と思う。『音の風景』の「日本語版への序文」において、コルバンは、日本の鐘の響きと西洋の鐘の響きの違いに注目し、又、西洋のロマン主義作家が、昔の音についての考察は、過去を再現するための助けとなる、と考えていたことに目を向けながら、日本文学の風景において、音がいかなる位置をしめているか、を知り、日本を理解すると共に、フランスの風景の構図に寄与している音声の特殊性をより良く把握したい、という希望を述べている。いつの日か、コルバンと共に、日本とフランスの音風景をめぐって、意見を交わしたい。本書を通して、フランスの各地を旅した今、私は改めて、そのように感じている。コルバンのパースペクティブでミレーの「晩鐘」にアプローチする時、ミレーのこの作品は、より一層深く理解されるものと私には思われる。

註

（1）A・コルバン（小倉孝誠・野村正人・小倉和子訳）「歴史学と感覚の人類学」『時間・欲望・恐怖 歴史学と感覚の人類学』（藤原書店、東京、一九九三年）二六九ページ

（2）［問題提起］山田登世子、［パネラー］福井和美、大野一道、北山晴一、桑田禮彰、［通訳］小倉孝誠「〈セミナー〉歴史・社会的表象・文学——アラン・コルバン氏を囲んで——」同書、三四〇—三四一ページ

（日本サウンドスケープ協会『サウンドスケープ』一巻、一九九九年、掲載、書評。）

第3部

オーギュスト・ロダン（1840-1917）
「ラ・カテドラル」、1908年　パリ、ロダン美術館

言葉の泉

（パリ、ノートル＝ダム寺院で、鐘楼へ）門を出ると外はからっ風が吹きあれていました。堂の前を右へ回ると塔へ上がる階段がある。

薄暗い螺旋形《らせんけい》の狭い階段を上がって行く。壁には一面のらく書きがしてある。たいてい見物人の名前らしい。登りつめて中段の回廊へ出る。少し霧がかかってはいるが、サンデニからボアのほうまでも見渡せる。鐘楼の下の扉《とびら》が開いて女が顔を出した。そして塔へ上りますかといって塔の入り口の扉を開く。

「おりて来たらここをたたいてください」といって、ドンドン扉をたたいて見せて、私を塔の中へ閉じこめてしまった。まっ暗な階段を手探りながら登って行って頂上に出る。ひどい風で帽子は着ていられぬ。帽子を脱ぐと髪の毛を吹き乱す。やっとペデカの図を開いてパリじゅうを見おろす。塔の頂の洗いさらされた石材には貝がらの化石が一面についている。寺の歴史やパリの歴史もおもしろいが、この太古の貝がらの歴史も私にはおもしろい。

寺田寅彦

『寺田寅彦随筆集　第一巻』小宮豊隆編、岩波文庫、八一ページ、先生への通信、パリから（一）、明治四四年三月、東京朝日新聞。

リギ山上。九月十五日夕リギ・クルム山上旅舎に著き、二六日暁おきて、日出を見る

いただきのアルプスの山にめざめたる夜半《よは》はいひがたきしづけさのおと
角笛《つのぶえ》のわたらふ音は谷々を行方《ゆくへ》になしてすでにはるけし

ルツエルン。九月二十六日

牛の頚《くび》にさげたる鈴が日もすがら鳴りゐるアルプの青原《あおはら》を来《く》も
高山《たかやま》のふもとにあたるLutzern《ルツエルン》はみづうみの返照《てりかえし》をも受けぬ

ヴェネチア。十月一日夜著、市内見物、サンマルコ、アカデミア、総督府等

もろもろの海魚《かいぎょ》あつめし市《いち》たちて遠き異国《いこく》のヴェネチアの香《か》よ

十一月十六日、Barbizon 行

落ちつもりし紅葉《もみじ》を踏み入り来《きた》るバルビゾンの森鴉《からす》のこゑす

赤き日が大きくなりて入るころに荷馬車《にばしゃ》の音ぞ澄みてきこゆる

いずれも「遍暦」（大正十三年）所収　　斎藤茂吉

『斎藤茂吉歌集』山口茂吉・柴生田稔・佐藤佐太郎編、岩波文庫、一〇三ページ―一〇五ページ。

精神だけが、見たり、聴いたり――感じたりする。目や耳や皮膚!!!がまだ、対象という媒体――刺激物質――によって刺激を受けているあいだ――つまり、これらの感覚器官がまだ純粋に――外部や内部に向かって――刺激を伝導していないあいだは、精神はまだきちんと見たり、聴いたり、感じたりはできない。興奮が去り――器官が完璧な導体になるなどして、はじめて可能になるのである。

自我＝非我――すべての学問と芸術の最高命題。

名優とはじっさい、彫刻であると同時に詩であるような楽器である。オペラやバレエは実際、彫刻であると同時に詩であるようなコンチェルトである――つまり、彫刻でもある楽器がいっせいに奏でる芸術作品である。

／感情という活動的な感官。／

〈生命とはすべて不断の流れである——生命は生命のみに由来し、先へ進んでいく。生命の高次の説明。〉
われわれの身体とは、われわれの感官が共同で行う集中化作用にほかならないのではないか——（中略）それどころか、われわれの感官とは、思考器官——絶対的要素——によってさまざまに修正・変化をこうむるものだとすれば、われわれは思考器官というこの要素を支配することによって、感官を意のままに修正・変更し、指揮することができるはずである。

規則とは——方向基準の指示——一定の方向と状態の予示——であり、手本、見本である。
理念とは——創造的精神が描く自由な草案、手本、計画である。
芸術とは——規定されつつ、かつ自由に創出する能力である——規定されつつというのは、一定の規則——概念と呼ばれるところの、他所ですでに規定されている理念——にしたがって、ということであり——不定にというのは、本来的な純粋理念にしたがって、ということである。

あの人は表情豊かだということは——顔が、完璧にして的確な理想的言語器官だということにほかならない、女性にはとりわけ理想的な表情がそなわっている——女性は感情を真に表現できるだけでなく、魅力的に、美しく、理想的に表現することができる。ひとと長くつきあっていると、顔の言語が理解できるようになる。最も完璧な表情とは、普遍的かつ絶対的に理解できるものでなければならない。目を、光のピアノと呼ぶこともできよう。のどが高音や低音によって母音を表現すると同じような仕方で、目は光を弱めたり強めたりして母音を表現する。色彩は光の子音ではないだろうか。

ノヴァーリス

『ノヴァーリス作品集　第一巻　サイスの弟子たち・断章』今泉文子訳、ちくま文庫、二二七ページ―二二九ページ、二八三ページ、二九〇ページ―二九二ページ、三一八ページ、断章と研究。

努めなければならないのは、自分を完成することだ。試みなければならないのは、山野のあいだに、ぽつりぽつりと光っているあのともしびたちと、心を通じあうことだ。

人は人間の働きをしてみて、はじめて人間の苦悩を知る。人は風に、星々に、夜に、砂に、海に接する。人は自然の力に対して、策をめぐらす。人は夜明けを待つ、園丁が春を待つように。人は空港を待つ、約束の楽土のように。そして人は、自分の本然の姿を、星々のあいだにさがす。（中略）

ぼくは、自分の職業の中で幸福だ。ぼくは、自分を、空港を耕す農夫だと思っている。（中略）

ぼくが愛しているものは。ぼくは知っている、自分が何を愛しているか。それは生命だ。

精神の風が、粘土の上を吹いてこそ、はじめて人間は創られる。

サン＝テグジュペリ

サン＝テグジュペリ、堀口大学訳『人間の土地』新潮文庫、一八ページ、一八九ページ―一九一ページ、二三二ページ。

「写真」とは、「ほら」、「ね」、「これですよ」を交互に繰り返す、一種の歌にほかならない。

それゆえ、写真を撮られるとき、私ががまんできる唯一のもの、私が愛し、親しみを覚える唯一のものは、奇妙なことに、写真機の音だけである。私にとっては、「写真家」を代表する器官は、眼ではなく（眼は私を恐怖させる）、指である。つまり、カメラのシャッター音や乾板をすべらせる金属音（写真機にまだ乾板が使われているなら）と結びつくものである。私はそうした機械音にほとんど官能的な愛着を感ずる。（中略）私にとっては、「時」をきざむ物音は悲しくない。私は鐘や大時計や懐中時計の音が好きだ――ひるがえって考えてみれば、写真用具は、もともと高級家具や精密機械の技術から生れてきたものである。写真機は、要するにものを見る時計だったのであり、おそらく私の心のなかには、はるか昔の人間が住んでいて、いまも写真機の音のなかに、生き生きとした木の音を聞き取っているのであろう。

「写真」は過去を思い出させるものではない（写真にはプルースト的なところは少しもない）。「写真」が私におよぼす効果は、（時間や距離によって）消滅したものを復元することではなく、私が現に見ているものが確実に存在したということを保証してくれる点にある。ところで、これは実に人騒がせな効果である。「写真」はつねに私を驚かす。（中略）

私が現に見ているものは、思い出でも、想像物でも、再構成されたものでもなく、芸術がふんだんに与えてくれるような「幻《マヤ》」の一断片でもなく、過去における現実である。過去のものであると同時に現実のものである。

ロラン・バルト

ロラン・バルト、花輪　光訳『明るい部屋　写真についての覚書』みすず書房、一〇ページ、二　分類しがたい「写真」、二五ページ—二六ページ、五　撮影される人、一〇二ページ—一〇三ページ、三五　「驚き」。

光と音と人間

――音楽／絵画／日常的世界――

人びとがそこで生きている日常的世界は、社会的文化的世界だが、根底的には自然によって包みこまれた、自然に根ざした世界、いわば人間の生活と生存の舞台と領域なのである。人びとのなかで、私たちの誰もが、さまざまな光や明暗、さまざまな静けさや音や音楽などを日々、体験しながら、人生の一日、一日を旅しているのである。人間は、自己自身の身体と五感によって、世界に、人びとに、道具や作品に、色や形や音などに巻きこまれながら、自己自身と向き合いつづけているのである。世界体験こそ、生活史と記憶こそ、意味の源泉だといえるだろう。人間とは意味のなかで身心を支えながら、身心を方向づけながら、世界と日々のリアリティ、現実を築き上げつづけている生活と生存の主体なのである。だが、人間は、主体ではあるものの、つねにさまざまな支えとよりどころ、さまざまな対象、客体を必要としているから、主体・客体、客体的主体にほかならない。人間の条件について広い視野で考察しなければならない。

アート、芸術は、決して人間の添えものではない。アートによって人びとは、なんと大きな喜びと楽しみ、慰めなどを体験することができたことだろう。人びとがそこで生きている世界は、アートやさまざまな作品によってもかたちづくられているのである。

日常的世界は、光によっても、音によっても意味づけられて（方向づけられて）いるのである。サウンドスケープと呼ばれる風景がある。音のさまざまな様相によって人間的世界は、独自の表情を見せているといえるだろう。人間は、根源的なトポスである自己自身の身体によって、世界につなぎとめられているのである。全身で、五感で、私たちの誰もが、バランスをとりながら、世界を理解しようとつとめているのであり、世界との対話に巻きこまれた状態にある。

光が乏しくなると、耳が生き生きと働き始める。耳は、眠りにつかない。五感の力がある。感性、感覚、イマジネーションこそ、人間のアイデンティティの理解にあたって注目さるべきものではないかと思う。

光も、音も、日常的世界へのアプローチにあたって見るべき方法、パースペクティヴなのである。

人間的世界は、全面的に雰囲気的世界なのであり、私たちの誰もが、さまざまなトポスや道で、世界の片隅で、つねにさまざまに気分づけられているのである。人間と意味と世界は、ひとつに結ばれているのである。

人間の声は、世界の驚くべき出来事だと思う。音と音楽の地平で、光と明暗の地平で、人びとのさまざまな生活感情と思いがかたちづくられてきたことにも注目したい。

いま、家庭交響曲は、どのように奏でられているのだろうか。

人間の命綱となっているような光や音があるが、環境世界や生活世界との対話のなかで人びとそれぞれの生活史がかたちづくられていく人間の生活と生存のドラマに注目しつづけていきたいと思う。

歌っている人間を統治しているのは、まさに人間の全体なのである。（中略）

歌という、このもうひとつの叫びは、けっして助けを求めていない。人間の破局を告げるということをけっしてしない。それどころか、歌は、人体という建築が救われたことを表現し、まっすぐに立った、気品のある体形を表現している。（中略）

だれかが歌っているということは、あれこれ特定のものを意味するのではけっしてなくて、ただ人間というものを告げている。それは、気をとり直し、本来のすがたを回復した人間、王なる人間である。叫びは、いわば逃げている動物だ。歌は空に舞う。歌は安堵《あんど》をあたえる。歌は泰平のお触れだ。人間が人間の形を堂々と押しとおしている証拠である。大気は、しだいに神の動きを加重してゆく。宇宙がわれわれに場をあける。宇宙がわれわれの衣服になる。

作品というものは、人間の仕事だ。すぐれた作品は、コントがいっているように、称賛者の行列をしたがえて、われわれのところまで運ばれてきたのだ。過去のほうから聞こえてくるあの一種のざわめきは、明らかに、何か並々ならぬものを通告している。人間社会がすがたをあらわす日があるとすれば、それは、このざわめきの聞こえるときだ。

壮大な「音楽」は、完全な人間の記述《エクリチュール》である。

アラン

音楽は私を踊らせる、私を息切らせ、涙させ、考えさせる、私を眠らせる、私を雷で打たれ—雷で打つものにする、私を光に、闇にする、私を糸にまで縮小する。

ヴァレリー

沈黙は騒音の不在以上のものであろうか。騒音は、表面で破裂するあぶくのように、単に沈黙を破るだけのものであろうか。(中略) 或る特定の時刻になると、われわれの周りの世界が静かになるということもある。例えば、サヴァンナに「午《まひる》」が訪れ、都市に夜の帳が降りるような場合。するとこの平穏を破るものが不意に訪れ、平安を乱すのである。だが、静寂が生まれる〔作られる〕(le silence se fait) と言うではないか。この表現によって沈黙が本来的なものではなくて、いわば自然に反するもの、われわれが強要したり人為的に作り出したりするものであることが確認される。そう、沈黙はけっして暗闇ではなく、つねに相対的なものである。ケージはもっとうまく表現している、「沈黙は、音楽同様、存在しない。つねに音が存在するのだ」と。沈黙と呼ばれているものは、しばしばかすかな物音、あるいは根底の音のことである。(中略) 他者とは語る者、私に語る者であるが、彼が沈黙したとしても、われわれの周りにはなお、ラブレーが想像したように、彼の凍ついた言葉がある。大気中に雷雨があるように、聞くべき声があるのである。

デュフレンヌ

同じ白いのでも、西洋紙の白さと奉書や白唐紙の白さとは違う。西洋紙の肌は光線を撥ね返すような趣があるが、奉書や唐紙の肌は、柔かい初雪の面のように、ふっくらと光線を中へ吸い取る。そうして手ざわりがしなやかであり、折っても畳んでも音を立てない。それは木の葉に触れているのと同じように物静かで、しっとりしている。

私は、吸い物椀を前にして、椀が微かに耳の奥へ沁むようにジイと鳴っている、あの遠い虫の音のようなおとを聴きつゝ、これから食べる物の味わいに思いをひそめる時、いつも自分が三昧境に惹き入れられるのを覚える。（中略）日本の料理は食うものでなくて見るものだと云われるが、こう云う場合、私は見るものである以上に瞑想するものであると云おう。そうしてそれは、闇にまたゝく蠟燭の灯と漆の器とが合奏する無言の音楽の作用なのである。

谷崎潤一郎

私がいつも面白く思うのは音によってその物その物の形を感じることであって、自分が日々手にする茶碗などでもそれを膳《ぜん》の上に伏せた時の音によって丸みのある深い茶碗か、平たい茶碗かが分る。（中略）また座敷などはいった時の音や空気の工合で広さとか狭さとかまた洋館造りの部屋であるとか、いろいろ部屋の様子が感じられる。また庭の趣きなども風の音や木のそよぐ音、筧《かけひ》の音、飛石《とびいし》を伝う音、いろいろ耳で味わうことが出来る。

宮城道雄

音の河は樹木と樹木のあいだに流れている
積乱雲と玉蜀黍畑のあいだにも
たぶん男と女のあいだにも

きみはその伏流をぼくらの内耳に響かせる
ピアノでフルートでギターで声で
ときに沈黙で

谷川俊太郎

アラン――アラン、桑原武夫・杉本秀太郎訳『芸術論集　文学のプロポ』中公クラシックス、一九六―一九七ページ、二三六ページ、文学のプロポ。
ヴァレリー――『ヴァレリー全集　カイエ篇　8　芸術と美学　詩学　詩について　文学　詩篇及びＰＰＡ』筑摩書房、一四ページ、一八ページ、芸術と美学、三浦信孝訳。
デュフレンヌ――M. デュフレンヌ、桟　優訳『眼と耳　見えるものと聞こえるものの現象学』みすず書房、一〇八―一〇九ページ、第二部　感覚的なもの、第三章　聞こえるもの。
谷崎潤一郎――『陰翳礼讃』中公文庫、二〇ページ、二八ページ。
宮城道雄――『新編　春の海　宮城道雄随筆集』千葉潤之介編、岩波文庫、六一ページ、耳の生活。
谷川俊太郎――『高原文庫』第20号、軽井沢高原文庫、平成十七年七月、二二ページ、谷川俊太郎、「音の河」武満徹に。

日常的世界、西田幾多郎は、このような世界を哲学のアルファ（α）、オメガ（ω）と呼んだが、社会学にとっても、社会学的人間学や感性行動学にとっても、日常的世界こそ、出発点であり、帰着点ではないだろうか。人間の生活と生存、人びとの日常生活、人びとが、私たちが、そこで人生の一日、一日を旅している世界、まさに人間の生活と生存の舞台と領域こそ、人間や社会へのアプローチにあたって、特別に注目に値するモチーフではないか

と思う。日常的世界から目を離すことはできない。日常的世界においてこそ、人びとの動き、人びとの生活と生存の様相、人間の姿、社会的現実、多元的現実、意味領域のさまざまなアスペクトと様相などが、さまざまなスタイルでクローズ・アップされてくるのである。社会学においても、感性行動学においても、哲学、哲学的人間学、さらに社会学的人間学においても、日常的世界は、明らかにαであり、ωなのである。

世界――この言葉は、古代ギリシアのヘラクレイトスが初めて用いた言葉であり、彼はいつまでも燃えつづけている火として世界を理解したのである。英語の世界という言葉は、語源的には、年代、時代、歴史、そして人間、このようなふたつのアスペクトにおいて理解される言葉であり、世界という言葉は、歴史的世界、人間的世界としてイメージされるといえるだろう。いずれにしても世界は、時間的空間的世界なのであり、世界という言葉とともに、時間、空間、人間が、クローズ・アップされてくる。カントは、時間と空間を感性の形式と呼ぶ。

ヘラクレイトスは、「同じ川には二度、入れない」といった人であり、ヘラクレイトスとともに流れゆく水、生成そのものといえるような風景が、姿を見せる。明らかに彼は、水の人だが、火のヘラクレイトスにも注目しないわけにはいかない。ヘラクレイトスの生成の哲学とパルメニデスの存在の哲学を極限的に結び合わせて、生をイメージして、生の哲学をみずからのよりどころとした人物こそジンメルその人である。

火が燃えているときの音がある。音の風景として、音をたてて燃えている火は、もっとも印象深いものといえるだろう。人びとの暮らしの中心に、火が、水が、姿を現しているのである。水があるところに、泉や井戸端に人びとが集まってくる。ジャン＝ジャック・ルソーがイメージされるシーンだ。燃えている火のそばに、まわりに、人びとが集まる。人びとは、火をかこむ。火のあるところは、明るい。火は、まさに光でもあるといえるだろう。

火のまわりは、あたたかい。火といえば熱であり、明暗である。人びとの生活は、水と火によって導かれてきたのである。光や明暗によって意味づけられてきたのだ。さまざまな光によって、窓によって、トポス（場所、居場所、位置、ところ、家、住居、部屋、坐席、さまざまな集落……）によって、道によって、人びとの生活や人間の生活と生存は、方向づけられてきたのである。意味づけられてきたのだ。さまざまな音にも注目しないわけにはいかない。色にも、形にも注目したいと思う。

トポスも、道も、光や明暗とともに、人びとの生活や生存とともに、色や形や音や匂いとともに、五感において、身体において、身体をとおして、人びとともに、イメージされたり、理解されたりするのである。

人間の生活と生存は、世界によって意味づけられているが、人間にとっては、なんといっても人間だ、そして世界だ、といわざるを得ないだろう。人間とは、まさに人間と人間、人間関係、メンバーシップ、リレーションシップだが、人間は、トポスにおいて、道において、世界において、理解されるのである。人びとの生活と生存のさまざまな舞台と領域に、世界に、世界の片隅に、さまざまな光が姿を見せている。人間は、たえまなしに光を求めつづけてきた。火を求めつづけてきた。窓を求めつづけてきた。トポスを、道を求めつづけてきた、といえるだろう。なによりも人間は、人間を求めつづけてきたのである。人間は、人間を追い求めつづけてきたのだ。

方向づけること、意味づけること、方向と意味——このようなシーンにフランス語、サンス（西田幾多郎は、サン、という）sensが、姿を現す。ふたつの意味群があるのだが、第一の意味群には、感覚という意味、意味という意味が見出される。第二の意味群では方向だ。感覚が働かなくなってしまったならば、すべては闇のなか、無意味の状態となってしまう。感覚と意味、方向は、ひとつに結ばれているのである。

光によって人びとにもたらされる安堵感、安らぎ、慰め、喜びがある。光が乏しくなると心細くなる。不安感が生じる。人びとは、さまざまな光や明暗によって、さまざまな気分を体験しつづけてきたのである。さまざまに気分づけられてきたのだ。雰囲気という言葉があるが、いうにいわれぬ雰囲気、雰囲気的なもの――人間が、人びとが、そこで生きている世界においては、雰囲気は、日常的に体験されつづけてきたのである。雰囲気とは、まさに人間的世界そのものともいえるだろう。

光の状態、明暗の様相などによって雰囲気が変わる。窓と壁、部屋の広さ、家具調度品、天井、床などによって風景が変わる。雰囲気が変わる。昼と夜、時間帯などによって、光の状態、明暗によって、トポスの様相や風景が変化する。風景とは、大地の眺め、光景（スペクタクル）だが、音の風景、サウンドスケープがあるのである。人びとの生活と生存の舞台と場面では、確かに光によるところの影響が大きいが、音にも注目しないわけにはいかないのである。音が命綱となっていることがある。人間の声は、音のなかの音であり、音の決め手、音の原風景、音を理解するための鍵といえるのではないかと思う。歌声があり、声楽がある。話し声があり、呼び声がある。叫び声がある。言葉がある。沈黙がある。人間は壁にすぎないわけではない。人間は表情であり、表現そのもの、人間は、言葉と沈黙において、表現と表現力において、合図において、触れ合いにおいて、コミュニケーションにおいて、応答において、声において、無言において、まなざしにおいて、目において、手において、手と手において、まなざしとまなざしにおいて、相互的なサポートとケアにおいて、励ましにおいて、勇気づけにおいて、まさに人間なのであり、そのような状態において、人間的に生きることができるのである。そのような状態で、人びとは、人間的に生きてきたのである。トポスにおいて、道において、世界の片隅、片隅において、人びとのなかで、道具や作品のかたわらで、風景のなかで、さまざまな光や明暗を体験しながら、人間は、相互的に支え合う状態で、人生の日々を生きてきたのである。

光がないとき、人びとは、身動きできない。自然の光、太陽の光、月の光、星の輝き、人間的な光、文化の光、文明の光、なんとさまざまな光があることだろう。自然の光と人工の光がミックスされた状態の光がある。蝋燭の光、ランプの光、暖炉の光、イロリの光……人間がつきまとって離れないような光があるかと思うと、科学の力といえるような人工照明がある。昼と夜、さまざまな時間帯において体験されるいろいろな明暗と光がある。夜明けとは、特別な時間帯だ。雪あかりという言葉がある。蛍の光がある。暗闇や漆黒の闇に注目しなかったら光や明暗を理解することは、できないだろう。ベッドサイドの照明があり、庭の片隅やトポスのさまざまな片隅で体験される光がある。鉄骨ガラス張りの建築的空間やトポスや道において体験される光がある。人びとがそこで生きている日常的世界、日々の生活と生存の舞台に姿を見せるトポスや道は、さまざまな光や明暗によって意味づけられているのである。ライトアップされた風景やイルミネーションの光景がある。適度の光、最適の光について、さまざまな方法で心くばりがおこなわれてきたのである。画家や彫刻家のアトリエの光がある。書斎の光がある。ミュージアムの光がある。映画館で体験される光がある。スクリーンの光がある。さまざまな絵画——それらは、まさに光そのもの、明暗そのもの、また、光といえば写真だ。コンサートホールや劇場やオペラ座などで体験される光がある。街路や交差点や広場で体験される光がある。家庭の食卓やレストランのテーブルを照らし出す光がある。石の森（ロダン）、大聖堂で体験される光、教会で目に触れる光、明暗、闇がある。洞窟で体験される明暗や光がある。手もとや足もとを照らし出してくれる光がある。人びとの共同生活の舞台に姿を見せている光と明暗がある。トポスに見られる鏡がある。鏡は光を集める。鏡はまるで光そのものだ。光といえば窓だが、天窓と呼ばれる窓もある。絵画をなかば壁、なかば窓と呼びたいと思う。絵画は壁にすぎないわけではない。それは、世界に向かって開かれた窓であり、まさにパースペクティヴ（遠近・眺望・視野）そのもの、このような絵画が目／眼とまなざしとしてイメージされたり、理解されたりすることは、もちろんのことだが、音の絵画、音の風景と呼ぶことができるスペクタクルが体験されることがあることは、注目される。絵画は、決してまなざしと目／眼や手に終始する人間の営み、人間のドラマではない。絵画は光とともに——自明のことだが、人間の耳や音の風景がクローズアップされるような絵画がある。

大地や壁、洞窟は、絵画の母胎、絵画のトポス、絵画の原風景だが、壁画は、絵画の独特の光が体験される彩れた、明るい壁なのである。光の窓というときには、ステンドグラスが、クローズ・アップされてくる。窓が鏡となり、イマージュ（鏡像）が体験されることがある。絵画とは、壁と窓とのあいだであり、しかも窓と鏡のあいだなのだ。イマージュというフランス語には、鏡像、人物像、画像、映像などという意味がある。イマージュと絵画は、ひとつに結ばれているのである。鏡は、レオナルド・ダ・ヴィンチ以来、絵画の領域で注目されてきたが、さまざまな自画像は、鏡とイマージュの凝縮された作品なのである。自分自身を見つめて、自分／自己を描くことに力を注いだ画家として、レオナルド、レンブラント、ゴッホなどの名を挙げることができる。人間の顔こそ、風景の極限的なモチーフといえるだろう。目／眼の光がある。顔とは、表情なのであり、人格の中枢的なトポスなのである。澄んだ目の限りない魅力がある。目を深淵《しんえん》と呼びたいと思う。世界への投錨、意味的な核（メルロ＝ポンティ）である身体によって、私たちの誰もが、世界に住みついており、世界に巻きこまれた状態で世界に属しているのである。

音楽も、絵画も、人間の生活と生存の舞台と領域において、決して添えものではない。自然と社会と文化と歴史が、人間の生成と存在の、生活と生存の次元であるように、音楽も、絵画も、アート、芸術のさまざまなジャンルは、そこで人びとが生きている世界の一部となっているのであり、人間の生活と生存の次元となっているのである。人間のよりどころ、支えとなっているものは、ことごとく人間の条件だが、さまざまなアートは、人間の条件となっているのである。人間は、自己自身がそれであらぬところのもの、さまざまな対象、客体、物体、道具、作品、風景、他者、特定の人物、人間とひとつに結ばれた状態で人間なのであり、そのような状態で人間的に、人間として、生きているのである。主体的人間は、主体／客体的人間なのだ。ジンメルは、人間を客観的動物と呼んでいる。さらにジンメル――人間は、限界なき限界的存在であり、慰めを求める存在、探し求める存在なのだ。彼は、人間を生として理解している。生には初めから死が組みこまれてしまっているのである。ジンメルは、生において人間を理解した、表現した画家として、レンブラントの画業に注目している。

デルポイの神殿の銘――「汝自身を知れ」この言葉は、人間の命には限りがあるのだ、ということを意味しているという見解がある。プラトンとアルキビアデスの対話のシーンでは、「汝自身を見よ」である。人間の瞳、人見が鏡になって、その鏡に自分の姿が映って見える、というシーン。目は、なかば鏡であり、光なのだ。ゲーテにおいては、目と太陽である。目が太陽のようでなかったら、目でものを見ることはできない、というゲーテの見方だが、目と太陽というモチーフは、プロティノスにスタートするアイデアである。

光というときには、目／眼がクローズ・アップされるが、人間は、全身で、五感を働かせながら、行動しており、生きているのである。人生の旅びと、人間は、世界において、生活者、生存者だが、行為者として、行動と行為のさなかで、プラクシス（行為・実践）とポイエシス（制作・創造）の主体として、だが、主体的客体的に、世界を体験しながら、意味のなかで、身心を支えつづけているのである。

さまざまな音は、世界の音であり、世界の響きである。音楽も、騒音も、音の様相であり、音につつみこまれた状態にある。人びとがそこで生きている世界は、音においても、色においても、万華鏡的といえるだろう。万華鏡は、光のなかで姿かたちが微妙に変わる色彩的な風景、まるで花畑や花と呼びたくなるような光景であり、光を浴びた眺めだが、光が失われてしまうと、どうにもならない。目／眼も、絵画も、光が頼りだ。カオス、それは、覗きこんで見ても、いったい何がどうなっているのか見当がつかない、暗々とした、黒い穴のような状態を意味する言葉だ。カオスにたいしてコスモスは、バランスがとれた、秩序づけられた、明るい美しい状態を意味する言葉である。目／眼は、混沌とした状態、カオス、暗闇を好まないといえるだろう。だが、光といってもまことにさまざまであり、あまりにも強烈な光のなかでは、誰もがおそらく生きた心地がしないだろう。落ち着きが得られる明るさ、心の安らぎと休息が体験される明るさと光が、人間には必要とされるのである。蝋燭の光やランプの光の魅力、暖炉やマントルピースやたき火などにおいて体験される光がある。光度がある。月の光のやさしさがある。さまざまな太陽光がある。光のコントロールに人びとは心をくだいてきたのである。光は、みごとな演出家なのだ。

暗がり、暗闇、漆黒の夜などにおいては、目／眼は、不自由な状態になり、足もとが危なくなって、歩行困難となってしまう。行動が封じられる。身動きできない。目はいうことをきかない。頼りになるのは、耳だ。音だ。特に人間の声だ。目を閉じて、耳を澄ますことがある。注意力、集中力が必要とされるとき、人間は、いったいどのようなことを心がけるのだろうか。暗闇の恩恵は、ないのだろうか。かすかな光が、恩恵として感じられることがある。光を見出して命拾いをしたような気持ちになることがある。

森と野原のコントラストに注目したいと思う。野原で体験されるのは、広さと明るさと光である。森では、密集、暗がり、暗闇、閉塞感などが体験される。森とは光が奪われているように感じられるトポスなのだ。オルテガ・イ・ガセーは、森を目に見えぬ自然、可能な行為の総和と呼ぶ。

「われ思う、ゆえにわれあり」。—— cogito,ergo sum. 森のデカルトにおいては、姿を見せるのは、特定の方向に方向づけられた直線的な道である。『方法序説』では、デカルトは、世界、場所、身体という言葉をいったんは用いたものの、これらの言葉は、ほとんどカッコに入れられてしまい、精神という言葉が浮上し、彼は、精神に信頼を託したのである。だが、ほんとうに注目されねばならないのは、世界であり、場所であり、身体ではないかと思う。世界、場所、身体こそ、キー・ワードのキー・ワードなのだ。

オルテガは、デカルト以降、西洋人は、世界なしの状態にとり残されてしまった、という。ユクスキュルの環境世界論とフッサールの生活世界論を視野に入れたオルテガのつぎのような言葉がある。——「私は私と私の環境である」。環境というとき、オルテガは、風景をイメージしている。生を根本実在として理解した彼は、人間を存在選択と呼ぶ。人間は進路の選択にたえず直面しているのだ。

ところで平坦な大地ではなくて、起伏がある地形、山地、野生の自然、森、湖、島、けわしい山道、そびえる樹木、植物などに心を傾けた人物がいる。大地を人類の島と呼び、植物を大地の飾りといったジャン＝ジャック・ルソー（Jean-Jacques Rousseau,1712―1778）だ。ここでは、しばらくルソーとの対話を試みたいと思う。ルソーの死後三年たって出版された『言語起源論』のルソーである（デュ・ペールー編『音楽論集』i 一七八一年、ジュネーヴ。ここでのテキスト――ルソー全集』第十一巻、白水社、所収、『言語起源論』竹内成明訳）。『言語起源論』の第一章　私たちの思いを伝えるさまざまな手段について――初めの方につぎのようなルソーの言葉が見られる（『ルソー全集』三一九ページ―三二二ページ）。

言葉は、動物のなかで人間を特徴づける。人間が話す言葉は、諸国民を互いに特徴づける。（中略）ある人間が他の人間に、自分が感じ考える存在で、その人と似た存在であると認められるとすぐに、自分の感情や思いをその人に伝えてみたいという願望や欲求が起こり、自分でその手段を求めることになった。この手段は、感覚からしかひきだすことができない。感覚は一人の人間が他の人間に働きかけることのできる唯一の道具である。（中略）私たちが他人の感覚に働きかける普通の手段は、二つに限られる。すなわち動作と声とである。（中略）

話を聞かず所作事だけを見ていれば、心穏やかでいられるが、身ぶりを見ずに話を聞いているだけで、涙が流れてくる。（中略）結論しよう。眼に見えるは、内容をより正確に写しだすが、関心をより強くかきたてるのは音声である。

ルソーは、ここでは「感じ考える存在」という言葉を用いている。感情や思いの伝達において、感覚が注目されている。動作と声が、他人の感覚に働きかける手段なのである。音声がクローズ・アップされてくるところが、ルソーらしい。『言語起源論』の第二章　言葉をはじめに生みだしたのは、欲求ではなく情熱であること――ルソーは、「人ははじめから考えたのではなく、まず最初は感じたのだ」という（同書、三二五ページ）。ルソーの見解（同ページ）。――「それならば言語の起源は、どこに発しているのか。精神的な欲求、つまり情念からである。生きていく必要にせまられて互いに遠のいていく人々を、あらゆる情念が近づける。飢えや渇きではなく、愛や憎しみが、憐れみや怒りが、人々にはじめて声を出させたのである」。ここでは、情念と声のルソーだ。

「人々を研究しようと思えば、自分の近くを見なければならないが、人間を研究するためには、視野を遠くにまでのばすことを学ばねばならない。特性を見出すためには、まず差異を観察しなければならないのである」。（同書、三四二ページ、『言語起源論』第八章　諸言語の起源に見られる一般的ならびに地域的な相違）ルソーには、自然状態や社会状態において、人間を理解しようとするアプローチが見られたし、社会において人間を、人間をとおして社会を見ようとするパースペクティヴが見られたのである。モラリストのさまざまな言説、エセーよりも、デルポイの神殿の銘「汝自身を知れ」という言葉の方が、はるかに意義深いとルソーは思っていたが、ルソーには人類や人間へのアクティヴなアプローチが見られるのである。

「社会をもつ人間は拡がろうとするけれども、孤立している人間は狭いところにいようとする」。（同書、三四五ページ、言語起源論、第九章　南の言語の形成）この「南の言語の形成」のなかで、ルソーのつぎのような言葉が、目に触れる（同書、三五二ページ―三五五ページ）。

焔を見ると、動物は逃げ去るが、人間はひきつけられる。共同のたき火のまわりに人々は集まり、そこで宴をはり、踊る。慣れ親しむという心やさしい結びつきは、いつのまにか人間を同類たちに近づける。そしてその粗末な野のかまどに神聖な火が燃えて、人々の心のなかに人間らしさの最初の感情をめばえさせるのである。

川が流れていなくて、土地にあまり傾斜のない大平原では、井戸のほかに生活の手段がない。（中略）けれども乾燥したところでは、井戸からしか水を手に入れることができなかったので、井戸を掘るために力を合わせるか、あるいは少なくとも井戸の使い方で互いに折れ合う必要があった。これが、暖かい地方における社会と言語の起源であったにちがいない。

そこではじめて家族のきずなが形成され、そこではじめて男と女が出会った。（中略）心ははじめて見るものにふるえ、いままで知らなかった魅力にひかれて粗野でなくなり、一人ではない心地よさを感じるようになる。

ルソーのやさしさが感じとられるシーンだ。彼は、家族を社会の始まりと見ている。水と火のルソーと呼びたくなるようなこのシーンで人間と人間との出会いと触れ合いと交わりに見られるような人間の風景が、クローズ・アップされてくる。

『言語起源論』の第十二章　音楽の起源、ルソーの面目躍如といいたくなるトポスだ（同書、三六一ページ）。

だから詩と歌と言葉は共通の起源をもつわけだ。さきほど述べたような、泉のまわりで取りかわされた最初の言葉は、最初の歌でもあった。周期的に繰り返されるリズムの反復、抑揚の調べ豊かな変化が、言語といっしょに詩と音楽を生みだした。というよりむしろ、そのすべてが一つになって、この幸福な風土と幸福な時代のための言語をつくりだしていた。そこでは、他人の協力を必要とするさしせまった欲求は、ただ一つ、心が生みだす欲求だけだったのである。

最初の物語、最初の演説、最初の法律は韻文であった。詩は散文よりさきに見出されたのだ。当然そのはずである。情熱が理性よりさきに語りはじめたのだから。音楽についても同じこと、はじめは旋律のほかに音楽はなく、さまざまに響く話し言葉のほかに旋律はなく、抑揚が歌をつくり、長短が拍子をつくっていた。分節と声で話すのと同じように、人々は響きとリズムによって話していたのである。

言語の起源について考察しているところ（トポス）で音楽の起源へのアプローチが見られるシーンだが、いかにもルソーらしい。ルソーは音楽家でもあったのであり、「村の占い師」と題された作品がある。ルソーを生きた眼と呼ぶことがあるが、彼は、みごとなまでに感性の人なのである。

絵画と音楽とが対照的に考察されているシーンだが、ルソーが見るところ、色彩に命と魂を与えたのは、デッサンであり、写生なのだ。絵画においてデッサンが果たしている役割を、音楽では旋律が果たすのであり、旋律は絵の線であり、形であって、和音や響音は、色彩であるにすぎない（同書、三六三ページ—三六四ページ、第十三章旋律について、参照）。ルソーは、あくまでも旋律について、その意義を強調している。

心に触れて、心を動かすような音楽、ルソーがイメージしていた音楽である。——「和音だけでは、ただそれだけに依存しているような表現の場合でさえ、不十分である。雷、小川のせせらぎ、風、嵐などは、たんなる和音だけではうまく表現できない。どんなにしてみても、騒音だけでは精神に何も訴えない。理解してもらうためには事物が語らねばならないし、すべて写生においては、ある種の語りかけで自然の声をつねに補っておかなければならないのである。自然の騒音を、騒音であらわそうとする音楽家は間違っている。（中略）騒音は歌であらわさねばならないし、蛙を鳴かせようとするのなら蛙に歌わせねばならないということを、その音楽家に教えてやりたい。ただ写すだけでは十分ではない。心に触れ、心を動かさねばならないのだ。それがなければ、彼の無愛想な写生は無意味であり、だれの興味もひかず、どんな印象も与えることがないであろう」。

ルソーは、表現について述べているのである。作曲のポイントというものがあるのだ。ここで目に触れたルソーの言葉は、『言語起源論』の第十四章　和声について、に見られるものだ（同書、三六八ページ）。第十六章のタイトルは、色彩と音との偽の類似、となっているが、ここでルソーは、つぎのようにいう（同書、三七一ページ）。

豊な色どりは、すべてが一時に地表に繰り広げられる。最初の一目で、すべてが見える。だがつづけてもっとよく見れば、さらに強く魅せられてくる。あとはもうただ感嘆し、それに見入るばかりである。

音の場合はそうはいかない。自然はけっして音を分解しないし、倍音を分離しない。反対に自然は斉音のなかに倍音を隠している。あるいはときに、転調のある歌とか、また鳥のさえずりのなかでは、自然は倍音を分離するが、これは同時にではなく一つずつ続けてである。自然は歌に着想を与えるが、和音には与えない。旋律を暗に示すけれども、和声は示さない。色彩は生命のない存在の装いであり、どんな物質にも色彩がある。

だが音は動きのあることを知らせ、声は感じやすい存在がいることを知らせる。歌うのは、生命をもつ身体だけである。（中略）

そのように、どの感覚にもそれ独自の領分がある。音楽の領分は時間であり、絵画の領分は空間である。

ルソーは、植物を大地の飾りと呼んでいるが、さまざまな彩りの草花が目に触れるようなシーンが、ここには見られる。ルソーは、庭園を飾る草花ではなくて、野の花に関心があった人だ。植物は、ルソーにとって大切なモチーフとなっていたのである。ルソーにおいて注目されることは、音がストレートにクローズ・アップされてきていることだ。ルソーにおいては、サウンドスケープがイメージされるといってもよいだろう。

ここでは、さらに同じ第十六章にみられるルソーのつぎのような言葉に注目したいと思う（『ルソー全集』第十一巻、三七二ページ―三七四ページ、言語起源論、第十六章）。

色彩は持続するが、音は消える。（中略）

色彩は、色のついた物体のなかではなく、光のなかにある。一つの対象を見るためには、光に照らされていなければならない。（中略）

以上のことから、絵画のほうが自然に近く、音楽はより人間の技術に依存していることがわかる。また、音楽は人間を人間に近づけ、仲間がいるという何らかの思いをつねにいだかせるので、それだけに音楽のほうが強く人々の関心をひくということができる。絵画はしばしば死んでいるように生気がなく見える。見る人を砂漠の奥まで連れていくかのようである。けれども声のしるしが耳に達すると、それは自分に似た存在がいることを告げてくれる。そのしるしは、いわば魂を表わす器官なのだ。聞く者に孤独を描きだすことがあっても、その声があなたはひとりではないという。小鳥は鳴くが、人間だけが歌をうたう。歌を聞き、あるいは交響曲を聞くと、だれでもすぐに、ああここには感じることのできる者がもう一人いると思わずにはいられないのである。

ふつうなら聞くことのできないものを描きだすことができるということも、音楽家の特権の一つである。画家のほうは、見ることのできないものを表現することは不可能である。ただ動きによってのみ働きかける芸術のいちばん不思議なところは、休息のイメージをさえもつくりだせることにある。眠り、夜の静けさ、孤独、そして沈黙でさえも、音楽の表現のなかに入ってくる。（中略）音楽家は、海を波立たせ、火災の炎を燃えあがらせ、小川の水を流れさせ、雨を降らせ、激流を溢れかえさせるだけではない。荒れはてた砂漠の恐ろしさを描きだし、地下の牢獄の壁の陰惨な感じを深め、嵐をしずめ、大気を静かな澄みきったものにし、そしてオーケストラで、小さな森にすがすがしい風を送り、よみがえらせるであろう。むろん音楽家はそういったことを直接表現するのではない。そのような状景を見れば感ずるにちがいない情感を、魂のなかによびさますのである。

ルソーは、理性ではなくて、感覚、感性をふまえて音と音楽へのアプローチを試みているのである。感じることにルソーのアイデンティティが、見出されるといえるだろう。絵画にはルソーの思いこみが、いくらか見られるようにも思われるし、ここで見たようなルソーにたいしては、批判的な見解が示される点があるかとも思われるが、ルソーの理解にあたっては、『言語起源論』のさまざまなトポス（箇所、書物のページの特定のそこ）は、十分に注目に値するのではないかと思う。人間と人間との出会いと触れ合い、つながり、人間関係が、クローズ・アップされてくるシーンがあったが、ルソーにおいては、場面、場面において、人間と社会が、人間と人間が、風景が、自然が、さまざまな状態で姿を見せているのである。音楽のルソーは、音のルソーでもあるといえるだろう。人間の声には注目しないわけにはいかないのである。

実際には見ることができないものでも絵画には描かれる。人びとが見ようとしたもの、イメージされたものによって画面が飾られることがある。目に触れたものだけが表現されてきたわけではない。光のなかで絵画はよみがえる。絵画と光についてはルソーの言葉が見られたが、明らかに絵画は光そのものなのだ。絵画において表現された独特の光は、絵画の理解にあたって鍵となる。人間の声やざわめきなどが耳に触れるような音の絵画と呼ぶことができる作品がある。音楽が流れている絵もある。傾聴したくなるような絵がある。絵は目の楽しみと慰めにすぎないわけではない。耳に触れてくるような絵がある。目が万能とはいいきれない。耳は眠りにつかない。耳の力には注目しないわけにはいかない。目は、前方に方向づけられている。耳は、四方八方につなぎとめられており、聴覚の野の地平には驚きを禁じ得ない。暗闇では、人間の声が道しるべとなり、杖になる。人間の手にあたるものになる。人間の声やさまざまな音が、支えやよりどころ、救いになることがある。身体は、人間にとって座標原点であり、絶体的なトポス、世界軸にあたるものだが、このような人間の身体は、驚くべきほどの多様な仕方と方法で世界につなぎとめられており、しかも世界に位置づけられているのである。

アドリアン・ファン・オスターデ　農民の家族　1647 年
紙　銅版画　17.6 × 15.7 ㎝

ルソーにおいては、家族や家庭が姿を見せていたが、つぎにアドリアン・ファン・オスターデの作品、「農民の家族」（一六四七年紙 Radierung 17.6 × 15.7）を見たいと思う。トポス（場所、居場所、ところ、位置、家、部屋、坐席……）の絵と呼びたくなるような絵であり、世界の、家の片隅が描かれているが、農民の家族と家庭生活、日常生活、人間と人間、人間関係、さまざまな家具、道具などが、クローズ・アップされてくる。耳を傾けると、人間の声や物音、犬の鳴き声などが、耳に触れる。静寂なたたずまいが感じられるが、音が体験されないトポスではない。窓からたっぷりと光が入ってきているとはいいがたい状態だが、それでも光が目に触れる。いったいどのような状態の光なのか。天井部分に屋根裏部屋か物置のトポスでもあるのだろうか。階段があり、梯子《はしご》が見える。この絵にはほぼ正面にあたる壁際に、片隅の片隅と呼ぶことができるような小さな箱型のトポスが姿を見せている。窓があるようだ。眠りのためのトポスなのか。

この家のなかには、いくつも部屋（トポス）があるのだろうか。椅子やゆりかごが描かれている。いずれもトポスだ。ほとんど一部屋の家なのか。フロアー部分は、道そのもの、階段や梯子は、道である。トポスに見られるさまざまな道がある。トポス（家、集落……）からトポスへとさまざまな道がある。さまざまな道やトポスで、いったいどのような音や音風景が体験されるのか。ロラン・バルトに家庭交響曲という言葉がある。それぞれの家庭で、家族生活のトポスで体験される音には交響曲と呼びたくなるような風景が感じられたのである。このオスターデの絵においてイメージされる家庭交響曲がある。母親の腕に抱かれた幼子は、泣き声を発しているのか、あるいは何か言葉を発しているのか。描かれた人物は四人、当然、ここに姿を見せている人物の人間関係と間柄が、気にかかる。それぞれの人物は、いったい誰なのか。

人間的空間が、社会的世界が表現されているが、人びとそれぞれの動き、動作、所作、プラクシス（行為・実践）、ポイエシス（制作・創造）などが、さまざまな状態で描かれているのである。日常生活の一シーンがモチーフとなっている絵だ。家庭画と呼ぶことができる作品だ。十七世紀のオランダの絵画は、このような家庭画において、風景画において、レンブラントの絵画において、おおいに注目される。絵画史を飾っている特別の時代なのである。目をこらしてオスターデのこの絵を見ることにしよう。片隅、片隅に描かれた物体、対象、品々、道具、家具……農民の暮らしに目を見張らざるを得ない。それぞれの道具はところを得て、それぞれがあるべきところに姿を見せており、そのような道具は、部屋におさめられている、とハイデッガーはいう。道具手もと性、道具存在性 Zuhandenheit という彼の言葉がある。ハイデッガーには〈ひと〉das Man という言葉があるが、この絵に描かれたそれぞれの人物は、誰でもあるとともに、誰でもないような〈ひと〉ではなくて、まぎれもなく唯一の、特定の人格としての人間、個人なのである。個人ではあるものの、自我 self として、メンバーシップ、リレーションシップのなかに姿を現わしている社会的人間なのだ。なによりも人間は、身体として、人格として注目されるが、自我においても、人びとそれぞれのアイデンティティにおいても、個人であるとともに社会であるような人間が理解されるのである。世界—内—存在、共同相互存在、死への存在、いずれもハイデッガーに見られる人間にかかわる言葉である。人びとのなかで、人間相互の関係のなかで、人間が理解されるのだ。他者とは、なかばこの自己自身なのである。

人生の旅びとは、生活の舞台と場面で、生死にかかわる生存、自覚的な生、世界に巻きこまれた状態にある自己、人間としての生存からしりぞくわけにはいかない社会的存在（生成／存在）なのである。社会的世界は、全面的に道具世界であり、いうまでもなくサインとシンボルの世界、人びとのイマジネーションがかきたてられるような世界、さまざまな作品が姿を見せる世界なのである。

ルソーは、絵画に見られる生気の欠如を指摘しているが、絵画には生気が見られないと簡単にはいえない。描かれた人物の生き生きとした表情、人物の息づかい、言葉と沈黙、などに注目しないわけにはいかないような絵がある。光によって、音によって生気がもたらされるような絵画がある。まちがいなく光は絵画にとって生命だが、音に注目しなければならない。音は、まさに生命力といえるだろう。画家は、光や色や形ばかりでなく、音をも表現しようとしてきたのである。

ゲーテの『タッソー』のシーンだが、人々のなかでこの私は誰なのかということを知るのであり、生活によって自己の理解が深められる、というゲーテに注目したクーリーは、社会を生活の位相 a phase of life として理解したのである。ライフ life の研究者をめざした人物がいる。西田幾多郎である。

人間とは、生命であり、生命力である。行動力であり、活動力である。想像力である。プラクシスであり、ポイエシスなのだ。

西田幾多郎は、つぎのような自己とつぎのような世界に注目している。――意識的自己、行為的自己、身体的自己、ポイエシス的自己、人格的自己、私と汝／そして世界、歴史的社会的世界、人格的世界、表現的世界、創造的世界。西田は、人間にとっての真の環境を世界と呼んでいる。西田においては、「われ思う、ゆえにわれあり」（デカルト）は、「われ行為する、ゆえにわれあり」となる。

オスターデの絵は、暗闇の絵ではない。明暗の絵であり、光の絵である。人びとは、動いている。静止の絵ではない。奥ゆきと立体感、トポスの空間性が、時間までもが、体験される絵である。オスターデの音風景が、目に触れる。耳に触れる。人間の気配と静かなざわめき、生活の音、人間の声などが、体験される。この絵は、みごとなまでに生きているのである。あらゆる意味でライフの絵だ。

絵画と音楽、それぞれにおいて、空間と時間が分断されているわけではない。絵画においても、音楽においても、時間と空間のいずれもが、クローズ・アップされてくる、体験されるといえるのではないだろうか。光とは、見方によれば、時間なのである。時間・空間――それが世界、このような世界に、人間が姿を現しているのである。このような世界に、トポスや道が、道具や作品が、風景が、さまざまな状態で姿を見せている。このような時間的空間的世界、社会的文化的世界、風景的世界、風土的世界で、さまざまなトポスや道で、世界の片隅で、さまざまな音や音風景が、体験されるのである。人間は、記憶や思い出、追憶や郷愁の世界で、意味の世界で、人間的時間のなかで、意味のなかで、生存しているのである。人びとそれぞれの生活史を飾っている道しるべとなっているような光と音、人びとそれぞれの音の原風景などがあるにちがいない。光も、音も、人間の生成と存在の次元なのである。

エッカーマンの『ゲーテとの対話』の一シーンを見たいと思う。ゲーテの声に耳を傾けたい。オスターデの絵が、このシーンに姿を見せているが、さきほどの「農民の家族」とは別な絵だ。だが、モチーフには共通性がある。ゲーテは、オスターデの魅力について語っている。感性に訴えてくる魅力――ゲーテの言葉だ。

一八二九年二月四日、水曜日、この日、エッカーマンの耳に触れたゲーテの言葉から、いくつかのシーンをつぎに紹介したいと思う。ゲーテの立場が明らかにされているシーン、活動に寄せるゲーテの深い思い、そしてオスターデの絵について――ゲーテと対面しているような気持になる（エッカーマン、山下　肇訳『ゲーテとの対話』（中）、ワイド版　岩波文庫、五三ページ―五五ページ）。

私自身はいつも哲学から自由な立場に立っていた。健全な常識の立場というのが、私の立場でもあったわけだ。
私にとっては、われわれの霊魂不滅の信念は、活動という概念から生れてくるのだ。なぜなら、私が人生の終焉まで休むことなく活動して、私の精神が現在の生存の形式ではもはやもちこたえられないときには、自然はかならず私に別の生存の形式を与えてくれる筈だからね。

この言葉を聞いて、私の胸は、驚嘆と敬愛の情に思わず高鳴った。(中略)ゲーテはデッサンと胴版画のはいった紙挟みを手元へ持ってこさせた。彼はその中の二、三枚を静かに見つめたり、ぱらぱらと繰ったりしてから、私にオスターデの絵の美しい銅版画を渡してくれた。「ほら、」と彼はいった、「例の『よい夫とよい妻』にふさわしい情景があるよ。」私は大喜びでその絵に見入った。それには台所と居間と寝室、みな兼用の一部屋だけしかないある農家の内部が描かれていた。夫と妻は、寄りそうように差向いにすわっていた。妻は糸を紡ぎ、夫は糸を巻き、二人の足元には赤ん坊がいる。背景に、ベットが一つ置かれていて、あるものといえばどれもこれも粗末で、最低限必要な家具ばかりであった。ドアは、すぐに通じていた。狭いながらも幸福な夫婦の姿を、この絵は見事に表現しつくしていた。たがいに目と目をかわしている夫婦の顔には、満足感と楽しさと何となく夫婦愛をしみじみと味わっている風情がただよっていた。「幸福な気持になりますね」と私はいった、「見れば見るほどこの絵はまったく独特な魅力があります。」——「それは、感性に訴えてくる魅力だ」とゲーテはいった、「いかなる芸術も、この感性的魅力を欠くわけにはいかないが、この種の題材では、それが充溢している。(以下略)」

ここに見られる『よい夫とよい妻』は、古代スコットランドの詩であり、ゲーテは、これを自由訳して、一八二八年『芸術と古代』第四巻第二号に発表した『古スコットランド風に』にこのタイトルをつけたのである(同書、三二二ページ、註、参照)。「妻は糸を紡ぎ、夫は糸を巻き」とある。生活の姿である。労働のシーンだ。人びとが紡ぎ出す微細な糸によって、社会と呼ばれる織物がかたちづくられている、といったジンメル、彼がいう感覚の社会学に注目したいと思う。

ところで音には匂いや香りが含まれているようにも感じられる。人びとは、誰であろうと、ほとんどいつもなんらかの状態で気分づけられているのではないかと思う。匂いと香りにこそ人間が気分づけられるところの源泉が見出されるといえるだろうが、音や色によって私たちが、さまざまな気分を体験することは、誰もが認めるところだろう。また、さまざまな光や明暗、暗闇によって人間の気分が微妙に変わることは、日常的に人びとが体験していることではないだろうか。音と色と光の状態が、相互に深く結びついていることは、誰もが理解できることではないかと思う。光が失われていくと、目はいうことをきかなくなり、色も色彩も、形も、コンポジションもやがては闇のなかに消えてしまう。暗闇のなかでも手で触わることによって、それが何であるかということが、なんとなく分かる物体や対象があるが、絵画は、手で触わって見ようとしても、どうにもならない。音は、暗闇においても耳に触れる。暗闇のなかで耳がとぎ澄まされるといってもよいだろう。暗いところでは耳が頼りとなり、手で触わることによって救いの道が見出されるといえるだろう。

気分は、人間の世界体験の個人的な領域であり、それは、人間の生存の根源的なトポス（居場所）なのである。気分は、人間の実存の領野なのだ。居心地は、人びとにとって重要な意味を持っている。

音や音楽によって私たちは、ただちに、さまざまな気分を体験する。さまざまに気分づけられる。雰囲気が気になる存在（生成／存在）、それが人間だ。人間は、つねに微妙な状態、振動状態に置かれているのである。「景色（風景）は気分（精神状態）」といったアミエル、そのとおりだと思うが、人間は、触れることができるものに巻きこまれながら、身心を支えつづけているのである。見るとは、目で対象、客体に触れることであり、音も、音楽も、耳に触れるのである。耳に触れるだけではなく、身体にゆさぶりをかけて、身体にしみわたってくるのである。音体験、音楽体験、絵画体験は、全身に及ぶ、人間をさまざまに気分づける、まことに人間的な世界体験なのである。

音色、色調などという言葉がある。楽器や音楽の演奏が描かれた絵がある。耳を澄まして画面を見ると、絵画世界が、みごとなまでに音や響きの、音楽の世界として体験されることがある。音や音楽、人間の声などによってもたらされる活気や生気、現実感がある。

絵画において音楽をイメージして、「色彩のコーラス」という表現を用いたこともあるカンディンスキーについて述べたいと思う。彼の生活史に刻まれている忘れがたい出来事がいくつかある。初めにモスクワでの黄昏時のまことに色彩的な風景、カンディンスキーは、このような劇的な風景においてシンフォニーを体験したのである。モスクワの大学で学問研究に情熱を燃やしていた若いときのことだったが、彼を心底からゆさぶった二つの事件があった。ひとつは、モスクワでのフランス印象派展（モネの「積み藁」との出会い）、もうひとつは、帝室劇場（ボリショイ劇場）におけるワグナー、「ローエングリン」の上演だった。モネの絵を見たとき、初めのうちは何が描かれているかよく分からなくて、カンディンスキーは、対象が欠けているのではないかと疑ったくらいだったが、やがてパレットの力に気づき、絵画の魅力に強くとらわれたのである。ワグナーについてカンディンスキーは、こう述べている（『カンディンスキー著作集四　カンディンスキーの回想』西田秀穂訳、美術出版社、二十ページ、回想——一九〇一年——一九一三年）。

一方ローエングリンの方は、このモスクワが完全に実現しているかに思われた。ヴァイオリン、低いバスの響き、格別その管楽器は、当時、私にはあの黄昏のひとときの力を悉く体現していると思えた。私は、私の知っている限りの色彩を心のうちに見た。それらは私の眼前にありありと現われた。荒々しい、たけり狂ったような線の軌跡が私の前に交錯した。ワグナーは音楽によってあの〈わがひととき〉を色彩豊かに描いていた、という表現を用いる自信は、私にはなかった。しかしながら芸術とは概して私が想像していたよりは遙かに強大なものであること、他面、絵画も音楽が有すると同様の能力を発展させうるという事実が、私には歴然となったのである。

激しささえ感じられるようなモスクワの色彩的な黄昏時の風景、生命《いのち》の限り輝いているさまざまな色彩の光景が、ワグナーの「ローエングリン」とひとつになって、響き合い、カンディンスキーの目に、耳に触れたのである。

カンディンスキーの学生時代の体験だったが、後々まで影響を及ぼしていた出来事が、このほかにふたつある。ひとつは、サンクト・ペテルブルクのエルミタージュ美術館のレンブラントの絵であり、もうひとつは、カンディンスキーが民族学者兼法律学者という資格を与えられて王立協会から派遣されたヴォログダ州への旅だった。つぎにレンブラントについて、つづいてヴォログダ州への旅での体験について、カンディンスキーの言葉をたどることにしよう（同書、二三ページ、二七ページ―二八ページ、回想）。

レンブラントが私に与えた精神的衝撃は大きかった。明暗の大きな分割、中間色調の大きなパートへの融解、壮大な二重音となって距離の異る隅々にまで働きかけて、ただちにワグナーのさまざまなあのトランペットの響きを想い起させるこの明と暗のパートへの前記中間色調の溶解が、私にまったく新しいもろもろの可能性を開き、色彩それ自体がもつ超人間的な能力、そして格別編成、すなわち対立によって力が増大する事実を明らかにしてくれたのである。

私は村から村へと辿ったが、それらの村では、思いがけなく村人全部が上から下まで灰色の着物をまとい、黄緑色の顔と髪をしていた。かと思うと、思いがけなく民俗衣裳の多彩さを見せ、まるで色どり鮮やかな生きている絵のように、その民俗衣裳が二本足で歩き廻っているのだった。さまざまな彫り物で蔽われた木造の大きな家屋のことを、私は決して忘れることはないだろう。これらの奇蹟の家々のなかで、それ以降二度と繰返すことのなかった事柄を、私は体験した。それらの家々は、絵のなかで動くということ、画中に生きることを、私に教えたのである。私はいまでも、自分が初めて居間に足を踏み入れて、思いも及ばなかった絵を前にしてその場に立ち尽してしまったときのことを、よく覚えている。テーブル、腰かけ、ロシヤの農家では大切な大きな暖炉、戸棚類、そしてどの家具類もその表面に多彩で細部にこだわらぬ装飾文様が施されていた。壁にはそれぞれ民衆画、象徴的に表現された一人の英雄の姿、戦闘の場面、絵にした民謡。「赤い」一隅（「赤」は古いロシヤ語では「美しい」と同義である）は、彩色で描いたのやら版画などの聖者像で隙間もなくすっかり蔽われており、その前には、赤々と灯のともっている一つの小さな吊りランプ。それはまるで、すべてを知り尽し、慎重に低い声で語りかける、独りだけで控え目に生きている、誇り高い一つの星のように、燃え、輝いていた。最後に部屋の中に入ったとき、私は、自分が画中の一員になってしまっていた。絵画に、四方八方取り囲まれているような気がした。

「私は多年にわたって、観者を画中で「逍遥する」ようにする、観者をして画中において自己忘却の状態で解体させてしまう、そうした可能性を捜し求めてきたのである」とカンディンスキーは、書いている（同書、二九ページ、回想）。カンディンスキーの絵画世界を散策するときには、さまざまな音や音楽が体験されるのである。カンディンスキーの言葉だが、響きに溢れ、充実している「色彩のコーラス」の夢、複雑なコンポジションの夢、という表現が目に触れる（同書、二七ページ、回想、参照）。彼は、このような夢に立ち戻るそういう画家だったのである。

カンディンスキーは、「赤い」一隅について書いている。赤々と灯のともっている一つの小さな吊りランプ――慎重に低い声で語りかける、誇り高い一つの星のように思われるランプ――ランプの灯、その明るさ、輝きが室内の情景、明暗とともにイメージされる。バシュラールは、ランプの灯に注目していた人だが、彼は、宇宙の片隅である家を巣、繭、城などと呼んでいる。カンディンスキーは、このヴォログダ州への旅において民俗色がゆたかな人びとの暮らしと生活空間、居住空間、まことに絵画的なトポス、独特の光と明暗の世界などを体験したのである。

色彩のコーラス、色彩のシンフォニー――カンディンスキーの絵画世界においては、色であり、線であり、形である。コンポジションとコンポジションの感覚だ。さまざまな光と明暗だ。音楽である。ある意味では、彼の絵画は、音楽の絵画であり、シンフォニーとなった、音楽的な響きとなった絵画、光景なのである。カンディンスキーは、いつも音に耳を澄ましている。耳を傾けている。耳の恩恵と力に注目したいと思う。音や音楽には、静寂が入ってきているのである。静けさは、人びとの暮らしにおいて、日常的世界において、重要な意味を持っている。明るさとともに、暗闇が、クローズ・アップされてくる。光がきわめて乏しい状態でトポスや道を体験することは、人生の旅びとにとって大切なことではないかと思う。さまざまな世界体験によって人間の生存の領域が広がり、深まる。人生を旅するということは、人びとのなかでさまざまな光や音や色などを、人びとのかたわらで、人びととともに、世界の片隅で体験するということでもある。人生行路がどのような光によって照らされるのか、どのような光や明暗によって人生行路が方向づけられているのか（意味づけられているのか）ということは、私たちにとってきわめて重要なことではないかと思う。

私たち家族三人での旅の一シーンが思い出される。伝統的建造物群保存地区として広く知られている大内宿（おおちのしゅく）を訪れたときのことだ。夕食をすませてから大内宿を私たち二人で歩いたが、あたりは漆黒の闇だった。懐中電燈で道を照らしながら歩き、ところどころで立ちどまって道の両サイドに姿を見せていた伝統的建造物の茅ぶきの屋根などを照らして眺めたりしたが、山里で体験した闇夜の風情と独特の雰囲気、大内宿でのトポスと道の体験などの記憶が、あざやかによみがえってくる。ほんとうに暗かった。光の記憶は、ない。静寂が体験されたが、道に沿った状態の小さな流れの水音が、耳に残っている。道ゆく人の姿は、目に触れなかった。伝統的建造物群、家屋、さまざまなトポスは、暗闇のなかに沈んでいた。

時は過ぎゆく。TEMPUS FUGIT ほぼ一年ほど前のことだが、二〇〇四年の八月末、晩夏のある日、私たちは三人で渋谷に近い青山の一画、梅窓院を訪れて、この寺のビルの一会場、トポスで開催された〈ダイアローグ・イン・ザ・ダーク〉と題されたイベントを体験したのである。

会場となっていたビルのトポス、かなりの広さではないかと感じられたが、明るい状態でこの会場となっているトポス、場所を見ていなかったので実際の広さ、大きさは、分からない。集まってきた人びと、暗闇を体験しようという試みの参加者は、だいたい十人単位で一グループとなり、リーダー役をつとめてくれる案内者のあとにつづくという状態で、漆黒の闇を体験したのである。会場のコースを約一時間かけて一巡するという催しだった。

リーダー役をつとめてくれた人は、目が不自由な女性であり、声がよくとおる人だった。参加者には白杖が手わたされ、この白杖で地面と身辺のそこ、ここを確かめながら、きわめてゆっくりと進む。あたりは闇、ほんとうに暗かった。漆黒の一語につきるカオスの状態に私たちは、突き落とされたのである。目は開いてはいるものの、何も見えない。目を閉じている状態だった。ほぼ列をつくって、ゆっくり、ゆっくり、たがいに声をかけ合いながら、そろり、そろりと、恐る恐る歩く。ときどき、立ち止まる。あたりをうかがう。時々、人に触れる。ぶつかる。手を取り合って、という状態ではなかった。頼りになるのは、白杖、そして人の声、リーダーの声、参加者の声。リーダーは、どんなところ、トポスにさしかかったのか、ということについて私たちに声をかけてくれたので、いくらか不安は軽減されたものの、暗闇のなかでの歩行は、困難をきわめた。しばしば立ち往生したことを思い出す。暗黒の状態、カオスは、ことごとく不安と危険だった。感覚を研ぎ澄ます、感覚にみがきをかける、注意深く身辺を探索する、とにかく足もとに気をつける、人の声に気をつける、手で触わりながら安全を確認する、全身に注意を配る、何かにぶつからないようにする、気配に注意力を集中させる、確かめて、さらに確かめる——暗闇の状態、暗黒のカオスの状態においては、人間の行動は、封じこめられてしまい、前進、歩行は、きわめて困難だった。そこに立ち止まったままというわけにはいかなかったので、恐る恐る前へ進まないわけにはいかなかった。

この暗闇の体験において、私たちが三人で人びとに混じって静かに静かにたどったコースで体験したさまざまなトポスや道筋について述べておきたい。初めに私たちは、野原を散策した。水の流れがあった。散策という気分ではなかった。やがて高原に出たが、白樺の林をぬけていった。リーダーの声であたりの様子をうかがうことができた。リーダーの先導がなかったら、一歩でもふみ出すことは、できなかっただろう。いま、どんなところにいるのかということが、分からなかったら、生きた心地がしない。何も見えない。一点の光もない。このコースで私たちは、駅に着いて、プラットホームを歩いたが、危険が身に迫っていた。階段があった。段差が恐ろしかった。あるところでスタジアムを訪れた。大観衆のどよめきが耳に触れた。そして私たちは、公園を訪れた。そこでブランコに乗った。童心に帰った。ラストシーンだったが、私たちは、バーに入った。飲み物は、各自、自由、赤ワインを注文する。グラスを受け取り、グラスを恐る恐る口に近づける。赤ワインを静かに口に含む。目を開けているのだが、まったく何も見えない。

白杖と人の声だけが頼りだった。私たち家族三人は、ばらばらの状態で、暗闇のなかでさまざまな道とトポスを、いうにいわれぬ暗闇の雰囲気と人間の気配などを体験しながら、自分自身と向き合う状態で、カオスを生々しく体験したのである。晩夏の午後の恐しいまでの暗闇だった。

白杖は、目となり、手となったのである。地面の微妙な変化と安全が、手にした白杖によって体験されたのである。目を開いていても何も見えないということは、とにかく恐ろしかった。私たちは、光に導かれながら、五感を働かせて、先へ進む。目だけで行動しているわけではない。ダイアローグ・イン・ザ・ダークは、私たちにあらためて音の恩恵と耳の大切さをはっきりと教えてくれたのである。手で触れることが、私たちをいかに救ってくれるのか。手の大切さは、はかりしれないほど大きい。状況が一変したときには、手も足も出ない。

ゴッホ 「星月夜」

夜空に輝く星、星空、星の輝きとまたたきは、あくまでも〈まなざし〉なのだ。星空との対話によっても、人間は、自己自身に導かれるのである。星空の明るさがある。星月夜がある。南フランスでゴッホが描いた星月夜の絵がある。ゴッホは、太陽の画家であり、しかも星空や月夜などを描いた画家でもある。彼のまなざしは、宇宙的空間にも、大地にも、人間にも、人間の手にも注がれているのである。初期の絵だが、ゴッホに「じゃがいもを食べる人びと」という作品がある。ランプの光のもとで、身を寄せ合うようにして農民がじゃいもを食べている。人間的空間が表現されているトポスの絵だ。耳を澄ますと人の声が耳に触れるような気がする。絵画空間の音風景がある。日常的世界は、人間によって、また、光や音によっても、意味づけられているのである。

バシュラール――「小さな光についての夢想は、われわれを親密さの侘住居へと連れていくであろう。われわれのなかにはゆらめく光をしか受け入れないほの暗い片隅があるように思われる」。(バシュラール、澁澤孝輔訳『蠟燭の焔』現代思潮社、一三ページ) バシュラールが見るところでは、蠟燭と砂時計のふたつとも人間的時間を語るものではあるものの、流儀はまったく異なっているのだ。彼は、焔を上に向かって流れる砂時計と呼ぶ。こうした焔は、生成としての存在、存在としての生成なのだ。バシュラールは、蠟燭を白紙のページの星と呼んでいる。蠟燭の焔の茎は、ほんとうに真直ぐでかぼそいから、焔はまるで花なのであり、もっとも大きな夢があるのは、頂きなのだ。頂きこそ、火が光となるところなのである。バシュラールは、つぎのようにいう(同書、一一三ページ。この辺では、ほかに二二ページ、五一ページ、八二ページも参照)。――「あらゆる花々のなかでも、薔薇は、植物的焔に関する想像力にとってまさしくイマージュの巣である」。

花は絵画の原風景だが、いろいろな花に私たちは、さまざまな光や風をイメージしないわけにはいかないだろう。明暗、暗闇、明るい空間と暗い空間――視界、五感の活性化、人間はなんと微妙な世界に身心を委ねているのだろう。光が乏しくなる。光が失われていく。音によって救い出されなければならないことがある。聴覚の野は、ただならない世界なのである。ミンコフスキーの言葉をここに紹介したいと思う(ミンコフスキー、中村雄二郎・松本小四郎訳『精神のコスモロジーへ』人文書院、一七一ページ)。――「明るい空間は、その普遍性とその実用的な側面とにおいて、暗い空間を支配下におこうとしている。だが、それでもなお、明るい空間がわれわれに立体的な世界として現われるのは、ただ暗い空間との対比をとおしてである。だから、われわれは、どんなことがあっても、明るい空間のために暗い空間の豊かさ、詩情、生、神秘を諦めようとは思わないのである」。

いずこにおいても、人間の生活空間、居住空間、行動空間においては、なんらかの状態で、さまざまな光が体験される。人間は、視野だけに身心を委ねて生きてきたわけではない。五感のさまざまな野によって、私たちは、サポートされながら、ケアされる状態で、人生の一日、一日を生きづづけてきたのである。そうしたさまざまな野は、相互に融合するような状態で、人間の生活と生存の舞台と領域、まさに〈世界〉となっているのである。

暗闇、漆黒の闇、深い空間、底なしの無限性と呼びたくなるような空間状況を体験したり、また、あらためて音の生起と様相に気づいたりすることは、人間としての生存を深く自覚するためにも、きわめて重要なことではないかと思う。

ここで、シオランの言葉をいくつか紹介したいと思う（シオラン、金井裕訳『思想の黄昏』紀伊國屋書店、二三ページ）。

霧のなかを散歩していると、私にはきまっていつもよりも容易に自分というものが見てとれる。太陽は自分に対して自分を他人にする。というのも、太陽は世界を発見することで、私たちを世界の欺瞞に結びつけるからだ。だが、霧は苦しみの色である。

霧のなかや吹雪のなかで体験されるのは、状況には違いがあるものの、白い闇である。光が含まれているような闇が、体験されることもある。私たち家族三人での旅の一シーン——シェイクスピアの故郷、ストラトフォード・アポン・エイボンでのことだったが、一寸先がほとんど見えないような深い霧、濃密な白い闇が、シェイクスピアの生家の周辺で、このストラトフォードのそこ、ここで、エイボン川のほとりで、体験されたのである。ストラトフォードの風景、景観、人びとの姿、町なみは、白い闇のなかに沈みこんでいた。白い闇は、光が浮かび漂っている闇なのである。「すべてこの世界（この世）は舞台」（シェイクスピア『お気に召すまま』）——舞台は、さまざまな光と明暗によって照らし出されているのであり、この舞台では、さまざまな音が、光が、闇が、匂いや香りなどが、体験されるのである。楽の音が、人びとの身体や耳に触れることがある。人間は、避けがたい状態で、世界にとりこまれてしまっているのである。

ふたたびシオランである（同書、一五二ページ、二一五ページ、二二三ページ、二三二ページ）。

ワーグナーは音のエッセンスのすべてを闇から搾り出したようだ。

真に音楽を愛する者が音楽に求めるものは、避難所ではなく高貴な災厄だ。「宇宙」は、その激しい苦しみのために聳え立っているのではないか。

他の生き物は生きている。人間は生きるために努力をする。まるでひとつひとつの行為に踏み切る前に、鏡で自分の姿を見ているようなものだ。人間とは自分の生きているさまを見ているのである。

生を見、そしてなお生きたいと思っている動物、すなわち人間。人間の劇はこの熱中に尽きる。

音楽とは絶対的時間、瞬間の実体化であり、さまざまの音の波に眩惑された永遠である……。

音の波――海がイメージされる。海は、生の象徴、生命と生命力、人間。音楽は、みごとなまでに人間の全体性であり、人間のアイデンティティなのである。

ここではレイチェル・カーソンの姿を見ながら、彼女の声を耳にしながら、終楽章を演奏したいと思う。海洋生物学者、レイチェル・カーソンの言葉に注目するとき、私たちの誰もが、きわめて大切なことに気づくはずだ（レイチェル・カーソン、上遠恵子訳、森本二太郎写真、新潮社、二三ページ、二八ページ、三〇ページ）。

子どもたちの世界は、いつも生き生きとして新鮮で美しく、驚きと感激にみちあふれています。（中略）もしもわたしが、すべての子どもの成長を見守る善良な妖精に話しかける力をもっているとしたら、世界中の子どもに、生涯消えることのない「センス・オブ・ワンダー＝神秘さや不思議さに目を見はる感性」を授けてほしいとたのむでしょう。

子どもといっしょに自然を探検するということは、まわりにあるすべてのものに対するあなた自身の感受性にみがきをかけるということです。それは、しばらくつかっていなかった感覚の回路をひらくこと、つまり、あなたの目、耳、鼻、指先のつかいかたをもう一度学び直すことなのです。（中略）

月のない晴れた夜でした。わたしは友だちとふたりで岬にでかけていきました。そこは湾につきだしていて、まわりはほとんど海にかこまれていたので、まるで小さな島にいるようでした。

はるか遠くの水平線が、宇宙をふちどっています。わたしたちは寝ころんで、何百万という星が暗い夜空にきらめいているのを見あげていました。

夜のしじまを通して、湾の入口のむこうの岩礁にあるブイの音がきこえてきます。遠くの海岸にいるだれかの話し声が、一声二声、澄んだ空気を渡ってはこばれてきました。

別荘の灯が、ふたつみっつ見えます。そのほかに、人間の生活を思わせるものはなにもなく、ただ友だちとわたしと無数の星たちだけでした。

わたしはかって、その夜ほど美しい星空を見たことがありませんでした。


「雷のとどろき、風の声、波のくずれる音や小川のせせらぎなど、地球が奏でる音にじっくりと耳をかたむけ、それらの音がなにを語っているのか話し合ってみましょう。そして、あらゆる生きものたちの声にも耳をかたむけてみましょう。子どもたちが、春の夜明けの小鳥たちのコーラスにまったく気がつかないままで大人になってしまわないようにと、心から願っています」。（同書、三八ページ）こうした明けがたのコーラスに耳を傾ける人は、生命の鼓動そのものをきいているのだ、とレイチェル・カーソンは、いう。虫たちの音楽をきくときには、どうすればよいのか。――レイチェル・カーソンの言葉がある（同書、四〇ページ）。――「虫たちの音楽をきくときには、オーケストラ全体の音をとらえようとするよりは、ひとつひとつの楽器をきき分けて、それぞれの弾き手のいる場所をつきとめようとするほうが、より楽しめます」。カーソンは、重要なポイントを明確に指摘していると思う。

環境世界――Umwelt Umgebung ユクスキュルのシーンだ。人間にとっての環境世界は、Umgebung として理解されるのだが、生物個体にとっての環境世界像の多様性に注目しながら、Umwelt を広い視野で理解して、そのうえで Umgebung の独自な様相と人間の環境世界像へのアプローチを試みることが必要とされるだろう。虫たちの音楽に耳を傾けることによって広々と体験される世界の地平があるのである。

人生の旅びとである私たちに必要とされるのは、自明性に疑いをかけること、そしてセンス・オブ・ワンダーである。

ワーグナー（ヴァーグナー）へ、暗闇へ――ニーチェの声に耳を傾けたいと思う（『ニーチェ全集　別巻三　生成の無垢』原佑、吉沢伝三郎訳、ちくま学芸文庫、二一六ページ、二六七ページ、二四一ページ、三一一ページ、二七八ページ、四一九ページ、四七八ページ、八六三ページ）。

　思想家としてのヴァーグナーの高さは、音楽家および詩人としてのヴァーグナーの高さと等しい。

　ヴァーグナーの音楽の全体における波立ち、沸き立ち、揺れ動くもの。

　『ローエングリン』のうちには多くの青色の音楽がある。

暗闇のうちでは人々は明るみのうちでとは別様に時間を感ずる。

一九九一年の秋、私たち家族三人は、ヨーロッパに渡った。アムステルダムからスタートして、各地を旅して、ウィーンへ。私たちは、ウィーンの秋、ウィーンのさまざまな光と明暗、聖シュテファン寺院でのゴシックの空間とトポス、ウィーンの都市空間、さまざまなトポスと道、美術史美術館、たとえば、ピーター・ブリューゲルの絵画などを体験したが、ウィーン国立オペラ劇場でのワーグナーのオペラの一夕を忘れることができない。「さまよえるオランダ人」——私たちは、このオペラの殿堂の特別席でワーグナーの歌劇を心ゆくまで体験することができた。ワーグナーの音と音楽、登場人物の演技と歌唱、ドラマの展開、舞台と舞台装置に見られた光と明暗、この歌劇の恐るべき迫力、そして休憩時間のことだったが、華やかなホールで目に触れた人びとの姿と動き、耳にふれた人びとの声とざわめき、劇場のみごとな建築空間、造作、デザイン、たたずまい、雰囲気、それらのことごとくが、なつかしい。記憶に新たである、夢幻かと思われるような一夕だったが、夢ではない。

郷愁、ジャンケレヴィッチは、それを時の香りと呼ぶ。時の香りは、人間にとって決してあやふやで頼りにならないものではないと思う。人間のアイデンティティは、時の香りによって包みこまれてしまっているのである。

モーリス・メーテルリンクの言葉を紹介して結びとしたいと思う（モーリス・メーテルリンク、山下知夫・橋本綱訳『蜜蜂の生活』工作舎、四七ページ、二章　分封（巣別れ）XIII）。

蜜蜂は夏の魂そのものなのである。それは豊饒の時を刻む大時計であり、軽やかに翔びまわっている芳香の、敏捷に動く翅である。そしてそれは舞い踊る光線の英知、ゆらめく光のささやき、またながながと寝そべり安らいでいる大気の歌でもある。彼女たちの飛んでいる姿、それはまさに、熱から生まれ、光りの中で育つ無数の小さな歓びのひとつひとつ、眼にみえる徴し、あるいはまたその確信にみちた音符なのである。

メーテルリンクは、香りを空気を飾る宝石と呼んだことがある。私たちの世界探訪の旅は、広がりを見せながら、さらにつづくだろう。

参考文献

山岸　健『レオナルド・ダ・ヴィンチ考　その思想と行動』ＮＨＫブックス２０７、日本放送出版協会、一九七四年五月。

山岸　健・山岸美穂『日常的世界の探究　風景／音風景／音楽／絵画／旅／人間／社会学』慶應義塾大学出版会、一九九八年五月。

山岸　健『人間的世界と空間の諸様相　人間／人間関係／生活／文化／東京／風景／絵画／旅／社会学』文教書院、一九九九年四月。

山岸美穂・山岸　健『音の風景とは何か　サウンドスケープの社会誌』ＮＨＫブックス八五三、日本放送出版協会、一九九九年六月。
山岸　健『人間的世界の探究　トポス／道／旅／風景／絵画／自己／生活／社会学／人間学』慶應義塾大学出版会、二〇〇一年一〇月。
小池妙子・山岸　健編著『人間福祉とケアの世界　人間関係／人間の生活と生存』三和書籍、二〇〇五年九月。
山岸　健『社会学的人間学　絵画／風景／旅／トポス／道／人間／生活／生存／人生／世界』慶應義塾大学出版会、二〇〇五年一〇月。
山岸美穂『音　音楽　音風景と日常生活　社会学／感性行動学／サウンドスケープ研究』慶應義塾大学出版会、二〇〇六年四月。

（山岸　健・山岸美穂、連名で発表されたエセー。『大妻女子大学　人間環境学部　紀要　人間関係学研究　7』二〇〇六年二月）

庭と人間と日常的世界

——自然と文化／風景と音風景——

人間は、これまでなんとさまざまな仕方と方法で人間の生活と生存がそこで可能となるような居場所、身心のくつろぎと安らぎが得られるところ、よりどころと支えとなるような舞台、まさにトポスを築きつづけてきたことだろう。住居としての家や庭は、人びとの日々の暮らしにおいて、まことに大切なトポスだったのであり、家や庭に情熱を傾注した人びとは、決して少なくなかったのである。

洋の東西にわたってさまざまな庭や庭園が見られるが、庭とは、本来、パラダイス、楽園だったのだ。家族生活は、家庭生活と結ばれているといえるだろう。

グループやグループライフは、トポスや風景に根をおろしているといっても過言ではないだろう。人びとが、私たちの誰もが、そこで生きている世界は、社会的文化的世界、人間的世界、日常的世界だが、きわめて人間的な表情と姿を見せながら、このような世界においてクローズ・アップされてくる人間の風景こそ庭なのである。

庭は、自然と文化の微妙な融合、自然に根ざした人間のモニュメンタルなトポス、まさに記念碑、モニュメントそのものなのである。

庭は、目の楽しみと慰めにすぎない光景ではない。視野ばかりか、聴覚の野、嗅覚の野、手で触れることができる野など、さまざまな野があるのである。庭と呼ばれる造形や形象、風景には、音が漂い流れており、トポスとしての、道としての庭においては、水の音や風の音が、また、香りや匂いが、体験されるのである。サウンドスケープ、音の風景は、さまざまな庭、ほとんど人間の眺めともいえる庭においても体験されるのである。

人間は、なんとさまざまな仕方で、時間、空間、それぞれを意味づけるために心をくだいてきたことだろう。どのような生活においてであろうと、人間は、庭や庭に相当するものを求めつづけてきたのである。庭の片隅、片隅には、人びとの思いが、にじみ出ているといってもよいだろう。ジャンケレヴィッチは、郷愁を時の香りと呼んだが、人間の庭には、時の香りが満ち満ちているように思われる。庭は特別に注目される記憶のトポス、記憶のよりどころなのである。

正岡子規においての庭、柳田國男の庭園芸術と庭へのアプローチ、クローズ・アップされてくるさまざまな庭は、表情、雰囲気、風景は、まことにさまざまだが、いずれも人間にとってまことに興味深い鏡なのである。

文化と自然、人間と自然、人間的なトポス、時間と空間、人びとがそこで生きている日常的世界、人間の生活と生存……このようなモチーフへのアプローチを試みようとするときには、庭は、有力なひとつの糸口になるのである。

庭とは、人間の感性と想像力、イマジネーション、ヴィジョンに磨きがかけられるトポスだが、庭で体験される道は、なかなか魅力的だ。庭の道は、道の晴れ舞台なのである。庭が借景を迎え入れる舞台となっていることがある。枯山水と呼ばれる庭がある。水の庭がある。すべての庭は、風の庭といえるだろう。庭は、アートの衣をまとった自然なのである。音の庭がある。庭で体験される音の風景がある。意味のなかで生きている人間にとって、庭は、奥深い意味のトポスではないかと思う。庭は、人間に生存のチャンスを与えてくれるトポスなのである。

さまざまな感情にせよ、いまだ形さだかならぬ気分にせよ、奥深い、きわめて秘やかなぼくらの内面の状態というものはすべて、風景や季節、大気の状態や風のそよぎとじつに不可解きわまりなく絡み合っているのではないだろうか。高い馬車から君がとびおりるときのきまった動作、星なく蒸し暑い夏の夜、玄関の湿った石のにおい、噴水から君の手にほとばしる氷のような水の感触――数限りないこうした地上の出来事に、君の心の全財産は結びついている。心の昂まり、憧れ、陶酔のなにもかもが。いや、結びついているどころではない。生命の根をしっかりと張り、一体となっているのだ。だから、もし君がメスでこの地面から切り離してしまうと、それは縮み萎え、君の両手のなかで消え失せてしまうだろう。自分自身を見いだそうとするのなら内面へおりてゆく必要はないのだ。自分自身は外部に見いだすことができる。外部に。ぼくらの魂は、実体をもたない虹に似て、とめがたく崩れゆく存在の絶壁のうえにかかっているのだ。ぼくらの自我をぼくらは所有しているわけではない。自我は外から吹き寄せてくる。久しくぼくらを離れていて、そして、かすかな風のそよぎにのってぼくらに戻ってくるのだ。実にそれが――ぼくらの「自我」なるもの！

ホフマンスタール

ホフマンスタール、檜山哲彦訳『チャンドス卿の手紙　他十篇』岩波文庫、一一九ページ―一二〇ページ、詩についての対話。

空気のなかに音楽はある。

音楽は、わたしたちのまわりのいたるところにあるのだ。
世界は音楽で満ちており、
あなたはただ、必要なだけそれを受けとればよい。

エドワード・エルガー

音楽は、日々の生活をおおっているヴェールを払いのけ、
われわれを現実そのものと向かい合わせるためにのみ存在している。

アンリ・ベルグソン

地球は楽器の胴体であり、
神の手によって、そこに弦が張られ、調律されている。
わたしたちはもう一度、その調律の秘密を見つけ出さなければならない。

R・マリー・シェーファー

ミッキー・ハート、フレドリック・リーバーマン編著、山田陽一、井本美穂共訳『音楽という魔法　音を語ることばたち』、一五〇ページ—一五一ページ、八一ページ。

生きものたちが奏でる音楽は、このほかにもあります。わたしはロジャーと、秋になったら懐中電灯をもっ

て夜の庭にでて、草むらや植えこみや花壇のなかで、小さなバイオリンを弾いている虫たちをさがそうと約束していいます。（中略）

懐中電灯をたよりに小さな音楽家をたずね歩くひとときの冒険は、どんな子どもも大好きです。彼らは、しゃがみこんで目をこらし、じっと待っているあいだに、夜の神秘性と美しさを感じとり、夜の世界がいかに生き生きとしているかを知るのです。

レイチェル・カーソン

レイチェル・カーソン、上遠恵子訳、森本二太郎写真『センス・オブ・ワンダー』新潮社、四〇ページ。

行為的直観的に創造的なるかぎり、生命が生きて居るのである。私が日常性的生活を具体的と云ふのは、その因習的自動的なるを以てではない。それが歴史的生命としていつも絶対に面して居るが故である。（中略）感性的・人間的活動とは、行為的直観的に起るものでなければならない。見るといふことと働くといふこととの弁証法的自己同一から、感性的・人間的活動といふものが起るのである。それが物を作ると云ふことである、実践と云ふことである。

人間は何處までも無限に深い歴史的バラストを脱することは出来ない。又之を脱すれば、人間といふものはなくなるのである。

人間は人間自身によって生きるのではない、又それが人間の本質でもない。人間は何處までも客観的なものに依存せなければならない。自己自身を越えたものに於て自己の生命を有つ所に、人間といふものがあるのである。

真の環境とは個物相互限定の世界、私の所謂世界でなければならない。

西田幾多郎

『西田幾多郎全集　第九巻』岩波書店、四八ページ—四九ページ、五三ページ、六一ページ、哲学論文集第三、一　人間的存在、『思想』第一九〇号、昭和一三年三月、一〇二ページ、二、歴史的世界に於ての個物の立場、『思想』第一九五・一九六号、昭和一三年八月、九月。

明石町は早くから外国人居留地になって、この一廓には内地人の住宅は全然見出せない。築地川の東岸に一歩踏み入ると、そこには、舶来の畫か写真で見る異国の風物が展開され、洋行したやうな気持になる。建物に二階以上のものはあまりなかったが、どの家にも庭は手広く取ってあって、そこにはまたあぢさゐが多く植ゑられてゐた。

話はかはるが、景色のいゝところは少くないけれど、私は、築地川の流れをめぐらす築地の一帯、とりわけ外人居留地になってゐた明石町——東京湾の波しぶきが岸に散る——にいつも心が惹かれる。房州がよひだときく洋風の、二本マストの帆船がおびたゞしく碇泊して、ホテル、ガス燈、異人館の庭に咲く花。

鏑木清方

鏑木清方『紫陽花舎随筆』六興出版、一四四ページ、失はれた築地川、昭和三七年三月、二一一ページ、「明石町」をかいたころ、昭和34年。

ちょうど人と人との間に「気が合う」と同じように、苔と石と、あるいは石と石との間に、「気」が合っているのである。そうしてこの「気」を合わせるためには規則正しいことはむしろ努めて避けられているように見える。このようなまとめ方は庭を構成する物象が複雑となればなるほど著しく目立って来る。人工を加えない種々の形の自然石、大小の種々の植物、水、——これらはすべてできるだけ規則正しい配列を避けつつしかも一分の隙もない布置においてまとめられようとする。

和辻哲郎

和辻哲郎『風土　人間学的考察』岩波文庫、二二七ページ、第四章　芸術の風土的性格。

旅人は待てよ

このかすかな泉に
舌を濡らす前に
考へよ人生の旅人
汝もまた岩間からしみ出た
水霊にすぎない
この考へる水も永劫には流れない
永劫の或時にひからびる
ああかけすが鳴いてやかましい
時々この水の中から
花をかざした幻影の人が出る

かたい庭

西脇順三郎

『西脇順三郎詩集』那珂太郎編、岩波文庫、一〇六ページ、一、一〇八ページ、四、旅人かへらず。

私もまた時間《とき》の園丁だ。

無限の時間に連らなるような、音楽の庭をひとつだけ造りたい。自然には充分の敬意をはらって、しかも、謎と暗喩に充ちた、時間の庭園を築く。だがこれは、あるいは、不遜な野望かもしれない。それにまた、それが可能だという保証もない。一枚一枚の生命《いのち》の木の葉を掻き集めて、火を点す。それは祈りのようなものだ。（中略）

庭の片隅の小さな菜園に、蕪《かぶ》が、まるい白い肌をころころと無心に晒している。間もなく霜が降《お》り、水道の水も凍る。時が経って、鳥たちが再《ま》た戻ってくる頃までには、いまの仕事を了えなければならない。

時間は、緩っくりと、落ちていく。

音楽を作曲する（形づくる）際に、私は、日本の庭園の作庭の仕方から随分多くのヒントを得ている。特に、室町の禅僧、夢窓がしつらえた庭（西芳寺、天龍寺、瑞泉寺等）からは、その形成《フォーメーション》の深さと拡がりによって、つねに汲み尽くせぬほどの多様な啓示を受けている。

庭は、自然そのもののようでありながら、だが或る意味では、きわめて人工的なものである。人為によって、自然は、さらに奥深い、無限ともいえる、変化の様態を顕わす。（中略）

庭は空間的な芸術であると同時に時間芸術であり、その点で、音楽にたいへん近いように思う。庭は時々刻々その貌《すがた》を変えている。だがその変化の様態は目に立つほどに激しいものではない。おだやかな円環的な時間の中で、完結することない、無限の変化を生き続けている。

武満　徹

『武満　徹著作集三』新潮社、九五ページ、時間《とき》の園丁、季刊「都響」四七　一九八八年一月一三日発行、三一四ページ、日本の庭と音楽、「MUSIK GARTEN」五　一九三三年一〇月。

人間のかたわらに姿を見せているのは、人間である。人間とは、人間と人間である。人びとのなかで、人びとともに生活している人間、個人は社会である、という表現が見られるが、確かにそのとおりだ、といえるだろう。西田幾多郎も、和辻哲郎も、個人は社会であるといったのである。哲学や倫理学においても、人間学や社会学においても、感性行動学においても、人間の共同生活、日常生活、人びとがそこで生きている世界、人間の生活と生存の舞台と領域、まさに世界、生成および存在として理解される人間に注目しないわけにはいかないのである。社会学的人間学がイメージされるといえるだろう。西田幾多郎には真の哲学を人間学と見る態度が見られる。和辻哲郎は、みずからの『風土』を人間学的考察と呼んでいる。

人間は、人びとのなかで、誰もが人間として、人間的に生きることができるようなトポスや世界を築くことに心をくだいてきたのである。人びとがそこで人生の旅びととして、人生の日々を生きている世界、人間の生活と生存の舞台と領域に注目するならば、おのずからさまざまなトポスとさまざまな道が、クローズ・アップされてくる。人間的世界、日常的世界、人間的空間、人間的時間、人間にとっての現実、また、多元的現実は、トポスと道によって意味づけられているのである。トポスと道によって方向づけられているのだ。

人びとの前後、左右に、さまざまなトポスや道に、そこに、ここに、この世界に、人間のかたわらには、人間だけが姿を見せているわけではない。道具や作品が、風景が、自然が、人間とならんで、人間とともに、姿を現しているのである。人間は、社会的文化的世界で人生の一日、一日を生きているのである。日々の暮らしを営んできたのだ。

自然も、社会も、文化も、歴史も、トポスも、道も、道具も、作品も、風景も、イマージュも、イマジネーションやヴィジョンも、人間の生成と存在の、人間の生活と生存の、次元なのである。人間は、みずからの身体によって、五感によって、世界に、他者に、風景などに、巻きこまれてしまっているのである。私たちの誰もが、身体によって、身体をとおして、世界に属しているのである。世界に住みついているのだ。

なんとさまざまな音が、色や形が、また、匂いなどが、このような世界に満ち満ちていることだろう。なんとさまざまな光や明暗が、世界のいたるところで、片隅、片隅で、人びとによって体験されてきたことだろう。世界は、時間的空間的世界なのである。

文化——ここでは、文化を人びとの生活の諸様式、生活そのもの、意味の網の目、解釈図式、知識のシステム、道具×シンボル、などとして理解したいと思う。人間と環境とのあいだでは、双方向的な働きかけが、まことにさまざまな状態で見られるが、西田幾多郎は、人間にとっての真の環境を世界と呼ぶ。西田が見るところでは、個物相互限定的な世界は、究極のトポスである歴史的空間なのである。彼は、世界を歴史的社会的世界、表現的世界、人格的世界、創造的世界などと呼んでいる。

時間、空間、カントは、そうした時間と空間を感性の形式と呼んだが、時間、空間、そして人間——それらのいずれにも注目したいと思う。時間と空間をどのように意味づけるか、方向づけるか、秩序づけていくか、ということは、人生の旅びとである人間にとって、きわめて重要な課題なのである。

「人生に意味を」――サン＝テグジュペリの言葉だが、ここでの言葉、意味 sens には、方向という意味がある。意味づけることは、方向づけることなのだ。このサンス（西田は、サン、という）というフランス語の第一群の意味は、感覚、意味であり、方向は、第二群の意味である。感覚が働かないときには、人間は、カオス、混沌とした暗闇の状態に転落せざるを得ない。覗きこんで見ても、いったい何がどうなっているのか見当がつかない黒い穴、それがカオス、カオスにたいしてコスモスとは、バランスがとれた、明るい、美しく秩序づけられた状態をさす。

目覚めた状態にある過去、それが記憶だが、さまざまなトポスは、記憶のよりどころ、記憶がそこにつなぎとめられている港のようなところなのである。ギリシア語、トポス τόπος には、場所、ところ、位置、居場所、家、住居、部屋、坐席、村や町などの集落……など、さまざまな意味がある。道というならば、デカルトだが、『方法序説』のデカルトは、道に従うことを方法として理解したのである。森のデカルトのシーン――森のなかで迷ったときには、進むべき方向を決めて、ためらわずに、そうした方向をめざして一直線に進むように、これがデカルトの助言だった。「われ思う、ゆえにわれあり」。cogito, ergo sum この言葉ほど多くの人びとをデカルトの舞台に登場させた言葉はないだろう。注目さるべきところだが、デカルトは、世界、場所、身体といういずれの言葉にも気づいてはいたものの、これらの言葉をほとんどカッコに入れてしまった。彼は、あくまでも精神に信頼を託したのである。デカルト以降、西洋人は、世界なしの状態に取り残されてしまったというオルテガ・イ・ガセー、ユクスキュルの環境世界論とフッサールの生活世界論を視野に入れていたオルテガは、つぎのような言葉を残している。――「私は私と私の環境である。」おおいに注目したい言葉だ。オルテガがいう環境は、まわりに見出されるもの、風景を意味する。

この無限の空間が私に恐怖を覚えさせる、といったパスカル、彼は、不安と苦悩と定めなさを人間の条件と呼んでいる（『パンセ』）。何もない部屋に入った人でとまどいを体験しない人は、おそらくいないだろう。広々とした野原で体験される風景や景色がある。無限感やみごとな広がりが体験される風景がある。視界がさえぎられていて、閉塞感や暗がりが体験される風景がある。森のなかは、なかば暗がりであり、ときには闇だ。道が見失われたときには、手も足も出ない。人間は、全身で、全感覚を働かせながら、行動するのだが、目がいうことをきかないことがあるし、格別に耳が研ぎ澄まされることがある。人間にとっては、見ることや視界や視野が、すべてというわけではない。聴覚の野や嗅覚の野や口腔感覚の野がある。それぞれの野や現場が深い意味を持っており、注目されるが、手で触れることができる野があることは、きわめて重要だ。五感のそれぞれが、いずれも重要だが、手で触れることができる世界体験は、人間にとって常時、根源的な世界体験として注目されるのである。

感覚と感性、想像力、いわば、イマジネーション、そしてヴィジョンこそ、人間のアイデンティティ（存在証明・自己同一性）において、重要ではないかと思う。人間は、たえまなしに支えとよりどころ、トポスや道、目標、ゴール、道しるべ、地図、相手となるものなどを必要としている社会的存在（存在・生成／生成的存在）なのである。音や音の風景、サウンドスケープ、さまざまな風景、人間的な表情を浮かべているものが、人間には必要とされているのである。人間のアイデンティティの中枢には、記憶と記憶力が、行動や行為と行動力、活動力が、精神力、想像力、創造力が、見出されるのである。人間とは、さまざまな力の結集点であり、さまざまな力が湧き出る泉なのだ。そして人間は、まさに生命力であり、生なのである。

ところで人間の現前、表情ゆたかな人間そのもの、自然と文化とが混然一体となったトポス、まさに自然と人間の宇宙、コスモスと呼びたくなるような舞台がある。それが庭である。それが庭であり、庭園、楽園だ。庭や庭園の本来の意味は、パラダイス、楽園なのであり、人びとを夢見心地にさせてくれるトポス、それが、庭なのだ。庭は、家のなかでもなければ、部屋でもないが、さまざまな庭は、なかば明るい部屋のようなトポス、ところなのであり、人間の居場所、人間をソフトに包みこんでくれるやさしい野なのだ。

庭は、五感を活性化してくれる特別な舞台であり、手のこんだ、きめこまやかにデザインされた、まことに人間的な野といえるだろう。オルテガ・イ・ガセーは、ほんとうの自然は、狩猟の野に見出されるといったが、人間的なトポスである庭は、狩猟の野ではない。もっぱら眺められるための庭があるといえるだろうが、庭の真骨頂は、人間が庭に降り立つことができるところにあるのではないかと思う。散策の野と呼ぶことができる庭がある。庭のさまざまな道は、プロムナード、遊歩道なのである。庭を身体的なトポスと呼びたいと思う。外ではあるものの、庭は、まるで家のなかのようなところであり、広々とした開放的な明るい部屋、トポスなのだ。庭といえば、光なのである。だが、音の庭と呼ぶことができる庭がある。

庭とは、緑であり、樹木であり、草花だ。土であり、水であり、石である。光である。人間のまなざしであり、人間の耳である。もちろん人間の手である。庭といえば、人間においてのヴィジョン、アイデア、イマジネーション、思想、プラン、デザインなどである。

文化の極点に姿を見せるトポス、それが庭であり、文化の理解にあたっては、庭園文化、文化としての庭に注目しなければならないが、庭や庭園は、文化であるばかりか、自然そのもの、文化の衣をまとった自然、人間的な自然、意味となった自然なのである。それにしてもなんとさまざまな庭があることだろう。文化とならんで文明という言葉にも心を配る必要がある。洋の東西にわたって、さまざまな庭と庭園が、姿を現しているのである。庭とは麗わしの大地なのだ。庭は、さまざまなスタイルと方法によって表現された人間の舞台なのである。坪庭と呼ばれる庭がある。光が降り注ぎ、風が訪れる小さな庭である。まわりにはさまざまな部屋、坪庭は、開口部であり、屋根がない、空の庭なのである。

人間の顔も、声も、言葉も、表情、表現そのもの、庭は、まさに人間のまなざしであり、声なのだ。まぎれもなく表情、表現そのもの、庭は、時の移ろい、季節の移ろい、庭とは、季節感なのである。庭は、限定された、トポスの風景といえるだろう。庭には、たっぷりと人間の思いと願いが、アイデアやヴィジョンが、イマジネーションが、息づいているのである。

行為の担い手である人間は、世界体験の主体であり、意味の担い手なのである。個人、個人は、出生、生活史、世界体験、身体、感覚、感性、理性、言葉、行為などにおいて、生において、死が内在化されてしまっているその生において、主体だが、主体ではあるものの、対象、客体、自己自身ではないところのさまざまなものとのさまざまなかかわりとつながり、結びつきにおいて、まさに客体的主体、主体・客体なのである。他者も、作品も、道具も、風景も、大地も、トポスも、道も、ことごとく人間と一体となっており、多種多様な網の目に委ねられた状態で、人間は自己自身を支えているのである。庭は、人間の身体の延長に姿を見せている工夫された、さまざまなヴィジョンやイマジネーションや思いなどが、そこに浮かび漂っている人間の風景なのである。庭で体験される風の音や水の音がある。人の声がある。鳥の鳴き声（音）がある。水の流れや滝が目に触れる庭がある。庭の音風景、サウンドスケープがある。

身体を世界への投錨、意味的な核と呼んだ人物がいる。モーリス・メルロ＝ポンティだが、身体は、世界体験の、動機づけと行為の、感覚と感性の、方向と方向性の、座標原点として理解されるだろう。手の先に姿を見せるのは、さまざまな道具であり、手がかりだが、人間の手や道具の手に注目したいと思う。手にふさわしいのは、道具の手であり、道具だが、なによりも他者の手、人格的な手が、特別に注目されるにちがいない。

さまざまな楽器があるが、いずれの楽器も人間の身体になじむように造られており、人間の身体と楽器は、ひとつに結ばれているのである。さまざまな楽器は、多かれ少なかれ身体化されているのである。楽器は、身体の一部となっているといえるだろう。人間の身体は、楽器にまでのび広がっている、拡張されているのである。

庭に楽器があるはずはないが、音を発する装置が庭の片隅に見られることがある。ししおどし（鹿おどし）や水琴窟がある。京都の東山の山麓にある詩仙堂、名高いトポスだが、この詩仙堂の庭の片隅にはししおどしがある。これまで、おりあるごとに家族三人で詩仙堂を訪れているが、詩仙堂の室内、座敷から庭を眺めているとき、規則的にししおどしの音が、耳に触れたことを思い出す。静寂が静かにつき破られたのである。

トポスとは、漠然とした、ふたしかな空間ではない。なんらかの方法や仕方で意味づけられた、価値が与えられた、特定の一点、そうした限定された空間、身心を委ねることができるところが、トポスなのである。詩仙堂の庭は、ししおどしによっても意味づけられているのである。空間のトポス化、空間の方向づけ、いわば意味づけは、人びとによってたえまなしにおこなわれてきた人間的な営為なのだ。

プラクシス(行為・実践)、ポイエシス(制作・創造)——こうしたふたつの言葉がほとんどひとつに結ばれた状態で独自の表現の舞台、人間の作品として姿を現しているトポス、それが庭なのである。ジンメルは、家を建てること、道を造ること、橋を架けることにおいて人間のアイデンティティを理解しているが、家と庭とがひとつに結ばれて、生活空間、居住空間、唯一のトポスがかたちづくられていることに注目したいと思う。庭において家、住居がイメージされる、理解されるといえるだろう。家と庭は、まさに楽園をめざしているのではないかと思われる。家族生活、家庭生活——庭は、そうした生活がそこに映し出されている鏡であり、鏡像なのだ。イマージュというフランス語には、鏡像、画像、人物像、映像など、さまざまな意味がある。

活動的生活　vita activa という言葉がある。人間が条件づけられていること、それを人間の条件として理解したハンナ・アレントの言葉だ。アレントが見るところでは、活動的生活には、労働、仕事、活動という三つのアスペクトがあるのであり、生命を維持するための人間の営みが労働、作品を残していくこと、それが仕事、人間が相互に働きかけ合うような状態でおこなわれる共同的な営みが、活動なのである。

そこで人間の生活と生存が期待されているようなトポス、世界は、あの手、この手を尽して、人間的に、ソフトな状態で、かたちづくられてきたのである。家も庭も人間的世界の中核的なトポスなのだ。家も庭も、空虚ではない。充実である。記憶の拠点なのだ。平和と安定のトポスなのだ。平凡な日常生活 trivial round of daily life の舞台、それが家であり、庭だといえるだろう。平凡な、という表現ではあっても、日常生活には数々のドラマとエピソードが見出されるのである。

メルロ＝ポンティのシーンだが、人間の労働によって第三の弁証法の開始が見られるのである。なぜならば、人間は、自分と物理―化学的刺戟とのあいだに、「使用物」(Gebrauchsobjekte)――衣服、机、庭――や「文化物」――本、楽器、言語――等、人間固有の環境を構成して、行動の新しい連環を出現させるようなものを投入するからだ（メルロ＝ポンティ、滝浦静雄・木田元訳『行動の構造』みすず書房、二四一ページ、第三章　物理的秩序、生命的秩序、人間的秩序、参照）。庭とは、人間的に秩序づけられた人間的空間なのである。サルトルは、人間と人間の出会いや触れ合い、人間関係が、そこで体験されるような行動空間を人間的空間と呼んだのである。確かに見ることに捧げられているような光景、目の風景と呼ぶことができるような庭がある。庭のそこ、ここをめぐり歩くことができないような、額縁のなかの庭と呼ぶことができるような庭がある。京都の龍安寺の庭は、明らかに額縁のなかの庭、みごとなまでに枠づけられた、まるで舞台のような庭だ。この庭は、名高い石庭である。京都の東山の山麓にある銀閣寺の庭は、旅びとがそこをめぐり歩くことができるような行動空間、散策や遊歩のトポスなのである。庭の道、さまざまな道のなかでも、こうした道ほど眺めと風景を楽しむためにプランされた道は、ないだろう。視界の道なのだ。だが、耳がないがしろにされてはならない。庭の道は、感性の扉が開かれて、感性に磨きがかけられる道なのだ。庭の片隅に無意味なトポスはない。

人間をシンボルを操る動物 animal symbolicum と呼んだカッシーラーは、ユクスキュルの環境世界論に注目しながら、人間に独自の環境世界について考察して、シンボリック・リアリティにおいて人間のアイデンティティを理解しようと試みたのである。

さきのメルロ＝ポンティのシーンにおいて使用物、文化物という言葉が見られたが、いずれも現象学のフッサールが用いた言葉だ。フッサール、意識の志向性、事象そのものへである。生活世界である。フッサールは、意識としての生のヘラクレイトス的な流れ、という言葉を用いているが、ヘラクレイトスといえば、水の流れであり、太陽であり、世界だ。道である。「同じ川には二度、入れない」。「太陽は、日ごとに新しい」。「のぼり道もくだり道も同じ道」。ヘラクレイトスの言葉だ。ヘラクレイトスは、いつまでも燃えつづけている火として世界を理解したのである。流れゆく水、まさに生成の哲学、ヘラクレイトスだ。存在の哲学といえば、パルメニデス。ジンメルは、生成と存在を緊張状態においてとらえて、生を溢流《いつりゅう》、たえまなしの先への流れ、過去であり、未来として理解したのである。水の流れに姿を見せている岩や石がある。岩や石は、存在そのもの。そうした石や岩に激しくぶつかりながら、まるで石をかむようにして流れゆく水流が目に触れる。耳に触れる音がある。岩や石にぶつかりながら、そうした岩石を乗りこえるようにして流れる水と岩石の風景こそ、風景となった生なのだ。人間は、ジンメルにおいては、まさに生として、限界なき限界的存在として理解されたのである。人間を逆行できないところの生成そのものとして理解した人がいる。ジャンケレヴィッチだ。

水流の庭がある。池の庭がある。石の庭がある。水の表情も、石の表情も、大地や樹木の表情も、まことにさまざまだ。動物、植物、鑛物、人間によってかたちづくられたもの、形象、作品、人間が姿を見せないはずはない。フッサールがいう生活世界がイメージされる。生活世界は、プラクシスやポイエシスの舞台なのである。庭は、生活世界の日常的なトポスだが、庭にはどことなく晴れがましさが漂っているようにも思われる。庭をあえて特別なトポスと呼ぶこともできるだろう。社寺の境内に独自の庭をイメージすることができるようにも思われる。庭をゆたかな光景、鑑賞に耐え得る風景、大地の眺めと呼ぶことができるだろう。枠づけられた、囲みこまれた、限定された人間のトポスと呼ぶことができるが、庭は、樹木、植物、草花によって、石によって、水によって、そこに姿を見せている建築や造形によって、音によって、光や明暗によって、さまざまなスタイルで意味づけられてきたのである。

庭は、全面的に意味空間である。独自のスタイルがそこに見られる意味のトポスだ。庭を大地の絵画そのものと呼ぶことができるのではないかと思う。コンポジション、色、形、マチエール、いわば、物質、地肌の状態、光と明暗、いずれも絵画のポイントだが、庭や庭園においても気になるポイントだ。作庭という言葉がある。日本風の庭園、フランス風庭園、イギリス風庭園など、さまざまなスタイルの庭園や庭がある。草花がにぎやかに姿を見せているような花の庭がある。フランスのジヴェルニーで私たちが体験したモネの庭園がある。ふたつの庭のひとつは、文字どおりの花の庭、四月に入ったばかりの季節だったが、息を呑むような色彩のシンフォニーが、視界に広がっていた。モネのパレットかと思われるような色あざやかな草花のトポスだった。もうひとつの庭は、水の庭、睡蓮の池の庭だった。四月初めのことだったので、睡蓮を目にすることはできなかったが、私たちは、このモネの池のほとりで、水辺で、みごとな鏡を前にして、モネの数々の「睡蓮」の絵をイメージしながら、池のまわりを回遊したのである。日本風の太鼓橋があった。この水の庭には、日本の風が吹いていたのである。モネは、まことにみごとな鏡を手に入れたのであり、彼は、水の風景を描いたのである。私たち三人は、幸い二度にわたってモネの家と庭を訪れている。

根本的空間、定位された空間、環境的空間、等質的空間――いずれも和辻哲郎にみられる言葉だ(『倫理学』)。和辻は、人間を間柄存在と呼んだが、根本的空間とは、人間と人間との触れ合いや交わり、交渉などが見られる空間をさす。人間関係や間柄がイメージされる空間だ。家、屋敷、部屋、庭などは、定位された空間として理解される。環境的空間は、風土そのもの。田圃や麦畑は、等質的空間なのだ。和辻は、景観を人間存在のなかの光景と呼んでいる。

自然に帰するような庭や庭園がある。ジャン＝ジャック・ルソーは、庭園の人ではなく、森や山道や湖や無人島の人だが、自然に帰りつつあるようなソーの庭には魅力を感じていたのである。廃墟のような庭があったら、ルソーの目は輝いたかもしれない。生きた目、ルソーその人をいいあらわしているような言葉だが、ルソーといえば、植物でもあり、音楽でもあることに注目したいと思う。あるとき、私たち三人は、パリから郊外のモンモランシー、ルソーゆかりの地を訪れたが、そこで私たちの目には、ルソーの館のささやかな庭の光景が触れたのである。庭の片隅にはルソーの椅子と呼ばれる石造りの椅子があった。ルソーは庭園の草花ではなく、野の草花に強く心をひかれた人だ。彼は、植物を大地の飾りと呼ぶ。

どのような庭であろうと、庭は、大地の飾りと呼びたくなるような眺めではないかと思う。心の安らぎとくつろぎ、人生を生きる喜びと楽しみ、楽園を人びとにもたらしてくれた人間のトポス、庭に注目したいと思う。庭とは、なかば人間なのである。

人類の島、ルソーは、大地をこのように呼んだのである。大地は、人間にとっては、身体とともに根源的なトポスなのである。サン＝テグジュペリは、人間を住まう者と呼ぶ。ハイデッガーは、人間を命に限りがある状態で大地に住まう者と呼んでいる。ハイデッガーは、建てることと住むこととを一体的に理解している。庭は建築や建造物ではないが、大地との親密な語らい、大地との対話という点において建築とならんでおおいに注目される人間の営為、プラクシス／ポイエシスなのである。庭には人間の生活と生存が、さまざまなヴィジョン、アイデア、パースペクティヴ（遠近、眺望、視野）が、視点が、人間と人間性が、思想が、宇宙観、世界観が、浮かび漂っている。投影されている。庭は、人間にとって鏡であり、人間の鏡なのである。庭を見る、庭に耳を傾ける、庭を散策する、庭を体験するということは、凝縮された宇宙や世界を、自然を、文化を、歴史を、人間を、人間の生活を、人間の生存を、さまざまなスタイルで、さまざまなパースペクティヴで、さまざまな思いで、記憶の糸をたぐり寄せながら体験するということなのである。

文化の深層においては、人間の生活感情、人生観、世界観、価値観、哲学と思想、人びとの生活態度、生活感覚、さまざまな感情の機微などが注目されるのである。庭や庭園においては、自然との深いかかわりのなかで、文化のさまざまなアスペクトや様相、次元などが、クローズ・アップされてくるのである。庭は、人間の姿や世界の光景と様相が、そこに映し出されているみごとなスクリーンなのである。

同じ町でも視点のとり方やアプローチの仕方によって、さまざまに見える、とライプニッツはいう。視点とパースペクティヴに注目したい。人間は、環境世界に閉じこめられた状態にあるのではなくて、さまざまな視点から世界を対象化して見る、理解することができるといったのは、マックス・シェーラーだったが、彼は、世界開放性において人間を理解したのである。

龍安寺の石庭を私たちは何度も体験しているが、季節に応じて、天候や時刻、時間帯に応じて、その時々の気分によって、石庭の表情、風景は、決して一様ではなかった。同じトポスで、さまざまな石庭が体験されたのである。広々とした縁側から石庭を見る。視点、目の高さ、身体の位置によって石庭の姿と眺めが、微妙に変わる。観光客の状態、ざわめき、人びとの声や動きなどによって、石庭のたたずまいと雰囲気が、変わる。

庭とは、極限的な雰囲気的世界なのである。庭や庭園は、雰囲気そのもの、人びとは、庭において、庭園で、さまざまな気分を体験するのである。あらゆる庭は、演出されたトポス、舞台なのだ。自然が、文化が、人間が、そこでひとつになって、ふたつとないトポスが、世界が、創造されているのである。庭にはアートという言葉がふさわしいだろう。庭には、たっぷりと人間の思いと感情が、ヴィジョンが、にじみ出ているのである。

大地を耕す――文化という言葉の始源において注目されるシーンだ。文化 culture という言葉には、教養という意味がある。心が耕されること、それが教養だが、マシュー・アーノルドのシーンだ。十九世紀の後半のことだが、タイラーが姿を見せることによって、人びとの生活の舞台と場面で、教養をこえた広い視野で、文化の理解が試みられるようになったのである。

言語文化があり、庭園文化がある。衣・食・住のそれぞれにおいて、それらが一体化されるような状態で、文化の理解が、深められていくのである。社会と文化は、まさに一体的に、だが、それぞれが、さまざまな視点から、さまざまなパースペクティヴで、さまざまな次元において、きめこまやかに理解されなければならない。音楽文化がある。音の文化がある。音風景がある。龍安寺の石庭には、水の流れも、池も見られない。石、また、石である。さまざまな石の姿と形、石の表情、石組み、石ばかりだが、石のふもとに姿を見せている緑、ソフトな大地がある。石の大地とばかりは、いえない。植物が、わずかではあるが、目に触れる。苔の表情があるといえるだろう。それにしても、この庭は、まさに石庭だ。いくつもの島がイメージされるが、龍安寺の庭に海を見ないわけにはいかない。

耳を澄まして石庭を眺めることにしよう。波の音、海鳴りが、耳に触れるのではないだろうか。海と島の庭、それが、龍安寺の庭なのだ。グローバルな視点から見るならば、この庭は、パーフェクトに日本なのである。日本の文化なのだ。文化は、人びとの感情の機微に触れるところを理解しようとしなかったら、文化を理解することは、できないだろう。文化は、人間の生成と存在の根底的な次元なのである。文化のさまざまなアスペクトと様相と次元に注目するならば、おのずから自然が、人間の姿が、人びとの生活、暮らしと人生が、人間の生存の姿が、見えてくるだろう。文化は、自然を包み隠してしまっている部厚い壁ではない。文化は、自然によって貫かれているのだ。自然は、文化ににじみ出ている。文化とは、人間の生活と生存の姿であり、日々の生活を営むために、人生の日々を生きるために、人びとが、相互に支え合いながら、工夫して編み出した、生活と生存のための知恵であり、方法なのである。

日常生活は、実践的で具体的な生活に尽きるものではないと思う。日々の生活のなかで、人生を展望したり、人間の生と死、人生を生きること、いま、このとき、永遠、人間の世界などについて理解を深めたりすることは、なかなか困難なことではないかとも思われるが、生存の感情を深めていくこと、生存を自覚すること、生と死を直視していくことは、人生の旅びとである人間にとって、きわめて大切なことではないかと思う。人間は、生活者であるばかりか、生存者でもあるのである。

環境と人間を一体的に見ていきたいと思う。庭は、生み出された、創造された、まことに人間的な作品なのである。庭は、ゆとり、余裕ではないだろうか。庭は、人間のアイデンティティ、存在証明、生成と存在の証明なのだ。庭をイメージしたり、庭を造ったり、また、さまざまな庭を体験したりしながら、人間は、自己自身との対話を試み、自己自身に働きかけていくのである。庭と呼ばれるトポスとそこでさまざまな道や風景、さまざまな視点とパースペクティヴを体験するということは、まことに人間的な濃密な空間体験、時間体験、世界体験、ふたつとないリアリティ、現実の体験なのである。回遊式と呼ばれる庭、庭園がある。歩く。視点が変わる。パースペクティヴが変わる。さまざまな音が体験される。音の風景が変わる。匂いの風景が体験されることも、変わることもある。世界は、微妙に動きつつある、変わりつつあるといえるだろう。太陽の光、光の様相と表情が、微妙に変化していることもある。

環境世界 Umwelt――生物学者、ユクスキュルの言葉だが、彼は、Umwelt 環境世界という言葉のほかに、Umgebung という言葉を用いている。この言葉は、環境世界、環境として理解されるが、人間においての、人間にとっての Umwelt 環境世界を Umgebung と呼ぶことができるのである。知覚領域、作用領域をふまえて、生物に応じて、さまざまな環境世界像があるのだが、人間にとってのユニークな環境世界として、人間の庭を挙げることができるだろう。庭は、人間の世界像であり、人間像なのである。

ところで柳田國男の『明治大正史　世相篇』（一九三〇年、昭和五年執筆、翌年、刊行）に「庭園芸術の発生」と題されたトポス（箇所、ところ）があるので、ここで彼の文章を紹介したいと思う（柳田國男『明治大正史　世相篇』講談社学術文庫、一三四ページ――一三五ページ、第三章　家と住心地、八　庭園芸術の発生）。

人を広々とした一つの盆地に置いて、自由にどこなりとも好きな場所を屋敷に択べと言ったら、少なくとも日本人だけの間では、ほぼその選定が一致していたろうと思うことは、今でも諸国の実例によって想像しえられる。たとえば岡を北後に負うた家は、その他の向きよりも早くできている。泉の露頭に近い上手のほうの屋敷は、多くは下流にあるものよりも存分な地取りがしてあって、その縄張りの一つ前であったことを思わしめる。(中略)

山は燃料を採り水を引き、風を除け日を受けるという便宜以上に、これを後に控えることは用心のためにも必要であった。家の正面に田を作って、門から出て行く一筋の道がその間を通っているなども、単に管理がやすく秋の稔りの光景を楽しみうるという以上に、最初はこれを要害として、近よってくる者を防ぎ守る目的のほうが主であったかもしれない。(中略)

関東北陸の諸県の山にやや遠い低地で、屋根の背後の森がよく発達し、ことに陰鬱なる杉の類を高く茂らせているなどは、恐らく単なる風除けというよりも、かつて高地に拠っていた所の、心安さを忘れえぬ結果であろう。あるいはいささ小川のせせらぎの音なども、何でもないようであってまた一つの心の頼りであった。すなわち水は常に流れているということを、耳で確かめていた数百年からの習わしが、こうして井を掘り水道を伏せる時代まで、なおわれわれをして泉の響きを愛せしめたのである。これが明らかに心付かれたならば、かえって何とも思わなくなるかもしらぬが、元来日本人はいずれの民族よりも水を多く使う国民であった。

柳田國男は、特定の庭園について述べているわけではない。庶民(常民)の生活感情、生活感覚、風景感覚などについて経験的に語っているのである。トポスについて庶民が抱いていた独特の感情があったといえるだろう。「いささ小川のせせらぎの音」という言葉が見られるが、注目したいところだ。柳田は新色音論を提唱していた人物であり、時代の音についての考察も見られるのである。屋敷林について触れたところがあるが、こうした林の景観には注目しないわけにはいかない。日本列島へのアプローチということになると民家と鎮守の森が、クローズ・アップされてくる。

庶民の生活においては、庭は、楽しみとくつろぎのトポスとして、人びとの郷愁を誘う大切な大地の片隅だったといえるだろう。庭に情熱を傾けた人がいたとしても、少しも不思議ではない。

柳田國男の短い文章だが、「町の話題」と題された文章をつぎに見ることにしよう(『定本　柳田國男集』第三一巻(新装版)、五三〇ページ——五三一ページ、町の話題、昭和二七年一一月二七日、「きぬた」)。

昭和二年の四月、始めて小田急が通じて、この不細工な家を立てた頃にはあたりは一面のクヌギ林、その外は麦畠、遠くにたゞ一軒の赤い瓦の屋根が見えるばかり、春は雲雀の声が終日絶えなかった。成るたけ空を広く見るやうに、わざと大きな木は栽ゑなかったが、それでも以前が原であった故に、色々なもの、種が、飛んで来て、勝手なところに成長した。中でも松なんかは主人の設計を無視して、せまい通り路のまん中に二本も生えた。ネムの木は一頃やたらに出てこまったが、路ばたの一本だけをそっとして置くと、すぐに大きくなって夏の樹蔭になり、又幸ひに雌木であって花が咲いた。しかし盛りの短い木で、もう大分弱って居るが、その分どこかのお宅へ行って、子孫を繁昌させて居ること、思ふ。

それから又一つはサンショの木、これも私の家では栽ゑた木では無い。一時は多過ぎて分けるのに苦心したが、この三四年は芽ばえを見なくなった。ハギもいつの間にかもう出なくなって、去年の秋はどうも花を見たやうな気がしない。ヤマブキはまだ少し残って居るが、是も一時のやうに大きな株にはならぬ。是は武蔵野一帯の普通種で、太田道灌の名歌とは縁の無い一重のものだが、花の盛りの目さましいだけで無く、春秋の葉の色も日に照って風情がある。（中略）

ウケラは武蔵野を記念すべき古歌の植物であって、それを家の庭に見たときは、涙の出るほどなつかしかったが、是もどうやら消えてしまったやうである。アカネは附近の空地に行けばまだあるが、是がアカネだといふことを知らぬ人ばかり多くなった。ムラサキも私は決して取り尽されたとは思はぬが、用途が無くなってしまふと彼等も考慮をして、ちゃうど老人のやうに、草むらの中に隠れてしまふらしいのである。よって一首。

いにしへのあかねむらさきむさしの丶跡とふものはたゞ秋の風

日本列島を旅しているとき、屋敷林が目に触れることがある。関東平野でも、東北地方でも、信州の安曇野《あずみの》などでも、屋敷林が見られたが、屋敷林は、いわば防風林であり、こうした林を見ると、風が吹いてくる方向や方角が分かる。屋敷林は、庭の林というよりは屋敷の林だが、風を防ぐ屋敷林によって、家屋敷は、人びとにとって心安らぐ庭になるといえるだろう。屋敷林は、実用の林であり、飾りの林ではない。だが、屋敷林によって人間のためにやさしいトポス、人びとがそこで落ち着きと安らぎを体験できる居場所が生まれるのである。

さきの柳田國男の「庭園芸術の発生」と題されたエセーは、庭や庭園の原風景へのアプローチとして注目される。

日本人の琴線、人びとの生活感情に触れた言葉ではないかと思う。すべての庭は、大地の造形であり、自然との人間的な対話なのだ。人間のイマージュ、鏡像となった自然なのだ。庭とは、文化の衣をまとった自然であり、自然に根ざした人間の表現、人間のスタイルなのである。

庭とは造形された自然であり、自然に根ざした人間のトポスの出現なのである。庭とは演出された人間の自然、文化の様相にほかならない。さきの柳田國男の成城の庭は、まるで武蔵野の自然が姿を覗かせているような人間のトポスだといえるだろう。緻密に計算され尽されて作庭されているような庭ではない。余裕たっぷりな庭といえるだろう。

日本文化の鏡ともいえるような回遊式庭園では、散策するにつれて微妙に変化するパースペクティヴ（遠近・眺望・視野）、変化に富んだ眺めが、体験される。風景が絵巻物のように変わるといってもよいだろう。視野と聴覚の野が、微妙に融合して、独特の宇宙が生まれている場合がある。嗅覚の野が、体験されることもある。池の水面に空や雲が反映して、みごとな水鏡が、目に触れることがある。空の庭と呼びたくなる庭もある。太陽が水面に浮かぶ風景を眺めたことがある。微妙な光の池だった。庭に姿を見せている石や石橋がある。ことごとく石ということになると龍安寺の石庭だ。石の文化がある。石の配置とコンポジション、パースペクティヴにおいて体験される風景、庭の日本文化があるのである。

二〇〇五年九月、軽井沢で犀生の旧居、軽井沢の別荘を訪れる。金沢が生まれ故郷の室生犀星は、庭に特別な関心を抱いていた人物だが、軽井沢の別荘の庭は、飛び石と苔によって演出された犀星、その人の庭だった。この庭には紅葉などの樹木が姿を見せていた。家屋と庭とが一体となったトポスが、この地で体験されたのである。

以前、一度、訪れたことがあった子規庵を訪れる。九月の根岸だった。正岡子規のトポスと庭——彼の文章にも姿を現しているが、子規庵を訪れると、根岸の里での子規の日々と彼の姿が、目に浮かぶ。子規の耳に触れたさまざまな音があったが、そうした音と子規の耳について思いが深まる。庭の糸瓜《へちま》の棚と糸瓜が、子規の部屋からよく見えた。子規の視界と視野があったのだが、糸瓜の風景は、子規の目を楽しませてくれた、やさしい風景だったと思う。絵ごころ豊かな子規には、朝顔を描いた絵がある。新色音論を提唱した柳田國男は、朝顔の色に日本の色を理解するひとつの糸口を見出している。

入谷の朝顔市、七月初め、東京の夏の風物詩である。これまで私たち家族三人は、何度かこの朝顔市を訪れている。入谷で求めた朝顔、二鉢によって私の家の庭の片隅が、飾られていた夏がある。この春、庭に植えたアネモネ、ごくわずかだったが、あるとき花が開き、アネモネによって私たちは、慰められたのである。一九九九年の春、庭に藤を植えたが、二〇〇五年の春、初めてこの藤の花が咲いた。藤の花には独特の風情があると思う。私の家の庭の中心に姿を見せているのは、かなり大きな白蓮だ。そのそばには泰山木。庭のところどころには沈丁花。沈丁花の香りには特別な郷愁を抱いている。メーテルリンクは、香りを空気を飾る宝石と呼んでいる。どのような庭であろうと、庭には人間のさまざまな思いと願いが、記憶や思い出や郷愁が、にじみ出ているのではないかと思う。庭とは、まさに人間そのものなのである。

正岡子規の『仰臥漫録』、そのページを開くことにしよう（正岡子規『仰臥漫録』岩波文庫、七ページ、七二ページ――七三ページ、七五ページ）

明治卅四年九月二日　雨　蒸暑《むしあつし》

庭前の景は棚《たな》に取付《とりつい》てぶら下りたるもの
夕顔二、三本瓢《ふくべ》二、三本糸瓜《へちま》四、五本夕顔とも瓢ともつかぬ巾着形《きんちゃくがた》の者四つ五つ

九月廿五日　晴
朝寐の気味あり
朝飯　粥三わん　佃煮　なら漬　牛乳ココア入　菓子パン小二
（中略）
高浜より小包にて曲物《まげもの》一個送り来る　小蝦《こえび》の佃煮なり　前日あみの佃煮この辺になきことに話したる故なり
午後三人集って菓子をくふ

（中略）

鼻毛を摘《つ》む

庭の棚に夕顔三つ瓢《ふくべ》一つ干瓢《かんぴょう》三つ　それより少しもふゑぬに糸瓜《へちま》ばかりはいくらでもふゑる今ちょっと見たところで大小十三ほどあり

珍らしく夕顔の花一つ咲く　糸瓜の花も最早《もはや》二つ三つ見ゆるのみとなれり

ひぐらしの声はとくより聞かず　つくつくぼうしはこの頃聞えずなりぬ

本膳の御馳走食ふて見たし

夕方御隠殿の方に鳴く

ガチヤガチヤ庭前にてやかましく鳴く　この虫秋の初めは上野の崖《がけ》の下と思ふあたりにてさわがしく鳴きその後次第次第に近より来ること毎年同じことなり

子規の現前が体験されるような言葉だと思う。子規の声だ。それにしても子規の生命力、気力、努力、迫力、視力には驚きを禁じ得ない。子規の耳にも注目したい。耳の証人という言葉を子規に捧げることができるだろう。子規の社会的世界、風景的世界、人間的世界、日常的世界が、クローズ・アップされてくる。

子規は、目による慰めを体験していたが、彼は、耳によっても、手によっても、慰められていたのである。人びとによっても、草花や植物によっても、色や形によっても、音によっても、さまざまな慰めが得られていたのである。感覚の社会学についても述べたジンメルは、人間を慰めを求める者と呼ぶ。

眼の自覚、耳の自覚――西田幾多郎は、絵画と音楽についてこのように表現したのである（『西田幾多郎全集 第一〇巻』岩波書店、一一〇ページ、哲学論文集 第四、一 実践哲学序論、岩波講座『倫理学』第二冊 昭和一五年八月）

庭――それは、眼の自覚であり、耳の自覚なのである。それ以上に、庭とは、身体の自覚であり、五感の、人間の活性化なのである。

何年も前になるが、私たちは、家族三人で柳田國男ゆかりの遠野（『遠野物語』）と宮沢賢治の花巻、それから会津の大内宿を旅したことがある。そのとき、私たちは岩手県で高村光太郎の山小屋を訪れたが、花巻では宮沢賢治ゆかりのトポス、イギリス海岸で北上川の流れと水音などを体験したのである。花巻の賢治の記念館で私たちは、賢治の世界を旅したが、このトポスの片隅で、花壇設計ノートメモ、フローラのスケッチを目にすることができた。Tearful eye 涙ぐむ目、と題されたスケッチがあった。賢治は、言葉と音、擬音についての鋭敏な感覚の持主だった。

二〇〇四年八月中旬、京都、大文字などの翌日、十七日、私たちは、なじみのトポス、京都を訪れ、二泊して、水の庭などを中心として、京都の庭を旅したのである。植治ゆかりの庭、無鄰菴《むりんあん》庭園と洛翠《らくすい》庭園を丁寧に見学してまわることができたが、琵琶湖疏水、水の流れが、こうした庭においてクローズ・アップされてきたのである。水の庭は、石の庭でもあった。もちろん植物のトポスだった。洛翠庭園では琵琶湖をかたどって造られていた池をめぐりながら、さまざまなトポスや視点やパースペクティヴを、視野ばかりではなく、聴覚の野を、さまざまな水や石を、さまざまな大地の表情と光景などを、体験したのである。無鄰菴庭園では、植治のまなざしと手を、さまざまなトポスと道を、水を、石などを体験したが、借景となっていた東山も体験されたのである。また、京都では植治の手になる平安神宮の庭園、やはり水の庭を体験することができたが、この水の庭では、さまざまな石が、睡蓮も体験されたのである。疏水の水が、この水の庭に通じていた。私たちの目と耳に触れた水の庭は、疏水の庭だった。二〇〇四年、夏の京都は、私たちにとっては、水の庭の、疏水の庭の京都だったが、上賀茂神社と近くの社家町では、別な水の流れを体験したのである。この水の流れが庭に姿を見せている社家の家があった。庭の水は、流れにもどる仕組みとなっていた。東山、北山、西山の京都、盆地の京都は、河川はもとより、水の京都なのである。

二〇〇五年一〇月二日、日曜日、アークヒルズへ。真夏にもどったような日だ。サントリーホールでのコンサート、伶楽舎第七回雅楽演奏会「伶倫楽遊」、主催は、伶楽舎、音楽監督は、芝祐靖、この日のプログラム——芝祐靖「瑞霞苑《ずいかえん》」、そして武満徹「秋庭歌一具《しゅうていかいちぐ》」。

アークヒルズの広場、サントリーホールの正面入口に向かって左手にあたるところに、落下する水、いわば滝の風景が体験されるトポスがある。演出された、デザインされた水の風景だ。水量と水勢が変わる。水音が変わる。水の風景と風情が変わる。二段階になっているデザインだが、八筋の水の落下水路が姿を見せているトポスだ。滝のさまざまな風景とさまざまに変化する水音によって落下する水を見あきることはない。一定の時間間隔でリズムとなっていたが、目に触れる水の風景も、耳に触れる音の風景も、変化に富んだ表情となっていたのである。あるときは、水の布地、あるときは、滝、さまざまな落下する水、水勢、水音――五感がよみがえるような水のトポスだった。

ローマではさまざまな泉である。噴水だ。丘のローマ、谷のローマ、ローマは、丘や谷や噴水にあるといえるだろう。もちろんローマは、さまざまなトポスと道において、イメージされたり、理解されたりするのである。特にさまざまな広場が、注目される。あるとき、私たちは、三人でシチリア島へ向かったが、その旅の途中、ローマを訪れ、バロックで名高いナボナ広場に近いホテルに投宿した。朝夕に、一日のさまざまな時間帯に、ベルリーニの彫刻作品と泉、この広場のたたずまいと風景を、クリスマスのシーズンの人びとの姿と動き、ナボナ広場の光景と雰囲気、ローマの名高いトポスを体験することができたのである。広場は、都市の顔であり、核心だが、私たちがヨーロッパ各地の都市で体験したさまざまな広場は、いずれも、その地の人びとにとっては大切な庭だったのではないかと思う。このような都市の庭ほど注目に値するトポスは、ないだろう。いま、つぎつぎに私たちが体験したヨーロッパ各地の公共的な庭が、さまざまな庭園が、つぎつぎに思い出される。ヴェルサイユの庭園……、ローマの広場、フィレンツェの広場、シエナの広場、ヴェネツィアの広場、トリノの広場……。広場は、みごとな庭なのだ。

武満徹の雅楽曲、「秋庭歌一具」――曲名に庭が姿を見せているが、彼は、音において、音の風景において、日本の庭と時の移ろいを表現しているといえるだろう。耳に触れたのは、感性に働きかけてきたのは、日本の音、庭の音とサウンドスケープだった。ししおどしの音が、この曲に響き渡っていた。武満は、日本の庭に強い関心を示している。

アークヒルズ、サントリーホールのほぼ上にあたるトポスだが、そこは屋上庭園となっている。バードサンクチュアリ、小鳥の楽園なのだ。庭とは、本来、楽園、パラダイスなのである。生活環境、都市環境、自然にたいする配慮が、見られるといえるだろう。

人間と社会、文化、歴史、自然を深く理解しようとするならば、日常的世界、人間的世界、私たちの日常生活に、音環境や音の風景に、人間の生活と生存の舞台、トポスである庭に、自然と文化と人間がひとつに結ばれている大地の宝石、庭に注目しなければならないだろう。

庭ほどたっぷりと自然の恩恵にあずかっている人間のトポスはないだろう。庭とは、飾られた自然、自然ではあるのだが、まさに文化、人間の生活の諸様式、意味の網の目。庭のいたるところで、人間の生活と生存の姿が、人間、人びとが求めていた世界像が、体験されるのである。さまざまな庭は、客観的精神（ディルタイ）であり、みごとなまでに人間の記念碑、記憶のよりどころなのである。

参考文献

山岸　健・山岸美穂『日常的世界の探究　風景／音風景／音楽／絵画／旅／人間／社会学』慶應義塾大学出版会、一九九八年五月。
山岸美穂・山岸　健『音の風景とは何か　サウンドスケープの社会誌』日本放送出版協会、ＮＨＫブックス八五三、一九九九年六月。
山岸美穂「日本の音と音風景――日本人の生活と自然／文化――『作新学院大学人間文化学部紀要』第1号、二〇〇三年三月。
山岸美穂「庭園の想像力――生きる意味を確かめるために――」、『Bien japanese originality for multinational people 美庵びあん』Vol.20 May—Jun 2003, 芸術出版社。
山岸　健『人間的世界の探究　トポス／道／旅／風景／絵画／自己／生活／社会学／人間学』慶應義塾大学出版会、二〇〇一年一〇月。
山岸　健「人間の生活と生存の舞台と領域――　人間と人間／トポスと道と――」、小池妙子・山岸　健編著『人間福祉とケアの世界　人間関係／人間の生活と生存』三和書籍、二〇〇五年九月。
山岸　健『社会学的人間学　絵画／風景／旅／トポス／道／人間／生活／生存／人生／世界』慶應義塾大学出版会、二〇〇五年一〇月。
山岸美穂『音　音楽　音風景と日常生活　社会学・感性行動学・サウンドスケープ研究』慶應義塾大学出版会、二〇〇六年二月。

（『作新学院大学人間文化学部　紀要　第四号』二〇〇六年三月。紀要に発表された山岸　健のエセー）

第4部

オーギュスト・ルノワール（1841-1919）
「ムーラン・ド・ラ・ギャレット」、1876年　パリ、オルセー美術館

言葉の泉

樹木、灌木《かんぼく》、植物は大地の装飾であり衣服である。裸で草も生えず、見渡すかぎり石ころと泥土と砂地ばかりの野のながめほどわびしいものはない。だが、自然によって活気づけられ、婚礼の衣装をまとい、水の流れと鳥の歌声に取り巻かれた大地は、自然の三つの領域の諧調《かいちょう》によって、生気と興味と魅力にみちた光景を人間のまえに展開する。それはこの世において人間の目と心情が決して飽きることのない唯一の光景なのだ。

ルソー

ルソー、今野一雄訳『孤独な散歩者の夢想』岩波文庫、一一〇―一一一ページ、第七の散歩

（しかし、）われわれは、感官によるすべての認識は感官から生じると思ってはならない。そうではなく、それらは感官がわれわれに提供する諸対象について反省する悟性から生じるのであり、これによって我々は感性的な認識を手に入れる。（中略）

質料と素材は感官がわれわれに与えなければならず、この質料は悟性によって加工される。しかし、概念の形式について言えば、これは知性的である。それゆえ、第一の認識源泉は感官が提供する

質料のうちにある。（そして）第二の認識源泉は悟性の自発性にある。人間は（その）素材さえ手にするなら、いつでも新しい表象を作り出すことができる。

空間と時間とは、事物そのものではなく、事物の属性や性状でもなく、感性の形式なのである。感性は、受容性すなわち触発される感受性である。

カント

『カント全集　十九巻』岩波書店、六二ページ—六三ページ、心理学（感官自体の表象）形而上学一行目、二九七頁、存在論（空間と時間）形而上学二行目

自然！　われわれは彼女によって取り巻かれ、抱かれている——彼女から抜け出ることもできず、彼女の中へより深く入っていくこともできない。

そもそも、ここで次のような観察を述べるのは必ずしも不適当ではないであろう。すなわち、人間というものはとかく人目に立ちたがるものであるが、同時にまた自分と同じような人々のあいだに姿を消したがるものなのである。

ゲーテ

ゲーテ、木村直司訳『色彩論』ちくま学芸文庫、六五ページ、自然—断章、科学方法論四〇二ページ、色彩論

感性の風景をめぐって

歓喜、悲嘆、愛情、感嘆、献身は、それらすべてが本性上、音楽的な情念である。それらの自然の調子はすべてやわらかく、すんでいて、旋律的であり、それらは自然に、規則正しい休止によって区切られた諸楽節に、みずからを表現する。

人間社会の全成員は、相互の援助を必要としているし、同様に相互の侵害にさらされている。その必要な援助が、愛情から、感謝から友情と尊敬から、相互に提供されるばあいはその社会は繁栄し、そして幸福である。（中略）しかし、必要な援助が、そのように寛容で利害関心のない諸動機から提供されないにしても、また、その社会のさまざまな成員のあいだに、相互の愛情と愛着がないにしても、その社会は、幸福さと快適さは劣るけれども、必然的に解体することはないだろう。社会は、さまざまな人びとのあいだで、さまざまな商人のあいだでのように、それの効用についての感覚から、相互の愛情または愛着がなにもなくても、存立しうる。（中略）社会は、しかしながら、たがいに害をあたえ侵害しようと、いつでも待ちかまえている人びとのあいだには、存立しえない。

おのおのの感覚は、それ自身の諸対象にたいして、最高のものである。諸色彩の美については、目をこえる控訴はなく、諸音響の調和については、耳をこえる控訴はなく、味わいの快適さについては、味覚をこえる控訴はない。それらの感覚のおのおのが、それ自身の諸対象について、最終的に裁判するのである。

義務の感覚が、われわれの行動の唯一の原理であるべきだということは、とうていキリスト教の戒律ではないが、しかし、哲学が指示するように、また、常識さえもが指示するように、それは支配的および統制的な原理であるべきなのである。

アダム・スミス

アダム・スミス、水田　洋訳『道徳感情論』（上）、岩波文庫、九六ページ、第一部第三篇（第三章）、二二二ページ－二二三ページ、第二部第二篇（第三章）、三四四ページ、第三部第三篇、三六〇ページ、第三部第四篇。

動物に欠けているのは生の意味である。すなわち、外部からやってくる生起が、おのれを規定しながらもやはりふたたびその生から規定され、促進したり阻害したりしながらおのれをそれに嵌めこむことのできるような、理念的にも個性的にも特殊化された独自の志向が欠けているのである。

行為が一つの行為であるのは、生が、意志と力の奏功との或る強さの度合にまで自分から高まり、月並みに、波風を立てず、滑らかに日々の成り行きにまかせることの上にそびえ立ち、波の頂上にまで尖鋭化するからである。意欲する生そのもののリズムからのこのような集注と際立ち――これは意欲する生の経過全体との連続性を遮るものではないが――こそ、われわれがそのつど「一つの行為」と呼ぶこの生の場面形式なのである。

それゆえ、いかなる生の瞬間も、いかなる態度や行為も、全体的な生なのである。（中略）そのつどの行為へと盛りあがるのは、生の細片ではなく、生の全体的なものなのである。

一見したところ自立的に機能している特別な諸エネルギーの面前ですら、けっして次のことを忘れてはならないであろう。すなわち、思考し、感じ、欲求するのは全体的な人間だということ、ひとつひとつの感覚ですらすべて生の全体性の切り開かれた運河にすぎず、この運河を介して生の全体性は外界と交渉するのだということである。

ジンメル

『ジンメル著作集九　生の哲学』白水社、茅野良男訳、
一五六ページ―一五七ページ、二二〇ページ、二五九ページ、二六三ページ。

汝、火のように赤い花は、夜、太陽の如く輝き、黙している心奥深くさしこむ。一九〇〇年二月。

自分独特のスタイルを見出すとはどういうことか。そうする以外どうしようもない人、言葉をかえれば、他のことはなにもできない人だけが、自らのスタイルを見出す。スタイルへの道は、《己の自身を知れ》(gnoti seauto'n) なのだ。

（一九一四年）四月一六日、木曜日。朝まだき郊外に出て描く。ぼんやりとただよう光。やわらかく、しかも澄んだ光だ。靄はない。そのあと家で素描する。（中略）

夕方町をぶらつく。画が飾ってあるキャフェ。美しい水彩画。私達は、買い漁る。外へ出ると、一匹の鼠が出てきたといって大騒ぎだ。とうとう靴で踏み殺される。最後に歩道に張り出たキャフェに腰をすえる。細やかであるが、はっきりした色合いの夕暮れ。チェスの名人たち。幸福なひととき。ルイは、自分の好きな色を見つけ、描いてくれと言う。私なら正確に描けるから、と言う。

私は、いま仕事を止める。なにか知らぬが、心深く、なごやかに染み渡るものがある。それを感ずると、私の心は安らぐ、齷齪するまでもない。色は、私を捉えた。自分のほうから色を探し求めるまでもない。私には、よくわかる。色は、私を永遠に捉えたのだ。私と色とは一体だ――これこそ幸福なひとときでなくて何であろうか。私は、絵描きなのだ。

クレー

『クレーの日記』南原　実訳、新潮社、
三八ページ、二五一ページ、三三二ページ（チュニジア旅行の日記）。

人間の存在は、さまざまな意味関係をもっている。それが人間的であるのは、彼の世界と彼自身の両者を含む現実をば、さまざまな意味や価値に従って理解したり形成したりする限りにおいてである。人間の存在は、最も原始的な人間存在の最も原始的な表現においてさえ、精神的である。

生命力《ヴァイタリティ》つまり生命の力《パワー・オブ・ライフ》は、それが力を与えているところの生命の種類と相関的である。人間の生命の力は、中世哲学者が「意味志向性」（intentionality,Intentionalität）と名づけたところのもの、すなわち意味への関係から切り離してみることはできない。人間の生命力は、その「意味志向性」に比例して大きくなる。両者は相関的なのである。このことが人間をしてあらゆる存在のなかで最も生命力あるものたらしめるのである。人間は所与の状況をあらゆる方向に向かって超越することができるのであり、そしてこの可能性が、人間をして人間自身を越えて創造すべくかりたてるのである。生命力とは、自己自身を失うことなしに自己を越えて創造するところの力なのである。

われわれは意味志向性を「意味内容へとさし向けられていること」と定義した。人間とは、意味の「なかに」生きている存在である。人間は、論理的に、美的に、倫理的に、宗教的に妥当するもののなかに、生きている。人間の主観性は、客観的なものを孕んでいるのである。現実とのさまざまな出会いのなかで自己と世界との構造が相互依存的な仕方で現前するのである。

ティリッヒ

パウル・ティリッヒ、大木英夫訳『生きる勇気』平凡社ライブラリー、八三ページ、存在と無と不安、一二六ページ—一二七ページ、病的不安と生命力と勇気。

多くの場合、色や音は発話よりも大きな喚起力を持っている。（中略）それ自体において意味を欠いている色や音はない——それらは人の手に触れられることによってその性質を変え、作品の世界に入ってゆくのである。そして、いかなる作品もついには意味をなす。人が手を触れるものは何でも志向性を帯びることになる——〈……に向かって〉行くのである。人間の世界は意味の世界である。

われわれはリズムとは、それが何であるか判然とはしないが、とにかく何かに向かって行くことであると感じる。あらゆるリズムは何らかの方向であり、意味である。つまり、リズムとはただ単に空疎な拍というだけではなく、ひとつの方向であり、意味なのである。リズムは拍ではなく、本源的時間である。拍は時間ではなく、時間を計る方法にすぎない。ハイデッガーは、あらゆる計測単位が「時間を実在さ＋われの足跡を記録する手段である。（中略）
時間はわれわれの外に在るものではないし、時計の針のごとく、われわれの目の前を通り過ぎてゆくようなものでもない——われわれが時間であって、過ぎ去るのは年月ではなく、われわれ自身である。時間はひとつの方向、ひとつの意味を持っている、なぜなら、それはわれわれ自身だからである。

引き絞られた矢であり、発射されて常に空を切り、常に自らの前にあり、自らを自らの彼方に投げ出している矢である人間は、不断に前進しては倒れるが、一歩ごとに〈他者〉であり、また彼自身でもある。〈他者性〉は人間自身の内にあるのだ。

想像力によって人間はその無限の欲望を満たし、かくして、彼は自ら無限の存在になる。人間とはイメージであるが、それは、その中に彼自身が具現されているイメージである。

オクタビオ・パス

オクタビオ・パス、牛島信明訳『弓と竪琴』ちくま学芸文庫、
二六ページ―二七ページ、ポエジーと詩《ポエマ》、八二ページ―八三ページ、リズム、
二七八ページ、インスピレーション、三七六ページ、実体のないことば。

妻恋ふる心にしみて夜《よる》深く門《かど》通る人の下駄の音きこゆ

忘れてもありけるものを故里の水こそ匂へ我が口の中《うち》へ

暮れの鐘空に鳴るなり故里の田中の路を歩み来たれば

隣家《となりや》の日のさす庭に葉鶏頭　紅《くれなゐ》深くむらがれる見ゆ

紅《くれなゐ》のあねもねの花眼に寄せて見ればいよいよ美《くは》しくありけり

窪田空穂

窪田空穂『歌集　土を眺めて』短歌新聞社、
四〇ページ、四八ページ、五五ページ、七一ページ、一一四ページ。

無限の時間に連なるような、音楽の庭をひとつだけ造りたい。

武満　徹

『武満徹著作集三』編纂委員　谷川俊太郎　船山隆、新潮社、九五ページ、遠い呼び声の彼方へ、期刊「都響」No.47　一九八八年一月一三日発行。

人間においては、人びとそれぞれの生活と生存において、プラクシス（行為・実践）とポイエシス（制作・創造）において、ほとんどたえまなしに、〈方向〉が、問題だ、といえるだろう。人生を旅する人びとにとって、〈方向〉が気がかりでないことは、ないと思う。進むべき方向、進路において方向なのである。目標、目的、ゴールにおいて方向だ。行動、移動、旅において方向である。住居、家、屋敷、出口、入口、窓、部屋において、テーブルや椅子において、庭において、向きであり、方向だ。道や交差点において、街角において、水の流れにおいて、方向だ。列車での旅、プラットホーム、車窓において、方向だ。地図において、展望台において、風景と風景体験において、方向だ。

水の流れ、河川においては、上流方向と下流方向である。どのような水の流れであっても、小川でも、大河でも、都市のさまざまな河川であっても、水の流れは、矢印なのである。矢印、目印、ランドマーク（土地の目印）、そして道しるべ、道案内、地図――また、展望台、見晴らし台、峠、塔、山、丘などにおいては、方向であり、市街地の片隅、広場、街路、公園、袋小路、劇場、オペラハウス、コンサートホール、ミュージアムなどにおいても方向だ。順路、コース、舞台との位置関係と距離、坐席（トポス）において、方向なのである。

日常生活の場面や旅の場面において、私たちの行動と行為において、作品の鑑賞において、人間の身体や顔、顔の眺めにおいて、花瓶に飾られた花において、公園や植物園、動物園において、ギャラリーや美術館、博物館において、遺跡において、散歩や散策において、方向や向きが問題にならないことは、ないだろう。

絵画史の場面、場面に姿を見せている人物画、肖像画、描かれた顔や身体において、また、さまざまな彫刻作品において、小説やストーリーの筋や展開において、ドラマ、演劇の作品、戯曲や上演の舞台と場面において、向き、方向、進行方向、展開方向、筋道などが、気にならないことは、ないだろう。

顔の向きは、はなはだ気になる。真正面から描かれた顔なのか、横向きの顔、横顔なのか、人物画といえば、ほぼ正面か、斜め方向かという絵が一般的だが、人物の後姿が画面に姿を見せている絵がある。

ドイツのロマン派の画家、フリードリッヒが描いた作品だが、アトリエの窓辺に立って外を眺めている女性が描かれた絵がある。帆柱が姿を見せている。川向こうの風景が描かれている。ドレスデンで描かれた絵だから、水の流れは、エルベ川だろう。女性の顔は、後姿だから見えない。見えること、眺めること、まなざし、視野、視覚がモチーフとなっているような作品だが、彼女の耳に触れている音があるのではないかと思う。漂い流れてくる匂いや香りがあるようにも感じられる。彼女の手の感覚や足の裏の感覚がある。それにしても人間の後姿は、気にかかる眺めだ。フリードリッヒには、人間の後姿が描かれた絵がほかにもある。

オランダの画家、ハンマースホイ、彼の絵にはさまざまな室内や家具、窓、壁、扉などが描かれているが、後向き、後姿の人物、女性が描かれた作品がある。向き、方向、視点、アプローチ、パースペクティヴ（遠近・眺望・視野）

──絵画作品とは、パースペクティヴ、スペクタクル、光、明暗、色、形、点と線と面、コンポジション、マチエール、タッチ、シュポール（支え、台、カンバスや紙、板、壁などをさす）そのものだが、光とともに、向き、方向、パースペクティヴは、特に注目されるのである。

ルネサンス期の絵画を見ると、横向きの顔、横顔が描かれた絵がある。十字架伝説を描いたことで広く知られているピエロ・デルラ・フランチェスカにも横向きの人物がある。

絵画とは、視点とパースペクティヴ、向き、方向だということもできる。一七世紀のオランダの画家、フェルメールには、窓辺が描かれた絵があるが、窓辺で手紙を読んでいる女性がモチーフとなっている絵においては、特に向きと方向、トポス（部屋）の生活情景、様相が、注目される。窓辺、部屋のコーナー、片隅には椅子がある。窓辺は光のトポス（場所）、椅子が置かれるためにふさわしいトポスだ。彼女は、窓に向かって、明るいところ（トポス）に立って、手紙を手にしている。熱心に手紙を読んでいる。誰から彼女の手もとに届いた手紙なのか。どんなことが、書かれているのか。彼女の立場は、日々の生活は。人間と人間との関係、人格的な人間関係、彼女の日常生活と社会的状況、人間模様などが、気にかかる。

この絵の手前にあたるところには、右方向に引かれた状態のカーテンが姿を見せている。このカーテンが目一杯、左の方向に引かれてしまったら、カーテンにさえぎられて、彼女の姿を見ることは、できない。こうしたカーテンにおいても、見ること、まなざし、視界がイメージされる。彼女のまなざしは、手紙に、書面に注がれているが、窓とは、視界そのものだ。だが、窓は、見ることにつきるものではない。光や音や匂い、香り、風などの窓でもある。

画面に音や音楽が漂い流れているような絵がある。音、音風景、サウンドスケープが体験されるような絵がある。

ピーター・ブリューゲルの「農民の結婚式」には、楽器の奏者が描かれている。この絵においては、誰が誰であるのか、人びとの人間関係、間柄、ポジション、リレーションシップ、メンバーシップ、人と人との縁、人間模様、坐席（トポス）が注目される。中心柱、正面性、役どころ、向き、位置（トポス）、方向性に注目したいと思う。納屋《なや》が会場、トポス、晴れの舞台となっての結婚式だ。人間と人間ということになると向きと距離、位置、ポーズ、行動、行為、態度、表情、言葉、まなざし、服装などが、クローズアップされてくる。

ヤン・ファン・アイクの「アルノルフィニ夫妻」、描かれた二人の人物、カップルのそばには、ほかに誰がいるのか。二人の人物の後方の壁にはまるで大きな目、目玉、瞳と呼びたくなるような凸面鏡が、姿を見せている。この鏡、鏡面には、アルノルフィニ夫妻のほかにもう一人、人物が映っている。その人物は、ヤン・ファン・アイク自身だ。ヤン・ファン・アイクここにあり、年号とともに、このような言葉が、画面に描かれている。

左の方に窓辺、その窓の縁にはリンゴ（林檎）が描かれており、この絵を飾るシャンデリアには、一本の蝋燭、火が燃えている。火が燃えている匂いがあるだろう。

鏡像は、イマージュ、絵画とは、イマージュそのもの、画像なのだ。光と色と形とコンポジション——絵画は、それだけにつきるものではない。音の絵画がある。絵画とは、さまざまな触覚そのものだといってもよいだろう。音が耳に触れるのだ。匂いや香りが体験されるのだ。大地の匂いがある。

「晩鐘」——ジャン・フランソワ・ミレー、大地の絵だ。土の絵だ。描かれた人物は、一日の仕事、労働を終えて、夕焼け空のもとで、夕べの光に包まれて、祈りを捧げている。地平線には教会などが姿を現している。晩鐘、アンジェラス、夕べの鐘の音が、風によって運ばれてきているのだろう。二人の人物、男女の足もとには、暗々としたところだが、じゃがいもが、ころがっている。農具や運搬具も描かれている。このカップルそれぞれの向き、ポーズ、二人の距離に注目したい。男女二人は、真正面の状態で向き合っているわけではない。大地の絵であり、空の絵だが、人間と人間、人間関係、生活と労働、プラクシス、音、音風景などがイメージされてクローズアップされてくるような絵だ。ミレーは、農民と農民の生活、大地、大地の眺め、いわば風景を描いた画家だが、自然そのもの、自然と人間、人びとの日常生活、人間と人間にミレーのまなざしが注がれていたことに注目したいと思う。

ミレーから多大の影響を受けていたフィンセント・ファン・ゴッホには「じゃがいもを食べる人びと」と題された絵がある。食卓を囲む人びと、いったい誰と誰なのか。人間関係は。会話や言葉が耳に触れるような絵だ。じゃがいもが手から手へ、あるいは、口もとへ、といった感じのシーンでもある。農民の家族と家族生活、家庭、農民の日常生活と労働がイメージされる絵だが、信仰の生活がイメージされるように感じられる。簡素な食事だが、安堵感が漂っている。湯気が立ち昇っている。じゃがいもの匂いが漂っていることだろう。味覚がイメージされる。

後向きの女性がいる。いったい誰なのか。この場面では、どのような音が人びとによって体験されているのだろう。

絵画においては、視覚がすべてというわけではない。絵画は、五感の、さまざまな感覚の舞台なのである。向き、方向性、視点とパースペクティヴ、光、色、形などは、絵画の急所であり、要だが、音楽においても向き、方向、方向性は、重要だ。音色という言葉がある。リズム、スピード、コンポジション、トーン、メロディ、曲想、モチーフ、道筋——まさに音楽だが、さまざまな楽器の音色は、音楽的であるばかりか絵画的だ。

人間の感覚は、全面的に方向であり、意味なのである。意味——方向、意味づけること、それは、方向づけることだ。感覚とは、意味なのだ。意味不明、意味喪失——カオス、混沌とした状態が現出すること、なかば不条理だ。

カオスとは、覗きこんでも何がどうなっているのか分からない真っ暗闇の黒い穴を意味する。見分けることができない状態、さまざまな音が混じり合っていて、音を聞き分けることができない状態、目が働かなくなるような状態、耳がふさがれた状態、雑然とした音しか耳に触れない状態、何の匂いなのか分からない状態、手で触わっても、それが何であるのか分からない状態、不明、混乱の状態は、カオスの状態なのである。コスモスとは、きちんと秩序づけられた、バランスがとれた、調和している明るい状態を意味する。明るいといっても過度の明るさではマイナスであり、激しい明るさにおいては、何もかも手につかない。行動できない。

心地よい音、安らぎが体験される音や音楽がある。居たたまれなくなってしまうような音、何もかもが傷めつけられてしまうような音、不協和音、激しい騒音がある。シンフォニーがある。ベートーヴェンの「田園交響曲」の音と音楽、リズムと曲想、テンポ、流れ、ムード、方向と方向性がある。ラヴェルの、「ボレロ」において体験されるリズムとリズム感、高揚感、テンポなどがある。音楽や歌唱、歌曲においても方向と方向性、リズムやテンポ、曲想などが体験されるのである。

一点の彫刻作品、たとえばミケランジェロの「ダヴィデ」――アプローチの仕方、眺める方向、視点、角度などによって、さまざまな「ダヴィデ」が体験される。パリ、ルーヴルの「ミロのヴィーナス」や「サモトラケのニケ」などにおいても、ロダンのさまざまな彫刻においても同様だ。アプローチ、方向、視点、角度、向きは、決定的に重要だ。向きが変わると姿、形、様相、印象、表情、立体感などが変わってしまう。光の状態にも注目したい。どのような光をどのような状態で浴びている彫刻なのか。

パリのロダン美術館にある「ラ・カテドラル」という作品は、なじみの作品であり、これまで何度かスケッチしたことがあるが、視点とアプローチ、向きと方向、方向性などによって、この作品のさまざまな姿が体験されたのである。

彫刻においても、建築においても、光の状態と向き、方向性、アプローチ、正面正、多面性が注目されるが、さまざまな絵画においても描かれた対象の向き、距離のとり方、光の状態などが、注目される。向きやアプローチが変わると姿、形が変わって見える。絵画と光——画家は、さまざまな光を選んでいる。さまざまな光を表現している。斜め上方からの光は、レオナルド・ダ・ヴィンチにおいて特徴的な光だ。レンブラントの絵画に見られる光は、外から射しこんでくる光というよりは、その絵画の内部において生まれた、絵画の内部から発しているような光だ。独特の光だ。レンブラントの風景においては、外光が体験される。

絵画とは、全面的に光であり、光の様相なのである。色であり、形である。コンポジションなのだ。モチーフだ。耳を澄ましながら画面を体験しなければならない絵もある。絵画も、音楽も、彫刻も、建築も、まぎれもなく感覚のトポスなのだ。感覚の、意味のステージなのだ。このようなアートのさまざまなジャンルにおいては、いうまでもなく文学のさまざまなジャンルにおいても、方向なのだ。感覚——意味——方向であり、感性なのである。

パリのノートル＝ダム寺院——正面入口がある。石の彫刻によって正面入口部分が飾られており、ふたつの塔、左右の塔によってこのゴシック建築の正面性が、明確に体験される。内陣においては、聖母マリア像に向かう方向性が明白だが、オーギュスト・ロダンが石の森と呼んだノートル＝ダムは、林立している石柱や豊かな内部空間によって、薔薇窓によって、オルガンなどによって、坐席、椅子によって、祭壇によって、人びとの流れによって、たくさんの蠟燭の焔によって、方向づけられているのである。意味づけられているのだ。建築においては、正面性がはっきりと体験されるが、建築を十分に深く理解するためには、建築を回転させるような状態で多面的に多角的にその建築作品へのアプローチを試みなければならない。

建築を理解する鍵は、いずれも遺跡だが、アテネのアクロポリスのパルテノン神殿、デルポイのアポロンの神殿、また、イタリア、シチリア島のアグリジェントの神殿の谷に姿を見せているコンコルディアの神殿などにおいても見出されるのである。人間の感性や感覚が全面的に花開くトポス、それが建築だということもできるだろう。さまざまな建築において、光や風が、色や形が、コンポジションが、方位や方向、方向性が、質感が、大地と大地の様相が、風土が、体験されるのである。建築と結ばれている、建築に根ざしている彫刻がある。さまざまな壁画がある。建築は、時にはきわめて彫刻的であり、絵画的だ。

建築は、感性の、感覚の、意味のトポスなのだ。建築とともに方位と方向、方向性が、クローズアップされてくる。あらゆる建築は、大地と天空、空、宇宙的自然を結ぶところの人間の理性と感性の構造的な形態的なモニュメンタルなトポスなのである。

建築の壁面を飾っている日時計がある。日時計は、建築術の一様相なのである。日時計は、光と影の太陽時計だ。頼りにならないところもあるが、明るい表情を浮かべている晴れやかな自然の時計、人間の理性と感性の時計、きわめて感覚的な時計なのだ。砂時計も感覚的な時計だが、日時計と砂時計とでは、まったく異なる。

砂時計、蝋燭の焔、ランプとなると、ガストン・バシュラールだ。ここでは、つぎにバシュラールのトポス（書物の特定のページ、箇所をトポスという）を見ることにしよう（バシュラール、澁澤孝輔訳『蝋燭の焔』現代思潮社、一〇ページ、一三ページ―一五ページ、一八ページ、二二ページ、二五ページ―二六ページ、三四ページ―三五ページ）。

焔はそれだけでも大いなる現存であるが、しかし、焔のそばで、ひとは、遠く、あまりにも遠く夢見ようとする。「ひとは夢想のうちにおのれを失う」のだ。焔は、おのれの存在を維持すべく闘いながら、細々とひよわなものとしてそこにあり、一方、夢想家はあらぬ方へと夢見るために発ってゆく。自身の存在を失い、大きく、あまりにも大きく夢見ながら。——世界について夢見ながら。

焔はただ人間にとってのみひとつの世界である。

それゆえ、焔の夢想家が焔に向って語りかけるとすれば、彼は自分自身に語りかけているのであり、いまや彼は詩人なのだ。

小さな光についての夢想は、われわれを親密さの侘住居へと連れていくであろう。われわれのなかにはゆらめく光をしか受け入れないほの暗い片隅があるように思われる。感じやすい心はこわれやすい価値を好むものなのだ。それは逆らいたたかっている価値と一体になり、したがって闇とたたかう弱い光と一体になる。(中略)思考の明晰さを去って、夢見る存在としての自己を知りたいと望む夢想家。このような夢想家は、彼がおのれの夢想を愛しはじめるやいなや、この心霊の明暗の美学をうち立ててみたくなるのだ。

ランプの夢想家は、小さな光のイマージュというものが内面の燈明であることを本能的に理解するだろう。

そのほの明りは、思考が働き、意識がはっきりしている時には見えなくなる。けれども、思考が休止すれば、イマージュが見張るのだ。

意識の明暗についての意識は、存在がそこで目覚めを――存在としての目覚めを――待っているという様相――持続する様相をもっている。ジャン・ヴァールはこのことを知っていた。彼はたった一行の詩句でいっている。

おお小さな光よ、おお泉よ、優しい夜明け※

※ジャン・ヴァール『折ふしの詩』コンフリュアンス版、三三ページ。

火の前でひとは眠るが、蝋燭の焔の前で眠りこむことはないのだ。

蝋燭は白紙のページの星である。

ボスコのランプは、家庭生活のすべての思い出、ひとつの幼年時代のすべての思い出、すべての幼年時代の思い出を生活のなかに存続させている。作家は自分自身のために書き、われわれのために書いている。ランプは彼の部屋を見守り、すべての部屋を見守っている精霊《エスプリ》である。それはあるひとつの住居の中心であり、すべ

ての住居の中心なのだ。家なしのランプというものが考えられない以上に、ランプなしの家は考えられない。(中略)

ランプが君臨したところには、思い出が君臨している。

思索する哲学者の個室のイマージュから、われわれ自身へと立ち直る時、われわれは同じひとつのテーブルの上に、蝋燭と砂時計とがあるのを見る。二つとも人間的時間を語るものではあるが、しかしなんと違った流儀によってか! 焔は上に向って流れる砂時計である。崩れ落ちる砂よりも一層軽く、あたかも時自身がつねになにか為すべきことをもってでもいるかのように、焔はその形態を築きあげている。(中略)

焔は徹宵する人の眼を二つ折判の書物からあげさせ、務めの時間、読書の時間、思索の時間を離れるようにとうながす。焔そのもののなかにおいて時が夜を徹しはじめるのである。

そうだ、焔の前で徹宵する人はもはや読まない。彼は生について考え、死について考える。焔は心もとなく、しかも雄々しい。この光は、ちょっと吹くだけでも消えてしまう。ひとつの火花でまた点る。焔は生まれるのも容易、死ぬのも容易である。生と死とが、ここでは申し分なく並び立ち、そのイマージュにおいて、生と死は、たがいに恰好の反対物である。

生と死は、それぞれが両サイドにあって、綱引きをしているような状態にあるわけではない。初めから生には死が内在化されており、人間は、死に直面しながら、生を生きているのである。生きながら、死を視野に入れている人間の状態こそ生存なのである。生存とは、人間のダイナミックなプラクシスとポイエシスなのであり、自己自身と向き合った自覚的な生成／存在であって、自己自身との持続的な対話なのである。そのような対話と自覚的な生成／存在は、さまざまな対象や客体との触れ合いとさまざまな世界体験において可能なのだ。

世界は、感覚と感性の現場であり、人間の感性は、およそ人間的なもの、人間的現実、人間的時間、人間的空間において、一段と活性化されて、感性に磨きがかけられていくのである。もちろん自然体験によって人間の感性がしなやかに育まれていくことは明らかだが、人間の手が入っているもの、人間がさまざまなかたちで住みついているもの、人間の姿や表情がイメージされる風景や景観は、人間の感性にさまざまなかたちで働きかけてくるのである。

さまざまな時計があるが、日時計や砂時計は、人間の感性に訴えかけてくる時計だ。蠟燭の焔やランプは、人間の感性にゆさぶりをかけてくる。ランプの光は、感性の光だ。ゆらめく焔は、感性の焔だ。強烈な太陽光線よりカーテンをとおしての微妙なやわらいだ太陽光線の方が、感性にしみわたる。

バシュラールは、ボスコに注目している。ボスコの小説、作品に姿を見せているランプがある。確かに家の中心にランプが見出されるが、ランプとともに注目されるのは、まちがいなく食卓だといえるだろう。また、火が燃えている暖炉に注目したいと思う。バシュラールにはトポフィリ（場所への愛）という言葉が見られるが、ランプや食卓や暖炉とともにトポフィリの理解が深まるのではないかと思う。

流れ落ちる砂や日時計の表情を目にして平然としている人は、いないだろう。パリ、セーヌ左岸、クリュニーのミュゼ、中世美術館として名高いこのミュゼの入口に近い建物の左手の壁面、外壁に日時計がある。低いところ、手が届くところに姿を現している日時計だ。まさに太陽となった、時間となった壁、石壁が、旅びとの目に触れたのである。私たちは、家族三人でこれまで何度もこの中世が生きているこのミュゼを訪れている。特別のルームがある。それは、「一角獣の貴婦人」と題されたタピスリーが飾られているルームだ。五感のそれぞれがモチーフとなった図柄とデザイン、姿と形、色彩と色彩感、漂う雰囲気、香気……いずれも感性の花園、感性の楽園、パラダイスと呼びたくなるような作品が、コントロールされた光と明暗のなかで体験されたのである。私たちにとっては、この特別のトポスは、ノートル＝ダムなどとならんで、もっとも感性的なトポスだったと思う。

セーヌ河の河岸や水辺の遊歩道も、さまざまな街路や道も、カフェも、また、ホテルの地下の洞窟のような石壁の小さな食堂も、私たちの感性に磨きがかけられるようなトポスだった。道だった。感性のトポスというならば、パリの名だたる墓地や駅やパサージュ、公園などにも注目したいと思う。アルベール・カミュは、パリを感性を磨くための舞台装置と呼んでいる。

この世界のそこも、ここも、いずこも、人間の感性にとって重要なトポス、舞台装置なのだが、このようなトポスや舞台に姿を見せる人びとそれぞれの感性が、問題とされるのである。誰もが感性的人間だが、感性の発動、感性の触発のチャンスとタイミングは、人びとそれぞれにおいて異なるのである。

感性がどのようにして育まれていくかということは、注目されるところだが、人びとそれぞれにおいての生活史とさまざまな世界体験によって人間の個性的な感性の様相と感性の柔軟性に違いが生まれることは、まちがいないことだろう。方向感覚、言語感覚、美的感覚、風景感覚、味覚、音感……人間性と人間の個性、人格は、さまざまな感覚や人びとそれぞれの感性によってかたちづくられるところが決して少なくないといっても過言ではないと思う。ヘッセがいう人間的体験、精神的体験、風景体験のいずれもが、人びとそれぞれの感性の土壌、母胎となっているのである。野原の体験、森の体験、山や海の体験、車窓体験、風土体験、さまざまなトポスや道の体験、音楽体験、絵画体験、文学体験、演劇体験、オペラ体験……どのような街角が体験されたのか、どのような水の流れが体験されたのか、ケヴィン・リンチの用語だが、どのようなパス、ノード、エッジ、ランドマーク、ディストリクトが体験されたのか、また、さまざまな旅体験……このような体験によって、人びとそれぞれの行動と行為、活動、人生行路、日常生活、日常的世界、人間的世界は、方向づけられているのである。意味づけられているのだ。フランス語、サンス（西田幾多郎は、サンという）sens から目を離すことはできない。sens ――感覚・意味／方向、このフランス語とともに、人間と身体が、大地が、人びとがそこで生きている世界が、トポスが、道が、生活空間、居住空間、行動空間が、環境世界（ユクスキュル）、生活世界（フッサール）が、窓が、道しるべが、目標が、矢印が、つぎつぎに姿を現す。

人間の身体は、人間にとって根源的なトポス（場所、居場所、家、部屋、坐席……原点、定点……）なのだ。人間は、自己自身の身体に住んでいる。家に住んでいる。大地に住んでおり、人間は、環境に、世界に住んでいるのである。ハイデッガーは、人間は、命に限りがある者として、大地に住んでいる、という。サン＝テグジュペリは、人間を住まう者と呼ぶ。彼の作品、『人間の大地』には宇宙的空間や大地が姿を見せているばかりか、家がその姿を現している。サン＝テグジュペリは、空の人であり、大地の人、トポスの人なのだ。

バシュラールは、想像力の現象学や夢想に特別な関心を示していた人だが、科学哲学者である。バシュラールを感性の人と呼びたいと思う。彼は、アンリ・ボスコに注目している。ボスコの小説、『マリクロワ』や『骨董商《こっとうしょう》』は、バシュラールの舞台ともいえる作品だが、『マリクロワ』にはフランスのカマルグ地方が登場している。トポスとしての家、部屋、風土、地方にボスコの感性ゆたかなまなざしが注がれている。

カマルグ地方とは、ローヌ河が地中海に注ぐ広大な三角洲状の地方、トポスだが、大地、土と水とが複雑な様相を見せながら、独特の風景が生み出されているトポスなのである。ギリシア語、トポス τόπος 複数形には、地方という意味がある。カマルグを旅したことがあるが、水かと思うと土、大地、いくらかの緑、鏡かと思われる水面、水の流れなのか海なのかといいたくなるような風景、沼、湖水？　水、また、水、そして大地、一筋の道、ところどころに家……感性につづけさまにショックがもたらされるような風景、まことに感覚的な風景が、このカマルグ地方で体験されたのである。ローヌ河は、地中海に姿を現すところ（トポス）で私たちに驚くべき風景と風光と風土をあざやかに体験させてくれる河だ。

アヴィニョン、アルルは、ローヌ河の河畔に位置しているトポス（集落、都市）である。このアヴィニョンの郊外に住んでいて、弟とともに日々、ヴァントゥウ山（風の山）を眺めていた人物がいる。イタリアのアレッツオ生まれのペトラルカだ。ある日、ペトラルカは、弟をともなって日頃、目にしていたヴァントゥウ山に登る。風景体験のための登山として歴史的快挙といわれている登山である。

ペトラルカは、ヴァントゥウ山の山頂から広々とした風景を体験する。彼のまなざしは、一筋の水の流れ、ローヌに注がれたばかりか地中海沿岸地方、エーグ＝モルトの方にまで及んだのである。また、この山頂で祖国、イタリアの方向に思いが傾き、故郷がイメージされたのである。

念頭の登頂を果たしたペトラルカは、みごとな風景を体験しただけではなかった。たまたま所持していたアウグスティヌスの『告白』のページが、彼の目に触れたのだった。人びとは外的世界にばかり気をとられているが、内面的世界、自己自身と向き合うように——このような趣旨のアウグスティヌスの言葉がペトラルカを襲ったのである。ペトラルカは、深い思いに駆られながら、山をくだったのである。

ヴァントゥウ山へ。それは、一三三六年、四月のことだった。弟と従者二人とともにおこなわれた登山といわれている。

アヴィニョンにサン＝ヴェネゼ橋と呼ばれる橋がある。スイスのレマン湖、ジュネーヴあたりからスタートするローヌ河は、リヨンでソーヌ河と結ばれて、水の流れは、ローヌ、このローヌ河は、アヴィニョンからアルルの方に向かって流れていく。サン＝ヴェネゼ橋は、ローヌ河を渡る中程でストップ、両岸を結んでいる橋ではない。ローヌ河の流れの中程まで突き出ているこの橋は、不思議なくらい私たちに橋というものをイメージさせてくれる橋だ。ハイデッガーは、橋は、まわりにあるものを集めて、ひとつの風景をつくり出す、といったが、まことに印象深いサン＝ヴェネゼ橋は、このあたりの風景の主役となっている。ジンメルは、橋において絵画的風景をイメージしているが、この橋は、まちがいなく絵画的であり、印象深い。二度ほどこの橋を体験しているが、サン＝ヴェネゼ橋は、感性に訴えてくる、また、強烈に感性をゆさぶる橋だと思う。

アヴィニョンの市街地の対岸からサン＝ヴェネゼ橋を望みながら、そのやや左の方、かなたにヴァントゥウ山を遠望したことがある。また、この橋の先端にあたるところから、橋の上から、ヴァントゥウ山をかなたに眺めたことがある。
ある年のこと、三月、旅のグループのメンバーと一緒に、ヴァントゥウ山の山頂近くまでバスで到達して、雪景色の山頂附近を散策したことがある。そのあたりでは、子どもたちのスキー教室が開かれており、スキーを楽しむ子どもの姿が、目に触れたのである。

❖

ここでペトラルカの『カンツォニエーレ』のいくつかのトポスに触れながら、人間、ペトラルカと彼の舞台へのアプローチを試みたいと思う（ペトラルカ、池田廉訳『カンツォニエーレ——俗事詩片——』、名古屋大学出版会。ここでは、所収ページを（　）内に入れるスタイルをとる）。

1　ソネット

きみよ　折ふしのわが詩片《うた》に　面ざし
少しく今と変わりて　早春《はる》の日
愛に惑い　胸養いし溜息の
調べしみじみ聞きたもうひとよ、

〔以下略〕

（三ページ）

脚注によると「きみよ」は読者をさす。ほんらい吟遊詩人がリュートを奏で、聴衆に向かって呼びかける口上。四行目の「聞きたもうひと」は聴衆。／「面ざし少しく……」恋に悩んだころの詩人の面ざし。／「早春の日」primo giovenil. 原義、青春の初め。ラウラとのめぐり逢いは、一三二七年四月六日のことであり、詩人は一三〇四年七月二〇日生まれであり、二三歳の頃である。／「胸養いし」溜息が詩人の心の糧となるとの比喩。——同書、三ページ、脚注、参照。

147　ソネット

優しき足元に　醸し出される妙なる力
かなたの花開き　こなたの花蘇える。

雅びな魂《たま》の持ち主に　もちを仕掛ける
〝愛《アモール》〟は　力を他処《よそ》には揮われず
明眸《ひとみ》に熱い歓びの　雨を降らせる、
わが眼中にほかの幸《さち》なく　ほかの餌にも惹かれず。
歩むさまと　爽やかな眼差しに

憧れが　二つの燃える拍車でわたしを走らせ
ひとつのむごい手綱でわたしを抑え
時おりは　平素の掟を破って
わが五感《スピリト》をいささか楽しませてくれる、
〔以下略〕
（二六一ページ）

「二つの……」欲望と希望の拍車。奔馬と騎士の喩え。／「むごい手綱」厳しく咎める彼女への怖れ。／「平素の掟」訪問して彼女に迷惑をかけることの自戒。詩人の節度。／「五感」spirito. 生命の霊気。「いささか」限りのない愛の欲望に較べて、少々。
二六一ページ、脚注、参照。

165　ソネット

新緑の若草を　純白のみ足の甘き歩み
淑やかに運べば　そこかしこ
優しき足元に　醸し出される妙なる力、
かなたの花開き　こなたの花蘇える。

四つの火花から　いや　ほかからは生まれえぬ
大いなる炎　それゆえにわたしは生き燃える、
夜の鳥の　陽射しを浴びるごとくに。

（二七九ページ）

脚注――三行目、ラウラの身辺に漂う神韻。／一二行目、「四つの火花」歩み、眼差し、ことば、物腰。《寓喩の明示》。／一三行目、「炎」愛。／一四行目、「夜の鳥の……」眩い陽射しに耐えられず。

ペトラルカにおいてクローズアップされてくるのは、圧倒的なまでに人間の人間的な感情であり、人間に寄せる人間の深い思い、真底からの愛である。ペトラルカにおいて展望されるあくまでも人間的な人間的空間、人間と人間との出会いと触れ合い、人間的なまなざし、人間的な言葉、人間的な生活感情、人間的な感性、感受性があるように感じられる。ペトラルカにおいては、あくまでも人間、人間と人間、人間と自然である。ペトラルカのしなやかな、ゆたかな感性に注目したいと思う。明らかにヴァントゥウ山（風の山）登山において、ペトラルカは、風景体験の人であり、風景の扉を開いた人物としてペトラルカの名は、歴史のページに刻まれてきたが、彼のまなざしが、自己自身に向けられていたばかりか、人間に、愛するラウラに、また、大地や風景にも向けられていたことに注目したいと思う。ペトラルカの風景感覚があり、彼の言語感覚がある。ロゴス、理性と言語は、確かにひとつに結ばれているが、言語と感覚、感性、意味の緊密な結びつき、言語芸術にも注目したい。感情のるつぼ、感性の鏡と呼ぶことができるような言葉、言語、芸術がある。言葉によって揺り動かされる人間の感情や情感がある。詩の世界があり、短歌や俳句の世界がある。小説の世界がある。人間は、人間や人間的世界、意味そのもの、人間的なものに自己の身心を委ねながら、人生の日々を旅しているのである。人びとは、人びとのなかで、そこはかとなく人間の姿と人間の営みが感じ取られるもののかたわらで、人生の日々を生きつづけてきたのである。世界体験に巻きこまれている人間は、意味そのもの、人間は、まさに意味のなかで、意味の糸を紡ぎ出しつづけながら、社会的世界で、自然のまっただなかで、歴史的文化的世界で、人びとととともに、風景とともに、生きているのである。人間は、生活者ではあるものの、誰の場合でも人間的に生存することが、重要な使命なのである。生存とは、生と死を注視しながら、自己自身と、また、世界と対話しながら、あくまでも内省的に自覚して人生の日々を方向づけていく(意味づけていく)ような生活態度とそうした生活態度によって意味づけられているような人間の生き方をさす。

西田幾多郎のつぎのような言葉がある(『西田幾多郎全集　第八巻』岩波書店、二〇〇三年九月、一二六ページ、哲学論文集　第二、二、実践と対象認識——歴史的世界に於ての認識の立場——、『哲学研究』第二五二号(一九三七年三月一日)、第二五三号(同年四月一日)、第二五四号(同年五月一日)——)

形といふのは、唯静的なものでない。視覚的形体といふ如きものでも、眼と手との弁証法的統一によって成立するのである。創造するといふことは弁証法的に物を見出すことであり、逆に弁証法的に物を見出すことは創造することである。我々は此に我々の身体的存在を有ち、我々の生命はかゝる行爲的直感の現実を中心として弁証法的に動いて居るのである。故に我々人間はいつも自己矛盾的存在である。パスカルの云ふ如く人間はいつも両極端の中心にあるのである。彼は又云ふ、この岸へかの岸へと押し戻されつゝ、我々は無辺の中間に浮び、果しもあらず漂ひまよふと（Pensées 72.）。我々の生きる方向は、唯、弁証法的に物を見て行く、即ち行爲的直感的に創造し行くにあるのである。

「我々の自己は行爲的でなければならない。行爲する所に人間の存在があるのである。行爲するといふことは、道具を以て物を作ることである」と西田は、いう（同書、二四ページ、哲学論文集　第二、一、論理と生命、『思想』第一七〇号（一九三六年七月一日）、第一七一号（同年八月一日）、第一七二号（同年九月一日）――）。西田においては、ポイエシス的自己、行為的自己が姿を見せているが、このような自己とともにクローズアップされてくるのは、社会であり、社会的世界なのである。価値の実現にたずさわる人間の行為に西田のまなざしが注がれている。意味実在の世界、彼は、このような世界を歴史的世界と呼んでいる。現実の世界、日常的世界は、歴史的社会的世界、表現的世界、人格的世界なのである。哲学的人間学を視野に入れていた哲学者、西田幾多郎は、ライフ、生命の哲学者、行為の哲学者、人間関係の哲学者、歴史的社会的世界、日常的世界の哲学者、日常生活の哲学者である。彼は、個人と同じくらい社会に注目している。真の哲学を人間学と見る西田のアプローチ、働く人と大地にまなざしを注いだ西田の方法に、いま、あらためて注目したいと思う。「われ歩くゆえにわれあり」といったこの哲学者は、短歌において、書において、芸術へのアプローチにおいて、まことに感性ゆたかな一人の市井人、家庭人、個性ゆたかな人間なのである。彼の耳から海辺の音や波の音が消えたことは、なかっただろう。

西田幾多郎のもとで学んだ三木清は、人間を小説的動物と呼んでいる。つぎのような言葉がある（三木清『人生論ノート』新潮文庫、四〇ページ、虚栄について)。

人生はフィクショナルなものとして元来ただ可能的なものである。その現実性は我々の生活そのものによって初めて証明されねばならぬ。

ひとり人間の生活のみがフィクショナルなものである。人間は小説的動物であると定義することができるであろう。

人間は人間的になり始めるや否や、自己と自己の生活を小説化し始める。

若き日にヨーロッパへ、ハイデルベルク、マールブルク、パリで留学生活を送った三木清には、明らかにフランスのモラリストたちの影が落ちている。ドイツでは、三木は、マックス・ウェーバーをひもといていたが、マールブルクでは、ハイデッガーのもとで研鑽を積んでいる。

人間の条件という言葉は、パスカルの『パンセ』に見られるが、三木は、虚無を人間の条件として理解している。三木は、生命を虚無を掻き集める力、虚無からの形成力と呼ぶ。虚無を掻き集めて形作られたものは、虚無ではない、と三木は、いう。この室、この机、この書物、この書物が与える知識、この家の庭、全体の自然、家族、全体の社会……世界、これらのいずれもが、人間の条件なのだ(同書、五八ページ—五九ページ、人間の条件について、参照)。

「孤独について」と題された文章があるが、この文章の初めに三木は、パスカルの『パンセ』に見られる言葉を掲げて、つづいて、つぎのような言葉を書き綴っているが、ここでもモラリスト、三木の姿をうかがうことができる（同書、六四ページ—六五ページ、孤独について）。

「この無限の空間の永遠の沈黙は私を戦慄《せんりつ》させる」（パスカル）。

孤独が恐しいのは、孤独そのもののためでなく、むしろ孤独の条件によってである。（中略）

孤独は山になく、街にある。一人の人間にあるのでなく、大勢の人間の「間」にあるのである。孤独は「間」にあるものとして空間の如きものである。「真空の恐怖」——それは物質のものでなくて人間のものである。

孤独は内に閉じこもることではない。孤独を感じるとき、試みに、自分の手を伸して、じっと見詰めよ。孤独の感じは急に迫ってくるであろう。

痛々しいまでに三木清の感性が感じ取られるシーンではないかと思う。

ゲーテのイタリアへの旅——ヴェネツィアでアルプスの北の国の人、ゲーテは、異邦人として、人びとのなかで、しみじみと孤独を体験したのだった。

自己自身の手と向き合い、その手を見つめた人がいる。彼は、さまざまなポーズの手をスケッチしている。地中海に臨むセートが生まれ故郷であるポール・ヴァレリーが、その人である。

ここでは、三木のつぎのような言葉を紹介したいと思う（同書、六六ページ、孤独について、九〇ページ、利己主義について、一一〇ページ、感傷について）。

感情は主観的で知性は客観的であるという普通の見解には誤謬《ごびゅう》がある。むしろその逆が一層真理に近い。感情は多くの場合客観的なもの、社会化されたものであり、知性こそ主観的なもの、人格的なものである。真に主観的な感情は知性的である。孤独は感情でなく知性に属するのでなければならぬ。

我々の生活は期待の上になり立っている。

旅において人が感傷的になり易いのは、むしろ彼がその日常の活動から脱け出すためであり、無爲になるためである。感傷は私のウィーク・エンドである。

あらゆる物が流転するのを見て感傷的になるのは、物を捉《とら》えてその中に入ることのできぬ自己を感じるためである。自己もまた流転の中にあるのを知るとき、私は単なる感傷に止まり得るであろうか。

人間は、身辺のそこ、ここと、大地や世界の片隅と、さまざまな感覚の野と、道具や作品と、風景と、人びとと、特定の他者と、まことにさまざまな状態で触れ合いながら、また、人間は、自己自身ならざるものに身心を、自己自身を委ねながら、人びとのなかで、道具や作品のかたわらで、風景のまっただなかで、大地の片隅で、人生の日々を旅しているのである。自己自身ならざるものは、人間の感覚のさまざまな野において私たちと触れ合う限り、もはや私たちにとって無関係なものではない。人間は、驚くべきほどの状態で、まことにさまざまな支えとよりどころと助けを必要としているのである。いうまでもなく大切な人びと、最愛の人、身近な人びと、友人、家族、家庭が、私たちにとっては、重要な支えとよりどころ、助けとなっているが、手もとにある道具、作品、贈り物、記念品、思い出の品々などが、人びとにとって大切な支えやよりどころ、慰めとなっていることは、確かだといえるだろう。旅先の地、旅の日々、その時の写真、スケッチ、地図などが、私たちにとって重要な意味を持っていることもある。机上に飾られた小石や小さな岩石、みやげの品々などが、大切な品々となっていることもある。旅は、なかなか終わらない。旅の記憶が突然、よみがえることがある。記憶は、意味の中核をかたちづくっているといえるだろう。感覚の記憶という時には、ただちにマルセル・プルーストのプチット・マドレーヌのエピソードが、思い出される。味覚の記憶には並々ならぬものがある。匂いや香りの記憶がある。明暗、光と闇の記憶がある。目の記憶や耳の記憶がある。耳の証人と呼ばれるような人がいる。手で触れた石の触感や木の触感がある。土に触れる、水に触れる、石に触れる、草花に触れる、手と手が触れ合う、風が肌に触れる……触れることは、根源的な世界体験なのだ。五感のことごとくが、まさに世界との触れ合い、世界や野に触れることなのである。歩く。散策する。大地に触れる。足の裏は、身体において、手とならんで、大切なトポスだ。生きるということは、行動しながら、さまざまな行為において、世界に触れることであり、さまざまな仕方とスタイルで世界を体験するということなのである。カントが感性の形式と呼んだ時間と空間は、それによって意味がたえまなしに枠づけられたり、方向づけられたりしているところの、人間の生成と存在の基底であり、基盤、根底なのである。人間とは、世界体験の担い手、支え手であり、まさに人間は、意味そのものなのだ。

木村素衛《もともり》の言葉を紹介したいと思う。西田幾多郎は、身体性と人格性に特に注目して、行為的自己、ポイエシス的自己において人間へのアプローチを試みたが、自己は、身体的自己、意識的自己、人格的自己などとしても理解されたのである。作られて、作るものの頂点に姿を見せているもの、それが人間であり、創造的自己が、西田において、クローズアップされるのである。

情趣と芸術的形成、また、人間、生きることなどについて木村素衛が述べているシーンだが、木村は、西田のもとで学んだ人である(木村素衛『美の形成』編・解説　村瀬裕也、戦後日本思想の原点、こぶし文庫、こぶし書房、一〇二ページ―一〇三ページ、一一〇ページ―一一二ページ、形式と理想、美の形成、第一部)。

情趣は単なる感情的混沌《こんとん》ではない。それは好き有様をもった感情であり、知の方向へも意思の方向へも露わに出ないで、而も・おもむき・としてみずから形への動向に於て動いている。そこには既に何か形らしきものがうちにうごめきつつ益々その方向へ高まって行く。内的形式 innere Form とでも云いたいものが既に最初から情趣のうちに動いているのである。(中略) 芸術的形式はかかる動きから生れるのである。(中略)

私は人間的存在の本質的契機としての自覚性と身体性とをここに挙げたいと思う。これら二つの契機を喪失するところ、そこに我々は人間と云うものを認めることはできない。（中略）人間的自覚は本質的に身体に依る自覚でなければならないのである。身体は然るに行動の原理であり、それはみずから外的自然の一部として自然のうちに喰入《くいい》って存在することに依て、自然の法則に従って自然を動かし変ずると云う機能をもっている。（中略）人間は身体を媒介として自己の内的生命を外へ形成しいだすことに依て、そこに初めて具体的にみずからを知るような存在なのである。自覚性と身体性との綜合されたところ、我々はそこに人間的存在の具体的本質を、形成的表現的自覚者として把握する。生きると云うことは我々に取っては内が必然的に外を要求すると云うことにほかならないのである。外に於て内を具体的にもち、そこに真に具体的な自覚をもつもの、それが人間である。そこに人間の文化が成立する。（中略）

イデアは天上に座を占めているのでもない。普遍的な理性の統制原理として叡知的彼岸から現実を導いているのでもない。それは本来的に感性的な形として、却て眼前の石塊の内に納っているのである。（中略）女神は堅牢《けんろう》なる結晶の奥にかくれている。ヴァレリィは云った、――「花崗岩《かこうがん》に就け、これに向って苛立《いらだ》て、そして暫《しば》らくの間絶望せよ、」と。

芸術に於けるイデアの彼岸性が、このような特性をもつと云うことは、それが元来感性的なもの――素材に於てその現実性の原理をもつ感性的なものと不可離の関係に在ると云うことに基づくのでなければならなかった。（中略）私は嘗《かつ》てロダンの刻んだカレーの市民の大理石小群像の前に身動きもできなくなったことがある。

また他の場合大理石女人裸像の玉の如き感触の前にいくたびか立ち去り難い想いに縛られたことがある。目のあたり見る前者の崇高なる悲劇美の雰囲気、麗しき肌に吸い込まれて再び発散して来る後者に於ける光の妙なる薫り、――それは大理石と云うものを除いては現存し得ないエトワスである。芸術は形に於ける実在であった。（中略）素材は形に参与し、形のなかへ喰い込んでいる一つの原理であるのでなければならない。形が先ずあって、そこへ色や音が加わるのでもなく、質料が先ずあってそこへさまざまな形がみずからを印刻しに来るのでもない。線や面の所謂形式と色や音の所謂質料とが相俟《あいま》って、初めてそこに形に於てのみ意味のある存在を形作るのである。

形の表現と創造は、人間の感性によるところが、きわめて大きい。芸術作品は、人間の世界体験、人間の感性、人間の想像力の顕現、現前なのである。作品の制作、作品を世に残していくということは、その作品がどのようなジャンルの作品であろうと、まことに人間的な意義深い出来事であり、まさに人間らしい営みなのである。

労働、仕事、活動――このような三つのアスペクトにおいて活動的生活 vita activa を理解した人物がいる。ハンナ・アレントだ（『人間の条件』一九五八年）。「仕事とその生産物である人間の工作物は、死すべき生命の空しさと人間的時間のはかない性格に一定の永続性と耐久性を与える」とアレントは、いう（ハンナ・アレント、志水速雄訳『人間の条件』ちくま学芸文庫、二二ページ、第一章　人間の条件）。アレントによれば、労働は、個体の生存のみならず、種の生命をも保障するのであり、活動は、それが政治体を創設し維持することができる限りは、記憶の条件、つまり、歴史の条件を作り出すのである。――「人間の条件というのは、単に人間に生命が与えられる場合の条件を意味するだけでない。というのは、人間が条件づけられた存在であるという場合、それは、人間が接触するすべてのものがただちに人間存在の条件に変わるという意味だからである。（中略）人間の生命に触れたり、人間の生命と接続した関係に入るものはすべて、ただちに人間存在の条件という性格をおびる。これこそ、なにをしようと人間がいつも条件づけられた存在であるという理由である。人間世界に自然に入りこんでくるもの、あるいは、人間の努力によって引き入れられるものは、すべて、人間の条件の一部となるのである。（中略）世界の客観性――その客観的性格あるいは物的性格――と人間の条件は相互に補完し合っている」。（同書、二一一ページ―二一二ページ）

文学であろうと、音楽や絵画であろうと、建築であろうと、人間の手になるさまざまな作品は、道端や川原の小石や土の塊とは異なる。だが、そうした小石や土の塊でも、ひとたび人びとの生活と生存のステージに姿を見せると、それらは人間的な様相を見せる。雨音が、音楽の源泉や方法となるような場合もある。人間の手になるものには、人間の身体、全身と人間の感性がそこに住みついているのである。音楽には、耳や手や目ばかりではなく人間の身体と五感が、同時的にかかわり合っている。五感は、身体においてひとつに結ばれているのである。アートは、また、文化は、人間のアイデンティティそのものなのだ。

芸術作品についてアレントは、つぎのように述べている（同書、二六四ページ―二六五ページ、第四章　仕事）。

芸術作品は、そのすぐれた永続性のゆえに、すべての触知できる物の中で最も際立って世界的である。すなわち、その永続性は、自然過程の腐蝕効果をもってしても、ほとんど侵されない。（中略）人間の工作物は、死すべき人間が住み、使用するものであるが、けっして絶対的ではありえない。しかし、このような人間の

> 工作物の安定性は、芸術作品の永続性の中に表象されているのである。物の世界の耐久性が、そのままの形でこれほど純粋かつ明瞭に現われているものはほかになく、したがって、この物世界《シング・ワールド》が、死すべき存在である人間の不死の住家として、これほど見事にその姿を現わしているところもほかにない。あたかも、世界の安定性は芸術の永続性の中で透明になったかのようである。そしてその結果、不死性――魂や生命の不死性ではなく、死すべき人間の手によって達成されたある不死なるものの不死性――が触知的に現われ、光輝いては見え、音を発しては聞かれ、語っては読まれるようになったかのようである。（中略）
>
> 芸術作品の場合、物化は単なる変形《トランスフォーメーション》以上のものである。それは変貌《トランスフィギュレーション》であり、真実の変身《メタモルフォシス》であって、そこでは、あたかも、火にすべてのものを灰にするよう命じる自然の進行過程が逆転し、塵でさえ燃えて炎となるかのようである。

アレントは、「厳密にいえば、人間事象の領域は、人間が共生しているところではどこにも存在している人間関係の網の目から成り立っている」と述べている（同書、二九八ページ、第五章　活動）。

芸術作品は、人間にとっては、このうえなく貴重な人間のトポス（居場所、家、部屋、坐席）なのである。こうした作品との出会い、作品体験において、人間は、息を吹きかえす。人間の感性が活性化される。オペラハウス、オペラ劇場での感動がある。感性とは、感動と驚きの舞台なのだ。

オクタビオ・パスのつぎのような言葉がある（オクタビオ・パス、牛島信明訳『弓と竪琴』ちくま学芸文庫、一八四ページ、彼岸）。

人間は、自らの創造物や自らの対象とは不可分である。(中略) 人間は決して自分自身と同一ではありえない。人間を他の生物と区別するもの、つまり彼の在り様《よう》は変化である。あるいは、オルテガ・イ・ガセットの言い方にならえば、人間は非実体的な存在である――人間は実体を欠いているのである。

オクタビオ・パスは、つぎのようにいう(同書、二四一ページ、詩的啓示)。――「人間は存在の欠如であるが、同時に、存在の征服でもある。人間は存在に命名し、それを創造するべく投げ出されている。これが人間の条件である――存在しうること。そしてこの点に、人間の条件の力が存する」。

人間には無限の深さと展望できないほどの広がりが感じられる。感性と想像力において、プラクシスとポイエシスにおいて、感覚・意味/方向 sens において、人間は、まことに驚くべき現象であり、また、表現しがたいような出来事、光景、風景なのである。人びとがそこで人生の日々を旅している世界の姿と様相、そのような世界の深さと広がりは、人間そのものに、人間のプラクシス(行為・実践)とポイエシス(制作・創造)、人間のさまざまな試みと企てに、さまざまな状態で浮かび漂っているように感じられる。

ゲーテの『ファウスト』の一シーンでクローズアップされた言葉だが、〈言葉〉、〈意味〉、〈力〉、〈行為〉――これらのいずれの言葉にも注目したいと思う。ファウスト自身は、結局、〈行為〉に解答を見出したが、人間の理解と感性へのアプローチにあたっては、〈行為〉、〈言葉〉、〈意味〉、〈力〉、〈感性〉という言葉にさらに、もうひとつ、〈行為〉、〈言葉〉、〈意味〉、〈力〉〈感性〉という言葉を加えたいと思う。〈感性〉、〈言葉〉、〈意味〉、〈力〉、〈行為〉——ゲーテとともに、人間、個人、個人が、日常生活の舞台に、人生の旅路に、姿を現すのである。

——感性の表情と風景——

「美」の娘らの中にあっても
おまえのように奇《く》しき力をもつものはないであろう
そのうるわしい声は私の耳に
さながらに海波に流れる楽音であり
その時、音に魅せられた大洋は鳴りをひそめ
浪はしずまりきらめきわたり
風は凪《な》ぎ、夢みながらまどろむ。

バイロン

『バイロン詩集』阿部知二訳、新潮文庫、一二二ページ、音楽に寄せて、一、二の二節からなる作品の一にあたるところ。

親しそうにしかも真面目《まじめ》くさって壁の時計は音を立て
琴の音《ね》が聞えるかと思うと、それは
ひとりでに鳴り始めて
わたしは夢の中にいるかのようにじっとしている。
（中略）

今ははや夜半《よなか》の時が
朝の方へふるえながら動いて
せせらぎや樅の葉音が高くなり
あの山も眼《め》をさます。

ハイネ

『ハイネ詩集』片山敏彦訳、新潮文庫、八四ページ—八五ページ、月はひっそりと、一二三節からなる作品の一四節、一六節にあたるところ。

「社会」をふたたび抽象物として個人に対立させて固定することは、なによりもまず避けるべきである。個人は社会的存在である。

人間は彼の全面的な本質を、全面的な仕方で、したがって一個の全体的人間〔ein totaler Mensch〕として自分のものとする。世界にたいする人間的諸関係のどれもみな、すなわち、見る、聞く、嗅ぐ、味わう、感ずる、思惟する、直観する、感じとる、意欲する、活動する、愛すること、要するに人間の個性のすべての諸器官は、その形態の上で直接に共同体諸器官として存在する諸器官と同様に、それらの対象的な態度において、あるいは対象にたいするそれらの態度において、対象〔をわがものとする〕獲得なのである。人間的現実性の獲得、対象にたいするそれらの諸器官の態度は、人間的現実性の確証行為である。すなわち、人間的な能動性〔Wirksamkeit〕と人間的な受動的苦悩〔Leiden〕とである。なぜなら、受動的苦悩は、人間的に解すれば、人間の一つの自己享受だからである。

それだから社会的人間の諸感覚は、非社会的人間のそれとは別の諸感覚なのである。同様に、人間的本質の対象的に展開された富を通じてはじめて、主体的な人間的感性の富が、音楽的な耳が、形態の美にたいする目が、要するに、人間的な享受をする能力のある諸感覚が、すなわち人間的本質諸力として確証される諸感覚が、はじめて完成されたり、はじめて生みだされたりするのである。なぜなら、たんに五感だけではなく、いわゆる精神的諸感覚、実践的諸感覚（意思、愛など）、一言でいえば、人間的感覚、諸感覚の人間性は、感覚の対象の現存によって、人間化された自然によって、はじめて生成するからである。五感の形成はいままでの全世界史の一つの労作である。

感性的であるということ、すなわち現実的であるということは、感覚の対象であること、感性的な対象であることであり、したがって自分の外部に感性的な諸対象をもつこと、自分の感性の諸対象をもつことである。感性的であるということは、受苦的であるということである。

それゆえ、対象的な感性的な存在としての人間は、一つの受苦的〔leidend〕な存在であり、自分の苦悩〔Leiden〕を感受する存在であるから、一つの情熱的〔leidenschaftlich〕な存在である。情熱、激情は、自分の対象にむかってエネルギッシュに努力をかたむける人間の本質力である。

マルクス

マルクス、城塚　登・田中吉六訳『経済学・哲学草稿』岩波文庫、一三四ページ、第三草稿、一三六ページ、同、一三九ページ―一四〇ページ、同、二〇八ページ、同。

一九二九

同じ空間で

家々、カフェ、そのあたりの家並《やな》み。

歳月《としつき》の間《あいだ》にけっきょく歩き尽くし、眺めおおせた。

喜びにつけ悲しみにつけ、私は刻んだ、きみたち家々のために、
数々の事件で多くの細部を。
私のためでもある。私にとってきみたちすべてが感覚に変わった。

一八九六

忘却

温室に閉じこめられた
ガラス・ケースの中の花たちは
陽の輝かしさを忘れ
露けき涼風の吹き過ぎ行く心地を忘れている。

カヴァフィス

『カヴァフィス全詩集』第二版、中井久夫訳、みすず書房、二八七ページ、同じ空間で、三六九ページ、忘却。

そしてすぐに日が暮れる（タイトル）

人はみなひとりで地心の上に立っている
太陽のひとすじの光に貫かれ、
そしてすぐに日が暮れる。

帰郷（タイトル）

ナヴォーナ広場に日は暮れて、静けさを求めて、
ぼくは仰向けにベンチに寝ていた、
目は星から星に線を引き
渦巻く螺旋を結んでいた、
そして少年の日にはあの星空に
プラータニの河原に寝そべりながら
暗闇のなかで祈りを上げていた。

枕がわりに両手を組んで
帰郷の日々を思い出していた。

籠のなかには乾いた果実の匂い、
ラヴェンダー、生姜、匂いあらせいとう。
ぼくは、小声で、あなたに読んであげようと思っていた、
(ママ、暗がりの片隅で、あなたとぼくと)
放蕩息子のお話を、
それが静けさのなかを絶えず追いかけてくる
振り切っても振り切っても
ひと足ごとにリズムにのって。

けれども死者に帰る道はない、
そしてたとえ道が呼んでも
母には帰る時がない。
そしてぼくは、夜明けを恐れる人のように
闇にかこまれて、またも旅立っていった。

そのとき道がぼくに歌をくれた、
穂のなかにふくれてゆく麦の薫りの歌を、

青い亜麻と黄水仙の畑のあいだで
白みゆくオリーヴ林の花の歌を、
渦巻く砂塵のなかに遠ざかる谺《こだま》と
歌声と荷車の軋りとを
そして燈火《ともしび》は揺れて窶《やつ》れて
いまはもう螢火ほどになった

クァジーモド

サルヴァトーレ・クァジーモド、河島英昭訳『そしてすぐに日が暮れる』平凡社ライブラリー、一六ページ、そしてすぐに日が暮れる、五五ページ―五七ページ、帰郷。

※プラータニ――シチリア島マドニーエ山地に発して、アグリジェントの西方に河口をもつ川。同書、二二七ページ、訳注、参照。

私のすること、なすことの一切は、皆私の手を旋廻軸として、これに帰着するのであります。私をこの人間の世界に結びつけて居るのは手であります。だから手は私にとって触角であり、私はこれによって孤立と暗黒との中から抜け出で、指に触れる凡ゆる快楽、凡ゆる活動を摑へることが出来るのです。御覧なさい、他人の手から私の手へ一つのさゝやかな言葉が落とし込まれます。指が微かに震へます。そしてここから私の生活の

智慧や悦びや充実が始まるのです。（中略）

凡ての経験や思想に於て、私は手を意識してゐます。私を動かすもの、私の心を躍らせるものは皆、闇の中に於て私に触れる手としてでありまして、この触覚こそは私の実在なのであります。

もし想像力が無かったならば、私の世界はどんなにか貧弱なものでありませう。私の庭は様々の形や匂をした木片のちらかって居る沈黙《しじま》な土地の一片にすぎないでありませう。併しながら一度《ひとたび》心の眼が美に対して開かれますと、私の足の下の裸の土地は明るくなってきて、生垣には葉が萌え出で、薔薇は至るところに芳香を撒《ま》きちらすのです。

なほ続けて申しますならば、水差しの中の『ぶく々々』といふ液体の音も知って居ります。さうですからもし私が牛乳をこぼすやうなことがあるならば、知らなかったといふ弁解は出来ないのです。またキルクの栓のぽんとぬける音だの、ぷす々々燃える火の音だの、かち々々刻む時計の音だの、風車の金属的な廻転の響、さては骨の折れるポンプの上下する音、ホースの口から水が勢よく迸る音、或は戸口や窓を訪なふ微風の音だの、その他一々あげ尽すことの出来ない程、いろんな振動を知って居るのです。（中略）

私の身体の原子が一つ々々皆振動計なのです。（中略）私達は眺めを聞いたり音を見たり、音楽を味ったりするものであることを私は理解してゐます。音声にも色があるといひます。

ヘレン・ケラー

ヘレン・ケラー、岩橋武夫ほか訳『私の住む世界　私の詩集　石壁の歌』三省堂、三ページ—四ページ、一〇ページ—一一ページ、四四ページ—四五ページ、四七ページ。

グラッス

鐘がカランカラン。蛙がケロケロ、そして小鳥のさえずり。蛙の鳴くのは規則正しく鋸のよう、そしてこれを地《じ》にしてその上に憚りもない小鳥たちの剪断の音ピーピーピー。いろんな匂い。（一九二七年）

曙光とともに。あの糸杉がすすんで差出す。あの金色に染まった家が現れる——あれは何になるのか。一瞬また一瞬と、自分を構築して行く。あの山々は持ち上って行き、あの木々は自分から差出し、また待つかのようだ。生れつつある光を受けて、すべてが歌い、太陽の進行方向を示す影から分たれたいろんなものが声を合せる。（一九二七年）

ヴァレリー

『ヴァレリー全集　カイエ篇　八　芸術と美学　詩学　詩について　文学　詩篇及び　ＰＰＡ』筑摩書房、五九四ページ、五九五ページ、詩篇及びＰＰＡ、寺田　透訳。

みすゞかる信濃の國ゆ移し植ゑし庭の白樺枝のびにけり
大正一五年

夕ざれば庭の蟲の音聲冴えて夜風すゞしき頃ともなりぬ
昭和四年

足冷えていのねられぬに秋雨の雨の音繁しさびしき夜かな

藻汐やく七里濱辺も春なれや鶯来鳴く松の木ぬれに
昭和一〇年
西田幾多郎

『西田幾多郎全集』第一二巻、岩波書店、一九七九年第三刷、一九一ページ、一九三ページ、一九五ページ、歌　詩。

私は『柵草紙《しがらみぞうし》』以来の先生の文学とその性行について、何とはなく沈重《ちんちょう》に考え始めようとした。あたかもその時である。一際《ひときわ》高く漂《ただよ》い来る木犀《もくせい》の匂と共に、上野の鐘声《しょうせい》は残暑を払う涼しい夕風に吹き送られ、明放した観潮楼上に唯一人、主人を待つ間《ま》の私を驚かしたのである。

私は振返って音のする方を眺めた。千駄木《せんだぎ》の崖上《がけうえ》から見る彼《か》の広漠たる市中の眺望は、今しも蒼然たる暮靄《ぼあい》に包まれ一面に煙り渡った底から、数知れぬ燈火《とうか》を輝《かがやか》し、雲の如き上野谷中の森の上には淡い黄昏《たそがれ》の微光をば夢のように残していた。私はシャワンの描《えが》いた聖女ジェネヴィエーブが静に巴里《パリー》の夜景を見下《みおろ》している、かのパンテオンの壁画の神秘なる灰色の色彩を思出さねばならなかった。

鐘の音《ね》は長い余韻の後を追掛け追掛け撞《つ》き出されるのである。その度《たび》ごとにその響の湧出《わきいづ》る森の影は暗くなり低い市中の燈火は次第に光を増して来ると車馬の声は嵐のようにかえって高く、やがて鐘の音の最後の余韻を消してしまった。

しかしまた自分の不幸なるコスモポリチズムは、自分をしてそのヴェランダの外《そと》なる植込の間から、水蒸気の多い暖な冬の夜《よ》などは、夜《よる》の水と夜の月島《つきしま》と夜の船の影とが殊更美しく見えるメトロポオル・ホテルの食堂をも忘れさせない。世界の如何《いか》なる片隅をも我家《わがや》のように楽しく談笑している外国人の中に交って、自分ばかりは唯独り心淋しく傾けるキァンチの一壜《ひとびん》に年を追うて漸く消えかかる遠い国の思出を呼び戻す事もあった。

銀座界隈には何という事なく凡《すべ》ての新しいものと古いものとがある。

市川の町を歩いている時、わたくしは折々四、五十年前、電車も自動車も走っていなかったころの東京の町を思出すことがある。

杉、柾《まさき》、槇《まき》などを植えつらねた生垣つづきの小道を、夏の朝早く鰯《いわし》を売りあるく男の頓狂な声。さてはまた長雨の晴れた昼すぎにきく竿竹売《さおだけうり》や、蝙蝠傘《こうもりがさ》つくろい直しの声。それらはいずれもわたくしが学生のころ東京の山の手の町で聞き馴れ、そしていつか年と共に忘れ果てた懐しい巷《ちまた》の声である。

永井荷風

『荷風随筆集（上）　日和下駄　他一六篇』野口冨士男編、岩波文庫、八三ページ―八四ページ、第九　崖、日和下駄、一五〇ページ―一五一ページ、銀座、二六七ページ、葛飾土産。

初めの文章、「日和下駄」の文中に見られる先生とは、森鴎外をさす。

ざんざんざん木も藪も鳴ってゐるのは
その重いつめたい雫が
いま落ちてゐる最中なのだ

霧が巨きな塊《こおり》になって
太陽面を流れてゐる
さっき川から炎のやうにあがってゐた
あのすさまじい湯気のあとだ

何と言はれても
わたくしはひかる水玉
つめたい雫
すきとほった雨つぶを
枝いっぱいにみてた
若い山ぐみの木なのである

宮澤賢治

『宮沢賢治詩集』谷川徹三編、岩波文庫、一九八ページ―一九九ページ、圃道（作品第七四二番）、四節からなる作品の二節、三節にあたるところ、二二二ページ、作品第一〇五四番。

やがて、野山にかげろうが立ち、春霞がたつ。秋の夕方は青い霧が山々をうずめてうつくしく、それをわたくしは「バッハの蒼《あお》」と称しているが、春の霞はさすがに明るく、セリユリアン色の蒔箔《まきはく》のように山々の間にういている。（中略）

ウグイスという鳥は春のはじめは里の方に多くいるもので人家の庭などでさえずるが、山に来るのは初夏から秋までである。山にいても、どこにいてもこの鳥の聲ばかりはあたりを拂うような美しさを持っている。山では殊に谷渡りがすばらしい。（中略）

スミレ、タンポポ、ツクシ、アザミの類は地面いちめんを被っているから、スミレのあのかわいい花を踏みつぶさないでは小径もあるけない。そういう草のわか葉の中にヌノバと土地の人がよんで好んでたべる草がある。

高村光太郎

僕は山にいる。人間は僕の他に誰もいない。（中略）山にいると自然の刺激が実は凄い。（中略）今日は明日でなく、昨日は今日でない。一日一日、季節は物凄い力で進行している。季節の進行は人間の搖曳趣味を許さない。木でも草でも、蟲でも獸でも、山でも風でもビリビリ、ビリビリ歩いてくる。

『高村光太郎全集　第十巻』筑摩書房、一二二ページ—一二三ページ、山の春、一八七ページ、美と真実の生活。

柳田國男

木綿が我々の生活に与えた影響が、毛糸のスエーターやその一つ前のいわゆるメリンスなどよりも、遙《はる》かに偉大なものであったことはよく想像することができる。（中略）木綿の若い人たちに好ましかった点は、新たに流行して来たものというほかに、なお少なくとも二つはあった。第一には肌ざわり、野山に働く男女にとっては、絹は物遠《ものとお》く且つあまりにも滑らかでややつめたい。柔かさと摩擦の快さは、むしろ木綿の方が優《まさ》っていた。第二には色々の染めが容易なこと、是は今までは絹階級の特典かと思っていたのに、木綿も我々の好み次第に、どんな派手な色模様にでも染まった。（中略）

色ばかりかこれを着る人の姿も、全体に著しく変ったことと思われる。木綿の衣服が作り出す女たちの輪廓は、絹とも麻ともまたちがった特徴があった。（中略）それよりも更に隠れた変動が、我々の内側にも起こっている。すなわち軽くふくよかなる衣料の快い圧迫は、常人の肌膚《はだ》を多感にした。（中略）一方には今まで眼で見るだけのものと思っていた紅や緑や紫が、天然から近よって来て各人の身に属するものとなった。心の動きはすぐに形にあらわれて、歌うても泣いても人は昔より一段と美しくなった。

柳田國男『木綿以前の事』岩波文庫、一二ページ—一四ページ、木綿以前の事。

これは大正の初めの頃のこと。

私は東京の日比谷公園の側の、俗に山勘横丁と言われたところに住んでいた。突き当たりは有楽町の駅。

お正月は家の前で羽根をついたが、空気が澄んでいてカアン々々とい丶音がした。長い袂を左手で持って
曲尺《かねじゃく》で二尺もある羽子板でよくもついたものだ。

獅子舞が太鼓を叩いてやって来る。テケテン々々々と。自動車はまだ街をあまり走っておらず、人力車が
梶棒の先に付けたベルをリーン々々と鳴らして通る。

市電は後ろにいる車掌さんが紐を引っぱってチン々々と鳴らす。チン々々電車と言った。

自転車も人力車と同じようなベルを鳴らしていた。

朝、納豆売りは納豆納豆と呼ばわって来た。

豆腐屋は真鍮のラッパを吹いて、「トーフィ々々々」「油揚げにがんもどき」「今日《こんにち》は午《うま》の日」なんて言う。

午の日には商売屋はお稲荷《いなり》さんに油揚げを上げるのだ。(中略)

初夏になると苗屋が、「朝顔の苗に夕顔の苗」という声で売りに来る。この苗売りの人は美声の人が多かった。

木村満勢

木村満勢『昔の音　今の音』展望社、八四ページ—八五ページ、昔の音　今の音。

冠着山《かむりき》の隧道《とんねる》出でてくだりくる中央線の汽車の音する

ひぐらしの声急《せ》く夕べ電車降り砂地《すなぢ》に瘠せし葵の花を見つ

西風のしきりに椎に乾きゆく鋭どき音は午《ひる》過ぎてより

機械音《きかいおん》とどめて入りし休憩時捲かれし鋼煙《はがねけむ》を上げつつ

草むらをひとり去るとき人型に凹《くぼ》める草の起ち返る音

口利《き》けぬ父の部屋より鈴鳴れり鈴鳴る音は父が呼ぶ音

塔と堂池をへだてて相向ひ彼岸《ひがん》此岸《しがん》の石燈籠見ゆ（浄瑠璃寺、と記されている。筆者。）

豆の葉のそよぎの音の静かなる田畦《たあぜ》の先に海光りをり

藤棚を仰ぎてをれば南円堂人のきたりて鉦《どら》打ちにけり（奈良の藤、と記されている。筆者。）

墓処より一望にして見ゆるなる八王子市の音そこごもる

轟々の管弦の音テレビにすカール・ベームのモーツァルト「ジュピター」
家つつむ雨音を聞き目覚めをり行方《ゆくへ》も分かぬこの流離感
仰向けに転べば起てぬ我となり声かぎり呼ぶ声とどかぬか
宮　柊二

『宮柊二歌集』宮　英子・高野公彦編、岩波文庫、八二ページ—八三ページ、八八ページ、九五ページ、一〇五ページ、一二四ページ、一六七ページ、二〇四ページ、二二三ページ、二四〇ページ、二四五ページ、二九〇ページ。

音楽においても、音はたんに機能としてあるのではない。世界では、生きるもののすべてに固有の周期《サイクル》（運動）がある。眼にみえるものと、見えないものと。音もそうだ。音のひとつひとつに、生物の細胞のような美しい形態と秩序があり、音は、時間の眺望《パースペクティヴ》のなかで、たえまない変質をつづけている。音は時間を歩行しているものであり、まずこのことを認識しなければならない。雑音とか楽音というような分類は、音の本質とは関わりないことだ。（中略）

音は、時間を歩行しているからいつも新しい容貌でわれわれの傍にいる。ただわれわれは、いくらか怠惰であるためにそのことに気附かない。構成的な音楽の規則《ルール》に保護された耳は、また音をただしく聴こうとはしない。痩せた自我表出に従属する貧しい（音楽的）想像力には、音は単に素材の領域の拡大や目新しさとして聴こえるにすぎないだろう。

音はつねに新しい個別の実体としてある。なにものにもとらわれない耳で聴くことからはじめよう。やがて、音は激しい変貌をみせはじめる。その時、それを正確に聴く（認識する）ことが聴覚的想像力なのである。

私は沈黙と測りあえるほどに強い、一つの音に至りたい。私の小さな個性などが気にならないような——。

旅にあって、人はただ通過する存在であり、人間の表現行為は、そうした流動する状態（liquidity）へ為される内面的な決定であると言えよう。ノグチから私に反映するものは、無限定でありながら、つねに確かな一つの感触としての通奏する響きとして働きかけてくる。（中略）ノグチの作品表現は、たどり着いた結果として為されるのではなく、それはいつでもはじまりの予感に充ちた永遠への止み難い欲望の形態をしている。私にとってそれらは官能的なものとして映る。ノグチの作品では、しばしば、凸出する形態が有機的な肉体の流れるような線であるのに、抉《えぐ》られた窪みが黯《くら》く死の淵のように深く感じられる。たぶんそのことが根源的な官能性を私にしめすのであろう。

ノグチは、既に起った歴史的結果の末端を美的にとり纏めようとするような行いを極度に嫌う。（中略）ノグチに、〈私はたいていの仕事は、試験的な構想の提起だと考えている〉と言わしめるのは、物と生命の起源的な構造、その初発する力への敬虔さの故であると思う。（中略）

ノグチの旅は、広汎な地域にまたがっている。それはこの現実世界においても、想像力の領域においても——

—。それは、見分け難く一致している。

無数の音たちがうまれでる母胎である沈黙については、あるいは鳥たちの啼き声は、日常生活の周囲に起こるかぎりない音たちの織りなす劇については、それが「音楽」ということでは律せられない音であるためにないがしろにされてしまう。こうした音楽とはよべない音が、どれほど人間の聴覚的想像力を鍛えたことだろうか。幼児の無垢な耳は、教育された耳よりも聴覚的な感受性ということではむしろ鋭い。こうした、ある意味では動物的な感受性を、知的想像力によってさらに拡大する方向に音楽教育がなされるとしたら、どんなにすばらしいであろうか。

シェーファーは、雑音《ノイズ》と沈黙《サイレンス》について、実際に種々の状況を設定して、そのなかから音楽のほんとうの意味を探ろうとしている。また、世界には多くの異なった言語体系があるようにヨーロッパ近代音楽とは異種の音楽の鉱脈が、複雑に交錯してあることを忘れてはならないように思う。

武満　徹

『武満徹著作集　二』編纂委員　谷川俊太郎　船山隆、新潮社、一八八ページ—一九〇ページ、一一月の階梯——《November Steps》に関するノオト、二〇二ページ、一つの音、音、沈黙と測りあえるほどに、所収、二八〇ページ—二八一ページ、イサム・ノグチ——旅するもの、一九七三年、南画廊における「イサム・ノグチ個展」カタログ、三三六ページ—三三七ページ、Ears Cleaning、渋谷教育委員会指導室「とけい塔」一七号、七三年一月、樹の鏡、草原の鏡、所収。

エピローグ

エピローグ

子規の耳

根岸の里といえば子規である。明治二八年、子規、根岸という言葉が添えられている一句がある。

　　根岸
　　いろいろの売声絶えて蝉の昼

売声、物売りの声、いったいどのような言葉と声が、子規の耳に触れたのだろう。人間の声こそ、音のなかの音であり、あらゆる音のなかで、もっとも微妙な音といえるのではないだろうか。さまざまな物売りの声が、人びとの耳に触れた時代があったのである。生活する人びとの姿と人びとの暮らしの光景が、おのずからイメージされる。この俳句では、「蝉の昼」だが、つぎのような作品がある。

　　名も知らぬ大木多し蝉の声

蝉の声であり、売声である。声のバリエーションに注目したいと思う。蝉とともにイメージされる季節と季節感がある。人びとの生活感情のなかで季節感には特に注目しないわけにはいかないだろう。日本人の日々の暮らし、日常生活は、四季によって、微妙に変わりゆく季節によって意味づけられてきたのである。

同じく明治二八年の子規の俳句、三句を紹介したいと思う。冬籠というモチーフの作品だ。

冬ごもり世間の音を聞いて居る

冬ごもり煙のもる〻壁の穴

琴の音《ね》の聞えてゆかし冬籠《ふゆごもり》

二番目の俳句、壁の穴からもれ聞こえてくる音は、ないのだろうか。人びとの耳にまったく音が触れないようなところがあるといえるのか。子規は、「世間の音」という。注目したい表現だ。琴の音《ね》においてイメージされる人びとの暮らしがある。

絵ごころがゆたかだった子規は、見ることに情熱を注いでいるが、子規の耳は、なみなみならぬ耳だと思う。人びとの世界体験、音体験において、音は、風景として、独自の音風景となってクローズアップされてくるのである（ここでの子規――『子規句集』高浜虚子選、岩波文庫、一四三ページ、蝉、一八一ページ、冬籠）。

俳句と人間
――蕪村と山頭火の感性――

聲という文字には耳という文字が入っている。耳には、なんとさまざまな聲や音や響が触れていることだろう。光が失われていっても耳は眠りにつかない。耳は、眠ることを知らない。耳を澄ますことによって世界が広がる。耳からスタートする世界と野がある。暗闇の世界では耳と手が頼りだ。耳と耳の感性が、人間の行動と活動の先導役となる。感性は、感覚の能力なのである。

人間は、さまざまな力の結集点、力のトポスなのである。人間は、生命であり、生命力である。人間は、活動力であり、行為者である。人間は知力、理解力、判断力だが、こうした力さえ人間の感性と深く結びついているのであり、感性は、人間の能力、感性力なのである。

俳句――「落とし水」というモチーフにおいて高橋治が山頭火の俳句を紹介したのち、蕪村の俳句を紹介しているシーンがある（高橋治『蕪村春秋』朝日文庫、二〇〇六ページ）。

俳句に意外性は重大な要素なのである。（中略）

短いものなら少しでも中身を豊かにしたいとの意欲は、季語を入れる現在の形と無関係ではないだろう。万人に共通理解を期待し得る季語が、総体的なかさ上げの役割を果たすからである。一方で、短いものならもっと短く出来ないかとの挑戦が行われる。そうなると季語さえ邪魔になるのか、取り払ってしまう試みがなされた。それはそれで痛切な表白になっている。

水音けふもひとり旅ゆく　　種田山頭火
飯のうまさが青い青い空　　同右

それにしても、意表外な発展や展開が十七音の中にあれば、その分内容の濃さが増す。（中略）

村々の寝ごゝろ更《ふ》けぬ落《おと》し水

寝ごゝろ更ぬまでは句の行方が読めない。下五の落し水で結ばれて、収穫期を向かえもう案ずることはないと、安んじて眠れる百姓の喜びが、温かなものとして読む者に渡される。

田に落《おち》て田を落ゆくや秋の水

「冬木立」というモチーフにかかわるころだが、高橋治は、蕪村のつぎのような俳句を紹介している(同書二三五ページ)。

斧入して香《か》におどろくや冬木立

蕪村傑作のひとつで、音がある。それに止《とど》まらず嗅覚に訴える。蕪村ならではの境地だが、最も驚かされるのは、山のことは熟知している杣人《そまびと》が、木の生命力に抱く驚嘆を詠んだ点だ。新たな発見が人の真実に迫っているではないか。

一七音と季語、それが俳句だが、さまざまな試みのなかで俳句の地平が広がる。蕪村の俳句も山頭火の俳句もそれぞれに注目される作品だが、感性の躍動には目をみはるものがある。

人間の感性と言語感覚、季節感、人びとそれぞれの生活感情、人生を旅する人びとのヴィジョン、人びとがそこで生きている日常的世界、人びとそれぞれの世界体験などが一点に結ばれた一七音、感性のトポス、それが俳句なのである。俳句が季語によって意味づけられている(方向づけられている)ことは明らかだが、人びとそれぞれの生活感覚と生活感情、ヴィジョン、世界と時間と空間、自己自身へのアプローチなどによって、旅体験や旅愁、郷愁などによって俳句が意味づけられていることは、確かなことではないかと思う。

作品となった一句は、それぞれに人間の生活感覚、言語感覚、季節感、生活感情などが一七音にみなぎっているポイエシス（制作・創造）のステージ、トポス、独自の道なのである。フランス語、サンス sens 感覚・意味／方向は、プラクシス（行為・実践）ともいえる作品となった俳句に独自のスタイルをもたらしているといえるだろう。一句、一句は、人びとそれぞれの世界体験と季節とサンスによって方向づけられているのである。

❖

俳句と句会

俳句を楽しむ人びとがいる。さまざまなスタイルの句会があるようだ。自作を持ち寄って人びとが集まる。人間と人間とのさまざまな触れ合い、人間関係、人間模様が、句会の席で体験される。年齢が高い人びとの句会がある。人びとそれぞれの生活史と生活感情が、さまざまな作品ににじみ出ている。人間の生活、日々の生活体験、生活史に根ざした俳句が目に触れる。作品としての俳句は、まさに作者、一人の人生の旅びとの現前であり、人間のアイデンティティそのものなのである。

誰もが、日々、さまざまな生活感情によって包みこまれた状態で人生の日々を旅しているのである。生きていること、それは、いつもさまざまな気分を体験するということではないかと思う。

俳句とは、みごとなまでに季節そのもの、季節感なのである。もちろん俳句といってもさまざまだが、基本的には季節の生活感情が、俳句には脈打っているといえるだろう。

アートのどのようなジャンルであろうと、作品は、作者、制作者の表情であり、人間としての生存の証明ではないだろうか。人間は、生活と生存のさまざまな痕跡をこの世界に、生活と生存の舞台に残していかないわけにはいかないのである。

日本の文化をイメージしたり、理解したりしようとするならば、衣食住のそれぞれ、人びとの生活空間、居住空間、さまざまなトポス、言葉と言語、日本の色や形、日本の音、日本の匂いや香りなどに注目しないわけにはいかない。人びとの生活と生存の方法、様式、スタイルなどにおいて文化が理解されるのである。

短歌、俳句、詩など、それぞれの世界がある。人間は、自己自身であることを確かめるための方法や場所、ところ、いわばトポスを見出すために、ほとんど休みなしに努力しつづけてきたのである。さまざまなスタイルの作品に人間は結晶しているといえるだろう。

人間の条件というとき、トポスと道のいずれにも注目したいと思う。さらに作品を制作すること、残すことが、人間の条件のひとつに数えられるだろう。作品は、作者、制作者にとっても、作品を体験する人びとにとっても、心のよりどころ、身心の支えになるのである。

俳句の調子とリズムがある。日本のリズムといえるだろう。日本語の語感とリズム感、季節感がある。

『蕪村春秋』という本がある。著者は、高橋治(朝日文庫)。きぬた、と題されたトポスがある。トポスというギリシア語には本の特定のページという意味もある。高橋とともに蕪村の俳句を目にしたい(同文庫、九六ページ―

九七ページ、きぬた)。

此《この》ふた日きぬた聞《きこ》へぬ隣かな
異夫《ことづま》の衣うつらん小家《こいへ》がち
うき我にきぬたうて今は又止《や》ミね
小路行《こうぢゆけ》ばちかく聞ゆるきぬた哉

❖

浄瑠璃寺

東西南北がはっきりと浮かび上がってくる代表的なケースは、おそらく地図だろう。地図に方位や方向がはっきりと示されている場合があるが、北がはっきりと明示されていなくても、地図では、上の方が北とされてきたのである。

方位と方向が分からない時には、動きようがない。行動できない。目標、目的地、目印、矢印、方向の指示、コース、道筋、地図――人びとは、さまざまな情報と手がかりに導かれながら、ゴールをめざして行動する。さまざまな風景やランドマークは、目標、矢印となる。サウンドマーク、いわば音のランドマーク、その地方やその土地、そのトポスの音が、矢印や案内役となる場合がある。目標があるばかりか音の道しるべ、音標となる音がある。耳に触れる音は、時にはきわめて重要な情報やサイン、手がかりとなるのである、サウンドスケープ、音風景の世界と地平がある。

視界や視野は、人びとにとって日常的な世界体験として、いうまでもなく重要だが、五感に応じたさまざまな野と領野における世界体験は、私たちにとって視界や視野と並んで生活と生存において、行動や行為にあたって重要といえるだろう。足の裏で体験される世界がある。

京都府の最南端にあたるところ（トポス）に浄瑠璃寺がある。九体寺とも呼ばれてきた寺だ。寺域、境内には池があり、浄土式庭園のこの池の東の方には三重塔があり、西の方には、九体佛が安置されている本堂がある。東から西へ、此岸から彼岸へ、九体寺、浄瑠璃寺は、東西によってはっきりと方向づけられている。意味づけられている寺である。仏教世界では、此岸から彼岸へ、は、基本的な軸線であり、それぞれの寺や寺域、境内においては、彼岸は、特別な意味を持っているのである。

三重塔はいくらか小高いところにある。九体仏の本堂の前から池の向こうに三重塔を眺める視点とパースペクティヴは、絵画的な風景だ。池には小さな島がある。池の片隅だが、藤の花が姿を見せるトポス、場所がある。この藤の花をとおして西方の本堂を望む風景もみごとだ。三重塔方面から池ごしに本堂をみるさまざまな眺めは、四季おりおりにまさに浄瑠璃寺の決定的な光景だ。

私たちは、これまで何度も何度もこの古寺を訪れているが、その雰囲気と風景、九体仏のたたずまい、金色に輝く仏像のひとつ、ひとつ、これらのことごとくが、まことに印象的だ。本堂で吉祥天が特別に展観、公開されているシーズンがある。

浄瑠璃寺で目に触れる石仏がある。この古寺の鐘楼がある。浄土式庭園は、シンプルだが、回遊式庭園である。散策につれて風景が変わっていく。音風景に耳を傾けながら池のほとりを歩くならば、私たちの風景体験は、一層、深まるだろう。

本堂から池をまわるようにして三重塔へ。右方向から塔をめざす時には、木立、林のなかをたどることになる。ごく短い距離だが、山地を歩くような気分が体験される。いくらか登り道だが、ごく自然に高みにある三重塔のトポス、場所に出る。左方向から池をまわりながら塔を目ざす。塔の階段の下に到達する。階段をのぼって塔の前に出る。右まわりと左まわり、ふたつのコース、道だが、右まわりの道は、いくらか暗々しているのにたいして、左まわりの道は、あくまでも明るい。短い距離だが、体験される景色、風景も、気分も異なる。藤は、池をめぐる平坦な道の水辺に姿を見せている。浄瑠璃寺の藤は、最近になって気づいた風景だが、早春のこの寺は、花の寺と呼びたくなるような花咲く風景が、体験される春爛漫の古寺となる。

奈良、京都には、名だたるあまたの寺があるが、浄瑠璃寺の風景と風情、旅情、雰囲気には、特別なものがある。東から西へと向かう方向性、方向のドラマとこうした方向性にともなう人間の思いは、並々ならぬものだ。浄土の思想が、風景のなかで理解されるところとしてこの寺は、やはり特別ではないかと思われる。

九体の仏像が姿を見せているシーンは、ほんとうにすばらしい。ほかでは体験できない迫力のある仏像の風景だ。浄瑠璃寺をあえて人間の感性にとって特別のトポスと呼んでも過言とはいえないだろう。

この池のほとりに、東西それぞれのトポスだが、ふたつの石灯籠がある。ひとつは、西方の本堂の前、池のほとりに、もうひとつは、東方、階段の下、池のほとりに。こうしたふたつの石灯籠は、風景のポイントともなっており、浄瑠璃寺は、東西のふたつの建造物、東西のふたつの石灯籠、そして小島がある池によって意味づけられている（方向づけられている）のである。サンス sens 感覚・意味／方向――まさに浄瑠璃寺そのものだ。

❖

百日草と日々草

季節、季節の花がある。花には季節感が漂っている。花とは季節感である。

百日草と日々草が、園芸店に姿を見せていた。いずれも文字どおり日々の花だ。園芸店の店先は、さながら小さな花畑だ。人間の感性にやさしく働きかけてくるトポス、それが草花の店である。だが、切り花の店と園芸店とでは、様子も、たたずまいも、ずいぶん異なる。切り花の店、生花店のさまざまな花は、基本的には静物としての花といえるだろう。絵画の領域では、静物をフランス語では死んだ自然、ナテュール・モルトという。生花店では水を得て花々は生き生きとしているが、そうした花々は、地中に根をおろした土の花ではなく、あくまでも水の花だ。園芸店では土の花や鉢植えの花が目に触れる。時には植木も姿を見せている。高いところからつりさげられた鉢植えの花が、店先に見られることもある。

花の店の店先にアネモネが姿を見せる季節がある。花の店は、いずれも四季の演出家なのである。日々草の柄と模様がある。この花には清楚感が漂っている。花弁は、五つ。色彩は水彩風だ。百日草は多弁の花であり、花弁は数多くてひしめき合っている。密集している。柄や模様は見られない。百日草は、こんもりとした感じの一色の花であり、どちらかといえば厚塗りの状態の色彩感がこの花には漂っている。百日草と日々草、ネーミングは似ているが、色彩感も、形態感も、雰囲気も、印象もおおいに異なっている。百日草と日々草、まちがいなく花ではあるが、草花という言葉が特別な意味を持つような花だ。あらためて草について思いが傾いていくような花ではないかと思う。

百日草、日々草をそれぞれ幾株か求めて、別々の鉢に植える。いつまで咲きつづけるのだろう。

❖

百日草を晩夏の花と呼んだヘッセ、この花は、まさにヘッセが好んだヘッセの花であり、彼は、水彩で百日草を描いている。絵を描く楽しみと喜びによってヘッセは、大きな慰めを得ていたのである。ヘッセは、百日草に時の移ろいと生命感を感じ取っている。時がたつにつれて花の色が変わっていく。その色彩とその様相、雰囲気の変化は、まことに微妙であり、いうにいわれぬ変わりゆく独特の色彩感は、人間の生の様相の変化がイメージされるほど魅力的だったのだ。草花は生命そのもの、その生命力がある。

人間は、自己自身ならざるものの生命力に驚きを感じないではすまされないような感覚的存在（生成的存在）なのである。あくまでも人間は、感覚的感応的状態で世界と触れ合いながら、自己自身の身体を、そうした身体と世界を、生きつづけているのである。

花の名前は、それぞれに魅力的だが、きわめて日常的で親しみやすいネーミングという点で百日草と日々草、いずれの名前もなかなか魅力的だと思う。

ネーミングという点では、アネモネというネーミングは、すばらしい。このアネモネは、ギリシアと地中海ゆかりの風の花なのである。風の花――一段と心が傾く。

❖

噴水について

噴水は、大地の眺めとしては、特別な光景ではないかと思う。さまざまな噴水があるが、噴水は、水の彫刻なのだ。時にはその姿と形、スタイル、様相、風景が、微妙に、場合によっては激しく、急激に変わる。人びとを驚かすような噴水があるかと思うと、やさしい表情を見せているような噴水もある。

噴水によって空間やトポスの表情と風景が一層、魅力的になることを誰もが体験していることだろう。噴水によって晴れ舞台が生まれ、空間が、まさに特定の唯一のトポス、場所、特別な意味や価値が与えられた地点、中心点となるのである。噴水によって空間が磁化され、中心化されて、空間やトポスが、噴水によって意味づけられる（方向づけられる）のである。

広場は、都市であろうと村落であろうと、トポス、集落の顔であり中心だが、広場には噴水がほしい。広場の飾り、広場に生命感を与えてくれるもの、それが噴水だといえるだろう。噴水といえば、その姿と形、動き、水の運動だが、噴水によって生み出される音がある。噴水とともに広場は、音の広場となり、広場は、音風景が体験されるトポスとなる。

噴水は、光を浴びると一段と美しくなり、時には動く宝石のようにも見える。水の匂いが体験されることもある。水しぶき、肌に顔に触れることもある。手を入れて水の感触を楽しむこともある。噴水は、五感の、感覚の晴れ舞台なのだ。噴水の眺めは、まちがいなく感覚的な風景だ。噴水は、人びとの五感と感性に激しく働きがけてくる風景なのである。

水は流れる。上流から下流方向へ、水といえば流れであり、方向である。方向性だ。噴水は、噴き上げる。地中から空に向かって。噴水といってもさまざまだが、噴水に見られる方向性と矢印は、注目される。エッフェル塔は鉄の橋だが（ロラン・バルト）、噴水は、空をめざす水の眺めであるかぎり、水の橋、水の柱なのである。生成する水が、広場や公園に存在しているのだ。

噴水が見られる広場や公園は、噴き上げる水、こぼれ落ちる、流れ落ちる水、湧き出るような水によって生き生きとした表情を見せている。目ばかりではなく、耳にも、身体全体にも噴水は、働きかけてくる。噴水は、動きがある泉なのだ。ダイナミックな井戸端といえないこともない。噴水のまわりに人びとが集まる。噴水は、人びとを集める。井戸端や泉や噴水は、さまざまな人びとがそこに姿を見せる社会的なトポスなのだ。噴水のトポスは、人びとが集合するステージなのである。噴水の公共生がイメージされはするものの、庭や庭園とともに体験される噴水がある。

スペインはグラナダのアルハンブラ宮殿にはライオンの噴水と水の道が体験されるすばらしいトポスがある。中庭のトポスだ。花壇や樹木などの中庭ではなく、廻廊風のトポスであり、ライオンが姿を現している噴水の庭なのである。まわりの建築と水の道と噴水によって夢見心地の感性のトポスが、体験される。

噴水は、大地の恵みであり、水は、生命の水なのだ。光を浴びた噴水の光景によって風景、大地の眺めは、よみがえる。生き生きとした風景が体験される。

七つの丘のローマ、チェスタトンは、ローマを谷のローマと呼んだことがあるが、いずれにしても丘と谷のローマ、遺跡のローマが、噴水の都であることは、まちがいない。噴水の芸術性、その印象深さ、旅びとの感性にたいして働きかける力という点でローマのさまざまな噴水は、まことにすばらしい。

観覧車について

高さの変化に応じた視点とパースペクティヴ――観覧車が姿を見せるシーンだ。いずこにおいても観覧車は、目立つ。ランドマークそのものだ。動く展望台、見晴らし台、あくまでも見ることに徹したトポス、スローテンポの登山、下山、スリリングな空中散歩――観覧車は、なかば遊覧飛行なのである。

観覧車によって空間は、ドラマ化され、大地は、中心化される。動く花、大輪の花と呼びたくなるような観覧車がある。この動く展望台からの眺望は、パノラマそのもの、地平線が視界に浮かぶことがある。高度が変わると風景は、地図に近づいていく。観覧車は、ゆるやかな空中一周なのである。この大きな風車の車は、まさに視界の驚異を私たちに体験させてくれるスペクタクル、光景の椅子、トポスなのである。観覧車は、視覚的、感覚に働きかけてくる眺めだが、大地に姿を見せた花輪、風の車が、イメージされる。観覧車は、どう見ても植物的だ。きれいな花がイメージされる。ロラン・バルトは、エッフェル塔の姿に動物をイメージしている。エッフェル塔のエレベーターで塔の最高のトポスに到達して、そこからパリを広々と展望したことがある。ロラン・バルトは、エッフェル塔から眺めるとパリは、まるで自然そのものだ、という。

観覧車は、塔ではない。だが、視点とパースペクティヴという点では、観覧車は、なかば動く塔だ。上下する塔だ。

私たちは、ウイーンのプラター公園の観覧車に家族三人で乗ったことがある。ゴンドラは、かなり広かった。変化する視界のスペクタクルは、私たちにとっては、大きな目の喜びと楽しみだった。観覧車は、上下するメリー・ゴー・

ランドなのである。だが、観覧車のゆっくりとしたスピード感は、特別だった。プラター公園の観覧車は、映画「第三の男」に姿を見せている。この映画のひとつのハイライトともいえるシーンだ。

パリ、コンコルド広場、二〇世紀から二一世紀に移行する世紀の転換期にこの広場にチュイルリー公園方向がバックとなるような状態で新たなパリ風景として観覧車が、姿を見せたのである。私たちは、コンコルド広場で世紀の転換と移行の劇的なスペクタクルと歓喜する人びとの姿と歓声を、民衆のどよめきを体験したのだった。

私たちは、三人でこの観覧車に乗って、高度がたえまなしに変わる状態でパリの風景を楽しんだが、シャン＝ゼリゼから凱旋門方向に延びているパリのみごとな都市軸の風景がいまでもまぶたに焼きついている。この観覧車からかなたにエッフェル塔を望むことができた。観覧車は、動く風景なのである。

さまざまな観覧車があるが、大観覧車と呼びたくなるようなスペクタクルがある。

ジャン＝ジャック・ルソーは、動くものに目が奪われた人である。

❖

シェイクスピアとともに

シェイクスピアといえば、「すべてこの世は舞台」である。この世とは、この世界、世界が舞台として、劇場として、クローズアップされてくる。ドラマの舞台では、俳優、ドラマの登場人物　dramatis personae　においては、ことばであり、行為である。ことばと行為においてドラマと演技が理解される。ことばと行為が一致していないとドラマにならない。ことばを行為に合わせて、シェイクスピアのドラマに見られることばだ。もともとドラマということばは、行為に根ざした、行為に由来することばなのである。人間が行為者として人びとの前に姿を見せるという点においては、劇場の舞台は、特別なトポスなのである。こうした舞台は、幕と幕間によって意味づけられているが、人びとの日常生活の舞台と場面においては、ほとんどとぎれることなしに、ドラマ、行為がつづいている。いずれにしても人間とは、あくまでも行為者なのである。『ファウスト』の作者、ゲーテが、行為において人間を理解しようとしたことは、なっとくできることだ。——「はじめに行為があった」——これは『ファウスト』の一シーンのことばだが、説得力がある台詞だと思う。

舞台である世界、この世においては、誰もがプレーヤーなのである。役割演技ということになるとドラマの舞台であり、日常生活の場面なのである。役割演技とともに仮面、ペルソナ persona が姿を見せる。「表顔を見せないように、素顔は愛の牢獄なのだから、仮面のスケッチのかたわらに、このようなことば書き残した人がいる。レオナルド・ダ・ヴィンチだ。彼は自己自身を経験の弟子と呼んでいる。

デカルトは、コギト、われ思う、といった人だが、異国、アムステルダムなどで生活したことがあり、旅と縁が深かった。旅先の人ともいえるだろう。これまでは舞台を眺める観客としてすごしてきたが、これからは、仮面をかぶって進み出る、という言葉を書き残したデカルト、このようなデカルトを仮面のデカルトと呼びたくなる。

仮面は、人間の顔そのものではない。だが、仮面はたんなる飾りものではない。人間の本質と性格、特定の人物の相貌、様相、人間性、個性、人間や人物の全体性などが、仮面に凝縮されていることは、まちがいない。仮面を軽視することは、できないのである。

仮面劇がある。仮面の文化がある。仮面とは、ドラマのエッセンスであり、役柄、人物の結晶なのである。

シェイクスピアの『ソネット集』につぎのような言葉が見出される（『対訳　シェイクスピア詩集――イギリス詩人選（一）』――柴田稔彦編、岩波文庫、一一九ページ、一二八）。

音楽のように快いあなたが、その美しい指を
優雅にゆるがせて、あの幸せな木の鍵盤を動かし
妙なる楽《がく》の音《おと》をひびかせるとき、幾度となく、
弦が醸《かも》し出す和音にぼくの耳は惑乱したが、そのような折
すばやく飛び上がって、あなたの手の柔らかな内側に
くちづけをするキーを何とうらやんだものか！
（以下中略）

人間の身体は、人間の身体を越えた所に、人間の身辺に見出されるさまざまな物体や品物に、道具や作品に、さまざまな状態で姿を現している。さまざまな道具は、人間の身体の延長線上に位置づけられており、道具の手が、人間の手としっかりと結ばれているのである。道具には手に相当する部分、いわば道具の手がある。持ち手と呼ば

れる手がある。

さまざまな物体や道具、客体、対象の姿と形を注意深く眺めていると、おのずから人間の姿と身体、身体の部分などが、浮かび上がってくるように感じられる。仮面は、人間の顔そのものであり、全体的人間、人物 person そのものだ。仮面 persona ドラマの登場人物 dramatis personae ——このような言葉に注目した時にクローズアップされてくる世界、日常的世界、人間的世界、社会的世界、風景的世界がある。劇的世界がある。

すべての道具の磨ぎ澄まされた形には注目しないわけにはいかない。人間の身体そのもの、人間そのものと呼びたくなるような道具や家具がある。最たるものは、椅子であり、ベッドだろう。眼鏡だろう。杖だろう。椅子とは驚くべきものだと思う。人間の姿と形をかたどってつくられている椅子に注目した人がいる。アランである。

道具というならば、すべての楽器は、それぞれの姿と形において、まことに興味深い道具だが、楽器を道具と呼んでしまうわけにはいかないようにも思われる。楽器の人間性、人格性、楽器のハート、魂——とにかく楽器ほど人間の身体、人間の人格性、人間の感性に密着した作品はないともいえるだろう。道具というよりは、それぞれの楽器は、ほんとうに作品そのもの、人物そのもの、人間的個性そのものなのである。楽器の音色ほど人間の心と感性、人間の身体に微妙に、また、激しく働きかけてくる、人間と微妙に触れ合う音はないだろう。音のなかの音というならば、人間の声であり、楽器の音色ではないかと思う。一音によってスタートする、開かれる宇宙、世界がある。楽器の音色ほど人間に緊張感を体験させてくれる音はないだろう。楽器の音色は、まさに人間の感性の音色なのである。

コントラバスを眺めていると、つくづく人間の姿、立ち姿そのものだと思う。チェロにしても、ヴァイオリンにしても、また、いずれの楽器も、人間の身体が基本的なスケール、尺度となった、人間の支え手、人間の身体そのもの、器官そのもの、作品となった身体、人間なのである。

楽器の姿と形、音色、個性ほど私たちをさまざまな思いに誘いこんでくれる対象、客体、作品があるだろうか。楽器は、道具などというよりは、はるかに人間そのものなのである。

ここでのシェイクスピア――ピアノである。ピアノの前身ともいえる楽器である。ピアノは、さまざまな過程を経て今日のピアノになったのだから、シェイクスピアの時代においては、ピアノとはいい難いだろう。それにしてもシェイクスピアのソネット集に見られるこのシーンにおいては、シェイクスピアと私たちの距離は、一挙に縮まるように思われる。

シェイクスピアの劇中歌がある。『ヴェニスの商人』第三幕第二場のシーンに耳を傾けてみよう（前掲、同書、一五一ページ）。

恋の気持ちはどこに生まれる?
心、それとも頭?
どのように胚胎し、どのように育つの?
〔揃って〕答えて、答えて!
眼の中に生まれるんだよ、
見つめることが滋養になるけど、たちまちゆりかごの中にいるうちに醒《さ》めちまうのさ。

恋心の弔《とむら》いに鐘を鳴らそうよ。
いいかい、始めるよ、ディン、ドン、ベル!
〔揃って〕ディン・ドン・ベル!

シェイクスピアと音、音楽というモチーフに注目したいと思う。改良されて今日、私たちが体験できるようになったピアノ、それぞれの楽器の歴史と発展がある。シェイクスピアの『ヴェニスの商人』のあるシーンでは、「誰もが一役演じるのだ」という台詞《せりふ》が、私たちの耳に触れる。「すべてこの世は舞台」――『お気に召すまま』の一シーンだ。「誰もがプレーヤーなのだ」という台詞が、このことばにつづく。台詞は、まさに行為のことば、演技のことばなのである。会話としてのことばに過ぎないわけではない。台詞ほど行為と演技が、はっきりとイメージされることばはないだろう。「俳優の哲学」と題されたエセーを残しているゲオルグ・ジンメル――ある意味では、誰もが多少なりとも俳優なのである。ジンメルは、まなざしと会話において社会をイメージしたり、理解したりしている。

ジンメルのヴェネツィア(ヴェニス)、このヴェネツィアではなにもかもが人工的なのであり、ヴェネツィアは、まるで仮面のような都市なのだ。フィレンツェは、芸術作品と呼びたくなる都市なのである。ヴェネツィアでは、橋を行き過ぎる人びとの姿は、俳優のように見える、とジンメルは、いう。ジンメルは、ヴェネツィアのあいまいさを指摘している。この水の都では、ことごとく、あいまいなのだ。運河の水は、流れているのか、いないのか、広場は、屋外ではあるものの、家のなか、部屋のなかのようにも見える。外であるのか、それとも内であるのか……ジンメルは、もぎ放たれて海に漂う花、ということばを用いながら、ヴェネツィアをいい表わしている。この海は、アドリア海だ。イタリアを旅したゲーテは、ヴェネツィアの海辺で、海の生物を体験している。彼は、ヴェネツィアの庶民の日常生活がそのままドラマとなったような仮面即興劇を観劇している。ゲーテは、南国、イタリアで、旅人、異邦人として、人びとのなかで、初めて孤独を体験している。ゲーテは、イタリアで自分がアルプスの北の霧の国の人であることを自覚したのである。ナポリから船でシチリア島に渡ったゲーテ、パレルモに到着する。このパレルモでゲーテは、まるでクロード・ロランの絵かと思われるような風景を体験して感激している。旅とは、驚きであり、感激なのである。シチリア島でゲーテは、アグリジェントを訪れている。
イタリアの旅において、ゲーテは、一層、ゲーテその人に近づいていったのではないかと思う。

❖

ジンメル／レンブラント／アムステルダム

ジンメルは、生を秩序づけ、強調された主要事と軽視された些事《さじ》、中心点設定と周辺の段階づけ、ひとつの内的形式として理解している（『ジンメル著作集　八　レンブラント』白水社、浅井真男訳、八五ページ）。レンブラントの肖像画においては、「最も広い意味における生」「死をも包んでいる生」（いずれもジンメルの表現）が体験されるのである。ジンメルが見るところでは、レンブラントのほかにはシェイクスピアの悲劇のなかだけで、死が生に対応する意義を持つのである。ジンメルが、ロダンとレンブラントについてつぎのように述べている（同書、一七四ページ―一七五ページ）。

ロダンにおける人間は生成のあらゆる振動と風向きのなかに解消してしまっていて、いわばただヘラクレイトスの言う生成の一瞬間のなかだけに存立している――しかしこの瞬間の生成はわれわれには感じ取れない。この人間は自分自身の過去からも引き離されているのである――というのは、彼がけっして個別体ではないということである。ここにある生活感情はヴェルレーヌの詩に現われているようなものである。

こうして私は消えて行く
よこしまな風のまにまに
あたかも
吹き散らされて
あちこちに落ちる
枯葉さながら

さてレンブラントは、個別性と歴史的＝時間的なものとの連関を視覚的にしたのである。

ジンメルは、レンブラントに見られる個別主義的な人間把握とロダンに見られる無時間的な人間把握との相違を指摘している。ジンメルは、「レンブラントの人物はしばしばわれわれには、はなはだしく深い生に震撼され、はなはだしく長い期間にわたる運命の糸に織り込まれているように見える」と述べている（同書、二九ページ）。

一九九一年の秋、一〇月、半ばすぎのことだったが、私たち、家族三人は、モスクワで乗りかえてアムステルダムへ。スキポール空港から電車でアムステルダム駅まで乗車して、駅から運河沿いのホテルまでタクシーに乗ったが、窓から眺めた夜間照明で浮かび上がったアムステルダムの風景が、あざやかに記憶によみがえってくる。私たちは、オランダ国立絵画館でレンブラントの「夜警」やフェルメールなどの絵を鑑賞し、船で運河を旅した。運河からアムステルダムの光景と眺めを楽しんだが、レンブラントの家を訪れて、そこでレンブラントの画業をしのぶことができた。この運河のトポスでデカルトの姿と風貌がイメージされたのである。

夜遅くにホテルに着いて翌朝、客室の窓から眺めたアムステルダムの空の風景が、目に焼きついている。空には雲が浮かんでいたが、空も雲も光も、まるで一七世紀のオランダの風景画そのままだった。感性が打ちふるえるような、しっとりとしたオランダの空と光だった。風土と風景、風光は、ひとつに結ばれていたのである。「オランダからの帰り道」と題されたエセーのなかで、アムステルダムでのデカルトを思い浮かべながら、デカルト的人間と群集の人との対比を試みた人がいる。ポール・ヴァレリーである。

群集の人――エドガー・アラン・ポーの短篇小説「群集の人」に姿を見せる人間像だが、この群集の人は、ボードレールの舞台にも、ベンヤミンの舞台にも姿を現している。「群集の人」は、探偵小説の原型ともいえるような作品なのである。ストーリーの展開は、この私が気になる一人の人物をひたすら追跡するというものだ。群集の人は、自分一人でいることに耐えられない人間であり、ポーは、フランスのモラリストの一人、ラ・ブリュイエールの言葉をエピグラフとして、この小説の冒頭に掲げている。

レンブラントには風景画もある。リルケがレンブラントの風景画に注目している。レンブラントは、風景をまるで人物の相貌のように描いたのである。

オーギュスト・ロダンは、パリのノートルダム寺院のなかでレンブラントの絵に見られるような光を体験している。レンブラントほど鏡と向かい合った人は、いないだろう。自画像の画家という時には、初めにレンブラントが私たちの前に姿を現す。

私たちは、アムステルダムではね橋や風車を目にすることができたが、いずれもアムステルダムの風物詩そのものだった。

アムステルダムの運河は、ヴェネツィアの運河とは異なる。いずれの運河もまことに趣が深いものだが、驚きと感激、感性への働きかけという点においては、圧倒的にヴェネツィアの運河だ。だが、アムステルダムの運河の風情には比類なきものがあることは確かだ。

ジンメルが見るところでは、ヴェネツィアは、仮面そのもの、もぎ放たれて海に漂う花なのである。ヴェネツィアは、カザノヴァの生れ故郷だ。

私たちにとっては、アムステルダムも、ヴェネツィアも、忘れがたい旅先の地なのである。

ミッシェル・セールの感性をめぐって

ミッシェル・セールの言葉を紹介したいと思う（ミッシェル・セール、米山親能訳『五感　混合体の哲学』叢書・ウニベルシタス三二三、法政大学出版局、三四ページ、三六ページ—三七ページ、ヴェール、四一六ページ—四一七ページ、四九六ページ—四九七ページ、探訪）。

目は距離を置いてものを見るが、消極的で怠惰である。刻印を押す力なくして、触覚の圧力《アンプレッシオン》なくして印象《アンプレッ》主義《シオニスム》はない。

ボナールは自らの指の皮膚によってわれわれを諸物の肌に触れさせる。（中略）

トリノの博物館では、キリストの墳墓のなかで彼の遺骸を包んでいた屍衣《スユエール》、顔を覆っていたヴェールを見学することができる。生きたままもっとも残酷な拷問を受け、汗や血や唾やほこりにまみれ、鞭打たれ、釘で打ちつけられ、槍の穂で突き刺されたキリストの遺体は、この亜麻布にくるまれ、彼自身は残忍な世界と、刻印された皮膚の間に滑り込み、このヴェールにくるまれて埋葬された。そっと引き出され、引き伸ばされ、広げられ、平らにされ、展示されて、そのヴェールは画布となり、肉体の痕跡を、顔の面影を見せている。ここに人ありきと。

伝説によれば、磔刑に処せられようとするキリストの聖顔、血と汗が流れ落ち、液状のマスクに覆われたキリストの顔を拭った聖女はヴェロニカと呼ばれている。そしてこの名前は、古代語においては、真の聖画像《イコン》、忠実な像《イマージュ》という意味である。真の、忠実な像、なぜなら、それは刻印《アンプリメ》されており、印象主義者《アンプレッシオニスト》の手になるものだからだ。

ヴェロニカは画家たちの守護神となった。目は涙で溢れ、悲しみと哀れみのために盲い、彼女は自分の手で皮膚の型を、苦しみのマスクの型を取ったのだ。接触と愛撫の聖女、眼差しをもたない開かれた手。

ボナールの『庭』は化粧着に似ている。世界は、織り上げられた規則的なプリント地よりも豪奢で、巧みさに満ちている。庭は、化粧をする裸婦の皮膚を、色調や斑点のより一層の豊富さと過剰とによって、風景の規模にまで広げたものである。これこそ滴をしたたらせ、湯から上がって世界に出てきた芸術家の汗ふきであり、庭の真の像である。(中略)

庭=楽園は、上手に剥ぎ取られた皮膚を広げたものである。

ボナールの化粧着、裸婦、庭は皮膚の表皮を示しているのだ。

目は、絵画という視覚の支配する領域においてさえも、その優位性を失っている。印象主義は、その努力の極限において、ついにその本源の感覚、触覚に到達した。

風景はもろもろの場所の寄せ集めであり、もろもろのページでできたページである。(中略)風景のなかを通ってゆく道は遊歩道《ランドネ》と名づけられる。(中略)

一つの方法〔論〕は一つの通路、道、道路を描き出す。われわれはどこへゆくのか、われわれはどこから出発したのか、われわれはどこを通ってゆくのか。(中略)最初にまっすぐな道がある。迷い込んだ森から、臆病な旅人をもっとも早く解放する道、質量のない電光のような光がたどる道、いわばデカルト的な道だ。

精神は見るし、言語は見るのだが、身体は探訪する。身体は、移動によって、絶えず自らの地点を越えてゆく。主体は見るが、身体は探訪し、自らの場所を凌駕し、自らの役〔台詞〕あるいはことばから逸脱する。(中略)肉体は、一本のバラの花と周囲の何千ものバラの花の香りをいっしょに嗅いでいるのだし、それと同時に毛糸に触れたり、いろいろな風景を見たり、音波を受けて振動したりしている。また同時に肉体は、これらすべての感覚的なもののごたまぜを拒絶し、心ゆくまで空想にふけったり、抽象的な瞑想をめぐらしたり、恍惚感に浸ったり、活発に働いたりするし、あるいはまた絶えずこのごたまぜを感じながら、様々なやり方で自分の状態を解釈したりする。肉体は、あらゆる方向に向かって肉体そのものから逸脱し、感覚で捉えうるものは上述のような結び目を結ぶわけだが、感覚で捉えうるものおよび肉体は、決して同じ領域や中身にとどまることはなく、果てしなく続く交換器、乱流、渦、状況のなかに潜り込んで生きている。〔中略〕私は感じる、ゆえに私は存在する。〔中略〕感受性に富んだ自我は分岐し、方向〔意味〕を変え、波うち、様々な姿をとり、自我を失うのだが、それは憎むべきことではなく、たぐい稀なことなのである。

フランス語、サンス〔サン〕 sens が姿を見せるシーンが目に触れる。人間は、世界にわが身を乗り出しながら、世界に巻きこまれた状態で、変転きわまりない姿で、自己自身を支えつづけているのである。人間は、まさに必死の思いで生存しつづけているのである。

「私は感じる、ゆえに私は存在する」。デカルトが姿を消してしまうわけではない。デカルトは、私たちのかたわらに、眼前に、姿を現しているが、セールにおいては、コギト cogito われ思う、ではなくて、われ感じるのだ。

セールは、つぎのような言葉を書き記している（同書、二一二ページ—二一三ページ、ボックス）。

触覚から聴覚へと移行することによって、〔平面的な〕地図は〔立体的な〕風景へと移行するのだ。〔中略〕われわれは、空間のなかで生きていると同時に、騒音のなかで、叫び声のなかで、波動のなかで生きている。〔中略）私は音の家であり、全身が聴覚と声であり、ブラック・ボックスと響、鉄床とハンマーであり、こだまの響く洞窟、ミュージック・ボックス、疑問符の形をした耳介である。それは、自分自身の耳介の上にわずかに顔を出し、あるいは音波の波のなかに没したまま、意味のあるメッセージや意味のないメッセージが飛び交う空間のなかをさまよっている。私は空洞と音楽でしかなく、身体全体が空洞と音楽の混合体である。動く彫像である肉体は、水のなかの魚のように、ざわめきのなかで身体の均衡をとっている。肉体は、自律神経と意志によって波動のなかを進みながら、かつての自分の水槽生活を思い出す。人類は、群れをなして、こうした波動の水のなかを泳いでいるのだ。

肉体はメッセージの空間に身を置き、そこで活動し、騒音と意味のなかを、リズムとざわめきのなかを歩んでいる。

世界に巻きこまれながら、さまざまな時間と空間を、さまざまなトポスと道を、また、自己自身ではないところのさまざまなものを持続的に体験するということは、すさまじいばかりの人間の営みなのである。

聖女ヴェロニカ――――ルオーが描いた絵がある。この聖女ヴェロニカのエピソード、キリストが姿を現しているシーンは、まことに印象深い、心に迫ってくるシーンだと思う。私たちは、このような聖女から離れるわけにはいかないだろう。ルオーが描いたこの聖女の風貌と姿、彼女のまなざしは、やさしさに満ちあふれており、柔和そのもの、慈愛によって私たちは包みこまれてしまう。アクセントが効果的な画面だが、ソフトな画風だ。ヴェロニカの大きな目。鼻筋がとおっている。眉の表現も、唇の描き方も印象的だ。唇の赤が目につく。見つめていると別れがたくなるような目とまなざしだ。この絵を見る私たちの誰もが、ヴェロニカによって見つめられる。ヴェロニカの表情とまなざしを見つめていると、ヴェロニカへの思いが深まる。ルオーの感性と方法とスタイルが、私たちにやさしく、しかも激しく働きかけてくる。私たちは、ヴェロニカによって手引きされながら、ルオーの意味世界に降り立つのである。意味こそ、意味世界こそ、人間の人間的な生存の舞台、人間のトポスなのである。

これまで私たちは、家族三人で何度もヴェネツィアを旅しているが、数年前には、ヴェネツィアで何日か旅の日々を過ごしてから、列車でトリノに向かったことがある。私たちは、建築空間として魅力的なトリノのそこ、ここ、名だたるトポスと街路を三人で散策したが、中心部にある大聖堂でキリストゆかりのまことに劇的なイマージュを目にすることができた。聖なるイマージュの実物そのものを体験することはできなかったが、そのようなイマージュをはっきりとイメージできるトポスでキリストへのアプローチができたことは、私たちにとって大切な出来事だったと思う。絵画の原風景ともいえるようなイマージュをトリノで体験することができたのである。

トリノとともに姿を見せる画家がいる。デ・キリコである。彼の絵のなかには、トリノの街角や町なみなどが、はっきりとイメージされるような作品がある。人びとの感性に働きかけてくるような都市景観や風景、宇宙的自然がある。ニーチェは、トリノに滞在して、この異国で生活していたことがあったが、トリノでたまたまクロード・ロランの絵かと思われるようなすばらしい風景を体験して、感激して、涙を流したことがあった。風景体験の底知れない深さがある。人びとのなかで、人びととの対話によって人間は身心を支えてきたが、私たちにおいては、風景との対話がどれほど重要な意味を持っているか、あらためて確認する必要はないだろう。

人間は、あくまでも個別的で人格的身体的存在、厳密にいうならば、生成的存在、生成／存在なのである。人間とは、感性そのもの、もちろん人間は、理性的感性的な生成的存在である。五感のそれぞれは、身体全体に広がっているといってもよいだろう。全身で見るのであり、全身で耳を傾けるのである。脚部と足――人間にとってきわめて重要だ。歩くこと、それは驚くべきことであり、足の裏の感覚は、生存の感覚として重要な意味を持っていると思う。足の裏から伝わってくる世界の表情と姿があるといえるだろう。足の裏に触れる世界の風景がある。大地を踏みしめながら体験されるさまざまな風景は、私たちにとって大切な財産となっているのである。

ぶらつくことは、草木のように生きることだ、といった人がいる。人間喜劇で知られるバルザックだ。ぶらつくことによって、さまざまな散策において、私たちの感性、感覚は、いきいきと働き出す。耳に触れるさまざまな音、音風景がある。私たちの意味世界、世界体験の領域、領野に波乱が生じて、波乱が静まる。記憶、まさに意味そのもののパースペクティヴに変化が生じて、パースペクティヴが秩序づけられる。パースペクティヴが方向づけられる。世界体験、意味の世界と領野においても、さまざまなパースペクティヴにおいても、方向づけること、意味づけること、秩序づけること、チェックすること、確かめること、印づけることは、ほとんどたえまなしにおこなわれているのである。

アルベール・カミュは、パリを感性を磨くための舞台装置と呼んだが、光の都、芸術の都、パリで、なんと数多くの人びとが、自己自身と、また、世界と向き合いながら、自己自身の生存の感覚と感性を磨きつづけてきたことだろう。リルケも、ベンヤミンも、パリで人生の大切な日々を築き上げながら、パリを自己自身のうちに内面化させている。都市を体験するということは、誰の場合でも、都市が、風景、景観として、雰囲気として、多元的現実として、人びとそれぞれの感性に、また、感覚に、生活や生存の感覚や感情などに触れるということなのである。トポスや道を体験するということは、人間の感覚や感性にとって並々ならぬことなのだ。旅することは、きわめて重要な世界体験であり、意味世界のダイナミックな構築なのである。

異国で生活することに存在と生成の緊張感にあふれた劇的な統合状態を見出した人がいる。ジンメルだ。ジンメルのパースペクティヴということもできるが、住まうことは、存在そのもの、旅することは、生成そのもの、異国で生活したり、旅の日々を過ごす時、あらためて生活と生存の感覚と自覚をはっきりと体験しない人は、いないだろう。フェルナン・ブローデルは、人びとをよみがえらせてくれる特別なトポスとして、ヴェネツィアとパリを挙げているが、同感したいと思う。バルザックは、セーヌ河に姿を見せているサン＝ルイ島をパリのヴェネツィアと呼んでいる。画家、アンリ・ルソーにセーヌ河とサン＝ルイ島を描いた絵がある。詩情あふれる作品だ。

記憶の絵本の一ページだが、一九九一年の秋、一一月なかばにスイスからパリに到着した私たち、家族三人は、セーヌ右岸にあるリヨン駅からタクシーでサン＝ルイ島にあるホテル、ホテル・サン＝ルイに向かった。ホテルの近くであいにく道路工事がおこなわれていたためにホテルの近くでタクシーからおりて大きなトランクを引きずりながら、ホテルに入ったことを思い出す。赤・青・緑のトランクだった。この日のことが、昨日のことのように思い出される。

このホテルのゲストルーム、私たちそれぞれのルームは、屋根裏部屋と呼びたいようなトポスだったが、古い木組《きぐみ》が姿を見せており、時代がうかがわれる趣のある部屋だった。島の両サイドをセーヌ河が流れていくようなパリの原風景が体験されるところで、私たちは、パリでの生活をスタートさせたいと思っていたのである。このホテルには螺旋状の階段があった。エレベーターは、各階の中間点にとまるという仕組になっていた。古い時代のパリがしのばれたホテルだった。フロントのホールには鏡があったと思う。カフェやレストランなどに見られるさまざまな鏡を体験していたと思われるベンヤミンは、パリを鏡の都と呼んでいる。マルセル・プルーストにおいては、パリは石の都である。

パリに到着して、ホテルで小休止した私たちは、すぐ隣りの島、シテ島に向かい、ノートル゠ダム寺院を訪れて、この石の森でパリの核心、パリのハートに触れることができた。ホテル・サン゠ルイに二泊してから、約一ヶ月にわたるパリでの私たちの生活の拠点となったイタリー広場に面したオリヨンに私たちは移動した。パリでの日々は、私たちそれぞれの生活史と家族生活において、もっとも忘れがたい大切な日々であることは、まちがいない。あやふやな記憶もあるが、人生を旅する私たちの支えやよりどころとなっているような決定的に重要な記憶や生活史のページ、記憶の絵本の特別なページがある。思い出は、決してはかないものではないと思う。思い出や確かな記憶がなかったら、私たちの誰もが、自己自身を見失ってしまうだろう。思い出や記憶は、人間のアイデンティティの中心部分に位置しているきわめて大切な人間的時間、意味となった時間なのである。私たちのパリでの日々は、ほんとうに楽しかった。私たちそれぞれの感性は、パリで、どんなにか豊かに磨かれたことだろう。人間の感性は、ほとんどたえまなしに、さざ波のように波打っているのではないかと思う。さまざまな対象、風景、人物、作品、自然などとの触れ合いによって人間の感性には波動が見られるのである。人間とは、波動、振動、変化、生成ではないかとさえ思われる。意味づけられた時間、人間的時間は、ストップしているわけではない。このような時間は、まことに微妙な状態で、ほとんど休みなしに意味づけられている（方向づけられている）のである。生きることに向かって、人間としての生存をめざして、方向づけられているのである。ボードレールは、一時期、サン＝ルイ島の河岸のトポスでパリ生活を営んだことがあるが、ボードレールの目には、矢印ともいえるセーヌ河が映っていたはずだし、ノートル＝ダムの鐘の音が、彼の耳に触れていたのではないかと思う。人生の日々を生きること、それは、世界を旅することであり、人びとと触れ合いながら、風景を体験しながら、さまざまなトポスと道を自己自身の生活史に刻みつけていくということなのである。人生の日々を旅するということは、自己自身の感性に磨きをかけていくということなのだ。

永井荷風の文章、「砂糖」には、記憶のパリ、パリの日々が、姿を見せている。また、リヨンをなつかしむ荷風の姿が見られる（『荷風全集　第一五巻』二三ページ、砂糖、一九二一年一〇月、国粋出版社から発行された四六判雑誌「国粋」第二巻第一〇号に発表された。ここでは、旧かなづかいを新かなづかいに改めた）。

わたしは毎朝顔を洗う前に寝床の中で暖いショコラを啜ろうと半身を起す時、枕元には昨夜読みながら眠った巴里の新聞や雑誌の投げ出されてあるのを見返りながら、折々われにもあらず十幾年昔の事を思出すのである。

巴里の宿屋に朝日をさましショコラを啜ろうとて起き直る時窓外の裏町を角笛吹いて山羊の乳を売行く女の声。ソルボンの大時計の沈んだ音。またリヨンの下宿に朝な朝な耳にしたロオン河の水の音。これ等はすべて泡立つショコラの暖い煙につれて、今も尚ありありと思出されるものを。

人びとそれぞれの生活史や人生の日々において体験される世界の光景や風景、さまざまな出来事は、なんとバラエティに富んでいることだろう。いま、私たちの目に触れた荷風のパリは、セーヌ左岸のパリだが、パリは、セーヌ河の右岸と左岸において、さまざまな表情と姿を見せている。荷風とともにカルチエ・ラタンがクローズアップされてくる。パリは、大小さまざまな通りや道において、さまざまな街角や広場や公園、河岸などにおいて、さまざまなトポスや地点、地区、地域において、イメージされるのである。石の都の表情と風景、人びとの動きと人びとの姿、人びとの生活のドラマは、まことに変化に富んでいる。メトロにおいて体験されるパリがあり、駅やギャラリー、ミュージアム（ミュゼ）において、また、数々のカフェやレストランなどにおいて体験されるパリがある。パリの墓地を忘れるわけにはいかない。パリのふところのもっとも深いところ、トポスのなかのトポスという時には、ペール＝ラシェーズ墓地やモンパルナス墓地、モンマントル墓地などを挙げないわけにはいかないだろう。土地や場所の唯一性、トポスの絶対的な個性的表情、トポスの不動の特徴に注目していたマルセル・プルーストのトポス、住居は、セーヌ右岸のオスマン大通り（ブールヴァール・オスマン）にあった。バルザックの家は、セーヌ右岸のパッシーにあった。パリ、印象派の画家によってパリも、セーヌ河も発見されたといわれてきたが、セーヌ河とエッフェル塔によって方向づけられてきた（意味づけられてきた）パリは、さまざまな人物によっても意味づけられてきたのである。誰がどのあたりに、どこに住んでいたのか、ということは、決してささいなことではない。セザンヌといえば、もちろんエクス＝アン＝プロヴァンスだが、セザンヌのパリがある。アンリ・マチスは、ノートル＝ダム寺院が見えるようなセーヌ河の河岸に沿ったところに住んでいたのである。人びとそれぞれのトポスは、誰の場合であろうと、ゆるぎなきトポスなのである。

セーヌ河に沿ったさまざまな河岸がある。水の流れとともにあるといえるような水辺のプロムナード、遊歩道がある。感性に磨きがかけられるような道であり、トポスだ。河岸から水辺のプロムナードにおりていくことができる階段がある。

パリのさまざまなトポス、場所の雰囲気やいうにいわれぬ魅力や親しみ深さ、また、あえていうならば、醜さの魅力とでもいうべきものを表現したり、そうしたものを人びとに感じ取ってもらうためには、ひとりのボードレール、また、ひとりのプルーストの特別な感受性を必要とする。――このように述べた人物がいる。ジュリアン＝グリーンだ。彼のつぎのような言葉がある（ジュリアン・グリーン、田辺保訳『パリ　PARIS』KT INTERNATIONAL、発売　青山社、四九ページ―五〇ページ、隠された町）。

たとえば、おそろしげな真赤な瘤つきの樹木、皮が擦り切れて、黒い毛の束がはみ出ている長椅子、分厚い白大理石のテーブル、ろう引き布の下敷き、なんどもラブレターやもっともらしい絶交状を書くのに使われたペン、そのかたわらの薄青色のサイフォンといった、ピカソやドランの絵の中にきまって出てくるカフェ生活の場面の小物類である。ある見方からすると、これがパリなのである。この町のすべてのものには、ただわけもなしに、「これこそがパリだ（サ・セ・パリ）」と躊躇なく言わせるような性質がある。それは何であってもいい。ドアのノブにぶら下げられたミルク缶ひとつでも、十月になると、浜べに打ち寄せる波のような音を立て、歩道の際へと落葉を掃きよせる太いヒースの箒一本でも、ポン＝ヌフとポン＝ロワイヤルのあいだのセーヌ川岸の古本屋の箱に並ぶ、くたびれた古書の一列でも……なぜ、そうなのかは、わたしにも全然わからない。ただしかし、パリは、パリに属するすべてのものに、その刻印をきざみつける。

パリに生まれて、パリで生活し、パリに特別な愛着を抱いているジュリアン・グリーンの『パリ』は、全篇、彼の感性の発露と結晶ともいえるパリ讃歌だ。彼の小説、『漂流物』は、セーヌ河が主人公となっているような作品だ。パリとは、まことにただならぬ、恐るべきほどに感性そのものともいえるトポスなのである。フランス語、サンス（サン）sens 感覚――意味――方向、パリとは、このような言葉そのものだと思う。セーヌ河の上流から下流に向かって、右手が、セーヌ右岸、左手が、セーヌ左岸と呼ばれてきたのである。セーヌ左岸のサン＝ジェルマン＝デ＝プレ、パリで一番古いサン＝ジェルマン＝デ＝プレ教会のすぐ近くのトポス、そこにある建物、アパルトマンの上方の階にジャン＝ポール・サルトルが住んでいたのである。この教会がランドマークとなっている交差点、サン＝ジェルマン大通りとセーヌ河方面からモンパルナス方向に向かう通りが交わるところ、このあたりは、いま、サルトル／ボーヴォワール広場と呼ばれている。交差点、教会と向き合うところにカフェ、ドゥ＝マゴがあり、大通りの隣り合ったところにカフェ、フロールがある。いずれも芸術家や思想家、文化人などがそこに集まって談笑して、文化の発信地となったトポスとして知られている。

カフェ（キャフェ）といえば、サルトルにおいては、カフェのボーイである。ボーイにはボーイのダンスがあり、ボーイは、ボーイであることを演じているのである。ボーイは、一人の人間として丸ごとボーイであるわけではないが、カフェでは、ボーイとして人びとの様子と態度を注視しており、カフェの客の要望にすばやく応じて、身軽に動きまわっているのである。ヴァルター・ベンヤミンは、パリで亡命生活を営んでいたある日、ドゥ＝マゴの片隅で自己自身の境遇と状況、人びととの関係に位置づけられた自己の立場などについて思いを馳せている。カフェのテラス、カフェテラスほど興味深いスリリングなトポスは、ないだろう。カフェテラスはなかば路上そのものであり、道ゆく人びとの姿と光景が手に取るように体験されるトポスであり、都会のざわめき、パリのサウンドスケープが、耳に、身体そのものに響いてくるような、まさに都会の迫力が肌で感じられるような特別なトポスなのである。カフェは、あらゆる意味でパリではみごとなまでに感性のトポスではないかと思う。セーヌ河のプロムナードやカフェで、ノートル＝ダム寺院で、また、エッフェル塔において微動だにしない人など、ほとんどいないだろう。

ジュリアン・グリーンの『パリ』につぎのようなシーンがある（前掲、同書、一〇〇ページ、一一二ページ―一一三ページ、博物館、通り、季節、人々の面影）。

エショーデ通り二二番地、サン＝ジェルマン＝デ＝プレからそんなに遠くない所に、半ば開いたとびらがあり、それを押して入ると、一八世紀の美しい階段が目につく。暗くて、神秘的だ。二階の小さな踊り場には、壁にうがたれたくぼみに、錫の壺がひとつ。わたしは長い間、古びた踏み段のひとつひとつにおどっている光を眺めていた。なかなか立ち去る気になれなかった……

そこから少し先、フュルスタンベール広場のドラクロワのアトリエで。その下の心ひかれる公園。今日のような、よく晴れた夏の日、サン＝ジェルマン大通りの喧騒から、ほんのわずかしかへだたっていない、微風のそよぐ沈黙の中で、木蔭にすわりこんでいるのは、ああ、なんという心地よさだろう。まわりには、窓をあけ放った、古い家々。

ルーヴル美術館にて。桃色の空と、しあわせな光を持ったクロード・ロラン。すべての画家の中で、このクロード・ロランほどに、「失われた国」「かなたなる国」、——人みなにこののちもつねに取りついて離れぬ国がどんなところであるのかを、ここまでみごとに想起させた者はだれもない。川岸に面した大きい窓ごしに、わたしは、雨にけむるパリを眺めていた。いつまで見ていても飽きぬ光景である。やがて、太陽がまた、そこここにたまった水滴を照らしはじめた。町は、わたしの背後にある絵の一枚の中と同じく、言うに言われぬ遙かなるものの相貌を呈しはじめた。（中略）

寒さの中を、リュクサンブール公園にて。薄い灰色の空の下で、白色と黄色の芽を点々とつけた木々。きれいな平行線を描く、テラスの長い線、並木がつくり出す太い黒い線、そうしたすべてがデッサンの中のくっきりした線のように、記憶の中に忘れられぬものとして、きざみこまれる。

ベンヤミンは、「どんな顔もひとつの都市の真の顔ほど、シュルレアリスティックではない」と述べたことがあるが、パリの相貌と風景、ほとんど底なしといいたくなるようなさまざまなリアリティには驚きを禁じ得ない。ベンヤミンは、パリをイメージしながら、このような言葉を書き記したのである（『ヴァルター・ベンヤミン著作集八　シュルレアリスム』編集解説　針生一郎、晶文社、二〇ページ、シュルレアリスム、針生一郎訳）アンドレ・ブルトンの『ナジャ』に姿を見せるパリがある。セーヌ河に姿を現しているシテ島の下流方向、この島の端に近い方向にあるドーフィーヌ広場が、『ナジャ』の一シーンに登場している。何度かこの広場を訪れたことがあるが、鋭角三角形に近いような形のこの広場で体験されたパリの旅情がある。パリに限らないが、人びとが築き上げたトポス、集落、都市や町などには、いつも思うことだが、どことはなしに不思議さが漂っている。シュルレアリスティックとでも呼びたくなるような独特な表情と雰囲気、リアリティが、パリでは、いたるところで濃密に体験されるのである。文学のパリがあり、ルイ・アラゴンの詩のパリがある。リルケの『マルテの手記』のパリ、プルーストの『失われた時を求めて』のパリ、ユゴーやバルザックやゾラやボードレールに見られるパリ、また、描かれたパリ、絵画のパリ、アジェの写真のパリなど……まことにさまざまなパリがある。感性の都、パリと呼びたくなる。

ホーフマンスタールは、パリを人びとの生活によって築き上げられた風景と呼んだが、ベンヤミンは、ホーフマンスタールのこのような表現に注目している。ベンヤミンが筆を執ったパサージュ――私たちは、パリでいくつかのパサージュを散策したが、パサージュもまた、明らかに感性を磨くための舞台装置として注目されるトポス／道なのである。鉄骨ガラス張りのパサージュの天井は、温室とも、駅とも相通じており、鉄骨は、極限的にセーヌ左岸にあるエッフェル塔にみごとなまでに集約されているのである。

サン＝ジェルマン＝デ＝プレの近くにあるごくごく小さな広場、フュルスタンベール広場を何度も訪れているが、この広場の片隅にあるドラクロワのトポス、家とアトリエ、美術館を訪れた日のパリの表情と旅情は、いまなお消え去ってはいない。ドラクロワには、大画面の劇的な絵があるが、大地と空や雲が描かれた自然がモチーフとなった小品の風景画がある。

ゲーテの『ファウスト』――ドラクロワは、『ファウスト』をモチーフとして、さまざまなシーンを銅版画で制作しているが、ゲーテは、ドラクロワの作品に大きな満足感を表明している。ゲーテにはドラクロワの『ファウスト』によって啓発されるところがあった（エッカーマン『ゲーテとの対話』）。

日本の芸術家や研究者にとってパリは、感性と知性のおおいなる故郷だったのではないかと思う。九鬼周造のパリがある。九鬼は、モンテーニュの人間学からコントの社会学へという流れ、方向性に着眼している。ハイデルベルク―マールブルクとドイツで留学生活を送った三木清は、やがてパリへ。凱旋門の近くに住んでパリ生活を営んだ三木は、パリでフランスのモラリストの著作に親しむ。高村光太郎には、雨のノートル＝ダムをモチーフとした詩がある。長谷川潔のパリ、レオナール・フジタ、藤田嗣治のパリ、佐伯祐三のパリ、荻須高徳のパリがある。ショパンのパリがある。シャガールのパリがある。描かれたエッフェル塔がある（スーラ、ほか）。

スーラが描いた作品、「グランド＝ジャット島の日曜日の午後」――この絵ほど〈方向〉という言葉が特別な意味を持っている絵はないのではないか、といいたくなる作品だ。群像画だが、セーヌ河畔の風景画の趣も画面には漂っている。描かれた人びとの多くは、セーヌ河の川面の方を眺めている。休息の安楽の光景だが、よく見るとセーヌ河を背にしてラッパを吹いている人物がいるし、行楽の人びとのあいだを巡回しているのではないかと思われる人物の姿が見られる。注目されるシーンだが、この絵を眺めている私たちの方に向かって近づいてきているように見える親子二人の姿が見られる。この絵は、みごとなまでに風俗画であり、描かれているさまざまなモチーフが、ことごとく注目される。明らかに〈まなざし〉の絵だといえるだろう。描かれたさまざまなポーズと向きの人びとは、みごとに風景となっている。

風はどのような状態で吹いているのだろう。セーヌ河は目前、水はどのような方向に向かって流れているのか。水遊びの様子もうかがわれる。人びとの日常生活やレジャー・ライフが描かれた絵としても、スーラのこの作品は、注目される。

ルノワールの作品、オルセー美術館のハイライトともいえる一点、「ムーラン＝ド＝ラ＝ギャレット」――私たちは、これまで何度も、何度も、ルーヴルやオルセーを訪れているが、オルセーのミレーやオルセーの印象派の絵画などを体験する喜びは大きかった。音風景、サウンドスケープや音、音環境という視点から絵画へのアプローチを試みると、いずれの絵画も生き生きとした表情を帯びることは、まちがいない。耳を傾けながら見たい絵は少なくない。人びとがそこで生きているトポスや世界は、人間の大地、自然の大地は、さまざまな道やトポスは、時には万華鏡のような音の世界なのであり、静寂そのものも、音の様相としてイメージされたり、理解されたりされるのである。

さまざまな音によって、そうした音において意味づけられるような（方向づけられるような）リアリティや世界がある。音がまったく耳に触れないような場合には、いずこにおいてであろうと、現実感が失われてしまう。音とは、生命感そのもの、現実感そのもの、迫力なのである。

音の博物誌、音のエピソード、サウンドスケープについては、私たちにとって大切な道が残されている。これからこの道をはるかかなたにいたるまで、歩みつづけることになるだろう。

「ムーラン＝ド＝ラ＝ギャレット」――ルノワールは、パリのモンマルトルの丘の片隅、憩いと安らぎと楽しみのトポスに集う人びとのさまざまなポーズと姿、動き、まなざし、人間と人間との触れ合い、人間関係、交わりなどを人びとの生活と風俗として描いている。ダンス音楽が流れている。人びとの話し声が耳に触れる。人間的空間が表現されている。人生の日々を生きる人びとの喜びが、画面に浮かび漂っている。リズムに乗って一緒になってステップを踏む。ダンスを楽しむ。人生の讃歌と呼びたくなるシーンだ。私たちの方にまなざしを投げかけている人物がいる。この絵を見ている私たちは、おのずからモンマルトルのこの風車のトポスに足を運ぶことになる。ジンメルは、まなざしと会話において社会を理解している。人びと相互のあいだで、たえまなしに微細な糸が紡ぎ出されているのである。

さまざまなアート、芸術作品を体験することによって、私たちがそこで生きている世界は、なんとしなやかな、ソフトな広がりを見せることだろう。意味の網の目は、たえず弾力的に、ソフトに、ダイナミックにかたちづくられつづけているのである。

ノヴァーリスの言葉をいくつか紹介したいと思う（『ノヴァーリス作品集　第一巻　サイスの弟子たち・断章』今泉文子訳、ちくま文庫、二五二ページ、二五五ページ、二七九ページ、二八〇ページ、二八三ページ、三〇三ページ、三一八ページ―三一九ページ、断章と研究　一七九八年）。

世界には、わたしによって活性化される〔生気を吹き込まれる〕ための根源的な能力がそなわっている――そもそも世界はア・プリオリにわたしによって活性化されており――わたしと一体である。

自己自身を跳び越えること――これが、およそ生の最高の行為であり――生の原点――生の発生である。炎は、そうした行為にほかならない。

長編小説は自然詩に属し――寓意は人工詩に属する。（中略）

音楽、彫刻、詩――これらは同意語である。自然が発する音はすべてノイズのままで――精神を欠いたものであり――音楽的な魂の持ち主だけが、折にふれて、森のざわめきに――風の吹く音や小夜鳴き鳥の歌う声、小川のせせらぎに――美しいメロディーや深い意味を感じるのだ。音楽家はその芸術の本質を自己のうちから引き出すのであって、かれに模倣の嫌疑をかけることは毫もできない。

名優とはじっさい、彫刻であると同時に詩であるような楽器である。（中略）

〈人生とはすべて不断の流れである――生命は生命のみに由来し、先へ進んでいく。生命の高次の説明。〉

日常生活についての覚書。就寝について――無為について――食事について。夕方、朝について。一年――一週間について。毎日の仕事と社交について。周囲の環境について。家具について。地域、衣服、その他について。

季節、朝・昼・晩、人生、運命といったものは、みな、なんとも不思議なことに、まったくリズミカルで――韻をふみ――拍子がとれている。あらゆる手工芸品や芸術作品、あらゆる機械のなかに――有機的な物体やわれわれの日常の活動のなかに――いたるところに――リズム――韻律――拍子――メロディーがある。われわれがなんらかの技巧を凝らして行うことのすべて――われわれはこれを、知らず知らずにリズミカルに行っているのである。リズムはいたるところにあり――いたるところに忍び込む。あらゆるメカニズムは韻をふみ――リズミカルである。ここにはもっと多くのことが潜んでいるにちがいない――単なる惰性によるものか。

私たちは、誰であろうと、まことにかけがえない唯一の個性的人格的人間、身体と感性そのものともいうべき人間として、社会的世界で、風景的世界で、環境および世界とひとつに結ばれた状態で生きているが、人間のひとりである限り、人間への、また、世界へのアプローチをストップさせるわけにはいかない。

「住む」という動詞を天の下、地の上において、誕生から死にいたるまで人間が歩みつづけていく遍歴の仕方として理解した人物がいる。ハイデッガーだ。このような遍歴、住むということにかかわる動きは、人間が天と地のあいだに、誕生と死とのあいだに、歓喜と苦痛とのあいだに、仕事と言葉とのあいだに、逗留することとして理解されるのである。この多くのものをもったあいだを世界と名づけることにするならば、命に限りがある人間が住む家として世界をイメージすることができる、とハイデッガーは、述べている〔マルティン・ハイデッガー、高坂正顕・辻村公一共訳『野の道　ヘーベル―家の友』（ハイデッガー選集　八）理想社、三七ページ、参照、ヘーベル―家の友、辻村訳、高坂協力〕。

ハイデッガーは、ヨハン・ペーター・ヘーベルのつぎのような言葉を紹介している（同書、六〇ページ／ヘーベル著作集、第三巻、三一四ページ）。――「私たちは草木である――そのことを私たちが認めようと、認めまいと、そんなことに関はりなく――私たちは、天空に花を咲かせ実を結び得るためには、根を持って大地から生ひ立たねばならない草木である」。ここに見られる大地は、ハイデッガーが見るところでは、見うるもの、聴きうるもの、触れうるものとして人間がそれに巻きこまれているような、人間がそれと触れ合っているような感覚的なものをさし示しているのであり、天空（蒼穹）は、人間が観取するものだが、五官をもってしては観取するようなものではないものすべて、いわば非―感覚的なるもの、意味、精神をさし示しているのである。ハイデッガーによれば、完全に感覚的なるものの深々たる深淵と極度に放膽なる精神の高々たる絶頂とのあいだを通ずる道、まさにそれこそが言葉なのだ。音と文字とは感覚的なものだが、その感覚的なるもののうちにおいてそのつど、そのつど、意味が音になり、輝き現れる、とハイデッガーは述べている（同書、六〇ページ―六一ページ、ヘーベル―家の友、参照）。

人生の日々を旅する人間は、人間と人間との触れ合い、人間関係、共同生活のあらゆる場面において言葉やシンボル、シンボリック・リアリティに身心を委ねながら生きているが、人間の生活と生存は、大地によって、自然そのものによって、風景によって、環境によって支えられたり、意味づけられたりしているのである。アルベール・カミュの学びの場面と生活史に姿を見せている人物、カミュに影響を与えたジャン・グルニエの言葉を紹介したいと思う（ジャン・グルニエ、大久保敏彦訳『Xの回想』国文社、五三ページ、八四ページ、八八ページ、八九ページ、一二〇ページ、一三六ページ）。

私も他の多くの人びとと同様に、太陽や海や廃虚や庭園や宮殿が掻き立ててくれる、あの陶酔の瞬間を知っている。私はこの世のどんなものにもまして、人間が何倍にも膨れあがった生を生きていると実感できるような風景、すべてが人間を熱狂させる風景、暑さや光や眺望が、たんに呼吸をするというような単純な行為をさえ、えもいわれぬものにしてくれる風景が好きだ。

午後も押しつまる。まだ霧雨にすぎない靄のなかから鐘の音が聞こえてくる。その音色はおぼろで、この世のものとも思われない（ヴェネッツィアで聞いたのはブルターニュと同じ鐘ではなかったが、音色は同じであった）。

夕方、一条の陽の光が私の部屋を照らしだす。この光もまたよそからやってきて、さまざまな風景を持ち込んでくる。

子供の頃、夕方、パリの見知らぬ町を歩き回っているとき、たいそう大きな家の最上階の小さな窓にかすかな明かりが灯っているのを見つけたことがあった。私はたぶんそのような屋根裏部屋で、穏やかに知の灯明をあげながら、一生を過ごすのに向いているのではないかと考えたものだ。

屋根の上に雨が落ちている。生温さと単調さのなかで、私は単調な読書を続けていた。

いますぐにでも、またグラナダを訪れて、町を一望したり、山を振り仰いだりしたくなった。それも望楼の下方の古い要塞の城壁の上を走る巡警路を、アダルベ庭園に沿って散歩しながら。そこには蔦や葡萄やありとあらゆる野生の植物が気儘に生い茂っている。私は春の花を思い出す。

仮面を一枚一枚剥がしていくと、いやでも素顔に到達せざるをえない。もしその素顔も肉体の仮面にすぎないとなれば、その下にさらになにかが隠されているはずだが、それが私にとっては重大なのだ。たとえそれが〈無〉であろうと、それにたいしては信仰心を抱かざるをえない。

ペトラルカはラウラと出会った年と月と日と時間を祝福した——また出会いのあった場所も。

どうしてこうした事実の正確さによって、感情が掻き立てられないことがあろうか?
どうして叙情的表現が、こうしたものの組み合わせを利用できないことがあろうか?

人間と世界――人間と世界は、相互に緊密に、ほとんどひとつに結ばれているのである。「私は私と私の環境である」。このオルテガ・イ・ガセーの言葉は、決定的な表現だと思う。オルテガがいう環境とは、自己自身、この私の身辺、まわりに見出される、この私がそれによって包みこまれているような風景をさす。このような風景は、まさに大地の眺め、世界の様相なのであり、世界そのものといえるだろう。ハイデッガーは、人間、現存在を世界――内――存在 In-der-Welt-sein と呼ぶ。シェイクスピアにおいては、この世界(この世)は、舞台なのである。人間は、環境、風景、世界、舞台において、生成と存在において、生活と生存において、社会的であり、人びとのなかで、さまざまな人間関係、リレーションシップ、メンバーシップ、グループ・ライフにおいて、生命、生において、まぎれもなく社会的な状況において、身心を支えながら、世界に巻きこまれた状態で人生の日々を旅しているのである。そのような状況や状態において、人生行路を歩みつづけてきた唯一無二の生成的存在、それが人間なのである。ジンメルは、生をたえまなしの先への流れ、過去であるとともに未来、溢流《いつりゅう》として理解している。ハイデッガーは、現存在の本質を実存と呼んでいる。

人間と世界――人間と人間――人間と風景、仕事と言葉、言葉と行為、人間と道具、人間と作品、人間と大地、人間と宇宙（的自然）——あくまでも自然と人間、人間の生活と生存、プラクシス（行為・実践）とポイエシス（制作・創造）、そしてトポスと道、また、風景と音風景、音と音楽、人間と芸術……これらのいずれにおいても、文化においても、歴史においても、社会においても、人間の感性が、感覚——意味——方向が、クローズアップされてくる。感性は人間の泉であり、人間の根底において人間を方向づけている（意味づけている）人間性であり、人間の生命力なのだ。感性は、理性とならんで人間のプラクシスとポイエシスを、人間の行動と行為を意味づけている（方向づけている）人間の個性であり、人間のアイデンティティ（存在証明・自己同一性）である。人間は、いつも、いずこにおいても感性的だ。人間は、誰であろうと、感性によって包みこまれており、感性によって支えられている。人間は、感性によって動機づけられている。感性は、行動や行為の、プラクシスとポイエシスの水路、水脈、動脈、方向舵、羅針盤となっているのである。あらゆるアート、芸術は、人間の鑑であり、人間のアイデンティティそのものだ。作品は、それがどのようなジャンルの作品であろうと、人間の感性の拡大装置であり、人間の感性の結晶なのである。感性と理性の微妙なバランスによって支えられたコスモス、感性に先導された感性と理性のイマージュ、人間の出来事、人間の仕事、それが芸術作品なのである。人間は、総体的に感性であり、感性の顕現、感性と理性によって方向づけられた（感覚——意味——方向だ）身体的人格的感性的生成／存在（生成的存在）なのである。

人間は、自己自身ならざるもの、身辺、そこ、ここ、環境、世界、ほとんどことごとくといえるほど、さまざまな対象やものによって支えられている。このような対象やもの、対象、客体、世界、環境、大地、風景、人間、特定の他者、人びとは、人間にとって、私たちにとって、おおいなる救いなのである。ほとんどたえまなしに救いを求めている身体的で人格的な生成的存在、それが人間、社会的で感性的な人間である。人間と人間とは、感性の絆や意味の絆によって、たえず紡ぎ出されている感性と意味の糸によって、相互的な行動や行為によって、まなざしと言葉と手によって、シンボリック・リアリティにおいて、相互的に社会的に結ばれているのである。人間は、根本的に特定の他者に、特別に大切な人に、唯一ともいえる人間に方向づけられているのである。人間は、支えとなるもの、よりどころとなるものによって支えられながら、自己の生命と生活と生存を維持しつづけているのである。

オクタビオ・パスは、リズムという言葉に注目して、リズムをなんらかの方向、意味、世界のヴィジョン、創造の泉、宇宙の生きたイメージ、本源的時間と呼んでいる。——「時間はひとつの方向、ひとつの意味を持っている、なぜなら、それはわれわれ自身だからである。リズムは暦や時計とは反対の働きをする——時間は抽象的な測定値であることをやめ、その本来の姿、つまり、具体的な、ある方向を備えた何かに戻るのである。絶えざる湧出であり、常にさらに向うに行こうとする時間は、永遠の自己超越である。（中略）リズムは測定値ではないし、われわれの外にある何かでもない。そうではなくて、リズムの中に流れこみ、〈何か〉に向かって自らを投げ出すのが、われわれ自身なのである。リズムは意味であり、〈何か〉を語る。（中略）あらゆるダンスがリズムであり、あらゆるリズムがダンスである。リズムの中にすでにダンスがあり、またその逆でもある」。（オクタビオ・パス、牛島信明訳『弓と竪琴』ちくま学芸文庫、八三ページ—八四ページ、リズム）。人間とは、持続的進行であり、持続的前進なのである。このような進行と前進は、人間の感性によって方向づけられており、感性は、もちろん人間の理性も、プラクシスとポイエシスに、行動と行為に住みついているのである。人間は、サンス（サン） sens であり、行動、行為そのものなのだ。

ある日、この世に姿を現した私たち、人生の旅と一人、一人は、身近な人びと、家族、数多くの人びとによって支えられながら、人生行路、一筋の道を歩みつづける。人生行路ほど劇的な道は、ないだろう。日常生活は、決して平凡な生活ではないと思う。一人の人間として、より人間的に、心ゆたかに生存することが、私たちには求められているのだから。人間は、人びとによって、風景によって、作品によって、道具によって、モニュメンタルなものによって、記憶や思いによって、さまざまなエピソードによって、世界につなぎとめられているのである。人びとそれぞれが、さまざまな方法によって手ごたえがある確かな人間的現実、人間的世界、人間的時間、人間的空間(まさにトポスだ)を築きつづけるために営々として努力をおこたらないのである。ここでいう人間的とは、意味づけられた、方向づけられた、人間のスケールに見合ったという意味である。あらゆる場面が私たちの生活と生存にとって、ないがしろにされてはならないのだが、どのような場面においても、人間の感性がきらめくように思われる。感性は、人間の生存の姿ではないかと思う。人間的に生きるということは、感性に磨きをかけながら、行動するということだ。人間は行動である。そうでなければ無である、とポール・ヴァレリーは、いう。ヴァレリーは、感性について深い理解を示している。彼のつぎのような言葉がある(『ヴァレリー全集　補巻二　補遺　講義・講演　対談』筑摩書房、大岡信・菅野昭正訳、一七一ページ、詩学講義)。

感性の諸特性のうち、その受容・放出能力は最も重要な特性だと私には思われます。私の考えているような意味では、感性は単に受動的なものではなく、生産的でもあります。それは空虚に対立するものです。感性は空虚を恐怖します。

感性は生産者であり、十分な刺激の欠如に対して反対し、刺激の稀少さに対して反動を起します。特定の感覚が、ある長さのあいだまったく欠如するようなことが生じるたびに、われわれの内部にはこの空白を埋めるべく、ある種の放出作用が生まれます。われわれの内にひそむ特殊なエネルギーの生産がうながされます。

ゲーテが、『ファウスト』のある場面で用いたつぎのような四つのドイツ語は、同等の重要性を持つ言葉として、これからも注目されていくのではないかと思う。

das Wort　der Sinn　die Kraft　die Tat

Goethe, Faust, Erster, Teil, Mit Illustrationen von Eugéne Delacroix und einem Nachwort von Jörn Göres, insel taschenbuch,Erste Auflage 1974,p.61, STUDIERZIMMER.

言葉／意味／力／行為――感性という視点から、このような四つの言葉へのアプローチを試みるならば、あらためて、それぞれの言葉についての理解が深まるように思われる。会話や対話やレターにおいての言葉がある。フランス語　sens　とドイツ語　Sinn　の意味のニュアンス、意味の深さと広がりがある。意味は、人間の生存の根底的基盤であり、人間のアイデンティティそのものとなっているといえるだろう。知識は力である。フランシス・ベーコンの言葉だが、感性は力だ、ということもできるだろう。感性は、人間の生命力のきらめきなのである。感性を発動力、創造力、人間の意志と決断を方向づけていくものと呼ぶこともできるだろう。

オルテガ・イ・ガセーは、人間を生の課題と呼んでいる（オルテガ、A・マタイス／佐々木孝共訳『ドン・キホーテに関する思索』古典文庫一九、現代思潮社、一六二ページ、楽園のアダム）。オルテガが見るところでは、諸芸術は品位ある感覚中枢であり、人間はこれらを用いて、他の方法によってしては定式に到達できない自己自身を顕わにするのである。そして絵画、オルテガは、絵画を光のカテゴリーと呼ぶ。小説は、対話のカテゴリーなのだ。『ドン・キホーテ』は対話の集合体である、とオルテガは、いう（同書、一五九ページ、一七三ページ―一七五ページ、楽園のアダム、参照）。オルテガは、絵画についてつぎのように述べている（同書、一七五ページ、一七九ページ、一八〇ページ、楽園のアダム）。

光は、絵画においては、連結のための手段、その生きた力である。これと同じ役をはたすのが、小説においては対話である。

絵は、とことんまで絵でなければならない。絵がわれわれに暗示する観念《イデア》は、色であり、形であり、光であるべきだ。そこに描かれたものは、生でなければならない。（中略）

カンバスの上になにかを描くということは、それに永遠の生の条件を贈与する事である。（中略）画家が描かなければならないのは、この生命力の永続する条件なのだ。これこそ、すべての卓越した画家たちがやってきたことである。

生こそが、オルテガ・イ・ガセーのパースペクティヴとなっているのである。オルテガは、『ドン・キホーテ』においても、自己自身のさまざまな考察とアプローチにおいても、スペインを生きており、地中海を生きている。

ところで、パリのルーヴルには、ヴェロネーゼの「カナの婚礼」と題された絵が飾られている。ガスケとセザンヌが、ヴェロネーゼのこの絵の前に立った時、セザンヌは、興奮気味にこう語っている（ジョワシャン・ガスケ監修　高田博厚訳　与謝野文子『セザンヌ』求龍堂、二二八ページ—二二九ページ、第二部　彼が私に語ったこと、第二章　ルーヴル）。

セザンヌ　これこそ絵画だ。部分も、全体も、もろもろの容積《ヴォリューム》や色価も、構成《コンポジション》も、戦慄も、すべてがここに入っている……ちょっと聞いて下さい、これは見事だ！　……われわれは何者であるか？　目を閉じて、少し間を置いて、なにも考えないで、目を開けてごらんなさい……どうですか？……大きな色の波動しか知覚されないでしょう、虹の輝き、たくさんの色、色の宝庫。絵《タブロー》はわれわれにまずこれを与えてくれなければならないんだ。調和のある暖かさ、目がはまってゆくひとつの深淵、もの音たてぬ芽生え。色のついた恩寵の状態。こういう色調は全部、血の中に流れ込んでくるようだ、そうでしょう。すっかり元気がみなぎってくる。真の世界に生れかわるのだ。本来の自分になって、絵画になるのだ……ひとつの絵を愛するためには、まずこんなふうに、時間を置いて味わって飲むようにすべきです。意識を失う。画家と一緒に、暗い、からみ合った、物の根のほうに降りてゆき、そこから色彩を手にして上にのぼってきて、光のもとに色彩とともに開花する。見方を知ること、感じること……（中略）ヴェネツィアの町で、彼が歩いたり、あっちへ行ったり来たり、恋愛したり、彼の絵の前に立ったり、友人と一緒にいたりする姿が目に浮かぶ。美しい微笑み。暖かい視線。堂々たる身体。物や生きものが太陽と一緒に彼の魂に入ってきたんだね、彼にとってそういうものと光との間に何の隔りもなくて、素描《デッサン》もなくて、抽象《アブストラクシオン》もなくて、すべて色彩でできている。そしてある日、そういうものは彼の内から、相変わらずそのままで出て来るのだったけれども、なぜだか優しい栄光に包まれているんだ。なにか不思議な音楽でも吸ったように幸せいっぱいに。ほら見てごらんなさい。あの群がっている人の真ん中に輝いている音楽、女たちや犬が聞き入っている音楽だ、男たちが力強い手でなでるようにしている音楽だ。快楽のなかの思考の充満や健康のなかの快楽の充満なのだ。お聞きなさい、私の思うのでは、ヴェロネーゼとはね、色彩のなかの思考の充満なのだ。

私たち、家族三人は、これまで何度も、何度もルーヴルを訪れて、このヴェロネーゼの絵を初めとして、レオナルド・ダ・ヴィンチの「モナ・リザ」や「ミロのヴィーナス」、そのほか絵画史を飾る絵画作品を鑑賞する幸運に恵まれてきた。こうした貴重な世界体験は、私たちにとってかけがえがない貴重な財産、感性の泉と土壌となっている。絵画は、人間の五感、さまざまな感覚に働きかけてくる人間のドラマなのだ。人間の耳は、絵画体験において活発な働きを求められているのである。耳を傾けながら絵を見るとき、私たちの世界体験、絵画体験は、驚くべき広がりを見せるはずだ。耳の活発な働きによって一段と現実感の深まりが体験されるのである。

さまざまな世界体験は、ことごとく人間の旅なのである。音楽、絵画、文学、演劇、建築、トポスからトポスへ——人生の旅びとの感性は、さまざまな旅において、旅をつうじて磨きつづけられていくのである。さまざまな道をたどるということは、感性に磨きをかけていくということだ。人間は、さまざまな旅によって、ますます人間的になっていくのである。

私たち、家族三人でのスペインの旅、それは数年前のことだったが、成田からパリへ、パリで乗りかえて、マドリード空港に到着、マドリードの市街地の中心にあるホテルに投宿して、プラド美術館などをまわり、日帰りでトレドを訪れたが、私たちにとっては、二度目のトレドだった。グレコのトレドである。タホ川とトレドの都市景観は、目にしみるほど印象的で忘れがたい眺めだった。ほとんど迷路状のトレドの道は、起伏に富んでいて、トポス、

集落としては、まことに陰影に富んでおり、類を見ないほど魅力的だった。地形と風景のみごとな一体感によって夢幻的な、だが、まことに手ごたえがある都市空間が生まれていた。トポスの特別な魅力という点では、トレドやヴェネツィアに特に注目したいと思う。私たちの旅体験においては、このようなトポスとしては、イタリアのシエナやサン＝ジミニアーノ、また、フィレンツェなどを挙げたいと思う。人びとの生活のなかで、また、歴史のなかで築き上げられてきたさまざまな都市景観やトポスの風景には、つきない魅力と人びとの生活と生存のドラマが満ちあふれている。ドイツのロマンチック街道沿いのローテンブルクやネルトリンゲン、ネッカ河畔のハイデルベルク、ハイデルベルクと並ぶ大学都市、マールブルク……プラハやウィーン……ローマ……シチリア島のパレルモやアグリジェント……私たちのヨーロッパの拠点、パリ、私たちにとっては特別なパリ……そのほか私たちが訪れた旅先の地は、いずこのトポスや道であろうと私たちにとっては、かけがえがない記憶のよりどころとなっている。

私たちは、マドリードから列車でエル・エスコリアルを訪れた。日帰りの旅だった。壮大な規模を誇るこのエル・エスコリアル、修道院の規模とたたずまい景観、光景、歴史の厚みは、圧倒的な迫力をもって私たちに迫ってきた。スペインといえば、セルバンテスの『ドン・キホーテ』であり、グラナダのアルハンブラ宮殿などだが、このエル・エスコリアルは、スペインのゆかりの名だたるトポスなのである。

印象としては、身近な親しみやすい建築というよりは、まったくの別世界で異文化のトポスという感じの建築空間が体験されたが、スペインの歴史が、このエル・エスコリアルにおいて体験されたことは、確かなことだった。オルテガ・イ・ガセーに「エル・エスコリアルに関する思索」と題されたエセーがあるので、ここに紹介したいと思う(オルテガ、A、マタイス、佐々木孝共訳『ドン・キホーテに関する思索』古典文庫一九、現代思潮社、一八五ページ―一九二ページ、一九一ページ―一九二ページ、一九四ページ―一九五ページ、エル・エスコリアルに関する思索)。

風景の中で

エル・エスコリアルの風景の中では、修道院は、そのどっしりした安定感と洗練された稜線をもって、周囲の量塊の中にそびえ立つ巨大な石にすぎない。春もこの頃になると、太陽が金の気泡のように、山脈の頂きにぶつかって飛び散り、青や紫や涕紅色にまぶされたやわらかな光が、山腹や谷間のあたりに、すべてのものの輪郭を静かに溶解させながら、乱舞する。そのとき、屹立する石は、建造者のさまざまな意図を愚弄し、さらに強力なひとつの本能に従って、己を生んだ採石地と一体となろうとする。

スペインの事を知りつくしているフランシスコ・アルカンダラが良く言っていることだが、カスティリア語は、ある意味で、スペイン周辺の方言や言葉を集大成させるものであり、同時にこの中央カスティリアの光、諸地方の光の精髄である。

このカスティリアの光は、夜が短空を通って遅々とした牛の歩みで到着するその少し前、激突、すなわちそのしたたかな臓腑を貫通する火の静脈を切開しうる決定的な振動、を待望する巨大な火打ち石とまで見えるほどに、エル・エスコリアルを変貌させる。花崗岩の風景は、その中に夢幻的な巨石をかかえて、精神の火花を出させるに足る世代を、不機嫌に、音もなく、待ち設けているのである。

ローマの聖ペトロ大聖堂に次いで、ヨーロッパの上に重くのしかかるこの巨大な信仰告白《クレド》を、フェリーペ二世はだれに捧げたのだろう。

純粋努力についての試論

エル・エスコリアル修道院は、名なしの、献辞もない、卓越さも持たぬ、ひとつの努力なのだ。それは、自己の外にあるものすべてを無視しながら、自己の上に照り返っている巨大な努力なのだ。(中略)

この建物は、全身これ願望であり、切望であり、衝動なのだ。われわれは他のどこよりも、まさにここにおいて、スペインの実体とはどのようなものか、ヨーロッパのもっとも異常な民の歴史がそこから湧き出たところの地下水源がなにか、をよく理解できる。

気力、サンチョ・パンサとフィヒテ

「スキト人たちは、われわれのように知的ではないが、トゥモスを持っている」とソクラテスは『共和国』の中で述べている。トゥモスとは、ラテン語ではフュロール(furor)スペイン語では努力《エスフェルソ》、気力《コラヘ》、衝動《インペトウ》の意である。この言葉の上に、プラトンは、今日われわれが意味と呼んでいる観念を構築したのである。

ここにこそスペインの純正なる能力がある。世界史の広大極まりない背景の中で、スペイン人は気力の構えを見せている。これこそわれわれの偉大さのすべてであり、われわれの悲惨《ミセリア》のすべてである。

それは孤立した努力であり、観念によって統御されていない努力、どうもうな衝動の力、方向も休息もなし

に激しく強襲する盲滅法な苦悶である。それは自らの中に、目的性を持たない。すなわち、目的は常に知性の、秩序づける計量能力の、産物なのだ。だから、努力の人にとって行動は興味をひかない。行動は目的に向けられた動きであって、その価値は目的のいかんによる。しかし、努力の人にとって、行為の価値は、目的や効用性によって計られるのではなく、その純粋な困難さ、行為を遂行する気力の量によって計られるのである。努力の人にとって興味があるのは、行動ではなく、ただ勲功だけである。

ここで私的な思い出を述べることをゆるしていただきたい。個人的な状況ということからすれば、私はエル・エスコリアルの風景を、それとは遠く離れ、また考えられる限りまったく対蹠的な別の町の光景を、ちょうど透織《すかしおり》を見るときのようにぼんやりと見ずには、見ることはできない。それは、黒々とした穏やかな河のほとりにあって、樅や松、明るい山毛欅《ぶな》や輝く黄楊《つげ》の奥深い森をすっぽりと覆っている丸味をおびた丘に囲まれた、小さなゴチック風の町である。

この町で、私は青春のもっとも大切な時期を送った。この町に、少なくとも私の様々な希望の大半をそして私の薫陶のほとんどすべてを負っている。この町とは、ラーン河畔のマールブルグである。

スキト人とは、北東ヨーロッパと北西アジアにまたがる地域に住む民族を総称するものであり、エジプト人たちと地上最古の民族たる栄誉を競い合ったといわれる人びとをさす。また、オルテガは、一九〇四年から一九〇七年にかけて、ライプチヒ、ベルリン、マールブルクと移り住みながら青春の大切な日々をドイツで過ごしたのである（同書、一九四ページ、一九五ページ、注、参照）。

オルテガの核心ともいえる言葉を紹介したいと思う（同書、二〇ページ、二六ページ、読者に、四〇ページ、一　森、六六ページ、八　貌あるいは感覚主義について、いずれも予備的考察、のパート）。

人間は、その環境をじゅうぶんに意識した時、自己の能力をフルに発揮する。環境を通して世界とかかわるのである。

環境！ Circum-stantial われわれの周囲にある。これら寡黙なものたち！

私は、私と私の環境である。そしてもしこの環境を救わないなら、私を救えない。 Benefac loco illi quo natus es（生まれし場所に祝福あれ）と聖書も言っている。プラトン学派でも、すべての文化のモットーとして次の言葉をうたっている。「外観を救え」。すなわち現象を救えという意味である。われわれの周囲にあるものの意味をさぐれということだ。

どこでもいいあるひとつの所から見ると、森は厳密に言うなら、ひとつの可能性である。森は、われわれがそこから入り込もうとすれば入り込むことのできる小径である。森は、そのかすかなざわめきが沈黙の両腕に抱かれてわれわれのもとにやってくる泉、数歩あるけばすぐに見つけることのできる泉なのだ。それは、われわれがその下にたどり着くことのできる遠くの枝々に止まってさえずっている小鳥たちの唱句である。森とは、われわれの可能な行為の総和であり、それが実現する時には、その真正なる価値を失ってしまうものなのだ。

地中海人にとってもっとも重要なのは事物の本質ではなく、その存在、現存性なのだ。つまりわれわれは、ものよりも、それが与える生きた感覚を愛好するのである。ゲーテもものを捜した。彼はこう言っている。「私が世界を理解してきたのは眼という器官を通してである」。エマーソンもそれに付け加えて「ゲーテは満身これ眼で見ている」と言っている。

ゲルマン的限界内では、おそらくゲーテは視覚者《ビスアル》、つまりその人にとって外観が存在するような気質の人と言うことができよう。しかしわれわれ南の芸術家たちと対比するなら、このゲーテ的視点も、むしろ眼で考えると言った方が妥当であろう。

ゲルマン的霧とラテン的明るさ、オルテガは、このような対照と相剋に注目して、思索家と感覚主義者とを区別している。前者は深層の世界に生きているが、後者にとって世界は光の交錯する表層であり、オルテガは、彼の王国は、スピノザが言うように facies totius mundi（全世界の表面）、世界の輝く表面なのだ、という。感覚主義者にとって、器官は網膜であり、口蓋であり、指の腹その他であるが、思索家は概念の器官を持っているのだ。概念は深層をつかさどる通常の器官である、とオルテガは、述べている（同書、六八ページ―六九ページ、九ものとその意味、予備的考察）。――「われわれはものの意味を尋ねるべきなのだ。あるいは言葉をかえて言うなら、われわれはひとつひとつのものを世界の潜在的中心にしなければならないのである」。オルテガの言葉だ（同書、七一ページ、九)。彼によれば、おのおのの概念は、文字通り器官であって、われわれはこれを用いて事物をとらえるのである。概念を通して見ることにより、われわれは、はじめて完全に見ることができるのだ。感覚によって与えられるのは、各対象のまだ形をなしていない、可塑性の質料だけであり、事物ではなくて、事物の表象が、感覚によって与えられるのである。オルテガは、つぎのように述べているが、ここに見られる言葉は、ひとつの叫びとなっている(同書、七九ページ、一二　要請としての光、予備的考察、ほかに、ここでは、七五ページを参照、一〇　概念、予備的考察)。

魂の内部で、私の瞳は光り輝く視界を駆けめぐるが、しかしそれら視界の底からエネルギッシュな思索もまた湧きあがるのである。いったいだれが私の胸のうちにこのどよめくような追憶を刻みつけたのか。あたかも大洋の息づかいがかたつむりの中に残っているように、ゲルマンの森の奥深くで風が立てる懐しい声が、そこには叫びつづけているのだ。

オルテガは、「私は単なる地中海人ではないのだ」という。アルプスの北の霧の国は、オルテガにとって、もうひとつの故郷なのだ。森や森の国は、オルテガのトポスとなっている。だが、地中海、スペイン、ドン・キホーテ、クリプターナの風車、また、エル・エスコリアル、これらのいずれもが、オルテガ・イ・ガセーの重要なトポス、彼の大切な環境となっているのである。オルテガは、森を目に見えない自然と呼んでいる。

エル・エスコリアルへの旅、それは、いま思うとまるで夢のような旅だ。ただひたすらスペインの歴史が体験されたのである。列車の旅だったが、私たちの列車は、アランフェスに停車した。名高い「アランフェス協奏曲」ロドリーゴの曲が、イメージされる旅でもあった。

マールブルク――オルテガの若き日の留学の地だが、数年前、私たちは、このマールブルク、アイゼナッハ、ワイマール、ライプツィヒなどを訪れたことがある。ゲーテ街道をたどった旅だった。この旅では、私たちは、ライプツィヒからプラハへ、そしてプラハからウィーンへ、忘れがたい旅だ。私たちの旅は、いつも目覚めた状態にあるといいたいと思う。

マドリードから列車でグラナダへ向かう。スペインの平原が、つぎつぎに車窓に浮かぶ。クリプターナの風車がイメージされるような風景が目に触れる。丘の上の風車、いくつもの風車が連なって見える風景……列車がグラナダに近づくと山地の風景が車窓に姿を見せる。スペインの大地は、私たちの目には平原と丘と風車の大地として映ったが、さまざまな集落や耕地の風景が体験されたことは、いうまでもない。だが、『ドン・キホーテ』の影響もあって、印象としては圧倒的に車窓のモチーフとなっていたのは、風車だった。スペインの風土と風が、風車においてイメージされたのである。

グラナダ――いうまでもないことだが、アルハンブラ宮殿が忘れがたい風景として私たちの旅を飾っている。言葉ではいい尽くしがたい独特の景観、建築、庭園、アラベスク模様の夢のようにすばらしい壁面、パテオ、中庭のたたずまいと光景、イスラム様式の宮殿建築と細部の細工、造作、デザイン、そして水の風景、名高い庭園のたたずまいと眺め、……堅固な造りとソフトな建築感覚、まことに優美な、きめこまやかなすばらしいデザイン感覚、信じがたいほどの緻密な細工とデザイン、驚くばかりの空間感覚……アルハンブラ宮殿は、人間の感性の優美な極限的な顕現、表現と呼びたくなるようなトポスだった。

水によって演出された風景と建築、デザインの一体感に人間の感性があふれ出ていたと思う。感性に激しく、やさしく働きかけてくる建築、アルハンブラ宮殿は、その立地においても、それが位置している環境においても、まことに印象深い建築、トポスだと思う。アルハンブラ宮殿の高みからアルバイシン地区を眺めたが、その景観は、いまでも目に焼きついて離れない。私たちは、そのアルバイシン地区を散策したが、路地の景観とたたずまい、特別の雰囲気が、はっきりと思い出される。

グラナダでは、かなたに雪をいただいたシェラネバダ山脈を望むことができたが、自然の風景と結ばれたグラナダの都市景観、そしてアルハンブラ宮殿は、私たちの記憶の絵本のもっとも鮮明なページとして私たちの生活史を飾っている。

グラナダでは、私たちは、スペイン舞踊を体験することができた。まるで洞窟のようなトポスで激しい舞踊を見ることができたが、私たちの耳に触れた、耳に鳴り響いた音と音楽、私たちの耳の記憶は、消え去らない。スペイン舞踊のリズムとリズム感、激しい動きは、私たちのグラナダの旅の大切な一シーンとなっている。

私たちは、早朝、グラナダ駅からマドリードに向かった。ホテルが用意してくれた車中での朝食、その心あたたまるもてなし、ぬくもりは、私たちの旅の思い出を一層、確かなものとしてくれている旅のエピソードである。

ゲーテ——デルポイの神殿の銘と向き合うゲーテ、彼のつぎのような言葉を紹介したいと思う（ゲーテ、木村直司訳『色彩論』ちくま学芸文庫、三〇ページ、科学方法論、のうち、適切な一語による著しい促進、に見られる文章）。

このさい告白しておきたいのは、私には以前から、「汝みずからを知れ」というかの深遠な響をもつ大きな課題が、人間をいろいろな達成しがたい要求によって混乱させ、外界に対する活動から誤った内的観想へ誘惑しようとする秘密結社の僧侶たちの策略のようにつねにいかがわしく思われていたことである。人間は世界を知る限りにおいてのみ自己自身を知り、世界を自己の中でのみ、また自己を世界の中でのみ認識する。いかなる新しい対象も、深く観照されるならば、われわれの内部に新しい器官を開示するのである。
しかしもっともよく促進してくれるのは、われわれの身近な人々である。

デルポイの神殿の銘——「汝自身を知れ」——ゲーテは、この名高い言葉に注目しながら、自己自身の見解と信念をここに明らかにしている。このデルポイの神殿の銘から目を離すことは、できないだろう。この言葉をどのようにイメージしたり、理解したりするかということは、人生の旅びとである私たち、一人、一人の重要な課題ではないかと思う。

人間は、人びとのなかで、世界において、人間なのである。さまざまな言葉のかたわらで、さまざまな作品と向き合いながら、さまざまな社会的体験、精神的体験、風景体験において、大地において、空とともに、生き生きとした感性の働きにおいて、生存において、行動と行為において人間は人間なのである。

一九九七年三月二〇日、この日、私たちは、アテネから日帰りでデルポイを旅することができた。デルポイへの旅は、私たちにとって、きわめて大切な旅である。「汝自身を知れ」――このデルポイの神殿の銘によって、私たちの旅が意味づけられているからである。私たちは、いつまでもデルポイの光と風と大地を、デルポイの風景を忘れることはないだろう。デルポイは、私たち、家族三人を結ぶ確かな絆《きずな》となっているのである。

❖

余韻

人間は、感性の泉であり、感性の露頭である。人間は、まことに微妙で気分的な存在（生成／存在、生成的存在）だが、私たちの誰もが、感性のさざ波、感情の渦に巻きこまれた状態で人生の日々を旅してきたのである。

俳人、正岡子規のトポスとして、東京の根岸の里は大切なところだが、子規の言葉には胸を打たれるところが多々ある。あるとき、子規の部屋の窓がガラスの窓となる。虚子の心づかいによるものだったが、外が見える大きな喜びによって子規は包まれる。絵ごころがあった子規には、絵を描く楽しみがあった。そうした楽しみは、彼にとって大きな慰めでもあった。

子規は、目の人だが、耳の人でもあることに注目したいと思う。子規は、身動きできない状態にありながら、世間との触れ合い、世のなかとの結びつきを求めていたのではないかと思われる。私たちの誰もが驚くのは、子規の食事である。味覚によっても、食べることによっても、子規は、自己の生存と世のなかとの触れ合いを確かめていたのではないかと思う。それにしても子規の生命力、気力、努力、迫力などに驚きを覚えない人は、いないだろう。子規の文章や俳句を目にしていると彼の並はずれた感性が、あざやかにクローズアップされてくる。正岡子規は、まさに五感の人であり、目と耳においても、特別にその感性が注目される人だと思う。ここでは、子規の俳句に注目したい（『正岡子規句集　鶏頭』小室善弘編、ふらんす堂、ここでは、ページのナンバーを（　）に入れて末尾に入れるスタイルとする）。

手の内に蛍つめたき光かな　（二）

名月や谷の底なる話し声　（三）

壁をもる牛の匂ひや五月雨　（七）

日のあたる石にさはればつめたさよ　（一一）

絶えず人いこふ夏野の石一つ　（一二）

一村は留守のやうなり冬籠　（一三）

凩によく聞けば千々の響き哉　（一四）

日一日同じ処に畠打つ　（一五）

根　岸

いろ々々の売り声絶えて蝉の昼　（一八）

汽車過ぎて烟うづまく若葉かな　（一九）

感あり

行く秋の我に神無し仏無し　（二〇）

漱石に別る

行く我にとゞまる汝《なれ》に秋二つ　（二〇）

法隆寺の茶店に憩ひて

柿くへば鐘が鳴るなり法隆寺　（二二）

冬ごもり世間の音を聞いて居る　（二四）

病　中

しぐるゝや腰湯ぬるみて雁の声　（二四）

凩や海へ吹かるゝ人の声　（二四）

元日の人通りとはなりにけり　明治二九年　（二五）

汽車過ぐるあとを根岸の夜ぞ長き　（二八）

根岸草庵

庭十歩秋風吹かぬ隈《くま》もなし　（二九）

声涸れて力無き媼の朝な々々に呼び来る
納豆の辛き世こそ思ひやらるれ

豆腐屋の来ぬ日はあれど納豆売　（四一）

めでたさも一茶位や雑煮餅　明治三一年（四一）

鐘の音の輪をなして来る夜長哉　（四九）

コホロギヤ物音絶エシ台所　（五四）

ツク、、ボーシツク、、ボーシバカリナリ（五四）

母と二人イモウトヲ待ツ夜寒カナ　（五五）

繭玉や仰向にねて一人見る　明治三五年（五七）

病床やおもちや併《なら》へ《(べ)》て冬籠　（五七）

南瓜より茄子むづかしき写生かな　（五九）

　　自画果物写生帖の後に

病間や桃食ひながら李《すもも》画く　（五九）

草花を画く日課や秋に入る　（六一）

首あげて折々見るや庭の萩　（六一）

をとゝひのへちまの水も取らざりき　（六二）

子規の俳句の一句、一句は、子規の生活の記録であり、彼の生存の証なのである。人と人との触れ合いや人間関係がイメージされるような俳句が見られる。

正岡子規の俳句とともにクローズアップされてくるのは、彼の生活と生存の光景と様相である。子規が中心となっている社会的世界と風景的世界が、俳句の一句、一句とともに浮かび上がってくる。子規の俳句の一句、一句は、みごとなまでに拡大されたしなやかな子規の感性なのである。

子規の『草花帖』（明治三五年八月、国立国会図書館蔵）には、日日草やなでしこ、など、さまざまな草花が描かれている。――八月二日　日日草《ニチニチサウ》　そして花が描かれている。紫色の朝顔が描かれた絵がある。この絵の左の隅には、八月二〇日午後　牽牛花　アサガホ、と書き記されている。

※　正岡子規については、つぎの山岸美穂の作品「病の空間論」をごらんいただけると、幸いと思う。山岸美穂『音　音楽　音風景と日常生活　社会学／感性行動学／サウンドスケープ研究』慶應義塾大学出版会、二〇〇六年四月。

ギリシア、デルポイ、アポロンの神殿、遺跡

山岸　美穂（やまぎし　みほ）［昭和42年1月26日～平成17年1月24日］

東京都町田市に生まれる。平成6年3月、慶應義塾大学大学院社会学研究科博士課程修了（単位取得）。日本学術振興会特別研究員。

慶應義塾大学文学部、大妻女子大学人間関係学部、山口大学工学部感性デザイン工学科、早稲田大学商学部、そのほかの大学で非常勤講師、慶應義塾大学特別招聘講師を勤める。平成14年4月から平成17年1月まで作新学院大学人間文化学部助教授。

〈研究領域〉社会学、感性行動学、サウンドスケープ研究、日常生活の社会学、環境社会学、文化社会学、音楽社会学、生活空間論。

［著書］『音　音楽　音風景と日常生活　社会学／感性行動学／サウンドスケープ研究』慶應義塾大学出版会、2006年4月／『日常的世界の探究　風景／音風景／音楽／絵画／旅／人間／社会学』慶應義塾大学出版会、1998年5月（山岸 健と共著）／『音の風景とは何か　サウンドスケープの社会誌』NHKブックス853、日本放送出版協会、1999年6月（山岸 健と共著）／『Multisensuelles Design. Eine Anthologie』Herausgegeben von Peter Luckner, Halle (Saale), 2002年（共著）、そのほか。

山岸　健（やまぎし　たけし）

昭和9年11月7日、新潟県長岡市に生まれる。慶應義塾大学大学院社会学研究科博士課程修了。社会学博士。慶應義塾大学文学部教授。東京大学文学部、東北大学文学部、国際基督教大学教養学部、そのほかの大学で非常勤講師を勤める。現在、大妻女子大学人間関係学部教授。慶應義塾大学名誉教授。

〈研究領域〉社会学の理論および学説、社会学的人間学、文化社会学、都市論、環境論、風景論、絵画論、生活空間論。

〈著書〉『レオナルド・ダ・ヴィンチ考　その思想と行動』NHKブックス207、日本放送出版協会、1974年5月／『社会的世界の探究　社会学の視野』慶應義塾大学出版会、1977年5月／『日常生活の社会学』NHKブックス309、1978年2月／『絵画を見るということ　私の美術手帖から』NHKブックス786、1997年7月／『人間的世界の探究　トポス／道／旅／風景／絵画／自己／生活／社会学／人間学』慶應義塾大学出版会、2001年10月／『日常生活と人間の風景　社会学的人間学的アプローチ』三和書籍、2002年10月／『社会学的人間学　絵画／風景／旅／人間／生活／生存／人生／世界』慶應義塾大学出版会、2005年10月、そのほか多数。

感性と人間

――感覚／意味／方向　生活／行動／行為――

2006年　10月　10日　第1版第1刷発行

著者　山岸　美穂
　　　山岸　健

発行者　高橋　考
発行所　三和書籍

〒112-0013　東京都文京区音羽2-2-2
TEL 03-5395-4630　FAX03-5395-4632
sanwa@sanwa-co.com
http://www.sanwa-co.com/

印刷所／製本　モリモト印刷株式会社

乱丁、落丁本はお取り替えいたします。価格はカバーに表示してあります。

ISBN4-86251-005-1 C1036